C·H·Beck
PAPERBACK

Michael Kraske/Dirk Laabs

Angriff auf Deutschland

Die schleichende Machtergreifung der AfD

C.H.Beck

www.chbeck.de
Umschlaggestaltung: geviert.com, Andrea Wirl
Umschlagabbildung: © shutterstock/kosmofish
Satz: C.H.Beck.Media.Solutions, Nördlingen
Druck und Bindung: CPI books, Ulm
Printed in Germany
ISBN 978 3 406 82311 4

myclimate shape our future
MIX Papier | Fördert gute Waldnutzung FSC® C083411

verantwortungsbewusst produziert
www.chbeck.de/nachhaltig

Inhalt

1. Akute Gefahr für Deutschland – Warum die AfD gestoppt werden muss

1.1 Ein Geheimplan? Offener Angriff unterhalb des Radars!

Lange bevor Millionen Menschen gegen die AfD auf die Straße gehen werden, feiert die rassistische Pegida-Bewegung in Dresden ein Jubiläum. Eine Menschenmenge steht dicht gedrängt unweit der imposant erleuchteten Frauenkirche vor der Bühne und wartet auf den Star-Gast des Abends. Es ist ein Februarabend im Jahr 2020, unmittelbar vor Ausbruch der Corona-Pandemie. Hier startet und endet heute der 200. «Spaziergang», wie jene, die eine vermeintliche «Islamisierung des Abendlandes» heraufbeschwören, ihre Demos nennen. Von dieser Bühne hat der vorbestrafte Pegida-Mitbegründer Lutz Bachmann jüngst noch politische Gegner in NS-Jargon als «Schädlinge», «Parasiten» und «Maden» bezeichnet. In einer lupenreinen Vernichtungsfantasie sprach er darüber, wie der gesellschaftliche Graben geschlossen werden könnte. Alle Unterstützer der «Volksfeinde» sollten rein in den Graben, so Bachmann damals: «Wir werfen sie in den Graben. Dann schütten wir diesen Graben zu.»[1]

Diese Hass-Rede hat die zumeist männlichen, mittelalten bis älteren Zuschauer nicht davon abgehalten, an diesem Winterabend wieder zu Pegida zu gehen. Neben einigen jungen Männern im Outfit von Hooligans – dunkle Regenjacken, Turnschuhe – sind es vor allem unscheinbare Normalbürger in Anorak oder Steppjacke. Etliche Besucher begrüßen sich per Handschlag oder Kopfnicken. Man kennt sich in dieser verschworenen Gemeinschaft. Zwei ältere Frauen versuchen aufgeregt, einen Blick auf die

Bühne zu erhaschen – zwischen schwarz-rot-gelben und Pegida-typischen Wirmer-Fahnen mit schwarzgelbem Kreuz auf rotem Grund hindurch. Höflich fragen sie, ob es dem Reporter etwas ausmachen würde, ein wenig zur Seite zu treten: «Wir sind doch gekommen, um den Herrn Höcke zu sehen.» Als der Thüringer AfD-Chef dann die Bühne betritt, gibt es kein Halten mehr. Die Frauen klatschen hektisch in die Hände und fallen mit hohen Stimmen in einen vielstimmigen Chor ein: «Höcke! Höcke! Höcke!» Inmitten dieser aufgekratzten Menge zu stehen ist ein beklemmendes Gefühl. Man wird Zeuge eines verstörenden Personenkults.

Björn Höcke, ehemaliger Gymnasiallehrer in Hessen, beginnt mit einer verbalen Verbeugung vor seinen sächsischen Gastgebern. Es sei ihm eine «besondere Ehre», hier zu sprechen. Pegida habe Geschichte geschrieben. Darüber, dass hier gegen Menschen schon mal als asoziale «Maden» und «Parasiten» gehetzt wird, verliert er kein Wort. Seine Rede ist dann nicht weniger als eine Kampfansage an die pluralistische Demokratie.[2] Ohne sie namentlich zu erwähnen, zielt der starke Mann der AfD auf NGOs wie die Amadeu Antonio Stiftung, Beratungsstellen von Opfern rechter Gewalt und Initiativen gegen Rassismus und Antisemitismus, deren Arbeit durch Förderprogramme der Länder und des Bundes finanziert werden: «Auch das werden wir abstellen, wenn wir in Regierungsverantwortung sind.» Der Staat dürfe nicht als «Ideologieproduzent» auftreten. Es folgt eine unverhohlene Drohung: «Deswegen werden wir diese sogenannte Zivilgesellschaft, die aus Steuergeld-Millionen finanziert wird und sich daraus nährt, dann leider trockenlegen müssen.» Wieder begeisterte Rufe: Höcke! Höcke! Später dann ein dumpfer, aggressiver Chor: «Widerstand! Widerstand!» Redner und Anhänger schaukeln sich vor der hell erleuchteten Silhouette der Frauenkirche gegenseitig hoch. Die Menge jubelt, als Höcke ankündigt, endlich «wieder Politik für unser Volk» machen zu wollen. In dieser Rhetorik ist kein Raum für unterschiedliche gesellschaftliche Interessen und Ziele – sie kennt nur eine Art von Deutschen.

Dann wird deutlich, wie weit außerhalb des demokratischen Diskurses sich Höcke bewegt. Deutschland nennt er ein «Irrenhaus». Könnte man ein Dach darüberziehen, wäre dieses Land «eine geschlossene Anstalt». Höcke greift frontal die demokratische Praxis sowie gewählte Regierungen an: «Und ich möchte an dieser Stelle ergänzen, dass Deutschland ein ganz besonderes Irrenhaus ist. Nämlich ein Irrenhaus, in dem die Patienten tatsächlich denken, dass sie die Ärzte sind.» Das Publikum dankt ihm den Spruch mit höhnischem Gelächter. Auch die beiden weiblichen Fans nebenan sind entzückt. So spricht niemand, der demokratischen Wettbewerb akzeptiert. Demokraten unterstellen einander keine psychischen Krankheiten. Sie verhöhnen einander nicht mit Hasssprache. Aus Höcke spricht an diesem Abend pure Demokratieverachtung. Eingestreute Lippenbekenntnisse zur parlamentarischen Demokratie und zur Menschenwürde wirken da wie Hohn.

Der gebürtige Westfale aus der Kleinstadt Lünen ist ein mittelmäßiger Redner. Gern greift der ehemalige Geschichtslehrer auf bewährte Textbausteine zurück. Wer ihn häufiger hört, erkennt die immer gleichen Versatzstücke. Seinen Auftritt vor den dankbaren Anhängern in der Pegida-Hochburg Dresden beendet Höcke denn auch mit einem seiner sprachlichen Lieblingsbilder. Zunächst verbreitet er aber noch eine rechte Verschwörungstheorie, warnt vor einer angeblich geplanten, nicht näher beschriebenen «Transformation», die er raunend «der große Umbau» nennt. Ziel sei die «Überwindung der Völker» und «der Kulturen». Seine Erzählung knüpft an das rechtsextreme Konzept des Ethnopluralismus an, das die Homogenität von Völkern und Kulturen (anstelle des diskreditierten Rasse-Begriffs) anpreist. Die Vermischung von Kulturen und Ethnien (durch Migration, also durch Menschen) wird von neurechten Vordenkern wie dem französischen Autor Alain de Benoist als Zerstörung und Vernichtung gebrandmarkt. Der ebenfalls neurechte Autor Pierre Krebs brachte die Idealvorstellung des modernisierten Rechtsextremismus auf eine griffige Formel, als er das «Modell einer heterogenen Welt homogener Völker, und nicht umgekehrt» propagierte.[3] Aus diesem ideologischen Baukasten bedient sich der AfD-Politiker in Dresden, um den verhassten «Kartellparteien», wie er politische Konkurrenten unterschiedslos nennt, die Zerstörung Deutschlands zu unterstellen. Die Erzählung vom drohenden Untergang gehört zum Standard-Repertoire seiner Reden.

Angst zu schüren ist unverzichtbar, denn nur so kann sich Höcke als großer Retter aufspielen. Nur wenn die behauptete Bedrohung monströs erscheint, braucht es ja überhaupt Rettung. Schließlich beendet er seinen Auftritt beim Pegida-Jubiläum mit jenem Sprachbild, das er offenbar für so gelungen hält, dass er es auf Straßen und Plätzen gern wiederholt: «Diese verbrauchten Parteien, sie lösen unser Deutschland auf wie ein Stück Seife unter einem lauwarmen Wasserstrahl. Drehen wir diesen Wasserhahn jetzt ab.» Im Klartext: Deutschland wird von den demokratischen Parteien angeblich schleichend und fast unmerklich vernichtet. An dieses heraufbeschworene Horrorszenario knüpft Höcke sein Versprechen: Die AfD und ihr Fußvolk auf der Straße werden diesen perfiden Akt der Vernichtung stoppen.

Als der Thüringer AfD-Chef den Demokraten im Land vor Ausbruch der Corona-Pandemie den Kampf ansagt, gibt es längst keinen Zweifel mehr an dessen rechtsextremer Agenda. Im Dresdner Brauhaus Watzke hat Höcke im Januar 2017 auf Einladung der Jungen Alternative (JA) das Holocaustmahnmal in Berlin als «Denkmal der Schande» verhöhnt und als Ersatz für «diese dämliche Bewältigungspolitik» eine «erinnerungspolitische Wende um 180 Grad» gefordert.[4] Ein geschichtsrevisionistischer Angriff auf die deutsche Erinnerungskultur. Es soll endlich Schluss sein mit der lästigen Verantwortung, die sich aus dem Menschheitsverbrechen Holocaust ergibt. Stattdessen schwört Höcke seine Anhänger auf eine Revision der Geschichte und die Rückbesinnung deutscher Größe ein. «Man wollte uns mit Stumpf und Stiel vernichten», ruft er seinen Anhängern zu. «Man wollte unsere Wurzeln roden.» Mit «systematischer Umerziehung» habe man das nach 1945 auch fast geschafft. Damit soll jetzt Schluss sein. Auschwitz soll als historischer Fixpunkt aus dem Weg geräumt werden. Erst danach kann die historisch diskreditierte völkische Ideologie wiederbelebt werden.

An welche Wurzeln Höcke anknüpfen will, hat er im Jahr 2015 beim neurechten Institut für Staatspolitik (IfS), bei seinem Weggefährten Götz Kubitschek in Schnellroda (Sachsen-Anhalt) klargemacht. Da verbreitete er eine krude, aus dem Tierreich auf den Menschen übertragene Theorie über einen afrikanischen «Ausbreitungstyp» und einen europäischen «Platzhaltertyp» mit angeblich unterschiedlichen «Reproduktionsstrategien».[5] In Afrika sei das die «Klein-r-Strategie», in Europa hingegen die «Groß-K-Strategie». Höcke sprach also über Afrikaner wie über Blattläuse und über Europäer wie Löwen. Diese Rassetheorie (ohne Verwendung des Begriffs Rasse) und vor allem sein Geschichtsrevisionismus wurden ihm innerparteilich fast zum Verhängnis. Zwar wurde Höckes Ideologie auch von vermeintlich Gemäßigten toleriert, doch sorgte man sich zunehmend um das Image der Partei.

Der damalige Bundesvorstand – dem auch schon die spätere Parteichefin Alice Weidel angehörte – beantragte nach Höckes Skandal-Rede in Dresden Anfang 2017 den Parteiausschluss. Der Antrag hatte es in sich. Die Parteiführung warf Höcke eine übergroße Nähe zum Nationalsozialismus vor. Das Landesschiedsgericht der AfD in Thüringen schmetterte den Versuch, den Scharfmacher rauszuschmeißen, im Mai 2018 jedoch ab.[6] Am

Ende durfte er nicht nur bleiben, sondern ging sogar gestärkt aus allen Machtkämpfen hervor. Auch Alice Weidel musste klein beigeben. Seither agiert sie in der AfD von Höckes Gnaden. Nicht nur das: Auch die deutsche Öffentlichkeit hat sich im Zeitraffer an Höcke gewöhnt. Nur drei Jahre nach dem gescheiterten Rauswurf des Skandalpolitikers Höcke wurde die AfD bei der Bundestagswahl im September 2021 in dessen Wahlheimat Thüringen stärkste Kraft.

Der Aufstieg von Björn Höcke ist umso verstörender, als dieser bereits zwei Jahre vor seinem Auftritt beim Pegida-Jubiläum in seinem Buch «Nie zweimal in denselben Fluss» ethnische und politische Säuberungen für den Fall der Machtübernahme angedroht hat. Mit jenem Begriff, der erst Jahre später für ein politisches Beben sorgen sollte. In jenem Buch raunt er, es werde ein «großangelegtes Remigrationsprojekt notwendig sein».[7] Dabei werde man nicht «um eine Politik der wohltemperierten Grausamkeit» herumkommen. Dass die angestrebte Vertreibung von Menschen aus Deutschland nicht ohne Zwang und Gewalt erfolgen kann, wird deutlich, wenn der Autor erklärt, «dass sich menschliche Härten und unschöne Szenen nicht immer vermeiden lassen werden».

Eine solche Politik liefe auf millionenfache Entrechtung hier lebender Menschen hinaus. Da diese Deutschland mehrheitlich sicher nicht freiwillig verlassen würden, müssten die ihrer Rechte Beraubten durch Deportationen weggebracht werden – wohin auch immer. Das düstere Szenario eines rassistisch motivierten staatlichen Gewalt-Projekts. «Vor allem eine neue politische Führung wird dann schwere moralische Spannungen auszuhalten haben», prophezeit Höcke. «Sie ist den Interessen der autochthonen Bevölkerung verpflichtet und muss aller Voraussicht nach Maßnahmen ergreifen, die ihrem eigentlichen moralischen Empfinden zuwiderlaufen.» Als moralische Grundwerte dürfen wohl die Achtung der Menschenwürde und der körperlichen Unversehrtheit gelten. Die Schreckensvision von einem «großangelegten Remigrationsprojekt» ist aber ohne massenhafte staatliche Gewalt undenkbar.

Neben ethnischen deutet Höcke in seinem Buch auch politische Säuberungen an. Betroffen wären davon alle, die eine völkisch-rassistische Politik nicht mittragen wollen: «Auch wenn wir leider ein paar Volksteile verlieren werden, die zu schwach oder nicht willens sind, sich der fortschreitenden Afrikanisierung, Orientalisierung und Islamisierung zu widersetzen.»[8] Die «deutsche Unbedingtheit» werde garantieren, so Höcke, «dass wir die Sache gründlich und grundsätzlich anpacken». Wenn die ersehnte Wendezeit gekommen sei, «dann machen wir keine halben Sachen». In einer Demokratie verliert man aber keine «Volksteile», weil durch die Verfassung individuelle Freiheit, Pluralismus und Minderheitenrechte garantiert sind. Ausgegrenzte Bevölkerungsgruppen lassen sich nur in einem Willkürregime entrechten, in Lager sperren oder ermorden. Der Historiker Götz Aly hat Höckes Andeutungen als «eindeutig verfassungsfeindlichen Aufruf, Waffen zu vergraben und Nächte der langen Messer vorzubereiten», bezeichnet.[9]

Die Absichten und Ziele von Björn Höcke sind also keineswegs geheim, sondern liegen seit langem offen. Höcke ist in der AfD auch kein isolierter Sonderling, sondern wurde vom heutigen Ehrenvorsitzenden Alexander Gauland im Jahr 2019 demonstrativ als «Mitte der Partei» bezeichnet.[10] Auch Parteichefin Alice Weidel ist mittlerweile eine politische Komplizin. Höckes Radikalität hat ihm weder öffentlich geschadet noch der AfD den Aufstieg zur völkischen Volkspartei im Osten verbaut. Journalistische Medien pflegen weiterhin einen geradezu naiven Umgang mit dem fanatischen Ideologen. So fragte der Moderator in einem MDR-Sommerinterview ausgerechnet den Rechtsextremisten Höcke, ob die AfD denn nun eine Brandmauer gegen rechts errichten wolle. ZDF-Moderator Markus Lanz räumte Co-Parteichef Tino Chrupalla in seiner Talkshow im Februar 2024 die Deutungshoheit ein, als dieser erklären durfte, er halte Höcke nicht für rechtsextrem.[11] Ganz so, als sei das eine Frage des Bauchgefühls und nicht von politikwissenschaftlichen Kriterien. Erstaunlicherweise blieb die Ankündigung für ein «großangelegtes Remigrationsprojekt», das Höcke als Buchautor in Umrissen anschaulich werden lässt, rund sechs lange Jahre ohne nachhaltigen gesellschaftlichen Aufschrei.

Der erfolgte dann umso lauter nach dem sogenannten Geheimtreffen von Potsdam, das die Rechercheplattform «Correctiv» im Januar des Superwahljahrs 2024 aufdeckte.[12] In einem Landhotel hatte der österreichische Rechtsextremist Martin Sellner vor AfD-Politikern, CDU-Leuten, Mitgliedern der Werteunion, Rechtsextremisten und Unternehmern seine Pläne für eine «Remigration» vorgestellt. Eingeladen hatte dazu Correctiv zufolge auch der ehemalige Düsseldorfer Zahnarzt Gernot Mörig, der schon vor vielen Jahren als «Bundesführer» des extrem rechten «Bund Heimattreuer Jugend» (BHJ) aufgefallen war.[13] Nach der Enthüllungs-Story «Geheimplan gegen Deutschland» gingen bundesweit Millionen Menschen gegen Vertreibungspläne und gegen die AfD auf die Straße. Die Demonstrationen wuchsen zur größten Protestwelle in Deutschland nach 1945 an. Auf Transparenten erteilten die Teilnehmer jeglichen Deportationsfantasien und völkischer Ideologie eine Absage.

Erst der investigative Blick durchs Schlüsselloch und die journalistische Erzählung vom klandestinen Hinterzimmertreffen öffneten Millionen Menschen die Augen darüber, was sich hinter dem harmlos anmutenden Begriff «Remigration» verbirgt. Nämlich die rassistisch motivierte Absicht, Schülerinnen aus ihren Klassen, Nachbarn aus Wohnhäusern und Kolleginnen aus Betrieben zu reißen. Aus keinem anderen Grund als einer rassistischen Reinheits-Ideologie. Es brauchte journalistische Undercover-Arbeit und heimlich aufgenommene Schnappschüsse von mutmaßlichen Verschwörern, damit millionenfach verstanden wurde: Die meinen uns. Es geht um unsere Freunde.

Anders als die Schlagzeile vom «Geheimplan» suggeriert, war daran inhaltlich nichts wirklich neu, wie ja bereits ein Blick in Höckes Pamphlet gezeigt hat. Vielmehr hat der von Höcke in die AfD eingespeiste Begriff der *Identitären Bewegung* in der Partei längst Karriere gemacht. Im Sommer 2023, also schon Monate vor dem Treffen von Potsdam, trat beim Bundesparteitag der AfD in Magdeburg die Europa-Kandidatin Irmhild Boßdorf aus NRW ans Mikrofon und rief dazu auf, nicht den menschengemachten Klimawandel, sondern den «menschengemachten Bevölkerungswandel» zu fürchten. Dieser solle Europa «in eine Siedlungsregion für Millionen Afrikaner und Araber umwandeln». Masseneinwanderung sei immer das Problem und niemals die Lösung, giftete die Kandidatin im typischen AfD-Sound, um dann zu fordern: «Die Lösung lautet Remigration. Millionenfache Remigration.»[14]

Doch solche Reden blieben eine Randnotiz. Um die so lange apathische Mehrheit im Land aufzuwecken, bedurfte es der verstörenden Correctiv-Geschichte. Die Erschütterung darüber entfachte eine beispiellose Bereitschaft zur Verteidigung der Demokratie. Bemerkenswert am Auslöser dieser Massenproteste waren die exponierte Rolle des verpönten rechtsextremen Spindoctors Sellner als Einflüsterer sowie der illustre, lagerübergreifende Kreis der Gäste, der Assoziationen an antidemokratische Zirkel in der späten Weimarer Republik weckte. Der Ort ließ an die Wannsee-Konferenz denken, wo der Holocaust geplant und organisiert wurde. Völkische Reinheitsfantasien verfangen offenkundig auch heute wieder bis in reaktionäre, bürgerlich-konservative Kreise. Inhaltlich ist der Versuch, konkrete Bevölkerungsgruppen für eine staatlich organisierte ethnische Säuberung zu definieren, ein Beleg dafür, dass unter dem Label «Remigration» tatsächlich konkrete Vertreibungspolitik organisiert werden soll. Aber auch dafür, dass die AfD für ihren Anschlag auf unser Zusammenleben derzeit offenbar noch über kein finales Gesamtkonzept verfügt.

Gleichwohl machen dieses und andere Vernetzungstreffen wie etwa im bayerischen Dasing mehr als deutlich, dass «Remigration» weit mehr als ein radikal rechter PR-Kampfbegriff ist.[15] In Dasing trat nach Angaben des bayerischen Verfassungsschutzes ebenfalls Sellner als Redner auf, auch AfD-Landtagsabgeordnete nahmen an diesem Treffen teil.[16] Die Umsetzung eines staatlich-rassistischen Gewaltprojekts wird im Lager der extremen Rechten offenkundig vorbereitet. Darüber können auch die verzweifelten Versuche der AfD, das Label zu retten, nicht hinwegtäuschen. Die AfD-Parteichefs Alice Weidel und Tino Chrupalla haben nach der Correctiv-Veröffentlichung gebetsmühlenartig behauptet, das Treffen von Potsdam sei Privatsache gewesen. Aber Pläne für die massenhafte Vertreibung von Menschen aus Deutschland sind weder privat noch harmlos. Das bewies nicht zuletzt die AfD selber. Nach der Enthüllung verlor der Referent von Alice Weidel, Roland Hartwig, ehemaliger Spitzenjurist der Bayer AG seinen Job. Konkrete Gründe wurden zunächst nicht genannt. Allerdings hatte er an den Treffen in Potsdam teilgenommen.[17]

Der Rechtsextremist Sellner hat nach dem aufgeflogenen Treffen bestritten, dass es bei «Remigration» um «gewaltsame Vertreibung» und die «willkürliche Entrechtung von Bevölkerungsgruppen» gehen soll.[18] Primäre Zielgruppe seien vielmehr jene, die sich «über Asylbetrug einen Aufenthaltsstatus erschlichen haben». Hinzu kämen «Nichtstaatsbürger, die eine kulturelle, wirtschaftliche und kriminologische Belastung darstellen». Diese Formulierung öffnet jedoch Tür und Tor für politische Willkür gegen Minderheiten. Darüber hinaus nimmt Sellner als Österreicher drittens auch «nichtassimilierte Eingebürgerte» als Zielgruppe für seine Pläne ins Visier. Mit anderen Worten: deutsche Staatsbürger. Das Grundgesetz kennt aber keine Pflicht zur Assimilierung. Es garantiert vielmehr individuelle Freiheit, um innerhalb der rechtlichen Grenzen eigene kulturelle oder religiöse Vorstellungen ausleben zu können.

Die AfD inszenierte sich als Opfer einer «Schmutzkampagne», verglich die investigative Recherche mit «Stasi-Methoden» (so u. a. die Parteichefs Chrupalla und Weidel), also mit systematischer staatlicher Überwachung durch das flächendeckende DDR-Spitzelsystem, und sprach von einem der größten Skandale in der bundesdeutschen Geschichte überhaupt. Propagandistische Nebelkerzen und Desinformation sollten ablenken und Verwirrung stiften. Pläne für ein vermeintlich reineres, homogeneres Deutschland werden in diesem Buch noch ausführlich analysiert. An dieser Stelle nur so viel: Der AfD-Vordenker Björn Höcke steht parteiintern mit seiner Haltung Seite an Seite mit Funktionären aller Partei-Ebenen.

Gemeinsam mit dem Thüringer AfD-Chef veröffentlichten die Fraktionsvorsitzenden der fünf ostdeutschen Bundesländer, darunter Ulrich Siegmund (Sachsen-Anhalt, ein Teilnehmer am sogenannten Geheimtreffen in Potsdam), Hans-Christoph Berndt aus Brandenburg und Jörg Urban aus Sachsen, eine gemeinsame Stellungnahme zur «Remigration».[19] Darin beteuern sie, bei ihrem Vorgehen gegen sogenannte «Sozialmigration» nach Recht und Gesetz vorgehen zu wollen, und kündigen eine Reform des Staatsangehörigkeitsrechts an. Das AfD-Personal ist um einen legalistischen Eindruck bemüht. Es ist aber auch ausdrücklich von «Assimilationsdruck auf nichtintegrierte Ausländer» die Rede. Am Ende fordern die AfD-Spitzenpolitiker in unheilvollem Duktus nationalistische Homogenität: «Deutschland muss wieder deutscher werden.»[20] Darin spiegelt sich genau jenes völkische Denken, das die AfD nach außen hin so gern bestreitet.

Die AfD reagierte jedenfalls hochgradig nervös auf die Enthüllungs-Story. Nicht nur, weil sie in ihrem völkischen Kern durchschaut wurde, sondern weil sich ihrem scheinbar unaufhaltsamen Aufstieg endlich Millionen von Menschen überall im Land mit eindeutigen Botschaften entgegenstellten. Die lauteten: Wir lassen dieses vielfältige Deutschland nicht in einen völkischen Willkürstaat verwandeln. Wir lassen nicht zu, dass Freunde und Kolleginnen für rassistische Reinheitsfantasien geopfert werden. Wir werden diese Demokratie verteidigen. Oder ganz einfach auf den Punkt: Nie wieder!

Bemerkenswert war, dass nicht nur in Hamburg, Köln, München oder Leipzig Zehntausende Menschen zur Verteidigung der liberalen Demokratie auf die Straße gingen. Nicht nur in mittelgroßen Städten wie Stuttgart, Bielefeld, Hannover, Magdeburg oder Dresden, sondern auch Menschen in vielen rechten Hochburgen im Osten – von Mecklenburg-Vorpommern über Sachsen bis Thüringen: in Anklam, Bautzen, Freiberg oder Gera. Auch in kleinen sächsischen Orten wie Döbeln, Grimma, Dippoldiswalde oder Waldheim. Da, wo es Mut erfordert, weil rechtsextreme Strukturen und Akteure stark sind und über Jahre Hegemonie im Alltag errichtet haben, gegen die kaum jemand aufzubegehren wagt. Wo 200 Demonstrierende ein starkes Signal sind, weil dort jeder jeden kennt und bekennende Demokratinnen und Demokraten vielerorts eben nicht mehr – wie so oft fälschlicherweise behauptet wird – die Mehrheit sind.

Die Mutigen dort haben von Anfeindungen, Provokationen, vermummten Hooligans und versuchten Übergriffen durch rechtsextreme Störer auf ihre Demos berichtet. Im sächsischen Dippoldiswalde attackierte ein 26-Jähriger einen Polizeibeamten. Ein Jugendlicher zeigte den sogenannten Hitler-Gruß.[21] Einschüchterungen und Drohgebärden gab es vielerorts. Beliebt ist bei rechten Aktivisten, Demonstrierende aus bedrohlich kurzer Distanz abzufilmen. Die Rechtsextremisten in der ostdeutschen Provinz reagierten auch deshalb so aggressiv, weil sie seit Jahren die Macht über die Straße ausüben und sich ihnen bei den regelmäßigen Mobilisierungen gegen die Corona-Maßnahmen und im Zuge des russischen Überfalls auf die Ukraine kaum jemand entgegengestellt hat. Nun wurde ihre Hegemonie offen in Frage gestellt. Das empfanden sie als Provokation und Kampfansage.

Infolge der demokratischen Mobilisierung sanken die bundesweiten Umfragewerte für die AfD zwar auf unter 20 Prozent, doch blieb sie in ostdeutschen Ländern wie Thüringen oder Sachsen, wo sie vom Verfassungsschutz als erwiesen rechtsextremistisch eingestuft wird, weiterhin stärkste Kraft mit Werten über 30 Prozent. Auch die Kommunalwahl in Thüringen im Mai 2024 brachte vorerst nicht den von ihr erhofften Durchmarsch in Rathäuser und Landratsämter. Doch schafften es die Kandidaten der Partei, die im Gegensatz zu den Regierungsparteien deutlich zulegen konnte, trotz diverser Skandale rund um das Spitzenduo für die Europawahl, Maximilian Krah und Petr Bystron, sowie erbitterter Machtkämpfe im Thüringer Landesverband vielerorts in die Stichwahlen. In Saalfeld-Rudolstadt forderten AfD-Abweichler den Parteiausschluss von Landes-Chef Höcke, woraufhin sie selbst kaltgestellt werden sollten. Höcke hatte mit Plakaten für eine «Alternative für den Landkreis Saalfeld-Rudolstadt» geworben – und damit gegen die unliebsamen, aber offiziell aufgestellten AfD-Kandidaten für den Kreistag.[22] Doch das interne Chaos schreckte viele Wählende offenbar nicht ab. In den Thüringer Kreistagen und Stadträten liegt die AfD nunmehr fast gleichauf mit der CDU vorn. Für das demokratische Lager ist also trotz der beeindruckenden Aufbruchstimmung im Land nach dem Potsdam-Treffen noch nichts gewonnen – und für die AfD nichts verloren.

Wie aber war es möglich, dass ein Rechtsextremist wie Björn Höcke mit seiner Partei überhaupt in die Nähe der Macht gelangen konnte? Welche Strategie verfolgt er dabei? Um zu verstehen, wie der AfD-Chefideologe seine demokratiefeindlichen Ziele verfolgt, lohnt ein Rückblick ins Jahr 2018. Da hat er in einer weithin unbekannten Rede vor Anhängern in einem Saal in Eisleben, Sachsen-Anhalt, tiefe Einblick in seine radikale Gedankenwelt gewährt.[23] Höcke erklärt darin, was er von dem italienischen Philosophen und Kommunisten Antonio Gramsci gelernt habe. Von Gramsci hat die Neue Rechte in Europa trotz dessen linker Vita das Konzept der kulturellen Hegemonie übernommen. Zentral ist die Erkenntnis, dass man zunächst die Meinungsführerschaft in der Gesellschaft gewinnen muss, bevor reale politische Macht erlangt werden kann. «Nur, wenn man den Zeitgeist beherrscht, kann man die kulturelle Hegemonie erwerben», doziert Höcke in Eisleben. Und nur, wenn man die kulturelle Hegemonie erworben habe wie einst die 68er, «kann man irgendwann und wirklich langfristig die politische Macht erwerben.» Die Neue Rechte nennt diesen strategischen Kulturkampf in Vorbereitung auf die Machtübernahme «Metapolitik».

Für dieses politische Langzeitprojekt führt die radikale Rechte einen «Kampf um die Köpfe». Höcke spricht in Eisleben vom «Kampf um die Begriffe»: «Wer die Begriffe prägt, der prägt die Sprache. Wer die Sprache prägt, der prägt das Denken. Wer das Denken prägt, der prägt den politischen Diskurs. Und wer den politischen Diskurs prägt, der beherrscht die Politik, egal ob er in der Opposition ist oder in der Regierung.» Aus diesem Grund verunglimpft die AfD demokratische Parteien als «Altparteien-Kartell» oder «Deutschland-Abschaffer». Dahinter steckt der systematische Versuch, die parlamentarische Demokratie und ihre Repräsentanten zu diskreditieren und Demokratie stattdessen in ganz eigener Weise zu definieren. Nämlich als Umsetzung eines einheitlichen, antipluralistischen Willens, der als «Politik für das eigene Volk» ausgegeben wird. Folgerichtig hat Höcke bei einer Kundgebung im November 2022 in Erfurt behauptet, in Deutschland gebe es aktuell gar keine Demokratie. So funktioniert der Kampf um die Begriffe in der Praxis: Aus Weiß wird Schwarz. Aus der parlamentarischen Demokratie eine Parteienherrschaft, die das eigene Volk unterdrückt und die beseitigt werden muss.

Um sowohl die Grenzen des Sagbaren kontinuierlich weiter nach rechts verschieben zu können, gleichzeitig aber auch die bürgerliche Mitte nicht zu verschrecken, hat der neurechte Verleger und Einflüsterer Götz Kubitschek in seinem Magazin *Sezession* eine Strategie mit drei rhetorischen Methoden entwickelt, an der sich die AfD bis heute orientiert.[24] Kubitschek empfiehlt, mit gezielten «Brückenköpfen» in Grenzbereiche «des gerade noch Sagbaren und Machbaren» vorzustoßen. Durch «Verzahnung» soll zudem die «Auflösung klarer Fronten» bewirkt werden, indem man etwa Begriffe des politischen Gegners verwendet. Kalkulierte «Selbstverharmlosung» dient schließlich dazu, jegliche Kritik zu entkräften und die eigenen radikalen Ziele zu verschleiern. Aus diesem Grund sprechen AfD-Politiker vor den eigenen Leuten völlig anders als in TV-Talks, wo es Gauland, Chrupalla & Co. vor allem darum geht, demonstrativ die eigene Harmlosigkeit zur Schau zu stellen. Viele Redaktionen haben das bis heute nicht verstanden und gehen den AfD-Leuten auf den Leim, wenn diese ihre Partei als «konservative» oder «bürgerliche» «Rechtsstaatspartei» verniedlichen. Das strategische Repertoire im öffentlichen Diskurs reicht neben Selbstverharmlosung von Lügen über Desinformation bis zu Verschwörungserzählungen. Je nachdem, wer gerade der Adressat ist.

Höcke hat die AfD vor Anhängern als die «letzte evolutionäre Chance»[25] für Deutschland bezeichnet. Als Alternative zur Evolution bleibt für Veränderung der politischen Verhältnisse freilich nur die Revolution. Höcke selbst hat versucht, seine Worte herunterzuspielen. Angeblich wollte er mit dieser Aussage nur vor der Gefahr durch «Masseneinwanderung» warnen. Im November 2023 sagte Höcke bei einer Rede in Dresden, Deutschland befinde sich im «Stadium des ‹Vorbürgerkriegs›». Wenn aber erst Bürgerkrieg herrscht – so lehrt es der Philosoph Thomas Hobbes –, fällt der Mensch in einen Naturzustand zurück, wo jedes Individuum im Kampf aller gegen alle das Recht auf

Selbstverteidigung besitzt. Die behauptete Friedfertigkeit der AfD zeigt bisweilen verräterische Risse.

Ohnehin sollte der legalistische Kurs der Partei auf dem Weg zur Macht nicht mit demokratischen Absichten verwechselt werden. Höcke hat in seiner Eislebener Rede unter Rückgriff auf die griechische Mythologie davon gesprochen, die Republik und das angeblich herrschende «medial-politische Establishment» seien zu einem «politischen Augiasstall geworden». Gemeint ist damit ein stark verdreckter Raum – oder umgangssprachlich: ein Saustall. «Wir müssen diesen Augiasstall ausmisten», rief Höcke seinen begeisterten Zuhörern zu. «Dieses Land braucht eine politische Grundreinigung. Das muss Anspruch und Ziel der AfD sein.» Vorstellungen von einer Reinigung des vermeintlich dekadenten demokratischen Systems sind ein Wesensmerkmal des Faschismus. Auch hier also wieder: die Aussicht auf ethnische und politische Säuberungen für den Fall der Machübernahme durch die AfD.

Mit seinen Reinheitsfantasien ist Höcke in der AfD keineswegs allein. Erinnert sei daran, was der heutige Landesvorsitzende der AfD in Baden-Württemberg, Markus Frohnmaier, bereits im Jahr 2015 bei einer Rede in Erfurt an linke «Gesinnungsterroristen» und einen «Parteienfilz» adressierte: «Wenn wir kommen, dann wird aufgeräumt, dann wird ausgemistet, dann wird wieder Politik für das Volk und zwar nur für das Volk gemacht, denn wir sind das Volk, liebe Freunde.» Solche Ermächtigungsfantasien lassen Raum für staatliche Willkür, Entlassungen bis hin zu systematischer Gewalt. Bezeichnenderweise war dieser Verbalradikalismus für den Nachwuchspolitiker Frohnmaier in der AfD kein Karriere-Killer, sondern im Gegenteil ein Sprungbrett, das ihm Aufmerksamkeit und Erfolg bescherte.

Ein Verzicht auf Gewalt und Militanz auf dem Weg zur Macht wird übrigens innerhalb der Neuen Rechten gern taktisch begründet – nicht ethisch-moralisch oder rechtlich. So hat Martin

Sellner in seinem programmatischen Essay «Der kommende Aufstand» rechten Fantasien von einem Tag X des gewaltsamen Aufstands mit der pragmatischen Begründung eine Absage erteilt, diese seien «für das rechte Lager nicht nur schädlich und unnötig, sondern auch wesensfremd». Schließlich stehe die politische Rechte für Ordnung und Staatlichkeit. Ähnlich wie der neurechte Verleger Götz Kubitschek trete er, Sellner, daher für Gewaltfreiheit und die «Ausscheidung aller militanten Spinner» ein. Der Grund dafür sei nicht Feigheit oder eine «bürgerlich-pazifistische Attitüde, sondern realistische Voraussicht». Das klingt nicht gerade nach einer kategorischen Ablehnung von Gewalt, sondern nach taktischen Erwägungen. Sellner und das von Götz Kubitschek als verantwortlichem Redakteur geleitete Magazin *Sezession* sind wichtige Impulsgeber für die AfD. Wir werden indes aufzeigen, wie ambivalent das Verhältnis zu rechter Militanz innerhalb und rund um die Partei de facto ist. Und wie inkonsequent der Umgang mit jenen Kadern ist, die von einem politischen Umsturz träumen. Nicht mal beim Thema Rechtsterror ist die Haltung eindeutig. Im Gegenteil: Die AfD facht das Feuer mit an.

Für all jene, die nicht den Reinheitsvorstellungen der AfD entsprechen, ist das verbale Zündeln von rechts schon jetzt brandgefährlich. In ihrem Lieblings-Café in Erfurt sitzt Sultana Sediqi und erzählt von ihrem Alltag in der AfD-Hochburg Thüringen. Die 19-Jährige war als Kind mit ihrer Familie aus Afghanistan geflohen. Nach einer belastenden Zeit in einer Sammelunterkunft, die sie Lager nennt, kamen sie vor einigen Jahren nach Erfurt, wo Sultana mittlerweile ihr Abitur machte. Die junge Frau erklärt, warum sie sich politisch zu engagieren begann. Nachdem ein erwachsener Rassist einen Jugendlichen aus Syrien in einer Erfurter Straßenbahn gedemütigt und brutal zusammengeschlagen hatte, wollte sie nicht länger schweigen. Da wusste sie: «Ich muss was tun.» Trotz aller Warnungen der Eltern und ihrer Lehrerin, das sei doch zu gefährlich, hielt sie auf einer Demo gegen Rassismus eine kurze Rede. Gezittert habe sie, als sie ans Mikro trat, erinnert sie sich. Dann sprach sie darüber, dass sie den Rassisten weder ihre Angst noch ihren Hass schenken werde. Trotzig forderte sie ihren Platz ein: «Wir sind nicht ein Teil oder Gäste dieser Gesellschaft. Wir sind diese Gesellschaft und wir lassen uns nicht auseinanderdividieren. Wir alle gehören zu dieser Welt. Zu Deutschland. Zu Erfurt.» Für ihre bewegenden Worte bekam sie viel Zuspruch. Seither engagiert sie sich bei dem Verein «Jugendliche ohne Grenzen» für junge Menschen mit einer Migrationsgeschichte, gibt Workshops, hält Reden bei Demos, hilft Geflüchteten bei der Wohnungssuche und hält Kontakt zu diesen Familien. Sultana Sediqi gibt all jenen eine Stimme, die sonst oft unsichtbar und ungehört bleiben.

Sie redet, schreibt und träumt in Deutsch. In geschliffenem Deutsch, um genauer zu sein. «Trotzdem wird mir täglich widergespiegelt, dass ich fremd bin», sagt sie. «Das stetige Gefühl von Angst und Unsicherheit ist immer präsent. Egal, wo ich bin. Beim Friseur, beim Arzt, in der Straßenbahn.» Neulich stand sie am Anger in der Erfurter Innenstadt, als ein rechter Demonstrationszug vorbeikam. Bei diesen hybriden Protesten laufen Aktivisten des Bündnisses «Freies Thüringen», das nach den Erkenntnissen der Mobilen Beratung in Thüringen (MOBIT) durch Verschwörungs- und Reichsbürger-Ideologie geprägt wird, mit AfD-Anhängern, Querdenkern und anderen radikalen Gruppen. Als die Demonstranten vorbeiliefen, habe sie die Panik in den Augen von Menschen gesehen, die wie sie eine Migrationsgeschichte haben. Eine Mutter habe ihre Kinder fest an sich gedrückt, berichtet Sultana: «Ich habe gemerkt, wie viel Angst mich selbst überkommt.» Sie, die sonst so unerschrocken und mutig ist.

Im sogenannten «heißen Herbst», den die extreme Rechte Ende des Jahres 2022 ausrief, schürte Björn Höcke bei einer

Kundgebung in der Nähe des Erfurter Landtags auf perfide Weise Hass gegen Geflüchtete. Da hat er vorgerechnet, dass ukrainische Flüchtlinge auf rund 1000 Euro Sozialleistungen pro Monat kommen. «Und eine Rentnerin, die drei Kinder großgezogen hat, die erhält meines Wissens 751 Euro», rief Höcke. «Und das ist das, was mir die Zornesröte ins Gesicht treibt.» Mit seiner Wutrede, die Rente und Sozialleistungen vermischte, um Geflüchtete und Deutsche gegeneinander auszuspielen, provozierte der AfD-Politiker beim Publikum ein gellendes Pfeifkonzert und hasserfüllte Rufe: «Verrat!» Höcke versteht es, den Furor jener zu wecken, die meinen, zu kurz zu kommen. Die AfD wird nicht müde, Migranten und Kriegsflüchtlinge als dreiste Profiteure des Sozialstaats zu brandmarken. Der Hass, der auf diese Weise geschürt wird, breitet sich aus wie ein unsichtbares Gift. In Familien, Wohnhäusern und Schulen. Mit ihrem «Kampf um die Köpfe» ist die AfD in der Offensive und schafft immer neue Ansteckungseffekte.

Aus Worten werden immer häufiger Taten. Die Beratungsstellen für Opfer rechter Gewalt, die sich im Bundesverband VBRG organisieren, warnen seit Jahren eindringlich vor rassistischen Mobilisierungen und der Stigmatisierung von Minderheiten. Weil daraus erfahrungsgemäß rechte Gewalt bis hin zu Rechtsterror erwachsen kann wie seinerzeit bei der Gruppe Freital in Sachsen, die im Umfeld der Anti-Asylproteste entstand und Anschläge auf eine Unterkunft für Geflüchtete sowie auf politische Gegner verübte. Sultana Sediqi hat von einer ukrainischen Familie erfahren, deren Töchter weinend aus der Schule kamen und erzählten, dort beleidigt und bespuckt worden zu sein. Eine Mutter aus Afghanistan vertraute ihr an, dass ihr Sohn nachts aufwache und sie bitte sie mögen doch zurück nach Afghanistan gehen. Mitschüler aus der Grundschule hätten ihm zu verstehen gegeben: Du gehörst nicht hierher! Du musst dahin zurück, wo du hergekommen bist! Sultana kennt viele solcher Geschichten. Einige Zeit nach dem Interview in dem Erfurter Café wird sie in der Bundespressekonferenz in Berlin an der Seite der Opferberatungen auftreten, weil die Zahl der rechten, rassistischen und antisemitischen Angriffe auf Kinder und Jugendliche explodiert ist. Von 2021 auf 2022 hat sich die Zahl der betroffenen Kinder und Jugendlichen fast verdoppelt – auf 520.[26] Die permanente Agitation gegen Minderheiten bekommen immer stärker auch die Schwächsten zu spüren.

Sultana Sediqi kämpft weiter gegen den alltäglichen Rassismus, vernetzt sich mit Gleichgesinnten, tauscht Geschichten aus und erhebt bei Kundgebungen immer wieder ihre Stimme für Geflüchtete – und gegen die allgemeine Gleichgültigkeit. Bei Demos hält sie zornige Reden gegen die «Festung Europa» und eine unmenschliche Abschiebepraxis. Wohlwissend, dass viele andere das nicht nur hinnehmen, sondern sogar gutheißen. Währenddessen wird die AfD immer stärker. Auf der Bühne klingt die angehende Studentin kämpferisch, entschlossen, angetrieben vom Mut und von der Wut einer Verzweifelten. Unter vier Augen wirkt Sultana oft nachdenklich und verletzlich. Mitunter fühlt sie eine große Ohnmacht. Ständig sei sie dem Gefühl ausgesetzt: «Ich könnte vielleicht angegriffen werden.» Sie weiß, dass sich dramatisch anhört, was sie von ihrem Leben in Erfurt erzählt: «Aber die Lage ist dramatisch.»

Sultana Sediqi erlebt und erfährt alltäglich, wie das Zusammenleben durch Rassismus und Ausgrenzung vergiftet wird – wohlgemerkt in einer Zeit, in der die AfD nicht an der Macht ist. Wie viele ihrer deutschen und nichtdeutschen Freundinnen und Freunde sorgt sich die junge Frau sehr darum, wie es in Thüringen und in Deutschland weitergehen wird. Die Bedrohung nehme ein Ausmaß an, «das wir nicht kontrollieren können». Die Unsicherheit, die sie Tag für Tag begleitet, kommt ihr bekannt vor. Sie dachte eigentlich, sie habe dieses beklemmende Gefühl für immer hinter sich gelassen – damals in Afghanistan. «Ich weiß nicht, was mich noch erwartet», sagt Sultana.

1.2 Terrorverdächtige und extremistische Netzwerke – Die ultraradikalen Kader der AfD

Wenn die Hubschrauber der Bundespolizei Terrorverdächtige zum Haftrichter am Bundesgerichtshof einfliegen, ist es mit der Ruhe in Karlsruhe vorbei. Die Piloten landen mitten in der Stadt in der Nähe des Schlosses auf einem kleinen Rasenabschnitt hinter dem Haupthaus des Gerichts. Egal ob die RAF-Terroristin Daniela Klette nach Jahren auf der Flucht, Unterstützer des *Nationalsozialistischen Untergrunds,* junge Mitglieder der islamistischen Terrororganisationen *Islamischer Staat* oder *al-Qaida* – sie alle wurden von bewaffneten Polizisten nach der Landung aus dem Helikopter zum Bundesgerichtshof gebracht.

Am 7. Dezember 2022 ist eine AfD-Politikerin an der Reihe. Mehrere Polizisten führen die 58 Jahre alte Birgit Malsack-Winkemann vom Hubschrauber zum Gebäude, über ihre Schultern hängt eine Daunenjacke, so ist nur zu erahnen, dass ihr Handschellen angelegt worden sind. Gut ein Jahr zuvor war die Juristin noch Bundestagsabgeordnete, wo sie mit *Dr. Malsack-Winkemann* aufgerufen wurde, wenn sie an der Reihe war. Das Bundeskriminalamt hatte gegen Malsack-Winkemann seit Monaten ermittelt, weil sie mit Dutzenden anderen Verdächtigen geplant haben soll, die Demokratie mit Gewalt abzuschaffen. Zum Auftakt, so hatte das Bundeskriminalamt ermittelt, sollten vor allem aktive und ehemalige Soldaten des Kommandos Spezialkräfte (KSK) den Bundestag stürmen. Zu den anderen Beschuldigten gehörten tatsächlich ehemalige führende Offiziere der Bundeswehr, von denen ein Verdächtiger im Rang eines Generals mehrere Auslandseinsätze des KSK geleitet hatte – darunter die in Afghanistan und im Kosovo, Länder, die zeitweise in Bürgerkriegen versunken waren, grauenhaftes Morden erlebt hatten. Von einem Bürgerkrieg träumten auch die deutschen Verschwörer.

Malsack-Winkemann war vor ihrem Flug nach Karlsruhe am Morgen an ihrem Wohnort in Potsdam festgenommen worden, Dokumente, Sprachnachrichten und weitere digitale Spuren belasteten sie schwer. Ein Komplize hatte der Richterin geschrieben: «Die ganze Regierung ist in diese Korruption verwickelt … Damit wir in Frieden und Einklang miteinander leben können, müssen diese korrupten Gestalten ausgemerzt werden.»[27] *Ausgemerzt.* Malsack-Winkemann widersprach nicht. Der Bundesgerichtshof stellte später fest, dass ihre persönlichen Vorbereitungen auf einen Umsturz auch dadurch belegt würden, dass die Polizei bei ihr einen Revolver und eine «halbautomatische Selbstladebüchse mit Zielfernrohr» sowie rund 7000 Patronen gefunden hatte. Die AfD-Politikerin unterschrieb zudem eine Verschwiegenheitserklärung, bekam ein Satellitentelefon und soll – ohne Erfolg – versucht haben, weitere Mitglieder für die Gruppe anzuwerben, die sich den Namen «Patriotische Union» gegeben hatte. Filme auf dem Smartphone eines Beschuldigten zeigten zudem, dass sie noch im Spätsommer 2022 mutmaßliche Komplizen zweimal durch den Bundestag geführt hatte, um, so der Vorwurf der Bundesanwaltschaft, auszukundschaften, wie der Bundestag im alten Reichstagsgebäude, das Symbol der deutschen Nachkriegsdemokratie, am besten von innen heraus eingenommen werden könnte.[28]

In den Befragungen durch die Bundesanwälte gab die AfD-Politikerin fast alles zu, die Planungen, den Waffenbesitz, die Existenz der Gruppe – außer die entscheidenden Punkte: Weder ein Umsturz noch ein gewaltsames Eindringen in das Reichstagsgebäude seien geplant gewesen. Der Haftrichter am BGH quittierte das mit dem Satz: «Die Beschuldigte wird jedoch mit hoher Wahrscheinlichkeit durch zahlreiche Beweismittel überführt werden. Ihre ideologische und verschwörungstheoretische Ausrichtung wird bestätigt durch zahlreiche mit Mitbeschuldigten gewechselte Chatnachrichten und bei ihr aufgefundene Schriftstücke …»[29] Und, so der BGH, das war nicht alles. «Vorbereitungshandlungen für eine bewaffnete Erstürmung des Reichstagsgebäudes» würden durch Beweise gestützt, die das BKA sammeln konnte, als man die Verdächtigen observiert und ihre Telefone überwacht hatte. Es existierten also Filme, Fotos, Aufnahmen, Transkripte.

Eine AfD-Politikerin als mutmaßliche Rechtsterroristin – belastet durch eine Vielzahl von Beweisen. Für die Partei ein Super-GAU. Die Vorsitzenden Alice Weidel und Tino Chrupalla gaben sich nach der Festnahme ihrer Parteifreundin umgehend kleinlaut und staatstragend: «Von dem Fall haben wir heute, wie die meisten Bürger auch, erst aus den Medien erfahren.» Und: «Wir verurteilen solche Bestrebungen und lehnen diese nachdrücklich ab.»[30]

Das schien erstmal zu reichen. In der Folge wurde die AfD-Führung nur selten direkt und nicht fortgesetzt auf die genaue Rolle von Malsack-Winkemann innerhalb der AfD von Reportern angesprochen. Ein Besuch Weidels bei einer Wahlkampfveranstaltung in Malsack-Winkemanns Wahlkreis wurde anfangs nur von wenigen Medien aufgegriffen, obwohl die Terrorverdächtige selber ein Video des Auftritts veröffentlicht hatte.[31] Dort ist Weidel zu hören, untermalt von getragener Musik, wie sie sagt: «Ich möchte mich bedanken …, dass sie eine so versierte Fachpolitikerin in den Bundestag geschickt haben, sie ist wirklich eine tolle Politikerin …» Dann, direkt in die Richtung von Malsack-Winkemann: «Sie haben einfach eine sehr, sehr gute Reputation in den Ausschüssen. Sie machen unwahrscheinlich viel Arbeit, sie räumen so viel Arbeit für die Fraktion weg in Ihren Fachausschüssen. Und da wollte ich mich auch bei Ihnen erst mal für Ihre tolle Arbeit bedanken.»[32] *Für Ihre tolle Arbeit bedanken …* – wie eng war also die Beziehung der beiden? Was haben Malsack-Winkemann – die tolle Politikerin – und Weidel politisch in den Jahren vor der Festnahme besprochen? Diese Fragen hat Weidel nie beantwortet – auch nicht gegenüber den Autoren dieses Buches.[33]

Malsack-Winkemann war eng an weitere führende AfD-Politiker und Politikerinnen gebunden, darunter Beatrix von Storch, ebenfalls Juristin. Sie ist die stellvertretende Fraktionsvorsitzende der AfD-Fraktion und hatte gemeinsam mit Malsack-Winkemann erfolgreich über die Berliner Liste für den Bundestag 2017 kandidiert, beide verbrachten deshalb diverse Parteiveranstaltungen zusammen. Auch Beatrix von Storch beantwortet zu ihrer Beziehung zu der mutmaßlichen Rechtsterroristin keine Fragen.[34] Genauso wenig wie Dr. Gottfried Curio, Physiker, ebenfalls auf der Berliner Liste, sogar Vorsitzender des Bezirksverbands Steglitz-Zehlendorf, dem auch die Richterin angehörte. Der innenpolitische Sprecher der AfD-Bundestagsfraktion sagte zwar nach der Festnahme seiner Parteifreundin im Bundestag, dass es sich bei ihren mutmaßlichen Komplizen um «kriminelle Staatsfeinde» handle.[35] Doch dann relativierte er die Gruppe mit Hilfe eines Zitats von Otto Schily. Der ehemalige Bundesinnenminister der SPD hatte die Beschuldigten als «skurrile Spinner» beschrieben.[36] Curio machte schließlich Werbung für seine Partei – ausgerechnet als Bollwerk gegen den rechten Terror: «Die Existenz und Arbeitsfähigkeit der AfD» sei «die beste Versicherung des Parlamentarismus gegen politische Bestrebungen, die sich reichsbürgerhaft außerhalb des demokratischen Systems stellen.» Die Partei stehe für den «parlamentarischen Weg». Die Frage war nur: parlamentarischer Weg wohin? Geht es am Ende nicht auch Teilen der AfD um das Ziel, das Parlament in seiner jetzigen Form abzuschaffen? Weidel, von Storch, Curio – sie alle standen Malsack-Winkemann nahe, kamen aber mit Plattitüden davon, mussten sich nie ausführlich zu ihrer persönlichen und politischen Verbindung zu der Terrorverdächtigen äußern.

Viele Journalisten interessierten sich nach dem Auffliegen der «Patriotischen Union» dafür umso mehr für die abseitigen Details der mutmaßlichen Terror-Gruppe, der sich Malsack-Winkemann angeschlossen und der sie aktiv geholfen haben soll. So wurde die Gruppe nicht nur mutmaßlich von einem Prinzen der Familie der Reuß angeführt, Heinrich XIII., eine Astrologin gehörte laut den Anklägern ebenfalls zu den Verschwörern, zudem hatte Malsack-Winkemann zeitweise eine Wahrsagerin in ihrem Bundestagsbüro beschäftigt. Ein Reporter schrieb stellvertretend für viele Kollegen: «Wie soll man mit Bürgern umgehen, von denen man nicht genau weiß, ob sie nur gefährlich irre oder schon irre gefährlich sind?»[37]

Das Kabinett voller skurriler Charaktere verstellte den Blick auf den Ernst der Pläne. Ein Papier, das bei Malsack-Winkemann gefunden wurde, sprach Bände. So sollte in einer «Übergangsphase» die gesamte «Regierungsverwaltung» abgeschafft werden – auf Ebene des Bundes, der Länder und der Gemeinden. Auch «alle Legislativen», also die Parlamente, sollten aufgelöst werden. Parteien und parteinahe Stiftungen müssten verboten, Richter und sonstige Mitarbeiter «überprüft» werden. Die Gerichte würden nach dem Umsturz durch «Sondergerichtsbarkeiten» ersetzt werden, parallel dazu sollten besondere Tribunale, vom Militär geleitet, die Menschen in Deutschland aburteilen dürfen. Das Papier – offenbar, so der BGH, von der AfD-Politikerin selbst verfasst – schloss mit der Frage: «Mitarbeit bei Sondergerichtsbarkeit in erster Phase?» Andere Indizien zeigten zudem, dass Malsack-Winkemann selbst nach dem Sturz der Regierung für das Justizsystem zuständig sein sollte.

Dass diese Pläne von einem Mitglied der AfD entworfen worden waren, konnte Beobachter der Partei tatsächlich nicht überraschen. Über den Sturz des demokratischen Systems hatten andere Mitarbeiter, Abgeordnete und Anhänger der AfD seit Jahren gesprochen, geschrieben und verdeckt kommuniziert. Bald nach der Gründung der Partei wurden regelmäßig E-Mails und Chat-Nachrichten durchgestochen. Es ging in der Kommunikation von AfD-Mitarbeitern immer wieder um die Bekämpfung der Demokratie mit Waffengewalt und um die Vernichtung anderer Menschen. «Ich wünsche mir so sehr einen Bürgerkrieg und Millionen Tote. Frauen, Kinder. Mir egal. Es wäre so schön. Ich will auf Leichen pissen und auf Gräbern tanzen. Sieg Heil!»[38] Das schrieb Marcel Grauf, ehemals Mitglied in der NPD, bereits 2015 in einem Chat. Er war zu dem Zeitpunkt Mitarbeiter zweier AfD-Abgeordneter des Landtages in Baden-Württemberg, darunter Christina Baum, die inzwischen im Bundestag sitzt. Das Bundesvorstandsmitglied Baum ist selber ultraradikal. Sie warnte vor einem «schleichenden Genozid an der deutschen Bevölkerung durch die falsche Flüchtlingspolitik der Grünen». Und sie forderte im September 2019 «eine sofortige Rückführung – Remigration, damit Deutschland weiter leben kann». Dieter Görnert, AfD-Politiker aus Bayern, twittert gar 2016 öffentlich über Migranten: «Am besten das Pack zurück nach Afrika prügeln», und: «Auf der Stelle erschießen, dann wird sich das ganz schnell legen.»[39] Und jener Marcel Grauf aus Baden-Württemberg vermerkte in einem internen Chat: «Immerhin haben wir jetzt so viele Ausländer im Land, dass sich ein Holocaust mal wieder lohnen würde.»[40] Enrico Komning, mittlerweile einer der parlamentarischen Geschäftsführer der AfD-Bundestagsfraktion, hatte in einer internen Runde von AfD-Politikern aus Mecklenburg-Vorpommern 2016 gesagt: «(…) parlamentarischer Staat oder wie auch immer diese Demokratie heißt, (…) die wollen wir ja aber gar nicht. Die wollen wir doch abschaffen.»[41] Ebenfalls aus Mecklenburg-Vorpommern stammte der damalige AfD-Abgeordnete des Landtags in Schwerin Holger Arppe, der in einem Chat schrieb: «Wir müssen ganz friedlich und überlegt vorgehen, uns ggf. anpassen und dem Gegner Honig ums Maul schmieren aber wenn wir endlich soweit sind, dann stellen wir sie alle an die Wand. (…) Grube ausheben, alle rein und Löschkalk oben rauf.»[42] Nun war nach Überzeugung des BGH eine AfD-Politikerin noch weiter gegangen – wollte Worten Taten folgen lassen. Eine AfD-Politikerin, der man zu lange nicht genau genug zugehört hatte.

***

Bevor Malsack-Winkemann zwei Mitbeschuldigte im Spätsommer 2022 durch das Parlament führte, war die Abgeordnete im Jahr zuvor abgewählt worden. Bei der Bundestagswahl hatte die AfD deutlich an Zustimmung verloren. Die Partei rutschte auf den fünften Platz, bekam nur noch 10,4 Prozent der abgegebenen Stimmen, musste 17 Sitze im Parlament wieder räumen, was Malsack-Winkemann direkt betraf, da ihr Listenplatz nicht mehr ausreichte. Ihre kurze Karriere schien die Entwicklung der AfD widerzuspiegeln – der Spuk, so hofften viele Beobachter und politische Konkurrenten, könnte nun bald vorbei sein, die Partei auf Bundesebene zum Nischenphänomen werden.

Vier Jahre zuvor war der Schock in großen Teilen Deutschlands noch groß, als die AfD aus dem Stand über zwölf Prozent errungen hatte und drittgrößte Fraktion im Bundestag geworden war. Von den 94 neuen Abgeordneten der AfD waren im politischen Berlin nur wenige einer breiten Öffentlichkeit bekannt. Das galt auch für Malsack-Winkemann. 54 Jahre, geschieden, zwei Kinder. Sie war 1993 nach Berlin gekommen und dort nach einem Studium in Heidelberg 1996 zur Richterin auf Lebenszeit ernannt worden. Über 20 Jahre lang Richterin am Landgericht Berlin, Sitz Charlottenburg, zuständig für Zivilsachen, Mitglied in der AfD seit 2013. Als sie gut drei Jahre später schon einen der besseren Listenplätze bei der AfD in Berlin bekommen hatte, fragte der *Tagesspiegel* bei ihr nach, wie sie denn politisch einzuordnen sei – sie gehöre zum «sehr gemäßigten Teil der AfD», antwortete für sie ein nicht namentlich genannter Sprecher.[43] Diese Einschätzung hielt sich überraschend hartnäckig. Andere Berichte, wie die der *taz*, dass die Richterin dagegen mit ihren Reden über Flüchtlinge durchaus aufgefallen sei – sie verstehe sich auf «flüchtlingsfeindliche Hetzreden» – drangen nicht durch, wohl auch, weil die *taz* keine konkreten Beispiele zitierte.[44] Wer da in den Bundestag gewählt werden sollte, erfuhr die Öffentlichkeit also nicht, Fakten blieben Mangelware. Auch weil die Kandidatin, so notierte wiederum der *Tagesspiegel*, gegenüber der Presse misstrauisch sei und sich politisch nicht äußern wolle, solange ihr Richter-Amt noch nicht ruhe.

Alice Weidel hatte in dem Werbevideo der Politikerin nicht übertrieben, Malsack-Winkemann übernahm sofort mehrere wichtige Funktionen in der ersten AfD-Fraktion. Malsack-Winkemann wurde stellvertretende Vorsitzende des Unterausschusses zu Fragen der Europäischen Union und Obfrau der AfD im Haushaltsausschuss.[45] Dass sie jedoch keinesfalls «sehr gemäßigt» ist, zeigte sie dann bald im Bundestag selbst. Am 3. Juli 2018 ergriff sie das Wort, als der Haushalt des Bundesministeriums für Gesundheit diskutiert wurde: «Weiter verweise ich auf eine Metaanalyse, über die das ‹Deutsche Ärzteblatt› am 23. Mai 2018 berichtete. Danach hat jeder vierte Migrant in Europa antibiotikaresistente Bakterien. Zwar fand man im Rahmen der Studie laut dem Ärzteblatt keine Hinweise auf eine Ansteckung der einheimischen Bevölkerung. Nach logischem Menschenverstand wäre es jedoch ein Wunder, wenn sich die einheimische Bevölkerung nicht ansteckt, wenn die Migranten unter ihr sind.»[46] Insbesondere der letzte Satz – «*wäre es jedoch ein Wunder, wenn sich die einheimische Bevölkerung nicht ansteckt, wenn die Migranten unter ihr sind*» – klang wie ein Echo, wie ein Satz, den man schon einmal gehört hatte. «Deutschland war allerdings jahrhundertelang gut genug, diese Elemente [gemeint waren die Juden, die Autoren] aufzunehmen, obwohl sie außer ansteckenden politischen und sanitären Krankheiten nichts besaßen.»[47] Gesagt hatte diese Sätze Adolf Hitler, am 30. Januar 1939, zum Jahrestag der «Machtergreifung» durch seine Partei, am Pult des Reichstags, der zu dem Zeitpunkt schon lange kein demokratisches Parlament mehr war, nachdem die NSDAP die Macht «ergreifen» konnte, obwohl sie bei der letzten freien Wahl 1932 nur 33,1 Prozent der Stimmen hatte gewinnen können.[48] Hitler sprach die Worte über ein Volk, das «*außer ansteckenden und ... sanitären Krankheiten nichts*» besäße, in einem Ausweichgebäude und nicht im ursprünglichen Reichstagsgebäude. Der Reichstag war 1933 in Teilen niedergebrannt worden, was die NSDAP nutzte, um mit ihren Gegnern abzurechnen.

Die Abgeordneten unter der Kuppel des renovierten Reichstags, fast 80 Jahre, den Holocaust und einen Weltkrieg später, unterbrachen die Rede der AfD-Abgeordneten zwar aufgebracht – «ekelhaft», rief jemand aus den Reihen der SPD, der Abgeordnete Karl Lauterbach stieß nur «Oh Gott!» hervor, vom Bündnis 90/Die Grünen sagte eine Abgeordnete: «Und ist das auch ansteckend, was sie sagen?»[49] Aber kein Mitglied im Parlament stellte die Richterin umgehend inhaltlich, niemand benannte klar den Hitler-Sound als Hitler-Sound. Auch wurde ihre Rede nicht ad hoc auf Fakten überprüft, was ein Leichtes gewesen wäre. So sagt der von Malsack-Winkemann zitierte Text im «Deutschen Ärzteblatt» das Gegenteil von dem aus, was sie behauptet hatte.[50] Das Problem war nicht, dass Flüchtlinge antibiotikaresistente Keime einführen, wenn sie etwa nach Europa einreisen, sondern dass sie eine Antibiotikaresistenz entwickeln können, wenn sie auf zu engem Raum etwa in Auffanglagern für Flüchtlinge leben.[51] Doch genau das stellte niemand der anderen Abgeordneten fest, und Malsack-Winkemann legte noch nach: «Wenn jeder vierte Migrant mit antibiotikaresistenten Bakterien besiedelt oder infiziert ist, ist nicht nur eine gründliche Gesundheitsuntersuchung jedes Migranten notwendig, sondern auch eine Form der Quarantäne der erkrankten Migranten zum Schutz der einheimischen Bevölkerung. Denn unsere Bevölkerung hat einen Anspruch darauf, dass die eigene Regierung sie vor eingeschleppten Krankheiten schützt.» Damit forderte sie unverblümt, dass es geschlossene Auffanglager für alle Flüchtlinge geben müsse, um sie zum vermeintlichen Schutz der Bevölkerung auf Krankheiten zu untersuchen, um schließlich die «erkrankten» Flüchtlinge in ein weiteres Lager zu stecken. Wiederum, ein schreckliches Echo.

Genau so hatten die Nazis die Einrichtung der jüdischen Ghettos in Polen begründet.

Die Besatzungsregierung nutzte damals die Furcht vor dem Fleckfieber, das im Ersten Weltkrieg hunderttausende Menschen getötet hatte, um die Juden in Polen in engen Vierteln einzupferchen, wie der Forscher Thomas Werther festgestellt hat.[52] Die Juden hätten fleckfieberinfizierte Läuse eingeschleppt, um «das Gastvolk zu schädigen», schrieb etwa der Leiter der Abteilung Gesundheitswesen des Generalgouvernements Polen, Jost Walbaum. Der jüdische Teil Warschaus wurde zur Quarantänezone ernannt, um die herum der sogenannte Warschauer Judenrat eine «Seuchenmauer» errichten musste.[53] Das Fleckfieber, virulent in vielen Teilen Europas, verbreitete sich dann im Warschauer Ghetto aufgrund der katastrophalen hygienischen Bedingungen besonders schnell. Walbaum sagte schließlich vor anderen Ärzten: «… es gibt nur zwei Wege. Wir verurteilen die Juden im Ghetto zum Hungertode oder wir erschießen sie. (…) Denn wir haben die Aufgabe, dafür zu sorgen, dass das deutsche Volk von diesen Parasiten nicht infiziert und gefährdet wird, und dafür muss jedes Mittel recht sein.»[54] Das ist also die gedankliche Schablone, die Malsack-Winkemann anlegte, samt des Trugschlusses, dass es medizinisch eine gute Idee sein könnte, Menschen zu zwingen, auf engem Raum in Lagern zu leben. Aber auch der Punkt wurde im Bundestag nicht vertieft erörtert. Zufrieden verließ die Richterin das Pult, während die Spitzenpolitiker ihrer Fraktion in den ersten Reihen Beifall klatschten: Alice Weidel, Alexander Gauland, Dr. Bernd Baumann, Beatrix von

Storch und wie sie alle heißen. Die NPD hatte es nie in den Bundestag geschafft. Aber ihr Hass war spätestens jetzt im Parlament angekommen.

Abgeordnete im Bundestag gaben in Gesprächen für dieses Buch zu, dass es durchaus Taktik war, die AfD nicht zu stellen, sondern sie größtenteils zu ignorieren. Das Problem war allerdings, dass Reden wie die von Malsack-Winkemann, die zugespitzten Verallgemeinerungen, die oft genug in radikale Lügen umschlugen, mit großem Erfolg per Facebook, Youtube, Instagram und später TikTok verbreitet wurden und dass die anderen Parteien dieser Kommunikationsart kaum etwas entgegenzusetzen hatten. Grenzen wurden nur selten gesetzt, im Gegenteil: Die AfD verschob den Raum des Sagbaren Rede um Rede, Spruch um Spruch, Lüge um Lüge.

Malsack-Winkemann fiel noch durch andere Beiträge auf – sie behauptete, angeblich analphabetische Flüchtlinge würden Milliardenschäden verursachen, weil sie Arzneiverpackungen nicht lesen und verstehen würden, dann wiederum brachte sie bei Facebook den Tod eines Kindes ohne jeden Beleg mit der Maskenpflicht in öffentlichen Verkehrsmitteln in Verbindung: «Erstes Todesopfer durch Maske? Schluss mit dem Irrsinn! Verschont wenigstens die Kinder, denn sie können sich nicht wehren! Nur noch #AfD!»[55] Manchmal wirkte es, als belächele etwa die damalige Vizepräsidentin des Bundestags, Claudia Roth, die Richterin der AfD, die oftmals den Eindruck machte, als stünde sie neben sich, mit leicht zerzauster Frisur, und von ihrem Platz aus pedantische Zwischenfragen stellte, als ginge es ihr um Fakten, Details und das Ringen um die Wahrheit. Und nicht um die Machtergreifung zugunsten eines Wahnsystems mit Hilfe demokratischer Strukturen.

***

Schon bevor die AfD 2017 das erste Mal in den Bundestag einziehen sollte, wurde in einem hitzigen Wahlkampf sehr bald deutlich, wer da auf dem Ticket der Partei auch in den Bundestag einziehen könnte – Rechtsextremisten, die mit der NPD sympathisierten und Anschläge von Rechtsterroristen entschuldigten, Terror verbal den Boden bereiteten. So bewarb sich Jens Maier in Sachsen um ein Mandat – auch er war Richter und ebenfalls wie Malsack-Winkemann aus dem Westen in den Osten gezogen. In seiner Geburtsstadt Bremen war Maier noch SPD-Mitglied, ehe er nach Sachsen umsiedelte, dort Richter wurde und der AfD beitrat. In Dresden war er lange am Landgericht für Zivilsachen zuständig für Presserecht und Ehrschutz. Dabei bekam er es auch mit NPD-Kritikern zu tun. Der Politologe Steffen Kailitz hatte als Sachverständiger beim Verbotsverfahren gegen die NPD vor dem Bundesverfassungsgericht 2016 ausgesagt. Er stellte dort fest, die NPD wolle «Millionen deutscher Staatsbürger mit Migrationshintergrund» vertreiben.[56] Die NPD – heute «Die Heimat» – verklagte den Politologen vor dem Landgericht. Zuständig war die Kammer von Richter Jens Maier. Er entschied im Mai 2016, dass Kailitz den Satz so nicht wiederholen dürfe. Nach vehementer öffentlicher Kritik ruderte Maier zurück und hob seine eigene Verfügung auf, das Gerichtspräsidium verwarf trotzdem die Idee, dass Maier als Richter abgesetzt werden könnte.[57] Er durfte fortan lediglich keine Medienfälle mehr verhandeln.

Die NPD als Thema beschäftigte den AfD-Mann Maier jedoch politisch weiter. Als das Bundesverfassungsgericht wenige Monate später im Januar 2017 erklärte, dass die NPD nicht verboten werden dürfe, da sie, so das Gericht, zwar rechtsextremistisch, aber politisch zu unbedeutend sei, um das scharfe Schwert des Parteiverbots zu nutzen, hielt Maier am Abend eine Rede vor Mitgliedern der AfD-Nachwuchsorganisation Junge Alternative im Ballhaus Watzke in Dresden.[58] Er begann mit einem Witz: «Und damit ist die NPD die einzige Partei in Deutschland, die von sich sagen kann, staatlich geprüft und im Ergebnis für tragbar befunden worden zu sein …» Der AfD-Nachwuchs quittierte das mit großem Gelächter und Applaus. Maier lächelte zufrieden. Dann fragte er, ernster: «… wer hat denn die NPD marginalisiert? … Ich sage Euch, wir waren das von der AfD, denn wir sind diejenigen, die den Patrioten in diesem Land eine echte Heimat bieten können. Viele haben die NPD deshalb gewählt, weil sie die einzige Partei war, die immer geschlossen zu Deutschland gestanden hat …»[59] *Die einzige Partei, die immer geschlossen zu Deutschland gestanden hat* … Maier nennt die AfD und die NPD in einem Atemzug, in ihrer Zielsetzung gleich, lediglich die Taktik der NPD kritisiert er an dem Abend, vor allem ihren Umgang mit der Geschichte: «Für den politischen Gegner war es leicht, dieses Bemühen um eine gerechtere Wertung der Vergangenheit als Verherrlichung des Dritten Reichs umzuinterpretieren.… » – *eine gerechtere Wertung der Vergangenheit* – «diese Partei war und ist nicht zukunftsfähig. Nun sind wir da, wir sind die neue Rechte.» Mit keinem Wort distanzierte sich Maier von den Werten der NPD. Er sagte vielmehr selbst über die Aufarbeitung des Zweiten Weltkriegs: «Ich muss sagen, ich erkläre hiermit diesen Schuldkult für beendet, für endgültig beendet.» *Schuldkult. Beendet. Jubel.* Schließlich griff er das alles dominierende Thema des Wahlkampfes auf: «Und wenn wir zu neuer Stärke finden, dann schützen wir wieder unsere Grenzen. Dann verteidigen wir auch … unsere rechtsstaatliche Ordnung wieder.»

Grenzen, die verteidigt werden müssen. Vor einer Flüchtlingsinvasion, wie man es oft in rechtsradikalen Kreisen lesen konnte, in Tweets, Posts, Chats. Genau darauf zielte offenbar auch Richter Maier von der AfD ab, wie er wenige Wochen zuvor deutlich gemacht hatte. Er nahm bei einer Diskussionsrunde des extremistischen Magazins *Compact* in Pirna teil, die live im Internet übertragen wurde, Reporter der *Zeit* und des *Vorwärts* schauten zu.[60] Es sollte eigentlich unter anderem um den Anschlag auf den Weihnachtsmarkt am Berliner Breitscheidplatz wenige Wochen zuvor gehen, bei dem ein islamistischer Terrorist dreizehn Menschen getötet hatte.[61] Doch habe Richter Maier, so berichten die Reporter, zunächst aus der Aufsatzsammlung des Bloggers Fjordman «Europa verteidigen» zitiert, ihn als große politische Inspiration bezeichnet, um dann auf dem Podium über den norwegischen Rechtsterroristen Anders Breivik zu sprechen, der sich in seinem Manifest über 200 Mal auf Fjordman bezogen hatte.[62] Breivik sei, so sagte Maier im Livestream vor den Augen der Reporter, «aus Verzweiflung heraus zum Massenmörder geworden», die Einwanderung von «Kulturfremden» habe ihn motiviert. Breivik hatte sechs Jahre zuvor, im Sommer 2011, zunächst eine Bombe im Osloer Regierungsviertel gezündet, dort acht Menschen getötet, dann war er zu der kleinen Insel Utøya gefahren, wo die Jugend der Arbeiterpartei ein Camp abhielt. Er erschoss 69 Menschen mit einem Sturmgewehr, die meisten Jugendliche, viele aus nächster Nähe. Seine Opfer lagen verblutend an den steinernen Stränden, auf manche junge Mädchen und Jungen, Kinder, schoss er fünf Mal. Diese Taten hatte also Maier gerechtfertigt, der Mörder sei nun einmal «verzweifelt» gewesen.

Gegen Maier wurde ein Parteiausschlussverfahren eingeleitet – genau wie zeitgleich gegen Björn Höcke, eben weil er das Holocaust-Mahnmal in Berlin öffentlichkeitswirksam verhöhnt hatte. Zuständig war unter anderem das Bundesschiedsgericht der AfD, bei dem zeitweilig Malsack-Winkemann stellvertretende Beisitzerin war. Man diskutierte innerhalb der AfD-Gremien, Maier von der Liste für die Bundestagswahl zu nehmen – doch nichts geschah. Das Video des Auftritts nahm das Magazin *Compact*, das im Juli 2024 verboten wurde, allerdings umgehend aus dem Netz, die Aufzeichnung, obwohl als Entlastung von Maier angekündigt, blieb verschollen. Der AfD-Politiker behauptete fortan – ohne Belege –, dass die Sätze über Breivik so nie gefallen seien.[63] Weitgehend unbehelligt durfte er in den Bundestag einziehen und dort Sachsen vertreten.

In einem Video, einem Text – als Manifest verbrämt – und vor Gericht hatte Anders Breivik seine Morde erklärt: Er habe das Camp der Arbeiterjugend angegriffen, weil die norwegische Arbeiterpartei – seit vielen Jahrzehnten in Oslo an der Macht – für die Einwanderung der Muslime verantwortlich sei. Dadurch solle das weiße Europa abgeschafft werden, flankiert von einem «Kulturmarxismus», der in den Medien Europas die Menschen gefügig mache, sie davon ablenke, dass sie «ausgetauscht» werden sollen – gegen jene muslimischen Einwanderer. Daher müssten die «Weißen» eine geheime Armee in ganz Europa aufbauen und mit allen Mitteln die Invasion der Muslime mit Gewalt, in Notwehr, zurückschlagen – es blieben nur noch wenige Jahre.

Bei einem Auftritt im Prozess hielt Breivik ein Schild vor sich, auf dem stand: «Stop Your Genozide Against Our White Nations!» Der Australier Brenton Tarrant, der in Christchurch in Neuseeland 51 Menschen erschoss, nannte sein Manifest auch in Anlehnung an Breivik «The Great Replacement» – die «weiße Rasse» werde durch Einwanderer, vornehmlich muslimischen Glaubens, gezielt ersetzt. Der Grundgedanke – eine einheimische Bevölkerungsgruppe wird ersetzt – geht auf den Ku-Klux-Klan zurück, die radikalchristliche US-amerikanische Geheimsekte, die vor allem eine jüdische Verschwörung hinter diesem vermeintlichen Austausch vermutete. Später wurde der Gedanke von europäischen Autoren wie Renaud Camus aufgegriffen, der das Buch «Revolte gegen den großen Austausch» schrieb. Breivik selbst hat mindestens zehn weitere Rechtsterroristen inspiriert, darunter der Attentäter von München, der Migranten am Jahrestag von Breiviks Massaker erschoss. Besonders junge Täter in den USA, in Brasilien und der Slowakei bezogen sich auf das Konzept des «Great Replacement». Denn nicht nur Tarrant wiederholte Breiviks Kernthese, sie ist zudem längst in den Mainstream eingesickert, nicht zuletzt in den USA, dem Labor für rechtsextreme Trends. Politiker der Republikaner, wie der Kongress-Abgeordnete Matt Gaetz, sprechen dort längst offen von einem «kulturellen Genozid», und Donald Trump behauptete im Wahlkampf 2024, dass US-Präsident Joe Biden mehrere Millionen Migranten ins Land hole, ihnen sofort die Staatsbürgerschaft zuschanze, um sich so ein neues Wahlvolk zu schaffen.[64]

Auch Maier stand mit seinem Faible für diese Weltsicht in seiner Partei nicht allein da. Weitere führende Mitglieder innerhalb der AfD übernahmen ebenfalls früh die Sichtweise, dass die in Deutschland geborene Bevölkerung gegen Migranten ausgetauscht werden solle, dass hinter der Flucht von Menschen aus Kriegsgebieten ein Plan stecke, den etwa die Bundesregierung im Auftrag fremder Mächte exekutiere. Bereits Anfang 2019 hatte das Bundesamt für Verfassungsschutz in einem Gutachten darauf hingewiesen, dass die AfD den Gedanken des «Bevölkerungsaustausches» übernommen habe.[65] So schrieben AfD-Politiker: »Die Altparteien» hätten sich «den Austausch der Bevölkerung zum Ziel gesetzt», für welches das «Volk […] mit seinem Blut» bezahle. Insbesondere der damalige Vorsitzende der AfD-Nachwuchsorganisation Junge Alternative in Hessen, Jan Nolte, tat sich bei diesem Thema hervor. Er behauptete unter anderem über «die allermeisten» ganz «normalen Bürger und Steuerzahler»: «Sie wollen nicht hinnehmen, was keiner ernsthaft leugnen kann: Der langsame Austausch der Deutschen durch muslimische Einwanderer. […] Die Schande sind Politiker, die das Volk, das sie finanziert, mit seinem Blut für ein wahnsinniges Bevölkerungsexperiment bezahlen lassen.»[66] *Wahnsinniges Bevölkerungsexperiment* also. Und er sagte öffentlich bei einer Rede in Bad Soden: «Wir Deutschen wissen nicht mehr wirklich, wer wir sind. Sich über die Herkunft oder über das Geschlecht, mit dem man geboren wurde, zu identifizieren, ist altmodisch, fast anrüchig. Es schlägt die Stunde des wurzellosen, multisexuellen

Weltbürgers. … Es ist kein Volk von Natur aus schlecht, auch das deutsche nicht. Und es wird auch keine Bevölkerungsexperimente auf deutschem Boden mehr geben. Niemand hat uns gefragt, ob wir in einem Vielvölkerstaat aufgehen wollen, und doch zahlen wir jeden Tag die Zeche für diesen Irrsinn. … Unser Antrieb sind nicht Trends und Vergnügungen. Wir stehen hier, weil wir an Treue glauben und an eine Verantwortung, die wir unserem Land und unserem Volk gegenüber haben. Wir sind nicht leer, sondern erfüllt von dem Willen, unserer Nation beizustehen. … Und obwohl wir uns Einwanderern, die Deutschland mit echter Leistung und echtem Fleiß tatsächlich bereichern wollen, nicht verschließen, sagen wir doch ganz klar, dass jede Politik darauf ausgerichtet sein muss, dass das deutsche Volk in diesem Lande immer die Mehrheit stellt.»[67]

Nolte, zu dem Zeitpunkt der Rede hauptberuflich Offizier in der Bundeswehr, vertrat keine Minderheitenmeinung innerhalb der Partei. Der AfD-Landessprecher von Mecklenburg-Vorpommern, Dennis Augustin, schrieb am 24. August 2017 auf Facebook: «Wir werden gedrängt, uns den muslimischen Eroberern anzupassen. Der große Austausch, die gezielte, vorsätzliche kulturelle und ethnische Veränderung Europas ist in vollem Gange. […] Die von der Bundeskanzlerin vorsätzlich herbeigeführte […] Masseninvasion vornehmlich muslimischer Menschen nach Deutschland und Europa stellt eine große Gefahr historischen Ausmaßes dar.» Auch Mitglieder der AfD-Führung im Bund hatten sich diesem Ansatz verschrieben. Beatrix von Storch twitterte bereits 2016: «Die Pläne für einen Massenaustausch der Bevölkerung sind längst geschrieben.»[68] Zwei Jahre später zeigte Alexander Gauland, inzwischen Ehrenvorsitzender der AfD und der Bundestagsfraktion, das Gesicht und Aushängeschild der Partei schlechthin, beim sogenannten Kyffhäusertreffen, dass auch er voll auf der radikalen Linie war: «Die Bundeskanzlerin will vollendete Tatsachen schaffen, bevor sie abtritt … Sie will den Bevölkerungsaustausch unumkehrbar machen. Wir sollen als Volk und als Nation allmählich absterben.»[69] Und der Jurist und Publizist, der immerhin 40 Jahre in der CDU war und einst die Hessische Staatskanzlei geleitet hatte, fügte hinzu: «Die Bundesregierung will, dass wir für die Einwanderer arbeiten, damit die in Ruhe Kinder in die Welt setzen und den Bevölkerungsaustausch vollenden können.» Folgerichtig wurde auch Jens Maier für seine Äußerungen über Anders Breivik nicht bestraft. Im Gegenteil. Er wurde Obmann des «Flügels» der AfD in Sachsen, damals gerade als völkisch-nationalistische Gruppe innerhalb der Partei gegründet.

Viele Schlüsselakteure der AfD waren also nicht nur überzeugt davon, dass zu viele Flüchtlinge nach Deutschland kommen, sondern dass dahinter ein Plan der Bundesregierung stecke, die dem «deutschen Volke» schaden, es «abschaffen» wolle. Aus dieser Feststellung – und das ist die besondere Gefahr – leiten Rechtsextremisten ein Recht oder gar eine Pflicht zur Notwehr ab und ziehen den Schluss, dass es legitim oder gar geboten sei, gegen einen Staat mit Gewalt vorzugehen, der eine solche Situation – einen Bevölkerungsaustauch – zulasse, ja, anstrebe. Innerhalb der rechtsextremistischen Szene wird seit Jahrzehnten diskutiert, wann man gegen den Staat losschlagen dürfe oder gar müsse. Und vor allem: Wie? Sollte man einen Bürgerkrieg anzetteln? Darauf warten, dass das System von allein zusammenbricht? Oder mit Anschlägen nachhelfen?

Zahlreiche AfD-Politiker, das ist der Knackpunkt, beteiligen sich nicht nur an dieser Diskussion, sondern kooperieren mit Rechtsextremisten, die das bestehende demokratische System gewaltsam bekämpfen wollen – durch weitere Vorbereitung auf einen Bürgerkrieg, den man unter Umständen selbst auslösen muss, so wie es Malsack-Winkemanns Gruppe mutmaßlich vorhatte, oder durch Anschläge, die einen Bürgerkrieg herbeiführen sollen.

Genau auf einen solchen Plot stießen Terror-Ermittlungen, die mitten im Wahlkampf 2017 öffentlich wurden und wiederum unmittelbar in das Umfeld der AfD und zu AfD-Mitgliedern direkt führten. Ausgangspunkt war die Verhaftung eines Offiziers der Bundeswehr. Der damals 28-jährige Franco Albrecht aus Offenbach hatte sich als Flüchtling in Bayern registrieren lassen und außerdem Anschläge auf Menschen geplant, die er für seine politischen Feinde hielt. Intern hatte Albrecht über «False Flag-Attacks» gesprochen, erwogen, Angriffe durch die Antifa zu inszenieren, um das System «zu zerreißen».[70] Er hatte zudem Waffen organisiert, Ziele ausgespäht und Feindeslisten angelegt.

Dabei hatte er – wie Breivik – nicht etwa muslimische Ziele ausgesucht, sondern mit der Amadeu Antonio Stiftung in Berlin auch eine Organisation, die sich für Migranten einsetzt. Viele Medien stürzten sich damals auf den Umstand, dass Albrecht sich überhaupt mit seiner Lügengeschichte – er gab sich als Französisch sprechender syrischer Jude aus – erfolgreich als Flüchtling registrieren konnte, was die Überforderung des Landes bei der Aufnahme von Flüchtlingen belegen sollte. Doch nach der Verhaftung des Offiziers kamen weitere Details an die Öffentlichkeit: Franco Albrecht hatte nicht allein gehandelt, er war in eine Gruppe von anderen Soldaten eingebunden, die sich in Chatgruppen austauschten und abstimmten. Eine dieser Gruppe hieß «Ball der Offiziere» – Mitglieder der Gruppe, Soldaten, waren gemeinsam nach Wien gereist, als ebenjener «Ball der Offiziere» stattfand, der jedes Jahr im Januar Soldaten, aber auch konservative und rechtsradikale Politiker anzieht, was wiederum viele linke Gegenprotestanten auf den Plan ruft. Am Tag des Balls war Franco Albrecht auf dem Wiener Flughafen verhaftet worden, als er aus einem Versteck in einer Toilette eine Pistole holte. Der Verdacht lag nahe, dass er einen «False-Flag»-Angriff auf Teilnehmer des Balls geplant haben könnte, um ihn Flüchtlingen in die Schuhe zu schieben und eine Gegenreaktion rechtsradikaler Kräfte zu provozieren. In der Folge wurde durch gezielte Leaks aus den Ermittlungsakten deutlich, dass Franco Albrecht und seine Gruppe in eine größere Struktur eingebunden waren. So nahm er an Treffen mit anderen Soldaten, Polizisten und Zivilisten teil, die sich auf einen Tag X vorbereiteten – den Zusammenbruch des Systems – und untereinander Informationen in Chat-Gruppen teilten, darunter die Gruppen Westkreuz, Südkreuz, Ostkreuz und Nordkreuz, dort nahmen ebenfalls Soldaten, Beamte von Sondereinsatzkommandos und Veteranen teil, mindestens drei von ihnen in der AfD engagiert.

Eine Ermittlerin des Bundeskriminalamts sollte später im Prozess gegen Franco Albrecht erklären, dass man auch gegen den Offizier Maximilian Tischer im Auftrag der Bundesanwaltschaft ermittelt habe und ihn festnehmen ließ, weil er als Komplize von Franco Albrecht galt.[71] Doch nachdem Albrecht zunächst unter strenger Bewachung in U-Haft festgehalten worden war, hatte das zuständige Oberlandesgericht in Frankfurt später Bedenken, ob die Beweise reichen könnten, und ordnete die Freilassung an. Auch Maximilian Tischer wurde wieder auf freien Fuß gesetzt, das Verfahren gegen ihn wurde sogar eingestellt. Allerdings wurde er weiter vom BfV überwacht. Kurz darauf fand er unter den Augen des Inlandsgeheimdienstes offiziell einen neuen Job. Er wurde Mitarbeiter im Büro des frischgewählten Abgeordneten Jan Nolte von der AfD, selbst Bundeswehroffizier – jener Nolte, der so vehement vor einem «Bevölkerungsaustausch» warnte, dem *wahnsinnigen Bevölkerungsexperiment* der Bundesregierung. Nolte schrieb im November 2018 auf Twitter, mit einem Seitenhieb auf die damalige Verteidigungsministerin Ursula von der Leyen, die nach der Verhaftung von Franco Albrecht der Bundeswehr ein Haltungsproblem unterstellt hatte: «Nach langer Wartezeit durfte ich heute meinen Mitarbeiter Maximilian T. im #Bundestag willkommen heißen. Alle Vorwürfe gegen ihn wurden fallen gelassen. Frau von der Leyen darf nun gerne Verbindung mit dem Büro Nolte aufnehmen, um sich persönlich bei ihm zu entschuldigen.» Tischer hielt dabei seinen Hausausweis für den Bundestag in die Kamera, Nolte stand neben ihm.

Damit war das Thema jedoch nicht erledigt. Der Mann wurde im neugewählten Bundestag im Innenausschuss diskutiert, wo sich ein Mitarbeiter des Bundesamtes für Verfassungsschutz in Sachen Franco Albrecht, Tischer und eines weiteren Mitstreiters festlegte: «… bei allen drei Protagonisten in diesem Szenario liegen … nach unserem Gesetz die Voraussetzungen vor, um … grundsätzlich als Verfassungsschutz tätig zu werden.»[72] Als Verfassungsschutz tätig werden darf das BfV nur, wenn von den Verdachtspersonen eine potenzielle Gefahr für den Bestand der Bundesrepublik ausgeht. Intern wurden weitere Abgeordnete im Bundestag gebrieft, Tischer sei ein gewaltbereiter Rechtsextremist. Dem Abgeordneten Jan Nolte, der Tischer als Experte für Militärfragen angestellt hatte, war das bekannt, es interessierte ihn allerdings nicht. In einem Interview (mit den Autoren) erklärte er: «… das möchte ich dann gerne mal sehen, woran man das festmacht, dass er rechtsextrem sein soll, das ist eine Bewertung, der ich mich überhaupt nicht anschließe. Ich bin absolut überzeugt, dass er absolut auf dem Boden der freiheitlich-demokratischen Grundordnung steht …»[73]

Er verteidigte seinen Mitarbeiter kompromisslos und verwies auf die Einstellung des Verfahrens, die Einschätzung des BfV weiter ignorierend, im Bewusstsein des zentralen Schwachpunkts des Nachrichtendienstes – dessen Informationsquellen waren geheim und durften nicht offengelegt werden, um den Vorwurf gegen Tischer öffentlich zu untermauern: «Na, jetzt hat sich das Ganze natürlich als ziemliche Luftnummer herausgestellt … daraus eine Terrorzelle zu machen ist lächerlich». Der Skandal sei vielmehr, «dass hier ein Oberleutnant der Jägertruppe … der überhaupt nichts gemacht hat, reingerissen wurde in diese Nummer.» Und: «Der Mann ist komplett unschuldig, hat neun Jahre unbescholten in der Bundeswehr seinen Dienst verrichtet …» Also: Das Ganze sei eine politisch motivierte Kampagne. Die Polizei hatte bei Tischer auch Listen mit Namen von Politikern gefunden, darunter der damalige Außenminister Heiko Maas und Bundespräsident Joachim Gauck, die man als «Feindeslisten» deklariert hatte. Angesprochen auf die Liste, sagte der AfD-Politiker Nolte: «Das waren ganz alte Unterlagen, er hat mal Politik studiert», bei einem Umzug habe er diese Unterlagen mitgenommen, sie dann vergessen. Kurz: Es gibt nichts zu sehen, gehen Sie weiter.

Obwohl also Maximilian Tischer vom BfV als Bedrohung wahrgenommen worden ist, hielt der AfD-Abgeordnete an ihm fest. Allerdings wechselte Tischer wenig später, nachdem sich die Aufregung schnell wieder gelegt hatte, nach Sachsen-Anhalt in den Landtag, um dort Mitarbeiter eines AfD-Abgeordneten zu werden – inzwischen ist er Schriftführer im Kreisverband Jerichower Land, wo er 2024 erfolgreich für den Kreistag kandidiert.[74] Die AfD hat also ganz und gar nicht mit ihm gebrochen, obwohl sein enger Kontakt Franco Albrecht schließlich doch zu fünfeinhalb Jahren Gefängnis verurteilt wurde. Albrecht hatte zudem in der Zwischenzeit die Schwester von Maximilian Tischer geheiratet und mit ihr Kinder bekommen. Jan Nolte von der AfD hatte unterdessen ein wichtiges Ziel erreicht: Er hatte eine weitere Grenze verschoben. Er hatte einen Mann mit Steuergeld bezahlt, der unter dem Verdacht stand, ein Rechtsextremist zu sein, ohne dass es für seine Karriere oder die Gesamtpartei umgehend schmerzhafte Konsequenzen gehabt hätte.

Es war nicht das erste und auch nicht das einzige Mal, dass Abgeordnete der AfD mit Personen bewusst zusammenarbeiteten, während diese unter Rechtsterrorismus-Verdacht standen. Auf Landesebene verhielten sich AfD-Politiker ähnlich – ebenfalls im Jahr 2017 wurde ein Polizeibeamter in ein Gremium bestellt, das die Landtagsfraktion der AfD in Schwerin in Sachen innerer Sicherheit beraten sollte. Der Kriminalkommissar war Mitglied der Chat-Gruppe Nordkreuz, Teil jenes Netzwerkes, dem auch

Franco Albrecht angehörte, der zu diesem Zeitpunkt Beschuldigter in einem Terrorismusverfahren war.[75] Zu der Führungsgruppe des Kerns von Nordkreuz gehörten der Kriminalkommissar, ein Anwalt und ein Mitglied des Sondereinsatzkommandos (SEK). Bei dem hatte die Polizei bei zwei verschiedenen Durchsuchungen mehrere zehntausend Schuss Munition und mehrere Waffen gefunden, von denen der Mann vom SEK nicht alle legal besitzen durfte. Die Männer hatten zudem diskutiert, an einem Tag X, an dem das System zusammenbricht, politische linke Gegner zu liquidieren. Leichensäcke und Löschkalk hatte man schon angeschafft, Safehouses für den Tag X bereits ausgemacht.

Soweit öffentlich bekannt. Was bisher nicht bekannt war: Die Gruppe Nordkreuz war sehr eng an die AfD angebunden – vor allem die Kernmitglieder der Gruppe: Der Ex-Polizist Marko Groß, einst Mitglied im SEK, Jan Hammer, Anwalt aus Rostock und Haik Jäger, Kriminalpolizist. Die interne Kommunikation der Mitglieder, die den Autoren vorliegt, zeigt, dass sie ab 2016, parallel zu dem Aufbau Gruppe «Nordkreuz», ebenfalls im AfD-Landesverband Mecklenburg-Vorpommern immer aktiver wurden. Sie knüpften Kontakte zu führenden Mitgliedern der Partei und brachten weitere Nordkreuzler zur AfD. Die Vorbereitung auf den Tag X und die Unterstützung der AfD lief ab 2016 im vollem Tempo. Die Nordkreuzler besuchten über Jahre Parteitage, auch noch 2018, nachdem die Gruppe bereits aufgeflogen war. Sie veranstalteten mindestens eine Wahlparty, spendeten Geld an die AfD, versuchten über die Partei an Jobs heranzukommen, der ehemalige SEK-Beamte Marko Groß gab sogar einen Kurs für AfD-Miglieder, unmittelbar nach einer Parteiveranstaltung der AfD 2016, Thema «Zu erwartendes Krisenszenario und Empfehlungen der Vorbeuge und des Selbstschutzes». Der Mann also, der Zehntausende Schuss Munition bei sich bunkerte, wie die Polizei bald feststellen sollte und der eine Uzi bei sich versteckte, schulte AfD-Mitglieder. Dabei hatten die Nordkreuzler nicht nur zu einem AfD-Politiker Kontakt, sondern zu mehreren führenden Personen, darunter Phillip Steinbeck – einst Unterstützer der NPD und noch immer Besitzer mehrerer großer Immobilien in Mecklenburg-Vorpommern, mit exzellenten Kontakten nach Russland.

Dabei verlor die Gruppe ihr zweites Ziel – Schießen, Munition sammeln, für den Tag X bereit sein –, nie aus den Augen. Manches Mal verbanden die Männer die Parteiarbeit mit dem Schießen: «Marko, bin auf dem Weg nach Güstrow. Nach dem Leergang wollte ich auf die [Schieß-]Bahn. Würde mich danach mit Dir/Euch auf ein Bier treffen wollen. Thema AfD» hieß es in einer Nachricht, in einer anderen: «Hey oller, was isn wegen morgen schießen und Demo gaffen» – auch dabei ging es um eine AfD-Veranstaltung. Regelmäßig machten die Mitglieder der Gruppe klar, wer ihre historischen Vorbilder sind. Ein Tisch wurde unter dem Namen «Von Kaltenbrunner» bestellt – Chef des Reichssicherheitshauptamts. Ein Nordkreuzler schickte Marko Groß eine Bildmontage: «Der neue Golf AfD kommt! 6 Gang Hakenkreuz-Gleichschaltung … Schiebedach mit ordentlich Platz für Hitlergruß – Volksempfänger – Bordkanone für haarige Zeiten». Als die Presse über die Verbindungen zwischen NPD und AfD schrieb – «AfD verbrüdert sich jetzt offiziell mit Neonazis der NPD», antworte ein Nordkreuzler: «Jetzt sind wir wohl wieder richtige Natsies [sic] … Viele Grüße», der Anwalt Jan Hammer antwortet darauf mit: «Na denn: Heil Hitler!» Jener Hammer hatte einem AfD-Politker nach der sehr erfolgreichen Wahl 2016 geschrieben. Er hoffe, so Hammer, dass die Mitglieder der AfD, welche neu in den Landtag einziehen könnten, «nagelneue Besen» hätten, damit die „den ganzen Unrat und das ganze linke drecksverräterpack [sic] aus dem Landtag und aus dem Land fegen» könnten. An andere Stelle schrieb Hammer: «Ich habe solchen Hass wieder mal auf die linken volksverächter, das passt in keine sms.» Und er tauschte sich mit einem AfD-Mann über Politikerinnen der Gegenseite aus: «Wir sollten uns die Namen Jutta Reinders – wohnt wohl auch auf der Ecke – und Reinhard Knisch merken. Ich erzähl nochmal ausführlich warum.» Hammer war auch der Mann, der an seinem Haus ein Wettschießen organisierte, der Gewinner erhielt einen Pokal, der nach dem Rostocker Opfer des NSU benannt war. Kein Wunder, dass Hammer auch Kontakt zu Holger Arppe hatte, der Ex-Fraktionschef der AfD in Schwerin, der über seine ultra-radikalen Chats gestolpert war. Arppe engagierte sich noch 2016, das zeigen die Chats, weiter für die Partei. Mindestens in zwei Fälle erhielt der Polizist der Gruppe, Haik Jäger, Geld von AfD-Mitgliedern, von denen einer enge Kontakt zur NPD hatte. Wofür das Geld war, ist unklar.

Glück für die AfD: Trotz der vielen beunruhigenden Indizien entschied sich die Bundesanwaltschaft gegen dieses Personengeflecht nicht als Gruppe vorzugehen, nur das SEK-Mitglied Marcel Groß wurde wegen mehrerer Verstöße gegen das Kriegswaffenkontrollgesetz zu einer Bewährungsstrafe verurteilt. Das Verfahren gegen den AfD-Berater und Polizisten Haik Jäger wurde nach sechs Jahren eingestellt. Dass sich die Mitglieder der Gruppe auf einen Tag X vorbereitet hatten, war unbestritten – die Bundesanwaltschaft hatte in diesem Fall nur entschieden, es sei ihr nicht gelungen, dem Polizisten nachzuweisen, dass er aktiv auf einen Umsturz hingearbeitet hatte. Dass die Mitglieder dieser rechten Struktur durch die Verhaftung Franco Albrechts gewarnt worden waren und Beweismittel vernichten konnten, hatte den Verdächtigen am Ende geholfen. Und auch innerhalb der AfD hatte man offenbar registriert, dass die öffentliche Reaktion, als 2019 die Nordkreuz-Enthüllungen angestoßen wurden, überschaubar geblieben war – ein großer Aufschrei wie nach den *Correctiv*-Enthüllungen vier Jahre später blieb aus. Die Skandale schienen relativ schnell als obskure Einzelfälle verbucht zu werden. Zudem fehlten die Informationen über die enge Anbindung an die AfD.

Die hatten die Ermittler geheim gehalten – hier hatte der von der AfD vielgescholtene Rechtsstaat der Partei sehr geholfen, eben weil man sich an die Regeln hielt.

Was tat also die AfD? Distanzierte man sich von den Männern, die Munition gehortet und gekauft hatten? Im Gegenteil. In Mecklenburg-Vorpommern machte ein weiterer Gleichgesinnter innerhalb der AfD Karriere. Ein Mann, dessen Handynummern auf internen Listen von Nordkreuz gefunden wurden, der Geld an die Gruppe gegeben hatte und der aktiv den später verurteilten SEK-Beamten vor Gericht unterstützte, sich sichtlich über dessen milde Bewährungsstrafe freute, durfte für die AfD für das Rostocker Stadtparlament kandidieren und zog dort als ordentlicher Vertreter Anfang 2024 ein: Mike Flemming.[76]

Marko Groß wollte ihn zunächst gar nicht in der Gruppe haben, doch nachdem man 2016 zwei Tage bei einem Parteitag der AfD gemeinsam verbracht habe, sei er weich geworden. Irgendjemand müsse ihm nur erklären, schrieb ein Mitstreiter, dass er auf Facebook nicht über Merkel herziehen solle, das falle zu sehr auf. Flemming hatte aber auch beim BKA offen gesagt: «Was die Frau Merkel betreibt ist Hochverrat am deutschen Volk» und fand nichts dabei, dass er Informationen über die Aufenthaltsorte von Antifa-Aktivisten einholte: «Wenn ich weiß, wo diese Schwachköpfe in Schwerin rumrennen, weiß ich wohin ich mich melden kann, wenn mal was passiert.»

Dass sich Abgeordnete bedroht fühlten, weil AfD-Mitarbeiter mit Kontakten zu Rechtsterroristen Zugang zu ihren Bürotrakten hatten, wurde nicht breit diskutiert, obwohl der Fall etwa in einer Dokumentation für das ZDF aufgearbeitet wurde.[77] Abgeordnete der Parteien, die sich mit der AfD ein Bürogebäude teilten, beobachteten allerdings durchaus eine Reaktion: Namensschilder verschwanden von den Türen der AfD und Namen von Mitarbeitern der AfD von den Telefonlisten, die Beschäftigung von Extremisten durch die AfD wurde besser verschleiert. Die Abgeordnete der Linken, Martina Renner, hatte schon damals in einem Interview für das ZDF den Finger in die Wunde gelegt: «… wenn man sich auch überlegt, irgendwann gegen die Institution des Parlamentes militant aktiv zu werden», dann müsse man keinen Weg mehr suchen, wie man von «hier» in den Bundestag «reinkommt» – «man ist schon drin.»[78]

Mit der Abgeordneten Malsack-Winkemann sollte sich die Befürchtung bestätigen. Ihr ehemaliges Büro im Bundestag wurde allerdings nie durchsucht. Anders war es dann bei dem AfD-Abgeordneten Petr Bystron aus Bayern, dort ehemals Landesvorsitzender. Wegen des Verdachts auf Bestechlichkeit und Geldwäsche wurde sein Bundestagsbüro im Mai 2024 auf den Kopf gestellt. Andere Abgeordnete hatten beobachtet, dass er im Bundestag einen engen Kontakt zu Malsack-Winkemann gepflegt hatte, die Ex-Richterin mindestens zwei Mitarbeiter von Bystron übernommen hatte. Sorge bereitete den Abgeordneten, dass Bystron eine Frau in seinem Büro in München beschäftigt hatte, die Kontakt zu rechtsextremen Waffenhändlern gehalten und für die Gruppe eine Uzi aufbewahrt hatte, die unter das Kriegswaffenkontrollgesetz fällt.[79] Die vielen AfD-Mitglieder, die gezielt Waffen kaufen, suchen, bunkern, über sie sprechen, machen vielen Abgeordneten im Bundestag vor allem nach der Verhaftung von Malsack-Winkemann mehr denn je Angst.

Die AfD ist mit ihrer Taktik, nur zum Schein und punktuell gegen Extremisten in der eigenen Partei vorzugehen, unterdessen lange gut gefahren, sie hat die Öffentlichkeit erfolgreich verwirrt, obwohl die Intention der Partei so offensichtlich ist. Die AfD baut auch auf Wähler, die gezielt eine extremistische Partei wählen wollen und für die Terror-Verbindungen nicht abschreckend sind. Das zeigte die Bundestagswahl in Berlin, die Anfang 2024 wiederholt werden musste, weil der Durchlauf 2021 in der Hauptstadt schlampig organisiert worden war. Bei der Wiederholung der Wahl bekam die Terrorverdächtige Malsack-Winkemann mit knapp 10 000 Stimmen mehr Zuspruch als beim ersten Versuch – insgesamt erhielt sie 5,5 Prozent der Erststimmen, 0,2 Prozentpunkte mehr als beim ersten Durchgang der Wahl.[80] Und auch die AfD ließ sie nicht fallen, mindestens drei Bundestagsabgeordnete besuchen sie regelmäßig im Gefängnis.[81] Dazu gehörte der ehemalige Richter am Oberlandesgericht und Referatsleiter im Kieler Justizministerium, Gereon Bollmann, außerdem Steffen Kotré, der genauso wie der dritte im Bunde, Jürgen Pohl, Rechtsextremisten bei sich im Bundestagsbüro beschäfftigt hatte (vgl. Kapitel 1.6., Cashcow Parlament).

Die Rechtsextremisten in der AfD hatten zehn Jahre Zeit, um fast ungestört ihr Netzwerk auszubauen, da es weder in der Partei selbst noch in der Öffentlichkeit einen einheitlichen und konsequenten Umgang mit dieser Bedrohung gab. Obwohl von Anfang an konkrete Warnungen und Hinweise auf die wahren Absichten vieler AfD-Politiker publik wurden – nicht zuletzt durch AfD-Mitglieder selbst, durch Aussteiger, Insider, die sich an die Öffentlichkeit gewendet hatten. Nur geändert hat das zu lange nichts.

1.3 Inside AfD – Aussteiger packen aus

Ein AfD-Politiker auf der Flucht? Nach der Landtagswahl in Bayern am 8. Oktober 2023 liefert die bayerische AfD den Medien spektakuläre Skandal-Schlagzeilen: «AfD-Politiker Halemba wird per Haftbefehl gesucht», meldet die *stern*-Redaktion.[82] «Haft oder Sitzung», fragt das ZDF.[83] Der *Münchner Merkur* orakelt: «Kommt es zum Showdown im Landtag?»[84] Schließlich die Meldung, dass der 22-jährige, soeben neu in den Landtag gewählte AfD-Politiker Daniel Halemba in der Nähe von Stuttgart verhaftet worden ist. Das zuständige Amtsgericht in Bayern hob den Haftbefehl jedoch gegen Auflagen nach einigen Stunden auf, so dass Halemba wieder frei kam.[85]

Während Halembas Fall Bayern in Atem hält, sitzt Freia Lippold-Eggen zu Hause in Bad Kissingen und verfolgt gebannt die Nachrichten über den AfD-Nachwuchspolitiker sowie die Rückendeckung für ihn durch die Partei. «Mein Gott, die sind ja noch schlimmer als gedacht», denkt sie. Das markante Jungs-Gesicht mit der dunklen Brille kennt die 68-Jährige nicht erst aus den Nachrichtensendungen, sondern sie war dabei, als Halemba in ihrem Wahlkreis überraschend als Landtagskandidat durchgesetzt wurde. Mehr noch: Der junge Mann war der wichtigste Grund, warum sie die AfD verlassen hat.

Als im bayerischen Landtag Ende Oktober 2023 wie üblich zu Beginn der Sitzungsperiode Paul Knoblach von den Grünen als Alterspräsident zu den Abgeordneten spricht, ahnt Lippold-Eggen, welche Rolle Daniel Halemba von der AfD zugedacht war. Denn oben auf dem Podium nehmen neben dem Alterspräsidenten die beiden jüngsten Abgeordneten Platz. Der AfD-Mann Franz Schmid – und als Ersatz für den kürzlich festgenommenen AfD-Nachwuchspolitiker ein 23-Jähriger von der CSU.[86] Mit dem 22-jährigen Halemba wäre die Inszenierung für die AfD perfekt gewesen. Nach dem Motto: Den Alterspräsidenten mögen die Grünen von den verhassten «Altparteien» stellen. Aber die politische Zukunft gehört der jungen AfD. Ein Bild von großer Symbolkraft. So war es wohl geplant.

Freia Lippold-Eggen hört in den Nachrichten, wie der neue Landtag Halembas Immunität aufhebt. Damit kann die Staatsanwaltschaft weiter gegen ihn wegen des Verdachts der Volksverhetzung und des Verwendens von Kennzeichen verfassungsfeindlicher Organisationen ermitteln.[87] Sie verfolgt seinerzeit ungläubig in den Medien, wie Halmeba nach der Festnahme und dem aufgehobenen Haftbefehl dann doch noch im Landtag auftaucht und bei der AfD sogar ganz vorne sitzen darf. Sieht im Fernsehen, wie AfD-Kollegen dem neu gewählten Abgeordneten, der für so viel Wirbel sorgt, die Hand schütteln und auf die Schulter klopfen. «Die haben sich alle hinter ihn gestellt», erinnert sie sich und findet das nach wie vor empörend.

Ja, bekennt Freia Lippold-Eggen, seinerzeit habe sie so etwas wie heimliche Genugtuung empfunden. Nachdem sie selbst zuvor als Lügnerin und Verleumderin hingestellt worden sei. Auch viele Monate nach der Aufregung um Daniel Halemba, dessen rasanten Aufstieg und jähen Absturz, ist die Aussteigerin fassungslos über das, was sie in der AfD erlebt hat. «Da kommen auf einmal Leute rein und sagen: Wir sind jetzt das Gesetz», sagt sie. Die Botschaft an sie, die sich für die AfD aufstellen und im Wahlkampf als Nazi beschimpfen ließ, die Mandate gewann und in Kommunalparlamenten saß, war eindeutig: «Du hast hier nichts mehr zu melden.»

Seit ihrer Gründung im Jahr 2013 hat die AfD eine beispiellose Serie hingelegt. Reihenweise wurden deren Parteichefs geradezu vom Hof gejagt. Für Parteigründer Bernd Lucke endete dessen Ära mit einem regelrechten Spießrutenlauf auf dem Essener Parteitag 2015. An die Stelle des Wirtschaftsprofessors trat Frauke Petry, die dafür warb, den Begriff «völkisch» wieder positiv zu besetzen. Doch mit der historisch belasteten Vokabel ist eben nicht einfach nur «das Volk betreffend» gemeint. Vielmehr ist «völkische» Ideologie ein rassistisches Gesellschaftsmodell, das ethnische und/oder kulturelle Homogenität anstrebt – sowie den Ausschluss des vermeintlich Fremden. Die völkische Bewegung im Deutschen Kaiserreich war ein geistiger Wegbereiter der nationalsozialistischen Volksgemeinschaft, in deren Namen dann ab 1933 alle vermeintlich Fremdartigen und Undeutschen als innere Feinde verfolgt wurden – bis zur Vernichtung. Ein demokratisches «völkisch» gibt es nicht. Schon Frauke Petry hat in der AfD also das Tor zum Rechtsextremismus weit aufgestoßen, bis auch sie entmachtet wurde und sich 2017 verabschiedete.

Jörg Meuthen, zunächst Co-Bundessprecher an der Seite von

Petry, bildete nach deren Ausscheiden eine Doppelspitze mit dem späteren Ehrenvorsitzenden Alexander Gauland. Meuthen gab zwar gern das bürgerlich gemäßigte Gesicht der Partei, trat aber beim Kyffhäusertreffen des später formal aufgelösten extrem rechten «Flügels» auf, den er als integralen Bestandteil der AfD lobte. Bei diesen Treffen der Radikalsten der Radikalen prangerte er selbst in rassistischer Diktion «weitestgehend kulturfremde Menschen, die meisten ohne jede Ausbildung, viele von ihnen Analphabeten» an, die «weitere Parallelgesellschaften bilden» und «Terror in unser Land importieren» würden.[88] In einer frühen Phase an der Parteispitze hatte Meuthen in typischer Hasssprache dem «linksgrün-verseuchten 68er-Deutschland» den Kampf angesagt.[89] Im Alltag angeblich nur noch vereinzelt anzutreffende Deutsche meinte Meuthen bei einem Gang durch die Stadt am Aussehen erkennen zu können, was für einen rassistischen Blick spricht.[90]

Lange hatte sich Meuthen schützend vor den Thüringer AfD-Chef gestellt, war gemeinsam mit ihm aufgetreten: Höcke, ein Rechtsextremist? Nun wirklich nicht! Erst auf dem Bundesparteitag in Kalkar im November 2020 setzte sich Meuthen offen von Höcke ab und versuchte, seine Partei auf «bürgerliche Vernunft» einzuschwören. Doch es dauerte noch über ein Jahr bis er als Parteichef zurücktrat. Seine eigene Verantwortung redete er danach mit dem Hinweis klein, «den Hebel in einer so deutlichen, so klaren Weise umgelegt» zu haben, als er die Gefahr durch das Höcke-Lager – wenn auch spät – erkannt habe.[91] Zu dem Zeitpunkt hatte er schon jahrelang Rassismus und Geschichtsrevisionismus mitgetragen und maßgeblich zur Selbstverharmlosung der AfD beigetragen. Mehr noch: Meuthen hat mit seiner politischen Vita – ein ehemaliger Referent im Hessischen Ministerium der Finanzen und Volkswirtschaftsprofessor – der Normalisierung des Rechtsextremismus Vorschub geleistet.

Am Ende kam Meuthen seinem Rauswurf zuvor und wurde

als AfD-Chef durch Alice Weidel ersetzt. Diese wiederum hat nach verlorenem Machtkampf mit Björn Höcke, den sie vor Jahren noch aus der Partei auszuschließen bereit war, schließlich eine Art Bündnis mit ihm geschlossen. Seither tritt Weidel sogar mit dem Rechtsextremisten Höcke auf. Die permanente Eskalation innerhalb der Partei zeigt sich eindrücklich am Führungspersonal. Die AfD frisst immer wieder Wegbereiterinnen und Wegbereiter ihrer Radikalisierung.

Auch außerhalb des Rampenlichts prominenter Austritte verlassen immer wieder AfD-Funktionäre die Partei, vom Stadtrat bis zu ehemaligen Bundestagsabgeordneten. So weit, so normal. Auch bei SPD, CDU, Grünen oder Linken geben Leute auf. Politik kostet viel Zeit und Kraft. Machtkämpfe produzieren beinahe automatisch enttäuschte Verlierer. Das gilt auch für Aussteiger aus der AfD. Die haben darüber hinaus im Zweifel ein Interesse daran, im Nachhinein den eigenen Anteil am Aufstieg und radikalen Rechtskurs der Partei möglichst unbedeutend erscheinen zu lassen. Oder sich gar als bürgerliches, nach aufopferungsvollem Kampf aber letztlich gescheitertes Bollwerk gegen diese Entwicklungen zu stilisieren, wie es eben Ex-Chef Jörg Meuthen tut.

Gleichwohl ergibt sich aus den Aussagen derjenigen, die die AfD von innen kennen und sie verlassen haben, ein eindeutiges Muster. Die meisten begründen ihren Schritt mit Rassismus und zunehmender Radikalität – sowie mit einem skrupellosen Umgang mit Kritikern und Abweichlern. Viele Stimmen lassen sich geradezu als Warnhinweise und Weckrufe verstehen, die ein ganz anderes Bild zeichnen als die Selbstverharmlosungen von Höcke, Weidel, Gauland, Chrupalla und Co. Diese Warnungen wiegen umso schwerer, als diese Aussteigerinnen und Aussteiger in der AfD oftmals selbst radikale Positionen vertreten und ihr Weltbild nicht über Nacht über Bord geworfen haben. Was sie über die AfD aussagen, wäre bei Abgängen demokratischer Parteien undenkbar. Wie ein roter Faden zieht sich seit Jahren eine Erzählung durch diese Insider-Berichte: Die AfD radikalisiert sich fortlaufend von einem ohnehin extrem rechten Niveau aus weiter, und die Rechtsextremisten haben in der Partei längst die Macht übernommen.

Eine unvollständige Chronik

Im Februar 2018 trat der Dresdner Richter am Landgericht und AfD-Landtagsabgeordnete Stefan Dreher aus der AfD aus. Dreher nannte als Gründe seinerzeit «unsägliche rassistische» Aussagen wie die seines Richterkollegens Jens Maier.[92]

Bereits wenige Monate nach der Gründung der Partei stiegen Mitglieder aus und berichteten über den Zustand der AfD. Franz Eibl, bis Juli 2014 Pressesprecher der Bayern-AfD, beklagte einen «unerträglichen Judenhass» in der Partei.[93] Claudia Martin aus Baden-Württemberg verließ im Dezember 2016 die Partei und sagte danach öffentlich: Bei der AfD gebe es Papiere in den Schubladen, die krasser als das seien, was die NPD früher wollte.[94] Oskar Helmerich, Jurist, hatte den Landesverband Thüringen gegründet, er war die Nummer Zwei hinter Björn Höcke, nur um die Partei nach dem Bundesparteitag 2015 wieder zu verlassen, sie bestehe nur noch aus «Extremisten und Verfassungsfeinden», wie er erklärte.[95]

Im Juli 2022 trat in Niedersachsen der Richter und AfD-Landtagsabgeordnete Christopher Emden mit der Begründung aus, die AfD sei «keine Alternative, sie ist der Abgrund für Deutschland. Sie ist nicht bloß verzichtbar, sie ist aufgrund der zunehmenden Radikalisierung vieler Mitglieder sogar gefährlich für unser Land».[96] Emden machte auch deutlich, dass es vielen in der AfD nur um Ämter und das Geld gehe, wie er in einem Interview sagte: «Sie ist inzwischen mehr und mehr zu einem Sammelbecken geworden für Menschen, die aus unterschiedlichen, wirtschaftlichen Problemlagen kommen und versuchen, … sich wirtschaftlich zu sanieren oder wirtschaftlich besser zu stellen. Es steht also nicht das Interesse des Bürgers im Vordergrund, sondern es steht das Eigeninteresse im Vordergrund. Was man den Altparteien … immer vorwirft, das hat man quasi noch perfektioniert in der AfD. Das hat mich zunehmend angewidert.»[97]

Ende 2019 kehrte der sächsiche Bundestagsabgeordnete Lars Herrmann Partei und Fraktion den Rücken. Nach Kritik an Höcke war der Polizeibeamte zuvor aus der Landesgruppe Sachsen im Bundestag ausgeschlossen worden. Herrmann begründete seinen Ausstieg mit dem Hinweis auf den Verfassungsschutz, der den sogenannten «Flügel» um Höcke als rechtsextremistisch eingestuft hatte. Herrmann verwies auf seine Pflichten als Beamter, denen er gerecht werden wolle.[98]

Die sächsische Polizeibeamtin Verena Hartmann, die im Bundestag zuvor selbst noch von einer «Meinungsdiktatur» und feigen «Altparteien» in Deutschland gesprochen hatte, deren Personal sie gar in die Nähe der SED-Diktatur rückte, verließ Anfang 2020 die AfD-Fraktion und trat aus der Partei aus. In einer Erklärung warf sie der AfD-Führung vor, den rechtsextremen Parteiflügel um Höcke widerstandslos gewähren zu lassen: «Die Parteispitze stellt sich damit faktisch an die Seite des rechten Flügels.» Und weiter: «Diejenigen, die sich gegen diese rechtsextreme Strömung wehren, werden gnadenlos aus der Partei gedrängt.»[99]

In Nordrhein-Westfalen kehrte der Siegener AfD-Stadtrat und einstige Sprecher der NRW-Landtagsfraktion Michael Schwarzer der Partei im September 2023 den Rücken. Die AfD werde mittlerweile «maßgeblich geprägt von inkompetenten, charakterlich zweifelhaften und oft randständigen Radikalen, die wenig mehr haben als ihre Wut und ihr oftmals rückwärts gerichtetes Weltbild».[100]

Solch vernichtende Urteile ehemaliger Mitglieder, die irgendwann das Weite gesucht haben, durchziehen die Geschichte der Partei seit ihrer Gründung. Es handelt sich dabei um Politikerinnen und Politiker ganz verschiedener Ebenen – vom Stadtrat bis zur Bundestagsabgeordneten. Wir haben für dieses Buch etliche AfD-Aussteiger angefragt. Einige haben gar nicht geantwortet, andere lehnen ein Interview ab. Drei ehemalige AfD-Funktionäre waren bereit zu sprechen: über ihre Erfahrungen in der AfD, die Gründe für ihren Austritt und wie radikal, rassistisch und demokratiefeindlich es in der selbsternannten Alternative für Deutschland alltäglich zugeht. Ihre Berichte sind wichtige Innenansichten von Menschen, die lange bereit waren, Höcke und Hassparolen mitzutragen. Für die es zwar spät, am Ende aber eben doch eine rote Linie gab. In keiner anderen relevanten Partei in Deutschland treten reihenweise Funktionäre aus, die anschließend eindringlich vor dieser Partei als einer akuten Gefahr für die demokratische Gesellschaft und unser Zusammenleben warnen.

Bad Kissingen, Bayern. In der kleinen Bibliothek eines Hotels nehmen Freia Lippold-Eggen und ihr Mann Peter Eggen an einem kleinen Tisch Platz. Beide sind weit über 60 Jahre alt, souverän in ihrem Auftreten, sie tragen modische Outfits. Eine höfliche Begrüßung. Dann sprechen er und vor allem sie über ihre Zeit in der AfD und warum sie nach allem, was sie dort erlebt haben, eindringlich vor der Partei warnen. Freia Lippold-Eggen fordert sogar ein Verbot der AfD. Peter Eggen war in der AfD zeitweilig als Schatzmeister tätig, seine Frau bis zu ihrem Austritt stellvertretende Vorsitzende des Kreisverbandes Unterfranken-Nord. Beide sitzen im Stadt- und Kreisrat, mittlerweile parteilos. Eingetreten ist sie erst 2017, aber Sympathie hegte Freia Lippold-Eggen für die AfD schon länger. Die von der damaligen Kanzlerin Merkel behauptete Alternativlosigkeit ihrer Politik hielt sie für ein «Armutszeugnis». «Ich sehe mich als gestandene Konservative», sagt Lippold-Eggen. «Ich bin immer noch ein Strauß-Fan. Ordnung muss sein, ohne Ordnung funktioniert nichts.»

Die sogenannte Flüchtlingskrise im Jahr 2015 hat die gelernte Optikerin, die später für Firmen und Institutionen als Betriebswirtin gearbeitet hat, wie so viele Menschen im Land aufgewühlt. Noch immer spricht sie davon, aus den Zügen in München seien «Armeen von jungen Männern ausgestiegen». Mit solchen apokalyptischen Sprachbildern schürt die AfD bis heute Wut und Angst. «Das hat mir damals eine Gänsehaut verursacht», sagt sie. Jedes Land habe das Recht zu wissen, wer ins Land kommt. Wenn sie von notwendiger Ordnung spreche, meine sie allerdings «keine brutale Ordnung, sondern eine Regelung nach Maß». Beim sensiblen Thema Migration wird deutlich, warum Lippold-Eggen für die Ressentiments der AfD anfällig war. Aber auch, was sie kategorisch von den Völkischen unterscheidet. Mit ihrem zweiten Mann lebte sie zeitweilig in den USA, weiß also, wie es ist, Ausländerin zu sein. «Wir wissen ja, dass wir seit Jahren einen Fachkräftemangel haben.» Und Idioten gebe es überall. «Insofern habe ich eigentlich mit Migration kein Problem.» Damals sei die Einwanderung jedoch «irgendwie aus dem Ruder gelaufen». Lippold-Eggen wollte mit der AfD für Ordnung sorgen. Ansonsten sei ihr Motto: Leben und leben lassen. Wir waren die Guten in der AfD, sagen die Eheleute rückblickend. Doch das ist nur ein Teil der Geschichte.

Zur Wahrheit gehört auch eine gehörige Portion Verdrängung. Dass Björn Höcke beim neurechten Institut für Staatspolitik (IfS) in krudem Rassismus Menschen in Afrika zum «Ausbreitungstyp» mit der Reproduktionsstrategie «Klein-r» erklärt hatte, also über Menschen wie über Frösche und Ameisen sprach?[101] Dass Höcke das Holocaust-Mahnmal in Berlin als «Denkmal der Schande» verhöhnt hatte?[102] Über solche Tabubrüche dachte Freia Lippold-Eggen: Damit haben wir hier in Bad Kissingen nichts zu tun. Im Wahlkampf bekam sie immer wieder zu hören, sie seien Nazis. Aber sie selbst wusste ja: Ich bin kein Nazi. Angriffe auf Höcke und die AfD hielt sie daher für politisch motiviert. Wenn sie in den Osten fuhren, um Höcke bei Auftritten reden zu hören, störten sie sich allenfalls an martialischen Fahnenträgern, aber weniger an dessen Beschwörungen des eigenen Volkes. Zum inneren Bruch kam es erst später, als Höcke der vom Bundesverfassungsschutz als gesichert rechtsextremistisch eingestuften Jugendorganisation Junge Alternative (JA) versicherte: Wir stehen hinter euch.[103] Da war dem AfD-Paar aus Bayern klar: Die AfD steht auch zu den Radikalsten der Radikalen. Und deren Skrupellosigkeit bekamen sie selbst zu spüren.

Seit ihrem Eintritt im Jahr 2017 hat Freia Lippold-Eggen in Bad Kissingen miterlebt, wie sich die Partei vor Ort verändert. Wenn anfangs bei den Stammtischen radikale Parolen geäußert wurden, sei der örtliche AfD-Chef noch eingeschritten: Wir sind kein Sammelbecken für Verrückte, habe er dann gesagt. Doch nach und nach bekam die AfD-Stadträtin mit, wie intern geredet wird. Als sie einen Parteifreund fragte, warum der nicht mehr mit einer Asiatin zusammen sei, habe der sinngemäß geantwortet: Anderes Blut und Vermischung müssten ja nicht unbedingt sein. So erinnert sie sich. Bei einem Partei-Treffen in einem Lokal, in dem ausländische Servicekräfte arbeiten, habe es einmal Probleme bei der Abrechnung gegeben. Da habe ein AfD-Kollege den Angestellten vor allen Leuten als dummen Ausländer hingestellt. Nach und nach seien bei den AfD-Stammtischen vermehrt Anheizer aufgetaucht und hätten Stimmung gegen Migranten gemacht, erinnert sich Lippold-Eggen. Bei Treffen von Mitgliedern und Anhängern seien mitunter auch rüde Parolen gefallen. Nach dem Motto: Ausländer sind scheiße, wir haben nichts mehr zu melden im eigenen Land. Oder: Die Pizza ist billig, die Schnitzel sind groß, aber die Bedienungen sind scheiße, weil die aus der Türkei oder Algerien kommen.

Wie vergiftet die von der AfD befeuerte Stimmung in der Bevölkerung mittlerweile ist, bekam Lippold-Eggen kürzlich beim Haareschneiden mit. Viele Geflüchtete in der Region haben ihr zufolge mittlerweile einen Job gefunden, ohne Syrer gehe beispielsweise in der Gastronomie gar nichts. Aber die Stimmung unter den Leuten sei gekippt. Mit ihrer Friseurin habe sie nach dem eigenen Austritt aus der AfD über die Flüchtlings-Boote gesprochen, die Lampedusa erreichten. Lippold-Eggen habe sich in dem Gespräch für eine europäische Lösung ausgesprochen. Da sei die Frau wütend geworden und habe gerufen, sie wolle, dass überhaupt keiner mehr hierherkomme. «Ab in den Flieger», habe die Frau gesagt. Ja, und wohin mit denen, hakte Lippold-Eggen nach. «Mir egal», so die Antwort. «Tür auf unterwegs.» Man mag solche Mordfantasien als inhumanes, aber unbedachtes Alltagsgerede abtun. Aber Lippold-Eggen ahnt inzwischen, was die AfD, für die sie viele Jahre aktiv war, mit ihren Erzählungen über «unkontrollierte Massenmigration» und «Remigration» bewirkt. Wie es bei den Leuten ankommt. «Das wirkt», sagt sie. «Und wie das wirkt.» Ob gewollt oder nicht: Lange hat sie das alles mitgetragen und so, Spruch um Spruch, wenn auch ungewollt, zur Enthemmung beigetragen.

In einer gemeinsamen Telegram-Gruppe seien Inhalte des langjährigen Kopfs der Identitären Bewegung in Österreich, Martin Sellner, geteilt worden, berichtet Lippold-Eggen. In einer Facebook-Gruppe schrieb darüber hinaus ein Dieter D.: «Der internationale Jude ist ein Finanzhai/Verbrecher und Hetzer! Finanziert NGOs geben (sic!) nationale Regierungen. Wird Zeit, dass er das Zeitliche segnet.» Eine lapidare Antwort auf diese antisemitische Hass-Botschaft lautete: «Du solltest den Post löschen.» Letztlich waren es aber nicht solche menschenverachtenden Entgleisungen im Umfeld der Partei, die Lippold-Eggen und ihren Mann zum Austritt bewogen, sondern was sie vor der bayerischen Landtagswahl im Jahr 2023 erlebten.

Im Vorfeld habe sie mangels Alternativen ihre Bereitschaft erklärt, im heimischen Wahlkreis 604 als Landtagskandidatin anzutreten, erinnert sich Lippold-Eggen, registrierte intern aber Vorbehalte. In Gesprächen mit Vertrauten habe sie dann erfahren, dass kurzfristig ein unbekannter Kandidat von außen «reingedrückt» werden solle. Tatsächlich wurde dann bei der Versammlung in ihrem Wahlkreis im November 2022 Daniel Halemba, ein 22-jähriger Burschenschafter bei der «Prager Teutonia zu Würzburg», als Direktkandidat für den Landtag gewählt. Sie selbst habe jene neuen Teilnehmer der Wahlversammlung, die selbst ihr als Vorstands-Vize im Kreis unbekannt waren, noch gefragt: Wer seid ihr? Wo kommt ihr her? Daraufhin habe ihr jemand sein Mobiltelefon gereicht. Ihr Gesprächspartner, den sie für einen Juristen hielt, habe ihr telefonisch mit Klagen gedroht, sollten die Neuen nicht mitwählen dürfen. Halemba wurde dann auch mit deren Stimmen gewählt und später im März 2023 in einer Wiederholungswahl, die nach Beschwerden erfolgte, als Kandidat bestätigt. Lippold-Eggen erinnert sich daran, dass bei dieser Veranstaltung junge Männer mit einheitlichem Haarschnitt und trachtenähnlicher Kleidung eine uniformierte Kulisse bildeten. Die jungen Männer, die sie für Burschenschafter hielt, seien als «Beobachter» da, wurde ihr gesagt.

Lippold-Eggen empfindet die Vorgänge rund um die Kandidatur und die Unterstützer von Daniel Halemba als zutiefst undemokratisch. Der junge Mann sei zu seiner Kandidatur «geputscht» worden: «Das war eine Machtübernahme.» Sie hat den Eindruck, dass ihr Wahlkreis von Mitgliedern der AfD-Jugendorganisation Junge Alternative (JA) gekapert wurde. Lippold-Eggen vermutet, dass es der AfD darum ging, gezielt diesen jungen Radikalen in den Landtag zu bringen. Der Vorsitzende des AfD-Bezirksverbands Unterfranken, Richard Graupner, hat die Vorwürfe als «unzutreffend, widersprüchlich und konstruiert» zurückgewiesen und von einer «Schmutzkampagne» gesprochen.[104]

Die Unterstellung, Lippold-Eggen habe mit ihrer Kritik nur ihrer Enttäuschung über die eigene geplatzte Kandidatur Luft machen wollen, verfängt jedoch nicht. Mit fast 70 Jahren sind ihre eigenen politischen Ambitionen dann doch überschaubar.

Auch blieb Lippold-Eggen mit ihrer Kritik nicht allein. Tanja Ehrensberger, seinerzeit Beisitzerin im Kreisvorstand der AfD Unterfranken-Nord, hat die Wahl Halembas ebenfalls scharf kritisiert. Doch der damals schwangeren Frau wurden von der AfD zwischenzeitlich die Mitgliedsrechte entzogen. Drei AfD-Leute gingen mit eidesstattlichen Versicherungen gegen sie vor, offenbar um sie im Kampf um die Kandidatur zur Landtagswahl auszuschalten. Parteimitglied Andre L. gab allerdings später an, dazu überredet worden zu sein, die unbequeme Kritikerin mit konstruierten Vorwürfen zu diffamieren.[105] Er zog seine eidesstattliche Versicherung zurück. Aus einer «falsch verstandenen Gefälligkeit» habe er sich «auf diese dubiose Angelegenheit» eingelassen, schrieb L. an den AfD-Bezirksverband Unterfranken. Als Gegenleistung waren ihm offenbar Stimmen der Jungen Alternative bei einer eigenen Kandidatur in Aussicht gestellt worden. In seiner Begründung gab L. an, die bereits vorgefertigte eidesstattliche Versicherung sei seinerzeit von Daniel Halemba bei ihm zu Hause abgeholt worden. Später habe er seine falschen Angaben jedoch bedauert und Halemba sowie einen Harald D. aufgefordert, seine Erklärung nicht zu verwenden. Ehrensberger nannte das Vorgehen gegen sie öffentlich «skrupellos» und «brutal». Sie prangerte Seilschaften im bayerischen AfD-Landesverband an. Dafür verantwortlich seien «vorneweg die Burschenschafter, der Flügel und natürlich die Junge Alternative.»[106]

In ihrer damaligen Funktion als zweiter Vorstand des Kreisverbandes Unterfranken-Nord hat Freia Lippold-Eggen noch im Dezember 2022 Einspruch gegen die Aufstellungsversammlung beim Landesschiedsgericht der AfD eingelegt. Sie hat das mit einer satzungswidrigen Aufnahme neuer Mitglieder begründet, mit deren Hilfe Halemba gewählt wurde. Aufgrund der kritisierten Unregelmäßigkeiten hat sie den Parteiausschluss von Halemba und weiterer Mitglieder aus der AfD gefordert und den Bundesvorstand in Kenntnis gesetzt. Den Autoren liegen die Schriftsätze vor. Das Ehepaar Eggen fand mit seiner Kritik in der Partei indes kein Gehör und zog die Konsequenzen aus dem Fall Halemba: Beide traten aus der AfD aus. Anstelle der erhofften Basisdemokratie tat sich für sie in der AfD ein politischer und menschlicher Abgrund auf. Bis heute ist Freia Lippold-Eggen fassungslos über die vielen Mitläufer in der Partei, die den Vorgängen tatenlos zusahen.

Daniel Halemba wurde im Oktober 2023 in den bayerischen Landtag gewählt – und kurz darauf per Haftbefehl gesucht. Als Daniel Halemba so spektakulär im Oktober 2023 in der Nähe von Stuttgart verhaftet wurde, veröffentlichte die Staatsanwaltschaft Würzhburg dazu Pressemitteilungen und begründete den Haftbefehl mit Flucht- und Verdunkungsgefahr.[107] Halemba und andere Mitglieder der Studentenverbindung «Teutonia Prag zu Würzburg» sollen den Ermittlern zufolge unter anderem einen Mitbeschuldigten massiv eingeschüchtert haben. Zudem informierte die Staatsanwaltschaft über die Ergebnisse einer Hausdurchsuchung bei der «Teutonia Prag» in Würzburg. Dort wurden demnach im September 2023 mehrere Schlagringe, eine Machete, Schlagstöcke sowie eine Schreckschusswaffe entdeckt. Zudem seien NS-Devotionalien und antisemitische Schriften gefunden worden. Im Gästebuch, das beschlagnahmt wurde, stehe der Eintrag «Sieg Heil» mit dem Namenszug des Beschuldigten Halemba. «In dem von ihm bewohnten Zimmer wurde zudem an prominenter Stelle der Ausdruck eines mit einer sogenannten Doppelsigrune versehenen SS-Befehls des Reichsführers SS Heinrich Himmler vom 28.10.1939 aufgefunden», so die Ermittler. Der Massenmörder Himmler war als Kopf der SS einer der Hauptverantwortlichen des Holocaust, den er gnadenlos vorantrieb.

Halemba wies die Vorwürfe zurück. Schließlich stehe sein Name im Gästebuch nicht unterhalb, sondern oberhalb der verbotenen Parole «Sieg Heil» und sei dort schon vorher eingetragen worden. «Ich habe mich nicht der Volksverhetzung und des Verwendens verfassungsfeindlicher Kennzeichen strafbar gemacht», erklärte Halemba. «Und wenn man irgendwo Nazi-Symbole gefunden haben könnte, die man mir jetzt eventuell versucht zuzuschieben, dann ist das einfach falsch und dann ist das auch nicht haltbar.»[108] Trotz dieser Dementis wurde die Causa Halemba nun offenbar auch vielen in der AfD zu heiß. In einem Antrag forderten zahlreiche AfD-Mitglieder den Landesparteitag auf, den Nachwuchskader zur Rückgabe seines Landtagsmandats zu bewegen. Das tat der Parteitag dann auch.[109]

Der Umgang mit dem Fall Halemba sagt viel über die AfD aus. Der Vorstand der Bundespartei forderte den bayerischen Landesverband auf, Halemba auszuschließen.[110] Der junge Mann, dem die AfD noch vor kurzem einen ebenso rasanten wie rücksichtslosen Aufstieg ermöglicht hatte, gab schließlich seine Parteiämter auf und erklärte, bis auf weiteres auf die Ausübung seiner Mitgliedsrechte verzichten zu wollen. Sein frisch gewonnenes Landtagsmandat wollte er jedoch behalten.[111] Die AfD-Fraktion lehnte es daraufhin ab, Halemba aus der Fraktion zu werfen. Für ihn gelte die Unschuldsvermutung, so die bayerische AfD-Fraktionschefin Katrin Ebner-Steiner und begründete dessen Verbleib in der Fraktion mit den denkwürdigen Worten: «Alle für einen – einer für alle.»[112] Damit sei das Thema erledigt. War es aber nicht. Neben einer eher milden zweijährigen Ämtersperre, die zunächst verhängt wurde, folgte schließlich doch ein Parteiausschlussverfahren vor dem Landesschiedsgericht der AfD in Bayern, das im Dezember 2023 eröffnet wurde. Nach neuen Vorwürfen kündigte Halemba später an, vorerst auf öffentliche Aktivitäten als Fraktionsmitglied verzichten zu wollen.

Weder Halemba noch die Fraktion wollten das aber als Schuldeingeständnis verstanden wissen.[113]

Das Chaos um einen möglichen Rauswurf ging weiter. Die Verteidigung Halembas stellte einen Befangenheitsantrag gegen den Vorsitzenden Richter des Landesschiedsgerichts Thomas Bayer. Dieser habe zum einen das Verfahren aus formalen Gründen gar nicht eröffnen dürfen, zum anderen sei Bayer voreingenommen und wünsche sich um jeden Preis den Ausschluss Halembas aus der Partei. In einer Mail an den bayerischen AfD-Chef Stephan Protschka hat Bayer diesem bereits im April 2023 «den Sacherhalt für ein Verfahren» gegen Harald D. und Daniel Halemba geschildert: Die beiden Mitglieder hätten dafür gesorgt, «dass die Eheleute S. (Name von den Autoren anonymisiert) aus dem Bereich Bad Kissingen schnell in die Partei aufgenommen werden, um für die Kandidatenwahl zur Verfügung zu stehen.» Zu diesem Zweck hätten sie veranlasst, deren Wohnsitz vorübergehend auf die Studentenverbindung von D. und Halemba in Würzburg umzumelden, und auch mit ihnen das Aufnahmegespräch geführt. Bayer hat also versucht, den Fall intern aufzuklären. Trotzdem wurde er später von der AfD in Bayern als Vorsitzender Richter des Landesschiedsgerichts abgelöst. Im März 2024 hat das Bundesschiedsgericht der Partei einen kommissarischen Richter eingesetzt, «um die Handlungsfähigkeit des Landesschiedsgerichts Bayern wiederherzustellen». Den Autoren dieses Buches liegen die entsprechenden Schriftsätze vor.

Das Hin und Her in der Causa Halemba zeigt: Die AfD geht erst dann auf Distanz zu unhaltbaren Kadern, wenn ihr ein massiver Image-Schaden droht. Doch selbst dann wird nicht konsequent der Bruch vollzogen. Nicht die eindringlichen Warnungen von Freia Lippold-Eggen brachten den Fall ins Rollen, sondern erst die Ermittlungen der Staatsanwaltschaft Würzburg und unliebsame Skandal-Schlagzeilen. Anstelle eindeutiger Konsequenzen gab es im bayerischen Landesverband der AfD ein Hauen und Stechen.

Seit Dezember 2023 beobachtet der bayerische Verfassungsschutz die Würzburger Burschenschaft «Teutonia Prag». Für die Behörde liegen hinreichend gewichtige Anhaltspunkte für Bestrebungen gegen die freiheitlich-demokratische Grundordnung vor. Laut Verfassungsschutz sollen in dem Verbindungshaus rechtsextremistische Musik abgespielt und Propagandamaterial der rechtsextremistischen «Identitären Bewegung» gelagert worden sein. In Gemeinschaftsräumen sollen sich Aufkleber mit Bezug zur Neonazi-Partei «III. Weg» und zur Identitären Bewegung befunden haben. Die Verfassungsschützer erkennen personelle Überschneidungen zwischen der Burschenschaft und der Jungen Alternative (JA).[114]

Trotz aller Vorwürfe im Fall Halemba durfte der Nachwuchs-Kader der AfD in der bayerischen Landtagsfraktion erstmal weiter machen. Fußnote: Sein Fraktionskollege Martin Böhm soll Halemba seinerzeit sogar geraten haben, sich medienwirksam im Landtag verhaften zu lassen. Offenbar sollten der Rechtsstaat und Repräsentanten der parlamentarischen Demokratie wie Landtagspräsidentin Ilse Aigner (CSU) vorgeführt werden.[115] Die AfD hat lange unbeirrt an Halemba festgehalten. Wer Kritik übte, wurde gnadenlos bekämpft. Erst angesichts des öffentlichen Totalschadens verlor Halemba den Rückhalt wichtiger Teile der Partei. Im Mai 2024 wurde schließlich bekannt, dass auch der AfD-Bundesvorstand nunmehr offiziell ein Parteiausschlussverfahren beantragt hat.[116] Der Bundesvorstand und Halemba selbst ließen Anfragen unbeantwortet. Der bayerische AfD-Chef Stephan Protschka teilte mit, zu laufenden Verfahren keine Auskünfte zu erteilen.

Ende Mai 2024 hat die Staatsanwaltschaft Würzburg gegen Daniel Halemba Anklage in fünf Tatkomplexen erhoben. In der 14-seitigen Anklageschrift werden dem AfD-Politiker nach umfangreichen Ermittlungen Volksverhetzung, das Verwenden von Kennzeichen verfassungswidriger und terroristischer Organisationen, versuchte und vollendete Nötigung, Sachbeschädigung sowie Geldwäsche in drei Fällen vorgeworfen. Demnach soll Halemba unter anderem einen früheren Mitbeschuldigten und späteren Zeugen in dem Ermittlungsverfahren durch Drohungen genötigt haben. Zudem hatte er der Anklage zufolge versucht, einen Anwalt zu nötigen, um Einfluss auf ein Parteiausschlussverfahren zu nehmen. Auch der erwähnte SS-Befehl von Heinrich Himmler, den die Ermittler in dem von Halemba seinerzeit genutzten Zimmer in der Studentenverbindung fanden, ist angeklagt worden. Daniel Halemba habe die Vorwürfe nicht zugestanden, sondern überwiegend bestritten, so die Ermittler.[117] Das Amtsgericht Würzburg musste nun entscheiden, ob die Anklage zur Verhandlung zugelassen wird. Die bayerische AfD-Fraktionschefin Katrin Ebner-Steiner teilte den Autoren auf Anfrage mit, bis zum rechtskräftigen Abschluss des Verfahrens halte die Fraktion an der Unschuldsvermutung fest. Der Zeitpunkt der Anklageerhebung kurz vor der Europawahl lasse «auf politisch motivierte Erwägungen schließen». Alles wie gehabt.

Der Skandal in Bayern wirft nicht nur ein grelles Licht auf einen westdeutschen Landesverband der Partei, sondern auch auf den Nachwuchs der AfD, der systematisch in den Rechtsextremismus abgedriftet ist. Aussteiger Alexander Leschik aus Münster hat zusammen mit seinem Ex-Kollegen Nicolai Boudaghi öffentlich gemacht, wie er die Radikalisierung bei der Jungen Alternative (JA) hautnah miterlebt hat.[118] Leschik war 2015 in die AfD eingetreten und hat in der JA Karriere gemacht, bis er vor der Bundestagswahl 2021 aufgab. Boudaghi trat der AfD bereits kurz nach ihrer Gründung 2013 bei, stieg im AfD-Bezirk Düsseldorf auf und schaffte es gar zum stellvertretenden Bundesvorsitzenden der Jungen Alternative, bevor auch er vor den Rechtsextremisten kapitulierte. Nunmehr warnt auch er vor der jungen und der erwachsenen Alternative. Die beiden Ex-Politiker der AfD geben zu, mit Menschen zusammengearbeitet zu haben, die bei Facebook, WhatsApp oder Telegram Inhalte wie diese verbreiteten:[119]

«Es ist absurd zu behaupten, Juden sind Deutsche.»

«Schwule sind in meinen Augen meistens Viecher.»

«Das einzige Ticket, das ich einem Flüchtling wirklich geben würde, wäre ein Expresszug nach Ausschwitz-Birkenau.»

Nicolai Boudaghi hat nach seinem Ausstieg berichtet, was passierte, als zwei Frauen aus Sri Lanka und Kongo zu ihrem Partei-Stammtisch in Essen kamen. Er, Boudaghi, habe die beiden sympathischen Migrantinnen in die Parteiarbeit einbinden wollen. Da habe am nächsten Morgen der AfD-Kreissprecher angerufen und ihn durchs Telefon angeschrien, verriet Boudaghi später. Er wolle keine Afrikaner, weil diese Bananen von den Bäumen pflücken.[120] Rassismus und Diskriminierung sind demnach in der AfD gelebte Praxis.

Der gläubige Katholik Leschik hat beschrieben, wie zerrissen er sich als junger Konservativer, als der er sich sieht, in dieser Partei fühlte: «Es ist nicht leicht, sich in der AfD treu zu bleiben, wenn einen Leute aus der eigenen Partei immer wieder als *Halber* und gar als *Systemhure* bezeichnen.» Wer in der Partei zu halbwegs vorsichtigen Formulierungen aufrufe, wirke wie ein Vertreter der «Altparteien». Und nichts möge das heutige AfD-Mitglied weniger. Radikalität gilt Leschik zufolge mittlerweile als «AfD pur», und infolgedessen orientieren sich auch diejenigen daran, die selbst gar nicht davon überzeugt sind. Viele in der Partei haben demnach verstanden, wie sie intern mit Hass und Hetze punkten können. Leschik gibt zu, auf Facebook die NS-nahe Parole «Deutschland erwache» verwendet zu haben. «Unentschuldbar», sagt er im Nachhinein dazu. Die Entgleisung sei «ein Sinnbild dessen, was in der Partei schon Usus war», als er noch dabei war.[121] Er erinnert sich an einen Beitrag in einem WhatsApp-

Chat von 2018: «Niedere Menschenformen sexuell zu demütigen, ist ein Beleg für die Überlegenheit der weißen Rasse.»[122]

Neben gefährlichem Opportunismus und menschenverachtenden Entgleisungen beschreibt Leschik auch, was die AfD ideologisch verbindet: «Islamverachtung und Islamfeindschaft stecken tief drin in der AfD und werden eben auch regelmäßig ausgelebt.» In der AfD gebe es die Bereitschaft, Angst vor einer «Überfremdung» durch Muslime zu schüren.[123] Wobei das Unwort des Jahres 1993 «Überfremdung» ein rassistischer Begriff ist, den die Nationalsozialisten in dieser Bedeutung erstmals in den Duden schreiben ließen. Als Leschik sich im Jahr 2021 von der JA lossagte, hatte die AfD-Jugendorganisation gerade den «extremsten Bundesvorstand ihrer Geschichte gewählt», wie er später schrieb.[124]

Das Bundesamt für Verfassungsschutz stufte die gesamte Junge Alternative im Jahr 2023 als gesichert rechtsextremistisch ein. Einen Eilantrag der AfD gegen diesen Befund wies das Verwaltungsgericht Köln ab. Die Begründung hat es in sich: Die AfD-Jugend hält demnach an einem «völkisch-abstammungsmäßigen Volksbegriff» fest. Eine zentrale politische Vorstellung der AfD-Jugendorganisation sei der «Erhalt des deutschen Volkes in seinem ethnischen Bestand». Das verstößt nach Ansicht des Gerichts gegen die Menschenwürde. Konkret würden «Asylbewerber sowie Migranten pauschal verdächtigt und herabgewürdigt. Einwanderer werden allgemein als Schmarotzer und kriminell bezeichnet oder in anderer Weise verächtlich gemacht und dadurch in ihrer Menschenwürde missachtet», so die Richter.[125]

Das Personal der AfD-Jugend macht aus der eigenen Radikalität keinen Hehl, sondern kokettiert sogar damit. Beispiel Matthias Helferich. Der Dortmunder Bundestagsabgeordnete, der dadurch bekannt wurde, dass er sich in Chats (angeblich aus Spaß) als «freundliches Gesicht des NS» bezeichnet hatte, trug bei einer Rede im Bundestag demonstrativ ein Shirt mit dem

Logo der JA unter dem Sakko. Bei einem Podiums-Gespräch beim Institut für Staatspolitik (IfS) in Schnellroda, das dem Bundesamt für Verfassungsschutz als gesichert rechtsextremistisch gilt, warf Helferich die Frage auf, «ob wir so blauäugig sind zu glauben, dass wir einfach dieses System praktisch im Schlafwagen niederringen können».[126] Offenkundig geht es also nicht einfach nur um Machtbeteiligung, sondern um einen Systemwechsel. Auch der Stellvertretende Bundesvorsitzende der JA, Tomasz Froelich, suchte die Nähe des wichtigen Thinktanks der Neuen Rechten und erklärte seinen Besuch in Schnellroda ebenso provokativ wie strategisch: Es mache «Spaß, mit gesichert rechtsextremen Zeitgenossen die Zeit zu verbringen. Hier trifft sich der Kern. Hier sind die Leute, die die Vorarbeit leisten für die Partei». Dieses Vorfeld habe die Weichen für die Wahlerfolge der AfD gestellt.[127] JA-Kader stehen also ganz offen zur Aufgabenteilung innerhalb des rechtsextremen Netzwerks.

Aussteiger wie Boudaghi und Leschik, die diese Entwicklung kritisieren, gelten in der AfD als Verräter. Nach seinem Ausstieg hat Alexander Leschik berichtet, Morddrohungen erhalten zu haben.[128]

Auch Ivo Teichmann hat in Sachsen den Hass ehemaliger Partei-Kollegen auf sich gezogen. In sozialen Medien wird er «Verräter» genannt. Teichmann hat sich bereiterklärt, für dieses Buch über seine Zeit bei der AfD und die Gründe für den Bruch mit der Partei zu berichten. Acht Jahre lang war Teichmann Mitglied der AfD, die er in Sachsen nach eigenen Angaben ab 2014 mit aufgebaut hat. So habe er als Diplomverwaltungswirt etliche Parteikollegen im Kommunalrecht geschult. Bis zu seinem Einzug in den sächsischen Landtag war Teichmann als Beamter im Wirtschaftsministerium des Landes tätig. «Im Unterschied zu vielen in der AfD bin ich wirtschaftlich nicht von der Partei abhängig», sagt er. Von 1989 bis 2014 saß er als Abgeordneter im Stadt- sowie Gemeinderat der Stadt Königstein in der Sächsischen Schweiz. «Um das Land voranzubringen», wie Teichmann sagt. Er sieht sich selbst als engagierter Kommunalpolitiker.

Mit 37 Prozent gewann er im September 2019 für die AfD das Direktmandat und zog in den Landtag ein. In der Fraktion stieg er zum kommunalpolitischen Sprecher auf. Bis er im Dezember 2022 in einem Brief an den sächsischen Landes- und Fraktionschef Jörg Urban seinen Austritt erklärte: «Was engagierte, freiheitlich und konservativ ausgerichtete Mitglieder mit mir gemeinsam, auch auf kommunaler Ebene, aufbauten, rissen Mitglieder mit ihren öffentlich wahrnehmbaren Fehltritten und teilweise extremistischen sowie menschenfeindlichen Äußerungen wieder ein.» In AfD-Chatgruppen lese er «regelmäßig extreme Äußerungen». Teichmann warnte: «Die Einstufung der AfD als erwiesen rechtsextremistisch ist somit nur noch eine Frage der Zeit.»

Ein Jahr später war es dann so weit. Der Landes-Verfassungsschutz sah den Rechtsextremismus für den sächsischen Landesverband der AfD nunmehr als erwiesen an.[129] Vier Jahre lang hatte die Behörde zuvor geprüft und eine Vielzahl von Aussagen und Forderungen hoher Mandatsträger auf Landes- und Kreisebene analysiert. «Diese belegen in der Summe unzweifelhaft, dass der hiesige AfD-Landesverband verfassungsfeindliche Ziele verfolgt», so LfV-Präsident Dirk-Martin Christian. Inhaltlich dominiere trotz einer heterogenen Zusammensetzung das aus dem «Flügel» hervorgegangene «solidarisch-patriotische Lager» um dessen «geistigen Vater» Björn Höcke.[130]

Die Landespartei verfolgt laut sächsischem Landesamt für Verfassungsschutz (LfV) «typische völkisch-nationalistische Positionen», die sich in Parolen wie der folgenden zeigen: «Zwei Dinge sollten immer weiß sein. Weihnachten und Deutschland.» So zitiert das LfV AfD-Personal in Sachsen. Mit dem sogenannten Ethnopluralismus, der die strikte Trennung möglichst homogener Ethnien und Kulturen vorsieht, verfolge die AfD in Sachsen einen «Markenkern des politischen Rechtsextremismus». Nach diesem Volksverständnis würde sich der Erwerb der deutschen Staatsbürgerschaft ausschließlich nach ethnisch-biologischen sowie kulturellen Kriterien richten. Das sei «mit dem Grundgesetz unvereinbar», stellt der sächsische Verfassungsschutz fest. Damit sei nämlich «zwangsläufig die Herabsetzung, Ausgrenzung und Benachteiligung von Migranten und ethnischen Minderheiten verbunden», erklärt LfV-Chef Christian.[131] Ein Befund mit politischer Sprengkraft.

In diesem Landesverband war Ivo Teichmann nicht nur Mitglied, sondern Funktionär. Er hat stillgehalten, als im Jahr 2018 die damaligen ostdeutschen AfD-Länderchefs Björn Höcke (Thüringen), Jörg Urban (Sachsen) und Andreas Kalbitz (Brandenburg) einen vorgeblichen «Trauermarsch» in den Straßen von Chemnitz anführten. Ein Deutsch-Kubaner war nach dem Chemnitzer Stadtfest von einem ehemaligen Geflüchteten aus dem Nahen Osten während eines Streits erstochen worden. Hinter der AfD-Prominenz marschierten dann gewaltbereite Hooligans und Neonazis aus dem ganzen Bundesgebiet. Auch der spätere Mörder des CDU-Politikers Walter Lübcke, Stephan Ernst, lief seinerzeit in dem Zug mit, der wie ein Fanal wirkte. Angesichts der massiven Mobilisierung soll er an diesem Tag den Entschluss gefasst haben, den CDU-Politiker Walter Lübcke wegen dessen Haltung zur Flüchtlingspolitik zu ermorden.[132] Der Aufmarsch in Chemnitz bot auch den Rahmen für spontane rechte Gewalt. Hooligans und Neonazis schlugen im Laufe des Abends brutal zu und jagten ihre Feinde.

Zwei Jahre nach diesen Krawallen gehörte Teichmann gleichwohl zu den Erstunterzeichnern der sogenannten «Dresdner Erklärung» – zusammen mit AfD-Politikern wie Tino Chrupalla, Maximilian Krah, Jörg Urban und Jens Maier aus dem Höcke-Lager. Dieser Aufruf zu Geschlossenheit und zur «Einheit der Partei» war eine klare Absage an jene in der AfD, die sich von

Rechtsextremisten in den eigenen Reihen trennen wollten. Nur durch die «Vereinigung aller Kräfte» könne die AfD «eine Volkspartei im wörtlichen Sinne» werden, erklärten die Unterzeichner und stärkten damit die ultraradikalen Kräfte um Höcke.[133]

Mehr noch, Teichmann hat lange selbst aus Überzeugung die Narrative der AfD verbreitet. Noch im November 2022 bezeichnete er den russischen Angriffskrieg auf die Ukraine auf Facebook als «Stellvertreterkrieg» und forderte, hierzulande «diese unsägliche Kriegspropaganda» zu beenden. Auch postete er den Auszug aus einer Rede Putins, um zu zeigen, dass dieser um «gegenseitigen Respekt» geworben habe. Beim Thema Migration verwendet Teichmann bis heute eine Sprache des Ressentiments und der Abwertung. Zwar erteilt er Forderungen nach einer Einwanderungsquote Null eine Absage. Gleichwohl bezeichnet er Migrantinnen und Migranten, die aus wirtschaftlicher Not ihre Heimat verlassen und zu uns kommen, weiterhin als «Scheinasylanten» und fordert im AfD-Sound, der «Asyl-Missbrauch» müsse beendet werden. Teichmann bekennt sich zwar durchaus zum Asylrecht: «Aber ich bin ganz klar gegen Asylmissbrauch.» Im Gespräch wird deutlich, dass Ivo Teichmann grundlegenden Überzeugungen aus seiner AfD-Zeit durchaus treu geblieben ist.

Trotzdem gab es für ihn eine rote Linie. Eine Grenze dessen, was er bereit war mitzutragen. «Ein entscheidender Punkt war für mich die mangelnde Distanz zu Rechtsradikalen und Rechtsextremen wie den Freien Sachsen», sagt Teichmann. «Auch als Abgeordneter bin ich weiterhin Beamter des Freistaats Sachsen und habe den Eid auf die Verfassung abgelegt. Dazu stehe ich auch voll und ganz. Von daher will ich gar nicht erst den Eindruck erwecken, dass ich mich mit rechtsextremen Typen im Schulterschluss befinde.» Teichmann scheint sich offenbar auch um die eigene Existenz zu sorgen.

Die Freien Sachsen sind eine rechtsextremistische Kleinstpartei, die 2021 gegründet wurde. Deren Spitzenpersonal hat eine

Vorgeschichte in einschlägigen Szene-Organisationen. So der Rechtsanwalt Martin Kohlmann (Pro Chemnitz) als Parteichef sowie dessen Vize Stefan Hartung (NPD). Dem sächsischen Verfassungsschutz gilt die Partei als verfassungsfeindliches Sammelbecken von Neo-Nationalsozialisten, NPD-Funktionären und Szene-Aktivisten.[134] Seit den Corona-Protesten fungieren die Freien Sachsen vor allem durch ihren reichweitenstarken Telegram-Kanal als aggressive Mobilisierungsmaschine für demokratiefeindlich ausgerichtete Demos. Egal, ob es vordergründig um die Pandemie oder den Krieg in der Ukraine geht. Offiziell stehen die Freien Sachsen auf einer Unvereinbarkeitsliste der AfD. Freie Sachsen können also nicht in die AfD aufgenommen werden. Doch das gilt nur auf dem Papier, nicht auf der Straße. Da demonstrieren Anhänger beider Parteien Seite an Seite.

Im Oktober 2022 prangerte Teichmann diese extreme Nähe öffentlich an. Auf Facebook bezog er Stellung gegen die Kleinstpartei: «Da habe ich analysiert, dass die Freien Sachsen eine NPD im neuen Gewand ist. NPD 2.0 habe ich das genannt.» Viele AfD-Mitglieder distanzieren sich hingegen nicht von diesen Leuten, so Teichmann: «Im Gegenteil. Die marschieren mit denen im Schulterschluss.» Nach seinem Warnhinweis schlug dem AfD-Politiker breite Ablehnung entgegen: «Im eigenen Kreisverband wurde ich dafür heftig angefeindet.» Als direkt gewählter Landtagsabgeordneter mit einem starken Ergebnis wurde er daraufhin nicht mal mehr als Delegierter für den Landesparteitag gewählt. Für seine Kritik an den innerparteilichen Zuständen sei er aber nicht nur per Abstimmung abgestraft, sondern auch «persönlich diffamiert worden». Auch mit falschen Behauptungen aus seinem Privatleben: «Das war völlig unter der Gürtellinie und sogar strafbar. Ich spreche hier von Beleidigungen.» So ergeht es einem Hardliner in der AfD, der sich dafür einsetzt, rote Linien zu rechtsextremen Organisationen zu ziehen.

Als Ende des Jahres 2022 die Berliner Richterin und ehemalige

AfD-Bundestagsabgeordnete Birgit Malsack-Winkemann wegen Terrorverdachts verhaftet wurde und anschließend in Untersuchungshaft kam, will sich Teichmann in einer gemeinsamen AfD-Chatgruppe unmissverstandlich deutlich distanziert haben – auch vom Reichsbürgertum und Verschwörungstheorien: «Dafür habe ich keinerlei Unterstützung in dem Chat gefunden.» Was er in der AfD erlebt hat, kann als Enthemmung und Normalisierung des Rechtsextremismus gelten, der auf die Abschaffung des demokratischen Systems abzielt. All diese Erfahrungen hätten schließlich dazu geführt, die AfD zu verlassen.

Ivo Teichmann hat die Radikalität und den rücksichtslosen Umgang mit Kritikern in der AfD schmerzhaft zu spüren bekommen. Wovor möchte er die Wähler mit seinem Wissen warnen?

Trotz seiner drastischen Erfahrungen antwortet der Aussteiger eher pragmatisch: «Wenn ihr blau wählt, schwächt ihr damit letztlich das konservative Lager. Wer blau wählt, kriegt Grün in der Regierung.» Entscheidend sei, dass «die AfD zum Regieren überhaupt nicht in der Lage ist. Die Partei ist nicht regierungsfähig und verfügt gar nicht über das Personal dafür.» Zwischenrufe aus den Reihen seiner ehemaligen AfD-Kollegen im Landtag empfindet Teichmann als «eher peinlich und unqualifiziert, geradezu zum Fremdschämen». Die AfD stehe für eine «Frontalopposition, wo es darum geht, gegen alles zu sein». Teichmann spricht lieber darüber, was die AfD nicht kann und ist, als dass er sich über ihre gefährlichen Ziele und Absichten echauffierte.

In Bad Kissingen wird Freia Lippold-Eggen sehr viel deutlicher, wofür die AfD aus ihrer Sicht steht und was von ihr zu erwarten ist, sollte sie an die Macht kommen. Nach all ihren Erfahrungen mit Stammtischen, Chats, Gesprächen und traumatischen Kandidaturen fällt sie ein hartes Urteil. Dazu zieht sie einen bemerkenswerten historischen Vergleich zur NSDAP in den 1930er Jahren. Bei allen Unterschieden wolle die AfD in ähnlicher Weise die Schwächen der Demokratie ausnutzen, «um sie dann abzuschaffen». Sie beschreibt in der Partei kursierende Ermächtigungsfantasien: «Wir werden sie aus ihren Rathäusern holen, aus ihren Amtsstuben.» Jeder, der in der Pandemie irgendeinen Fehler gemacht habe, solle dafür zur Rechenschaft gezogen werden. Man kann solche Rache-Fantasien als politische Säuberungen bezeichnen. «Davon träumen die», sagt Lippold-Eggen.

Was sollten jene über die AfD wissen, die damit liebäugeln, sie zu wählen?

«Die sollten wissen, dass die AfD nicht die Erlösung für sie ist, sondern ihr Untergang. Weil die AfD wird vor niemandem haltmachen, der nicht genau das macht, was die AfD von ihm will. Und da würden auch wir dazu gehören.» Rechtsgleichheit für Menschen mit einer Migrationsgeschichte gäbe es nur so lange, wie es den «eigenen Fleischtopf nicht betrifft. Aber wenn es dann wirtschaftlich Spitz auf Knopf kommen würde, haben sie auch wirtschaftlich kein Daseinsrecht». Wie ernst es der Aussteigerin mit ihren Warnungen vor der AfD ist, lässt sich daran erkennen, dass sie kurz vor ihrem Austritt sogar ein Parteimitglied wegen Volksverhetzung angezeigt hat. Patrick G. soll in einer Telegram-Gruppe behauptet haben, dass «Masseneinwanderung» die Ethnie eines Landes «letztendlich zerstört». Das AfD-Mitglied habe gefordert: «Unser Ziel sollte die Remigration sein». Die Staatsanwaltschaft Schweinfurt hat das Ermittlungsverfahren im August 2023 eingestellt.

Allen gegenteiligen Beteuerungen der AfD zum Trotz ist Lippold-Eggen davon überzeugt, dass die AfD eingebürgerte Deutsche, die bisweilen verächtlich «Passdeutsche» genannt werden, nicht als gleichberechtigte Staatsbürger anerkennt: «Das sind für die keine Deutschen.» Wenn es hart auf hart komme, sei für die AfD «jeder ein Ausländer, der nicht vom Blut her ein Deutscher ist». Die Partei beteuert, dass die verharmlosend «Remigration» genannte angestrebte Vertreibung von Menschen mit einer Migrationsgeschichte nach rechtsstaatlichen Prinzipien ablaufen soll. Doch die AfD-Aussteigerin ist sich sicher: «Gewalt ist mit eingepreist, die ist definitiv mit eingepreist.»

Lippold-Eggen ist zudem davon überzeugt, dass es kein Zufall ist, wenn AfD-Leute die verbotene SA-Parole «Alles für Deutschland» benutzen. Viele Leute würden den Slogan lediglich für eine Variante von Trumps Parole «America first» halten. «Sie denken, das wäre das Gleiche, ist es aber nicht». Ein ehemaliger Parteifreund habe es auch nicht schlimm gefunden, wenn wieder die erste Strophe vom Deutschlandlied gesungen würde. «Deutschland, Deutschland über alles, über alles in der Welt …» Nach ihrem Austritt hat Lippold-Eggen öffentlich ein Verbot der AfD gefordert.

Frage: «Sind Sie nach wie vor für ein Verbot?»

«Ja, ich bin nach wie vor dafür, die AfD zu verbieten.»

«Warum halten Sie das für notwendig?»

«Wollen wir Geschichte noch einmal so böse erleben, wie sie schon mal von unseren Vorfahren erlebt wurde? Soll das noch mal passieren? Ich sehe die reale Gefahr, dass sich das wiederholen kann, weil ich auch die reale Wut in der Bevölkerung mitkriege. Die sagen ja: Es ist mir scheißegal, ob sie rechtsradikal sind. Ich wähle sie trotzdem.»

«Bereuen Sie, mitgeholfen zu haben, dass die AfD so groß wurde?»

«Bereuen ist der falsche Ausdruck. Eigentlich ist es mehr die Erleichterung, dass wir es noch rechtzeitig erkannt haben. Der Mensch macht Fehler. Wer nichts macht, macht keine Fehler.» Den Eintritt in die AfD bereue sie nicht, weil es damals eine Alternative zur Regierungspolitik gebraucht habe. Anfangs habe sie gedacht, jemand wie Höcke würde sich irgendwann von allein erledigen. Es gibt ein Foto, das Freia Lippold-Eggen neben Höcke zeigt. Auf dem Bild lächelt sie fröhlich, beinahe stolz sieht sie neben dem rechtsextremen Überzeugungstäter aus. Eine ausführliche Beschäftigung mit der Person Höcke und dessen Absichten sei im Tagesgeschehen untergegangen, sagt sie heute. «Im Nachhinein ist da so ein bisschen Ärger darüber, dass man ihm quasi auch hier den Boden bereitet hat.» Freia Lippold-Eggen wirft sich selbst vor, sich nicht früher schlaugemacht zu haben. Dafür warnt sie nun umso eindringlicher vor der AfD und ihren ehemaligen Parteifreunden.

Zum Ende des Gesprächs erzählt Peter Eggen eine kleine Anekdote aus seiner Freizeit. Da sei er mit einem Sportkamerad, der bei der Bundespolizei arbeitet, ins Gespräch gekommen. Und dann habe der Bundespolizist geprahlt, dass er auch an der Grenze eingesetzt werde, und dann habe der Beamte über Migration gesprochen. Was da im Moment abgehe, sei nicht mehr zu ertragen, bekam Eggen zu hören. Und dann habe ihm der Bundespolizist anvertraut, dass wahrscheinlich alle Kollegen, die er so kenne, beim nächsten Mal die AfD wählen würden.

1.4 Ein Land voller Hass – Das Deutschland der AfD

Der Schlossplatz ist ein Schmuckstück des historischen Dresden. Von der Altstadt erreicht man den Platz über eine Seitenstraße, die vom Fürstenzug gesäumt wird, einem opulenten Wandgemälde, zusammengesetzt aus Tausenden Fliesen Meißner Porzellan. Der Platz selbst wird vom wiederaufgebauten Residenzschloss, der Hofkirche und dem Sächsischen Ständehaus eingefasst. In der Mitte thront König Friedrich August auf einem Denkmal. Vor dieser herrschaftlichen Kulisse trifft sich Pegida gern. Es ist Montag, der 18. Dezember 2023. Ein kühler Winterabend. Heute hat sich wieder mal Prominenz von der AfD angekündigt. Dem Höcke-Lager gilt die Pegida-Hochburg als «Hauptstadt der Bewegung». Allerdings verzögert sich der Auftritt des Redners. Auf der Carolabrücke über der Elbe haben Protestierende die «Spaziergänger» mit einer Sitzblockade aufgehalten. Erst nach und nach treffen sie mit Friedens-, Russland- und Fahnen in Schwarz-Rot-Gelb ein. Eine Frau trägt eine Reichsfahne, das Symbol der Reichsbürger. Ein Demonstrant hat eine Mütze in den Reichs-Farben Schwarz-Weiß-Rot auf dem Kopf. Auf Schildern sind auch wieder prominente Hassobjekte in Sträflings-Kleidung abgebildet. Mit dem Schriftzug: Schuldig. Seit den Corona-Demos werden Politiker wie Annalena Baerbock oder Karl Lauterbach, der Journalist Georg Restle und der Virologe Christian Drosten damit öffentlich an den Pranger gestellt.

Dann kündigt Pegida-Mitbegründer Lutz Bachmann den sächsischen AfD-Chef Jörg Urban an. Bachmann, den Verfassungsschutz-Chef Thomas Haldenwang auf einer Pressekonferenz als Rechtsextremisten bezeichnet hatte, macht sich eingangs darüber lustig, dass Urbans sächsischer AfD-Landesverband nunmehr ebenfalls als gesichert rechtsextrem eingestuft wird.[135] Trotzdem werde Urban demnächst Landesvater, prophezeit Bachmann. Sein Gast bedankt sich und lobt Pegida für neun Jahre im Kampf gegen eine «Islamisierung des Abendlandes». Jörg Urban wirkt farblos und bieder, was aber nicht mit fehlender Radikalität verwechselt werden darf. Der sächsische Verfassungsschutz darf Urbans Landesverband mit nachrichtendienstlichen Mitteln beobachten, also auch observieren oder V-Leute in den Reihen der sächsischen AfD anwerben. Die Behörde begründet die Einstufung als gesichert rechtsextremistisch auch mit dem Hinweis auf Aussagen des AfD-Spitzenpersonals in Sachsen.

Bei Pegida in Dresden ist man radikale Töne gewöhnt. Also kommt Urban gleich zur Sache.[136] «Wisst ihr eigentlich, was heute für ein Tag ist?», fragt er und erklärt, der 18. Dezember sei der internationale Tag der Migranten. Auf die empörten Buh-Rufe setzt er noch einen drauf: «Aber bei uns hier in unserem bunten Deutschland ist es etwas anders.» Hier sei nämlich «jeder Tag ein Tag der Migranten». Wer sich in Bus, Bahn oder der Einkaufszone umsehe, «sieht kaum noch Sachsen», behauptet Urban. Also wen er für einen Sachsen hält. «Wer mit offenen Augen durch unsere Innenstädte geht, der sieht mehr und mehr Migranten.» Und mit ihnen «die vielen, vielen Probleme, die diese zu uns gebracht haben». Urban erweckt den Eindruck, Migration bedeute vor allem Kriminalität, Mordanschläge und Vergewaltigungen. «Und wer sind denn diese Täter?», fragt der sächsische AfD-Chef. «Früher hießen sie Südländer.» Alle wüssten, wer damit gemeint ist. Mit Blick auf die «Massenmigration» wütet Urban gegen «hunderttausendfach importierte Gewalt», «Zehntausende Raubüberfälle und Messerstechereien» sowie «Tausende Vergewaltigungen». In diesem Schreckensszenario erscheint strafrechtliche Schuld nicht individuell, sondern wird kollektiv vor allem «sogenannten Flüchtlingen» zugeschrieben. Denen gebe man Kleidung, Essen und Bargeld. «Und was machen diese Leute zum Dank dafür?» Urban antwortet sich selbst: «Sie begehen Straftaten.» Urban hat öffentlich gefordert: «Zum Wohle des deutschen Volkes – Grundrecht auf Asyl abschaffen.»

Der AfD-Politiker belässt es an diesem Abend nicht bei kollektiven Angriffen auf die Menschenwürde, wenn er etwa Schutzsuchende als «Goldstücke» und «Asylforderer» bezeichnet, «die nur ein bequemes Leben suchen». Vielmehr variiert er die neurechte Erzählung von der schleichenden Abschaffung der Deutschen, die vor einigen Jahren Thilo Sarrazin zum Bestseller-Autor machte. Im Jahr 2011 habe der Anteil von Menschen mit Migrationsanteil hierzulande bei 19 Prozent gelegen, so rechnet Urban vor, vier Jahre später bereits bei 21 Prozent. Aktuell betrage dieser Anteil «sage und schreibe 29 Prozent». Urban provoziert wütende Rufe von den Zuhörenden. Buh. Pfui. «Ist das etwa kein Bevölkerungsaustausch?», fragt Urban und ruft: «Wir wollen keinen Bevölkerungsaustausch.» Da ist sie wieder: die rechtsextreme Verschwörungsideologie vom «Great Replacement».

Die Vorstellung, dass «wir» verschwinden, wenn «die» von außen hinzukommen, bezeichnet der Historiker und Rassismusforscher Christian Geulen als «biopolitische Logik, die aus dem 19. Jahrhundert stammt».[137] Urbans Rede macht deutlich, dass hochrangige AfD-Politiker in den Kategorien ethnischer und kultureller Homogenität denken. Dass Gesellschaften sich von Generation zu Generation verändern und einstige Migranten zu gleichberechtigten Deutschen werden können, erscheint in diesen Rechenspielen undenkbar. In rechtsextremer Logik gilt es stattdessen alles zu tun, um das deutsche Kollektiv ohne Migrationsgeschichte vor «Vermischung» zu bewahren. «Eine derart rassistische Ausprägung des Volksbegriffs, wie ihn die AfD in Sachsen öffentlich vertritt», so der sächsische Verfassungsschutz-Chef Dirk-Martin Christian, «hat seine Wurzeln im historischen Nationalsozialismus.»[138]

Bezeichnenderweise adressiert Jörg Urban für seine Pläne für ein «deutscheres» Deutschland in Dresden den rechtsautoritären Regierungschef von Ungarn, Viktor Orbán: «Lieber Viktor Orbán, bitte sagen Sie uns, wie schaffen Sie es, dass Sie in Ungarn kein Migranten-Wetter haben. Wir wollen gern von Ungarn lernen.» Von jenem Ungarn, das unter Orbán die freie Presse weitgehend unter Kontrolle gebracht sowie Grundrechte und Gewaltenteilung durch Verfassungsänderungen eingeschränkt hat. Formal unabhängige Behörden wie Staatsanwaltschaften besetzte Orbán mit Gefolgsleuten. Die Rechte des Verfassungsgerichts wurden beschnitten. Seine Regierung ging gegen Universitäten und Nichtregierungsorganisationen vor. Orbáns Fidesz-Partei änderte sogar mit Zwei-Drittel-Mehrheit das Wahlrecht und setzte einen neuen Zuschnitt der Wahlkreise durch. In der Präambel der Verfassung wird Ungarn nunmehr ethnisch-kulturell definiert, wobei Minderheiten wie die Roma nicht als Teil der ungarischen Nation gelten. Orbán selbst hat dieses ungarische Modell als «illiberale Demokratie» bezeichnet.[139]

Sein deutscher Bewunderer Jörg Urban hat schon einige Monate vor seiner Rede bei Pegida gefordert: «Ungarn muss unser Vorbild sein!»[140] In einer Kolumne berichtet er von einer Konferenz in Budapest, an der neben dem ungarischen Regierungschef auch AfD-Vertreter teilgenommen hätten. Der sächsische AfD-Chef preist Ungarn als «in vielerlei Hinsicht inspirierend»: Asylpolitik, Steuern, Russland-Politik und ein Stopp für die «ideologische Indoktrinierung an den Schulen». Urban lobt Orbán ausdrücklich für dessen Politik. Bezeichnenderweise lässt der sächsische AfD-Chef außen vor, dass Ungarn von der EU-Kommission aufgrund von gravierenden Defiziten in Bezug auf Demokratie, Grundrechte und Rechtsstaatlichkeit massiv gerügt worden ist. Urban hat damit offenkundig kein Problem. Im Gegenteil, er appelliert sogar: «Wagen wir daher mehr Ungarn!» Das ist entlarvend für das Politikverständnis in der AfD.

Die Politikwissenschaftler Steven Levitsky und Daniel Ziblatt haben in ihrem internationalen Standardwerk beschrieben, «wie Demokratien sterben».[141] Nämlich vorzugsweise nicht mit einem spektakulären Reichstagsbrand und Ermächtigungsgesetz wie 1933 in Deutschland, sondern mit einer auch über die Machteroberung hinaus legalistischen und pseudodemokratischen Strategie. Der moderne autokratische Masterplan lautet in etwa so: Die Macht wird zunächst durch demokratische Wahlen gewonnen. Anschließend werden die Spielregeln etwa durch Verfassungsänderungen grundlegend geändert. Die rechtsstaatliche Gewaltenteilung wird eingeschränkt, eigenes Personal in Führungspositionen von Justiz und Polizei platziert und die freie Presse beschnitten. Zivilgesellschaftliche Strukturen werden zerstört. Im Ergebnis sinken die Chancen für die Opposition auf einen Machtwechsel rapide. Es gibt noch freie, aber keine wirklich fairen Wahlen mehr. Vieles davon lässt sich in Ungarn unter

Viktor Orbán beobachten, das in der AfD als Vorbild gilt. Eine wichtige Lehre aus dem Weg Ungarns in die «illiberale Demokratie» lautet: Der demokratische Rechtsstaat kann radikal umgebaut und abgebaut werden, ohne dass dafür eine Diktatur ausgerufen werden müsste. Moderne Autokraten behaupten deshalb einfach, den wahren Volkswillen zu verkörpern und eine echte Demokratie herstellen zu wollen.

Die AfD propagiert beispielsweise durch ihren Parteichef Tino Chrupalla gebetsmühlenartig, «Rechtsstaatspartei» zu sein, und bekennt sich demonstrativ zum Grundgesetz. Das ist angesichts einer immer intensiveren Beobachtung durch den Verfassungsschutz immer auch Schutzbehauptung. Denn solche Bekenntnisse können nicht darüber hinwegtäuschen, dass die Partei das Land radikal umbauen will. Die AfD versucht die politischen Mitbewerber nicht nur als «Altparteien» und «Kartellparteien» zu delegitimieren, sondern kündigt auch immer wieder an, gegen einen sogenannten «Parteienstaat» vorgehen zu wollen: «Die Macht der Parteien in Deutschland muss maximal zurückgedrängt werden», rief etwa Björn Höcke bei einer Kundgebung vor einer extrem rechten Mischszene aus Reichsbürgern, Querdenkern und Pegida-Anhängern im November 2022 in Erfurt. Und der Brandenburger AfD-Landtagsabgeordnete Lars Hünich sagte bei einem Bürgerdialog Anfang 2024: «Wenn wir morgen in einer Regierungsverantwortung sind, dann müssen wir diesen Parteienstaat abschaffen. Wir müssen Demokratie nach vorne bringen.» Nachdem seine Ankündigung medial als verfassungsfeindlich gedeutet worden war, erklärte Hünich: «Wir haben eine parlamentarische Demokratie. Das ist gut, aber aus meiner Sicht zu schwach. Wir brauchen noch viel mehr Demokratie. Ich möchte die parlamentarische Demokratie durch die direkte Demokratie erweitern, und zwar dringend.»[142]

Das klingt zunächst unverdächtig, ist aber eine Strategie, die bereits die NPD verfolgte. Nämlich durch plebiszitäre Elemente wie etwa die direkte Wahl des Bundespräsidenten die Macht des Parlaments sowie die Aushandlung unterschiedlicher gesellschaftlicher Interessen durch Parteien rigoros zu beschneiden. Denkbar sind dabei Volksabstimmungen zu Aufreger-Themen wie Asyl, bei denen die AfD hoffen könnte, die öffentliche Meinung durch populistische Kampagnen zu ihren Gunsten zu beeinflussen. Zumal, wenn parallel faktenbasierte Aufklärung durch öffentlich-rechtliche Sender wegfiele. Björn Höcke hat angekündigt, im Falle eines Wahlsiegs in Thüringen sofort die Medienstaatsverträge zu kündigen.[143] Das würde die Arbeit des MDR schwer erschüttern und die regionale Grundversorgung mit journalistischen Nachrichten und Hintergrundberichten gefährden. Schon jetzt informieren sich viele in der extremen Rechten vor allem über alternative rechte Kanäle auf Youtube, Facebook, WhatsApp-Gruppen oder Telegram. Tageszeitungen werden mancherorts gar nicht mehr ausgeliefert. Die AfD begründet ihren Kampf gegen die verhassten «Systemmedien» gern auch mit einer übergroßen Medienmacht der Parteien und prangert ein «politmediales Establishment» an. Kritik an Parteien ist selbstredend völlig legitim. Aber wenn eine Partei, die sich als einzig legitime politische Alternative im Land stilisiert, nach der Machtübernahme den Einfluss demokratischer Parteien drastisch beschneiden will, ist das ein Alarmsignal.

Die Ostdeutschen wurden von der AfD in Wahlkämpfen bereits sehr erfolgreich mit Slogans wie «Wende 2.0» und «Vollende die Wende» angesprochen. Damit versucht die AfD nicht nur, die friedliche Revolution von 1989 zu vereinnahmen, sondern stellt auch die Systemfrage. Einerseits rückt die AfD damit das heutige Parteiensystem in die Nähe des SED-Regimes, andererseits suggerieren die Botschaften, die parlamentarische Demokratie von heute müsse genauso überwunden werden wie seinerzeit die SED-Diktatur, und zwar durch die «friedliche Revolution mit dem Stimmzettel». Der Etikettenschwindel soll nicht nur Lust auf die radikale Umwälzung der politischen Verhältnisse, sondern auch Mut machen. Nach dem Motto: Es ist möglich. Denn schon einmal konnte im deutschen Osten ein politisches System zum Einsturz gebracht werden.

Die AfD versteht unter Demokratie etwas völlig anderes als unser bestehendes freiheitliches, pluralistisches System. Nämlich in erster Linie die politische Umsetzung eines vermeintlich einheitlichen Volkswillens. («Politik für das eigene Volk») Weitgehend ausgeblendet wird die Sehnsucht nach autoritärer Herrschaft innerhalb der Partei. So postete der Spitzenkandidat zur Europawahl, Maximilian Krah, nach dem Wahlerfolg der rechtspopulistischen Partei Chega in Portugal im März 2024 auf der Plattform X: «Damit ist in Portugal erstmals seit 1974 eine rechte Mehrheit greifbar.» Eine erste rechte Mehrheit seit 1974? In jenem Jahr beendete die Nelkenrevolution die Schreckensherrschaft des Diktators Salazar. Der herrschte in Portugal bis 1974 mit Hilfe der politischen Polizei PIDE. Seinerzeit gab es in Portugal fensterlose Gefängniszellen und grausame Folter für politische Gefangene.[144] Der Historiker Jens-Christian Wagner, Direktor der Stiftung Gedenkstätten Buchenwald und Mittelbau-Dora, kommentiert: «Krah macht keinen Hehl daraus, welches Herrschaftssystem er sich wünscht: eine rechte repressive Diktatur.»[145]

Maximilian Krah schaffte es im April 2024 in die Tagesschau, weil sein Mitarbeiter Jian G. wegen des Verdachts der Agententätigkeit für einen ausländischen Geheimdienst in einem besonders schweren Fall festgenommen wurde. Der Generalbundesanwalt legt diesem zur Last, «Mitarbeiter eines chinesischen Geheimdienstes» zu sein.[146] Jian G. soll wiederholt Informationen über Verhandlungen und Entscheidungen im Europäischen Parlament verraten und chinesische Oppositionelle in Deutschland ausgespäht haben. Krah kündigte danach an, seinem Mitarbeiter zu kündigen. Er selbst war in der Vergangenheit nicht nur durch China-Reisen aufgefallen, sondern gilt auch als Wegbereiter einer China-freundlichen Haltung seiner Partei gegenüber der kommunistischen Diktatur. So stellte Krah Berichte über Internierungslager für Uiguren in der chinesischen Provinz Xinjiang auf Twitter im Oktober 2021 als «Gruselgeschichten» und «Anti-China-Propaganda» in Abrede.[147] Medien schrieben daher schon vor der den Spionage-Ermittlungen von einem «China-Gate» des Maximilian Krah. Trotzdem blieb Krah AfD-Spitzenkandidat für das EU-Parlament.

Erst ein weiterer Skandal brachte das Fass zum Überlaufen. Krah hatte in einem Interview mit der italienischen Zeitung «La Repubblica» die SS, die für Massenmord und Verbrechen gegen die Menschlichkeit verantwortlich ist, verharmlost.[148] (Zitat: «Ich werde nie sagen, dass jeder, der eine SS-Uniform trug, automatisch ein Verbrecher war.») Daraufhin erklärte der rechtsradikale französische Rassemblement National (RN) den vorläufigen Bruch mit der AfD. Die verhängte einen Auftrittsstopp für Krah. Der erklärte zwar seinen Rückzug aus dem Bundesvorstand, doch um ihn vom Spitzenplatz der Europawahlliste zu streichen, war es zu spät. Aufgrund des NS-Skandals schloss die rechtsradikale Fraktion Identität und Demokratie (ID) im EU-Parlament die AfD aus. Während die extreme Rechte in Europa zumindest taktisch um den Anschein von staatstragender Mäßigung bemüht ist, kennt die Radikalität in der AfD keine Grenzen. Dr. Maximilian Krah, Jurist mit CDU-Vergangenheit, steht sinnbildlich für diesen Kurs enthemmter Bürgerlichkeit. In der AfD liebten sie ihn dafür – und ertrugen seine Eskapaden. Die Parteioberen rückten erst angesichts des Totalschadens fürs eigene Image von ihm ab – ohne den Bruch zu vollziehen. AfD-Chef Chrupalla rügte zwar wachsweich, Krah habe dem politischen Gegner einen Vorwand geliefert. Europäischen Kritikern hielt er aber trotzig entgegen, man werde sich für niemanden verbiegen. Deutsche Interessen stünden immer an erster Stelle.[149] In dem Skandal ging es wohlgemerkt um eine klare Haltung zur SS, der wichtigsten

NS-Terrororganisation, die neben anderen Gräueltaten auch verantwortlich für die Durchführung des Holocaust war.

Wie weit die autokratische Sehnsucht in der AfD geht, zeigte sich nach der Schein-Wahl in Russland im März 2024. Da gratulierte Sachsen-Anhalts AfD-Vize Hans-Thomas Tillschneider dem Diktator Putin mit einer Verbeugung vor dessen repressivem Unterdrückungsregime: «Ich wäre froh, wenn unsere Regierung unser Interesse so wahren würde wie Putin das Interesse des russischen Volkes.»[150] Von der Nähe der AfD zu der Autokratie in Russland wird noch ausführlich die Rede sein. Die noch junge Parteiengeschichte der AfD ist durchzogen von Ermächtigungsfantasien und autoritären Rufen nach dem «Jagen» von Gegnern, dem «Aufräumen» und «Ausmisten» des politischen Saustalls. Eine verhängnisvolle Fehleinschätzung lautet: Die meinen das doch gar nicht so. Nun steht die AfD vor den Türen der Macht, und es ist höchste Zeit zu erkennen: Doch, die meinen, was sie sagen. Nehmen wir sie beim Wort! Das Vertrauen, die AfD würde demokratische Prozesse, Strukturen und Institutionen unangetastet lassen, ist durch nichts begründet. Im Gegenteil.

Wie also würde die AfD dieses Land umbauen, wenn sie an die Macht käme? Und welche Konsequenzen hätte das?

Herzstück der Pläne für ein neues altes Deutschland ist für die AfD ein völkisch-nationalistisches Gesellschaftsmodell, wie es Höcke auf den Marktplätzen propagiert. Zentral ist dafür die Vorstellung einer auf Abstammung beruhenden ethnisch und/oder kulturellen Homogenität. Schon einmal gab es in Deutschland eine auf Blut und Boden beruhende und auf erzwungene deutsche Homogenität abzielende «Volksgemeinschaft»: im Nationalsozialismus. Die AfD vermeidet daher wohlweislich diesen NS-Begriff. Stattdessen versucht die Partei, ihre völkisch-rassistische Wunschvorstellung mit moderner PR weichzuzeichnen. Wie sich die AfD ihr Deutschland vorstellt, offenbart sich in einem einzigen Bild: jenem Wahlplakat aus dem Jahr 2017 nämlich, auf dem eine Frau mit Babybauch auf dem Rücken liegt. Dazu der Text: «Neue Deutsche? Machen wir selber.» Der unausgesprochene Subtext lautet: Deutscher wird man nicht durch Einbürgerung, sondern durch Geburt. Wobei Kinderkriegen dann keine Privatsache von Eltern mehr ist, sondern zu einem völkisch-rassistischen Projekt eines kollektiven deutschen «Wir» erklärt wird – um «neue Deutsche» zu produzieren. Deutsche machen Deutsche. Die AfD greift propagandistisch in das Recht auf freie Partnerwahl und Fortpflanzung ein. Entsprechend hat beispielsweise Jörg Urban auf Facebook eine «Willkommenskultur für deutsche Kinder» gefordert. Der AfD geht es um das große Ganze: «Deutschland muss wieder deutscher werden.» Das wichtigste Werkzeug für dieses Projekt einer ethnischen Säuberung heißt «Remigration».

Nach der bereits erwähnten Correctiv-Enthüllung zum Geheimtreffen von Potsdam kämpfte die AfD verzweifelt um die verlorene Deutungshoheit. Die Parteichefs Chrupalla und Weidel wiesen den Vorwurf geplanter Deportationen empört zurück. Weidel sprach im Bundestag von «unglaublichen Lügen, Verleumdungen und übelster Nachrede» durch «steuerfinanzierte Denunziation» einer «Hilfs-Stasi».[151] «Remigration» habe angeblich nichts mit Gewalt und Vertreibung zu tun. Der AfD-Bundesvorstand veröffentlichte eilig ein offizielles Positionspapier. Darin werden Forderungen nach willkürlichen Abschiebungen von Ausländern oder gar von deutschen Staatsbürgern mit Migrationshintergrund abgelehnt. Alle Deutschen seien unabhängig von Abstammung oder Religion Teil des Staatsvolks.[152] «Remigration» soll angeblich nach Recht und Gesetz ablaufen. Also alles nur ein großes Missverständnis? Aussagen und Reden hochrangiger Parteifunktionäre erlauben Rückschlüsse darauf, wie die AfD ihre Vertreibungspläne unter dem verharmlosenden Etikett «Remigration» verwirklichen will. Das Bild, das sich daraus ergibt, zeigt nicht weniger als einen Anschlag auf dieses Land – mit dramatischen Folgen für Millionen Menschen, Familien und für Arbeitgeber.

AfD-Chefin Alice Weidel hat in einem Pressestatement die offizielle Parteilinie zur «Remigration» erklärt.[153] Demnach sollen «nichtaufenthaltsberechtigte kriminelle und terrorverdächtige Migranten» abgeschoben werden. So weit, so erwartbar. Einbürgerungen sollten zudem restriktiv erfolgen. Dann folgt in einem Nebensatz politischer Sprengstoff. Denn Ziel der AfD sei es auch, «missbräuchlich erlangte Staatsbürgerschaften abzuerkennen». Mit anderen Worten: Die AfD will eben doch gegen deutsche Staatsbürger vorgehen. Denn was eine missbräuchlich erworbene Staatsbürgerschaft sein soll, ist Auslegungssache. Zwar gehöre zum Staatsvolk, wer deutscher Staatsbürger sei, räumt Weidel ein, spricht allerdings davon, die deutsche Staatsbürgerschaft dürfe nicht «verramscht» und «mit der Gießkanne» verteilt werden. Dieser Vorwurf der AfD öffnet politischer Willkür Tür und Tor. Deutsche Staatsbürger sollen ihren Status als Deutsche verlieren können. Schon im Wahlprogramm zur Bundestagswahl 2017 fand sich die Forderung, kriminelle Migranten mitunter «auch unter Hinnahme der Staatenlosigkeit» auszubürgern. Hinter diesem rechtsstaatlichen Tabubruch stand damals sogar die als gemäßigt geltende Parteichefin Frauke Petry.[154]

Wie weitgehend die Pläne der AfD sind, hat Björn Höcke in einer Rede bei Pegida klargemacht.[155] Am 6. November 2023, wenige Wochen vor dem Potsdamer Geheimtreffen. Höcke spricht in Dresden von einer «Herrschaft des Unrechts» und einem «Putsch in Permanenz von oben» seit 2015, was die Migration angehe. Seit Jahren agitiert die AfD gegen Merkels angebliche «Grenzöffnung» in jenem Krisenjahr und unterstellt permanenten Rechtsbruch. Wäre das tatsächlich der Fall, könnten de facto alle erteilten Staatsbürgerschaften von Migranten, die seither kamen, für nichtig erklärt werden. Höcke fordert in Dresden die Rückkehr zu jenem Staatsbürgerschaftsrecht, das bis zum 1. Januar 2000 galt: «Das war das jus sanguinis, das Recht des Blutes». Er hebt den Zeigefinger und die Stimme, um Empörung zu simulieren. Das höre sich jetzt martialisch an, sei aber schon damals ein «sehr liberales Staatsbürgerschaftsrecht» gewesen. Und dann erklärt Höcke, wie sich die AfD eine restriktive Staatsbürgerschaft vorstellt. Deutscher sei man seinerzeit nicht nach drei, fünf oder acht Jahren geworden, sondern erst, wenn man «ungeteilte Loyalität zu unserem Land» aufgebaut habe. Das ist Einbürgerung nach Gutsherrenart – und wäre das Ende der doppelten Staatsbürgerschaft.

Das Recht des Blutes plus willkürlich hohe Hürden bei der Einbürgerung plus Massenabschiebungen plus Assimilationsdruck nach innen – ergibt in der Summe einen völkisch-nationalistischen Plan. Höcke behauptet in rassistischem Duktus explizit die Unvereinbarkeit bestimmter Menschengruppen mit den Deutschen. «Die jungen Männer aus Afrika, die jungen Männer aus dem arabischen Raum, sie können hier nicht integriert werden. Sie sind anders als wir.» Höcke spricht von einer «Flutung unseres Landes mit kulturfremden Menschen». Diese Einwanderung «zerstört unsere Kultur», variiert der AfD-Politiker den neurechten Klassiker des Ethnopluralismus. «Ich rede nicht mehr von Integration», ruft Höcke. «Ich rede nur noch von Remigration». Er könne auch das Gerede von Fachkräften nicht mehr hören, worauf die Menge skandiert: «Abschieben, abschieben.» Der AfD-Demagoge verspricht: «Wir werden zweihunderttausend illegale Migranten jedes Jahr aus Deutschland herausschaffen». Als AfD-Regierung werde man den Zuzug «auf Null setzen». Höcke verspricht, man werde weitermachen, «bis Deutschland wieder Deutschland ist».

Während die Wirtschaftsweise Monika Schnitzer einen Bedarf von jährlich vierhunderttausend Zuwandernden errechnet hat, die zu uns kommen müssten, um unseren Wohlstand halten zu können, will die AfD das Land rigoros abschotten und ausdünnen.[156] Dazu bedürfte es eines riesigen Apparates, der Hunderttausende unter Einsatz von Zwang und Gewalt aus Wohnungen, Schulklassen und Arbeitsplätzen reißt, denn die wenigsten dürften freiwillig gehen. Auch wenn Höcke zynischerweise sogar finanzielle Anreize in Aussicht stellt, damit Menschen das Land verlassen. Menschen, die in Krankenhäusern, Altenheimen, der Gastronomie und Betrieben schon jetzt fehlen und händeringend gesucht werden.

Der Thüringer AfD-Chef hat bei einem Bürgerdialog in Gera am 12. Dezember 2023 durchblicken lassen, wie er sich das von der AfD regierte Deutschland in Zukunft vorstellt. «Wir werden auch ohne Probleme mit zwanzig, dreißig Prozent weniger Menschen in Deutschland leben können.»[157] Das sei im Übrigen auch ökologisch sinnvoll. «Ich hab keine Angst vor dem Bevölkerungsrückgang, wenn Maßnahmen eingeleitet werden, die langfristig die Bevölkerung wieder stabilisieren.» Was wohl meint, dass durch gezielte Familienförderung «deutsche Kinder» nachwachsen sollen. Laut Statistischem Bundesamt lebten im Jahr 2022 rund 20,2 Millionen Menschen mit einer Einwanderungsgeschichte in Deutschland. Das entspricht 24,3 Prozent der Bevölkerung.[158] Wenn Höcke ein Deutschland mit 20 bis 30 Prozent weniger Menschen vorschwebt, liegt auf der Hand, wen er da mal eben wegrechnet. Nämlich alle, die eine Migrationsgeschichte haben. In diesen Rechenspielen geht es um nichts weniger als um ein (nahezu) ausländerfreies Deutschland. Wie passt das alles zu den offiziellen Selbstverharmlosungen der Partei? Die Antwort lautet: gar nicht. Diese sind in etwa so glaubwürdig wie Verschwörungserzählungen vom Großen Austausch. Dass man die angestrebte ethnische Säuberung auf der Grundlage maßgeschneiderter Gesetze zu vollziehen gedenkt, sollte niemanden beruhigen. Sogar die Nationalsozialisten haben versucht, die Entrechtung der Juden etwa mit den Nürnberger Gesetzen legalistisch zu verbrämen.

Wer das Ziel eines fast «ausländerfreien» Deutschlands anzweifelt, dem sei das Buch «Politik von rechts» empfohlen, das AfD-Europaspitzenkandidat Maximilian Krah im Antaios Verlag des neurechten Verlegers Götz Kubitschek 2023 veröffentlicht hat.[159] «Bleibt die Frage, was mit den dann im Land befindlichen Menschen mit Migrationshintergrund geschehen soll», schreibt Krah. «Das werden in Deutschland prognostisch über 25 Millionen Menschen sein, davon deutlich über 15 Millionen deutsche Staatsangehörige.»[160] Um diese gegen ihren Willen aus dem Land auszuweisen, würden absehbar zwar politische Mehrheiten, rechtliche Möglichkeiten und die praktische Umsetzbarkeit fehlen. Doch sieht Krah sehr wohl die Möglichkeit, einen «Anreiz» zu schaffen, das Land zu verlassen. Dieser liege etwa in der «Durchsetzung der deutschen Kultur und der Verhinderung von Parallelwelten».[161] An die Stelle des Grundrechts, frei und selbstbestimmt zu leben, soll eine «kulturell deutsche öffentliche Ordnung» treten. Kein Deutschland also für Freidenker und Individualisten. In einem Land, in dem rassistische Bedrohung und Gewalt immer enthemmter ausgelebt werden, setzt Krah auf eine weitere politische Klimaverschärfung, damit möglichst viele Migranten ihre neue deutsche Heimat wieder verlassen. «Die Remigration der nicht Integrationswilligen und -fähigen kann nur in großer Zahl gelingen, wenn sie kooperieren.»[162] Mehr oder eben auch weniger freiwillig. Bei allen anderen werden sich «menschliche Härten und unschöne Szenen nicht immer vermeiden lassen», wie Höcke ja schon vor Jahren prophezeite.[163]

Bei seiner Rede auf der Pegida-Bühne in Dresden am 6. November 2023 hat Björn Höcke verraten, wie radikal und systematisch er vorgehen würde. Nachdem er ein «Remigrationspaket» angekündigt hat, schwört er das Publikum darauf ein, das sei ein «langer, langer Prozess». Er macht klar, dass es ihm keineswegs ausschließlich um den behaupteten «Dammbruch» des krisenhaften Jahres 2015 mit sprunghaft angestiegenen Geflüchteten-Zahlen geht. Eine Fehlentwicklung sieht er nämlich bereits «spätestens seit Ende der 60er Jahre: Damals hat man aus Gastarbeitern in Westdeutschland Migranten gemacht, die einen dauerhaften Aufenthaltsstatus bekommen haben.» Höcke zielt nun also auf jene, die aus Italien, Griechenland und der Türkei kamen. «Und seit den 70er Jahren geht die Migration in Westdeutschland statistisch gesehen in die sozialen Sicherungssysteme.» Mit anderen Worten: Seit dieser Zeit liegen uns die Zuwanderer auf der Tasche. Ein Zerrbild, das von Millionen migrantischen Menschen ablenken soll, die dieses Land täglich am Laufen halten.

Höcke beklagt, dass seit nunmehr 60 Jahren keine «sachliche» und «interessengeleitete Migrationspolitik» gemacht werde. Und spricht dann aus, was in den Ohren der zweiten und dritten Generation hier lebender Menschen mit einer griechischen, italienischen, spanischen oder türkischen Migrationsgeschichte als Angriff auf ihr Existenzrecht verstanden werden muss: «Es dauert, das wieder rückabzuwickeln.» Höcke verkündet so ganz nebenbei die Rückabwicklung des modernen Deutschland. In seiner Rede lässt er keinen Zweifel daran, dass völkische Homogenität oberste Priorität habe: «Als AfD werden wir die Remigration ganz oben auf unsere politische Agenda setzen, das versprechen wir euch.» Höcke spricht also ausdrücklich für die AfD. Niemand von Rang und Namen in der Partei, der ihm widerspricht. Weder Alice Weidel noch Tino Chrupalla oder Alexander Gauland.

Massenvertreibungspläne sind nur ein Teil der angestrebten zwangsweisen Homogenisierung der Gesellschaft. Diese richtet sich vielmehr gegen alle Minderheiten, die nicht dem völkisch-deutsch-nationalistischen Ideal entsprechen.

Feindbild Nummer eins für die AfD sind die rund fünf Millionen in Deutschland lebenden Muslime. Die Verschwörungserzählung von der zunehmenden «Islamisierung» gehört seit langem zum ideologischen Glaubensbekenntnis der Partei. Dass die allermeisten Muslime in Deutschland unauffällig und vor allem höchst unterschiedlich leben und glauben, spielt keine Rolle. Vielmehr wird der Islam zur kollektiven Bedrohung stilisiert. In der AfD wird nicht mal konsequent zwischen Islam und Islamismus unterschieden. Eine der radikalsten Stimmen ist dabei der Vize-Chef der AfD in Sachsen-Anhalt, Hans-Thomas Tillschneider, ein in Rumänien geborener Islamwissenschaftler. Beim Kyffhäusertreffen des ultrarechten «Flügels» im September 2017 hat der AfD-Politiker ein Gleichnis erzählt, wonach der Teufel in Gestalt eines Spechts von Baum zu Baum fliege und sich in kranken Bäumen einniste. «Mit dem Islam ist es ähnlich, will ich meinen, so Tillschneider.[164] In Osteuropa habe der Islam keine Chance. «In Westeuropa aber, in unseren kranken Gesellschaften, kann er sich einnisten, kann seine Parallelgesellschaften bilden, die wie ein Baumpilz am Stamm der deutschen Eiche wuchern.» Die Metapher vom Pilzbefall rückt muslimische Menschen in die Nähe von Schädlingen, denn letztlich geht es ja um muslimische Menschen. Damit wird nicht nur eine Weltreligion als eine Art Krankheit dämonisiert – sondern auch die Gläubigen.

Seit Jahren verbreitet die AfD gezielt Hass und Hetze gegen Muslime in Deutschland. Unvergessen die Bundestagsrede der heutigen Parteichefin Alice Weidel, die diese im Mai 2018 als «Kopftuchmädchen» und «alimentierte Messermänner» an den Pranger stellte.[165] Wenige Monate später mobilisierte die rechtsextremistische Szene in Chemnitz nach dem Tod des Deutsch-Kubaners Daniel H., bei denen es zu den massiven Angriffen auf Migranten und Journalisten kam. Vor allem Chemnitzer Hooligans hatten den Vorfall als Propagandamöglichkeit ausgeschlachtet, obwohl von Anfang an als Totschlags- und nicht Mordelikt von der Staatsanwaltschaft verfolgt (und auch vom Gericht als Totschlag abgeurteilt). Hooligans und Rechtsextremisten verbreiteten per Blogs und WhatsApp-Nachrichten die Lügen, dass das Opfer eine Frau vor einem sexuellen Übergriff geschützt habe, zudem, dass Daniel H. mit 25 Stichen «abgeschlachtet» worden sei (auch die Bild-Zeitung schrieb: «Messer-Mord»). Schließlich wurde behauptet, dass es noch einen weiteren Toten gegeben habe, was die Behörden angeblich verschleiern würden.

Einige Monate zuvor hatte Höcke bei seiner Rede in Eisleben angekündigt: «Wir müssen die De-Islamisierung Deutschlands und Europas vorbereiten.»[166] Im Widerspruch zur täglich millionenfach gelebten Realität stellte er fest, der Islam sei «mit unserer Art zu leben tatsächlich unvereinbar. Der Islam, der hat eine Heimat, das ist der Orient und meinetwegen Schwarzafrika, aber seine Heimat heißt nicht Sachsen-Anhalt, Deutschland und Europa.» Wenn man erst die Macht bekomme, dann werde man durchsetzen, was nötig sei: «Dann werden wir nämlich die Direktive ausgeben, dass am Bosporus mit den drei großen M, das heißt Mohammed, Muezzin und Minarett, Schluss ist.»

Die AfD verweist angesichts hetzerischer Reden gern darauf, dass dies oder jenes ja gar nicht in den Parteiprogrammen stehe. Beim Thema Islam ist das anders. Bereits auf ihrem Stuttgarter Parteitag im Mai 2016 hat die AfD ihren Anti-Islam-Kurs offiziell in ihr Programm geschrieben: «Der Islam gehört nicht zu Deutschland.» Ein junger Mann, der sich im Saal für Dialog aussprach, wurde niedergebrüllt.[167] Tillschneider meldete sich damit zu Wort, dass der Islam sich nicht auf die Religionsfreiheit berufen könne, weil er kulturell fremd sei. Schon bei ihrem Einzug in den Bundestag im Jahr 2017 konstatierte der Vorsitzende des Zentralrats der Muslime, Ayman Mayzek: Die AfD habe es geschafft, Islamfeindlichkeit «geschickt in ein Parteiprogramm umzumünzen und damit Wähler zu mobilisieren.»[168] Viele junge Musliminnen machen im Alltag bedrückende Diskriminierungserfahrungen, wie Sultana Sediqi aus Erfurt im ersten Kapitel berichtet. Sie sind Beleidigungen und Drohungen ausgesetzt oder werden gar Opfer von Hassgewalt. Unter der Regierung einer Partei, in der Islamfeindlichkeit zum ideologischen Kernbestand gehört, würde Diskriminierung zementiert. Die in Artikel 4 des Grundgesetzes garantierte Freiheit des Glaubens und des religiösen Bekenntnisses wäre nicht nur akut bedroht, sondern regional de facto abgeschafft.

Neben Muslimfeindlichkeit leistet die AfD auch Antisemitismus Vorschub wie keine andere Partei. Zwar versucht sie das mit Bekenntnissen zum Staat Israel zu kaschieren, aber ihr Spitzenpersonal spricht eine eindeutige Sprache, mit der es den Holocaust verharmlost. Allen voran der heutige Ehrenvorsitzende Alexander Gauland hat geschichtsrevisionistische und NS-verharmlosende Positionen verbreitet. Die NS-Terrorherrschaft hat er in einem geflügelten Unwort im Jahr 2018 als «Vogelschiss in unserer über 1000-jährigen Geschichte» verzwergt.[169] Mehr noch: Gauland forderte ein Jahr zuvor das Recht ein, «stolz zu sein auf die Leistungen deutscher Soldaten in zwei Weltkriegen».[170] Stolz auf die Soldaten der Wehrmacht? Der Historiker Hannes Heer, seinerzeit Leiter der Wehrmachtsausstellung, die den Mythos von der sauberen Wehrmacht mit grausamen Fakten zerstörte, hat auf die Beteiligung der Wehrmacht am «Holocaust auf freiem Feld» hingewiesen, der den Vernichtungslagern vorausging. Stolz auf Wehrmachtssoldaten einzufordern verherrlicht letztlich den Nationalsozialismus, in dessen Namen deutsche Soldaten im Zweiten Weltkrieg mordeten.

Die Relativierung des Holocaust wird in der Forschung als Sekundärer oder auch Schuldabwehr-Antisemitismus bezeichnet. Dem leistet die AfD Vorschub. Da offener Antisemitismus hierzulande seit 1945 geächtet ist, greifen Höcke und Co. darüber hinaus zu Codes, die antisemitisch lesbar sind. In ihren Reden raunen sie dann vom unheilvollen Wirken sogenannter «Globalisten». Dieser im Rechtsextremismus verbreitete Code spielt auf finstere Gestalten an, die über die ganze Welt verteilt sind und angeblich die gewachsenen Völker und Kulturen zerstören.[171] Ersetzt man «Globalisten» durch das Synonym «Juden», ist das die alte Erzählung vom machtvollen, völkerzersetzenden Judentum. Antisemitismus ist auch in der AfD-Wählerschaft deutlich stärker ausgeprägt als bei jenen der demokratischen Parteien. Der jüdische Publizist Michel Friedman hat im Wahljahr 2024 eindringlich vor den Folgen einer Machtübernahme durch die AfD gewarnt: «Alle, die glauben, sie würden nicht vom Hass verzehrt werden, sind naiv.» Der Hass sei hungrig und «nie satt», warnte Friedman.[172] Der Zentralrat der Juden hat bereits im Jahr 2018 in einer gemeinsamen Erklärung jüdischer Organisationen klargestellt: «Nein, die AfD ist keine Partei für Juden!» Die Partei «hetzt gegen Menschen und greift unsere Demokratie tagtäglich an.»[173]

Ausdruck einer geschichtsrevisionistischen und antisemitischen Haltung in der AfD ist die zynische Forderung nach einem Ende für den behaupteten «Schuldkult» (Ex-MdB Jens Maier 2017 in Dresden),[174] wie die deutsche Erinnerungskultur in der AfD verhöhnt wird. Absehbar wird die AfD versuchen, die von Höcke ausgerufene «erinnerungspolitische Wende um 180 Grad», die Auschwitz als zentrale Mahnung aus dem Weg räumen soll, um wieder völkischen Nationalismus predigen zu können, auch in schulischen und hochschulischen Lehrplänen durchzusetzen. Das würde bedeuten, dass die Auseinandersetzung mit dem Nationalsozialismus drastisch zurückgefahren würde. Stattdessen würde die AfD an Schulen nicht nur die Deutschland-Flagge hissen und die Nationalhymne absingen lassen, wie sie es im November 2023 im sächsischen Landtag beantragt hat. Sondern sie würde auch versuchen, Kinder darüber hinaus in ihrem Sinne ideologisch zu beeinflussen. «Deutscher Nationalstolz und deutsche Identität sind wichtig an unseren Schulen», sagte etwa der AfD-Abgeordnete Rolf Weigand im sächsischen Landtag.[175]

Wie sehr die AfD mit ihrer Menschenfeindlichkeit in die gängige Praxis in den Schulen eingreifen würde, hat Björn Höcke 2023 im Sommerinterview des MDR klargemacht. Auf die Frage nach Problemen im Bereich der Bildung sprach er von «Belastungsfaktoren», die man beseitigen müsse: «Unter anderem müssen wir das Bildungssystem auch befreien von Ideologieprojekten, beispielsweise der Inklusion.» Kinder mit Behinderungen sollen also aus den Schulklassen entfernt werden. Die Kultusministerkonferenz hat im Jahr 2011 die inklusive Bildung von Kindern und Jugendlichen an Schulen beschlossen. Damit wurde der gleichberechtigte Zugang zu Bildung auf Grundlage der Kinderrechtskonvention und der Behindertenrechtskonvention der Vereinten Nationen auf den Weg gebracht. Höcke schert das nicht. Behinderte Kinder und deren Eltern sind vor der AfD nicht sicher.

19 Sozialverbände, darunter der Bundesverband für körper- und mehrfachbehinderte Menschen, haben nach dem MDR-Interview eine ganzseitige Anzeige in der «Welt am Sonntag» geschaltet.[176] Darin erklären sie: «Wenn der AfD-Politiker Björn Höcke das Ende der Inklusion und damit die aktive Ausgrenzung von Menschen mit Behinderung fordert, ist das kein Zufall und kein Ausrutscher.» Vielmehr werde in der AfD «gefordert, Menschen, die nicht in das Weltbild des völkischen Nationalismus passen, zu entrechten oder aus dem Land zu werfen». Die Unterzeichner rufen die Zivilgesellschaft auf, sich der Gefahr durch die AfD entgegenzustellen und nicht zuzulassen, dass Ideologien der Ungleichwertigkeit weiter um sich greifen: «Wir alle sind gefordert. Die Alarmzeichen sind nicht zu übersehen.» Denn: «Abwertung und Ausgrenzung von Menschen mit Behinderung sind in der AfD längst zum Programm geworden.» Genauso wie die Ausgrenzung aufgrund der Herkunft, des Glaubens oder einer «selbstbestimmten geschlechtlichen Identität».

Eine Vorkämpferin im Kulturkampf gegen einen angeblichen «Gender-Wahn» ist das AfD-Bundesvorstandsmitglied Christina Baum, die den Ex-NPD-Mann beschäftigt hatte. Feindbilder sind für die AfD alle, die nicht in ein reaktionäres Geschlechterbild passen wie Schwule, Lesben und Trans-Personen. Vor der Bundestagswahl im Jahr 2021 bekannte Baum auf Facebook: «Ich lehne jede Form von Homo-Propaganda und Frühsexualisierung ab. Wäre Homosexualität normal, wäre die Menschheit schon längst ausgestorben.»[177] Nicht nur, dass die AfD-Politikerin homosexuellen Menschen abnorme Neigungen andichtet, was im eklatanten Widerspruch zu den Erkenntnissen der modernen Sexualwissenschaft steht. Vielmehr diffamiert sie evidenzbasierte Aufklärung sowie Darstellungen queerer Menschen in der Öffentlichkeit als «Homo-Propaganda».

Mit dem Kampfbegriff «Frühsexualisierung» führt die AfD seit Jahren einen bildungspolitischen Feldzug gegen moderne Sexualkunde. Diese wissenschaftsfeindliche Position ist von der absurden Annahme geprägt, Kinder könnten durch Aufklärung dazu verführt werden, schwul oder lesbisch zu werden. Queeren Menschen soll sogar das Recht auf Sichtbarkeit in der Öffentlichkeit genommen werden. Auf Facebook schrieb Baum: «Zum Schutz unserer Kinder: Ich fordere ein Verbot des Christopher Street Day! Es gibt keine Akzeptanz für die Zurschaustellung sexueller Obszönitäten!»[178] Beim ersten Christopher Street Day in Weißenfels (Sachsen-Anhalt) im August 2023 wurden Teilnehmer von Rechtsextremisten attackiert.[179] International, vor allem in den USA, werden Trans-Personen, Lesben und Schwule schon längst als terroristische Ziele markiert. Trauriger Höhepunkt: In einem LGBTQ+-Nachtclub in Colorado Springs erschoss ein Rechtsradikaler 2022 fünf Menschen.[180] Aber auch in Europa hat die Hetze bereits Opfer gefordert. Ein junger Attentäter, der sich online radikalisiert hatte, erschoss 2022 in der slowakischen Hauptstadt Bratislava zwei Männer vor einer LGBTQ+-Bar.

Die AfD schreckt auch nicht davor zurück, einzelne Personen öffentlich an den Pranger zu stellen. Seit Oktober 2021 sitzt Tessa Ganserer für die Grünen im Bundestag, als eine der ersten Transgender-Frauen im Parlament. Bei einer Rede im bayerischen Zirndorf höhnte AfD-Europaspitzenkandidat Maximilian Krah über die Politikerin: «Er sitzt heute verkleidet als die letzte Bordsteinschwalbe im Berliner Reichstagsgebäude» und habe «seinen Fetisch zur Masche gemacht».[181] Ganserer habe es geschafft, «jeden Monat auf eure Kosten Zehntausend Euro nach Hause zu tragen». Solche Aussagen sind dazu angetan, Hasskampagnen anzustoßen. Mit der AfD an der Macht würde die rechtsextreme Intoleranz gegenüber sexuellen Minderheiten zur Regierungsdoktrin. Eingriffe in Freiheitsrechte würden von rechten Gewalttätern als Legitimation und Ermutigung verstanden, ihren Hass auf alle auszuagieren, die von der vorgegebenen sexuellen Norm abweichen.

Verschärfend kommt hinzu, dass die angefeindeten Minderheiten unter einer AfD-Regierung dem Hass hilflos ausgeliefert wären. Egal, ob es sich um Muslime, jüdische Menschen, Migrantinnen oder queere Personen handelt. In den vergangenen Jahren gab es beunruhigende Rekordzahlen bei rechten und antisemitischen Straftaten sowie bei rassistisch motivierten Angriffen auf Kinder und Jugendliche. Unterstützung, juristischen Beistand und psychologische Beratung finden die politischen Gewaltopfer bei den Beratungsstellen für Betroffene rechter, rassistischer und antisemitischer Gewalt. Die niedrigschwelligen Hilfsangebote sind oftmals die einzigen, denen sich Angehörige marginalisierter Gruppen anvertrauen, weil viele die Erfahrung machen, dass rassistische oder antisemitische Tatmotive von Polizei und Staatsanwaltschaften bei der Strafverfolgung nicht ernst genommen oder sogar ignoriert werden.

Darüber hinaus fördert ein zivilgesellschaftliches Netz aus Vereinen, Initiativen und Stiftungen demokratische Kultur und Strukturen und klärt über Rassismus und Rechtsextremismus auf. So dokumentieren etwa die Recherche- und Informationsstellen Antisemitismus (RIAS) judenfeindliche Vorfälle in einem Monitoring. Dadurch wird das ganze Ausmaß von Antisemitismus und Rassismus überhaupt erst sichtbar. Vereine wie MOBIT in Thüringen und das Kulturbüro Sachsen beraten Kommunen, Sicherheitsbehörden und Vereine bei Problemen mit rechtsextremen Strukturen und Aktivitäten, organisieren Tagungen und Podien. Finanziert werden sie von Förderprogrammen der Länder und des Bundes. Die AfD könnte diese Demokratieprojekte allein dadurch lahmlegen, dass sie die Förderrichtlinien ändert. Denkbar ist, dass sich die Beratungsteams jede einzelne Tätigkeit vorab genehmigen lassen müssten. Kritische Interventionen im Umfeld der AfD könnten dann einfach abgelehnt werden.

Der wichtigste Hebel im Kampf gegen Demokratieförderung wäre jedoch der Haushalt. Die AfD hat den zivilgesellschaftlichen Akteuren offen den Kampf angesagt. Höcke will diese Zivilgesellschaft ja bekanntlich «trockenlegen». «Wir werden keine neuen Landesprogramme aufsetzen, die den Menschen sagen, wie sie zu denken haben», kündigte er denn auch beim Landesparteitag in Pfiffelbach Anfang des Jahres 2024 an. Den Kampf gegen Rechts werde man «einstellen».[182] Projekte und Initiativen, die mit jahrelanger Expertise ein tolerantes und weltoffenes Zusammenleben fördern, stünden vor dem Aus. In der Folge würden Opfer rechter Gewalt und von Hasskampagnen ihre wichtigsten Ansprechpartner verlieren. Schon heute ziehen sich beispielsweise Jüdinnen und Juden, aber auch migrantische Stimmen aus den Hasskammern der sozialen Medien zurück. Unter der AfD würden viele weitere Angehörige von Minderheiten aus Angst verstummen und versuchen, öffentlich unsichtbar zu bleiben. Der aufgebaute Assimilationsdruck hätte spürbare Konsequenzen für die ganze Gesellschaft. Aus pluraler Vielfalt würde erzwungene Uniformität. In einem AfD-Land könnte man nicht mehr frei glauben, lieben und leben.

Mit einem ideologisch motivierten Kahlschlag würde die AfD auch die Kunstfreiheit angreifen. Seit Jahren führt die Partei einen rechten Kulturkampf. So warnte der Deutsche Kulturrat bereits nach den ersten parlamentarischen Erfolgen der Partei vor einer «Re-Nationalisierung und Instrumentalisierung von Kunst und Kultur» durch die AfD.[183] Schon im Landtagswahlprogramm von 2016 formulierte die AfD für Museen, Orchester und Theater in Sachsen-Anhalt die «Pflicht, einen positiven Bezug zur eigenen Heimat zu fördern». Die Bühnen des Landes sollten Werke so inszenieren, «dass sie zur Identifikation mit unserem Land anregen».[184] Kritischen und progressiven Bühnen drohte AfD-Politiker Tillschneider im Deutschlandfunk damit, die Gelder zu streichen. Die AfD werde in Zukunft ganz genau auf die Programme schauen: «Intendanten, die ein zu buntes Agitprop-Repertoire mit Regenbogen-Willkommens-Trallala auf die Bühne bringen, denen muss man die öffentlichen Subventionen komplett streichen.»[185]

Neben ethnischen und politischen Säuberungen drohen also offenkundig auch kulturelle Säuberungen. Als Marc Jongen im Jahr 2018 zum Leiter des Arbeitskreises «Kultur und Medien» der AfD-Bundestagsfraktion gewählt wurde, twitterte er, es werde ihm eine Ehre und Freude sein, «die Entsiffung des Kulturbetriebs in Angriff zu nehmen».[186] Auch die Kultur gilt der AfD also als verschmutzt und verdreckt. Die Wortwahl leitet sich von der Geschlechtskrankheit Syphilis ab. Synonyme für «versifft» sind laut Duden «kotig» und «mistig». Die AfD sieht demnach die vielfältige Kulturlandschaft hierzulande als sexuell verkommen und ekelhaft an. Diese zu «säubern» kann bedeuten, Intendanten zu entlassen, migrantische Kulturschaffende zu verdrängen und Finanzmittel zu streichen. Förderpolitik würde nach einem ethnokulturellen Reinheitsgebot erfolgen. Alles, was zu links, bunt und zu wenig deutsch erscheint, kann weg. Schon heute berichten Theaterleute im Osten Deutschlands von einer Schere im Kopf. Viele Kollegen wollen sich politisch lieber nicht zu weit aus dem Fenster lehnen. Schließlich könnte ja demnächst in Sachsen, Brandenburg oder Thüringen ein AfD-Minister für Kultur zuständig sein. Die Kunstfreiheit wird von der AfD akut bedroht.

Der Ausblick auf ein AfD-regiertes Deutschland verdeutlicht: Wir würden in diesem Land ein böses blaues Wunder erleben. Das Deutschland, wie wir es kennen, würde nicht mehr existieren. Die AfD würde vielmehr tief in die Lebenswelt ganz vieler Menschen eingreifen – von den Schulen über Universitäten bis zur Theaterlandschaft. Leidtragende eines «deutscheren» Deutschlands wären eben nicht nur Minderheiten. So ist die AfD beispielsweise auch zutiefst frauenfeindlich. Regelmäßig fallen AfD-Politiker wie Europa-Spitzenkandidat Maximilian Krah durch misogyne und antifeministische Aussagen auf. In einer Rede zum Politischen Aschermittwoch sagte er im Februar 2024: «Feministinnen sind alle hässlich und grässlich.»[187] Auf der Plattform X schrieb er im November 2023: «Feminismus heute ist Krebs.»[188] Grünen-Politikerin Ricarda Lang sprach Krah die Fähigkeit zu lieben ab und begründete das mit ihrem Aussehen.[189] Die AfD-Bundestagsabgeordnete Nicole Höchst hat einen angeblichen Zwang zur Erwerbstätigkeit von Frauen als «Tittensozialismus» bezeichnet.[190] AfD-Vize Stephan Brandner nannte die stellvertretende Präsidentin des Bundestages, Yvonne Magwas (CDU), auf der Plattform X im Dezember 2023 «eine bemerkenswert dumme Vizepräsidentin».[191] *Spiegel*-Redakteurin Ann-Katrin Müller hat erklärt, dass der digitale Hass gegen sie wellenförmig ansteigt, wenn sie etwa von einem AfD-Politiker in einem Post namentlich erwähnt wird.[192] Dann erreichen sie auf diversen Kanälen immer wieder Gewaltfantasien bis hin zu Vergewaltigungsdrohungen. Doch die Frauenfeindlichkeit der Partei beschränkt sich nicht auf Verächtlichkeit, Sexismus, vulgäre Sprache und gewaltbereite Sympathisanten. Unter der AfD sollen Frauen ihre Freiheit einbüßen.

In ihrem Grundsatzprogramm hat die AfD «eine höhere Geburtenrate der einheimischen Bevölkerung» als Ziel ausgegeben. Mit anderen Worten: Deutsche Frauen sollen mit deutschen Männern deutsche Kinder kriegen. Oder wie Maximilian Krah beim Politischen Aschermittwoch bestimmte: Zur «Weiblichkeit gehört die Mutterschaft dazu». Die AfD will, dass Frauen gebären und sich möglichst um die «traditionelle Familie» kümmern. «Eine gottlose Zeitgeistgesellschaft zwingt Frauen in die Erwerbstätigkeit», behauptete Nicole Höchst, bildungspolitische Sprecherin der AfD, in einer Rede im Bundestag. «Damit werden Frauen zunehmend von ihrem natürlichen Wesenskern entfremdet, in der Mutterrolle überhaupt erst Erfüllung zu suchen.»[193] Ein Frauenbild, wie es ähnlich auch die Nationalsozialisten propagierten.

Der Deutsche Frauenrat warnt, die AfD werde nicht davor zurückschrecken, die lange und hart erkämpften Frauenrechte «Stück für Stück einzukassieren».[194] So solle etwa ungewollt Schwangeren das Recht auf Abtreibung verwehrt werden. Rechte von Kindern und Alleinerziehenden würden in Frage gestellt. Die AfD wolle grundsätzlich eine neue Ungleichheit mit einem männlichen Oberhaupt in Hetero-Kleinfamilien schaffen. Es gehe der Partei um «die Wiederherstellung einer vermeintlich natürlichen, patriarchalen Ordnung», sagt die Vorsitzende des Deutschen Frauenrats, Beate von Miquel. Die Organisation appelliert: «Für Frauen ist die AfD nicht wählbar.» Beate von Miquel will es aber nicht bei einem Warnhinweis belassen: «Demokratie und Frauenrechte werden uns nicht geschenkt. Wir müssen sie gemeinsam verteidigen.» Ja, das demokratische Deutschland wird angegriffen und muss verteidigt werden. Das gilt insbesondere für die hochsensiblen Bereiche der Polizei und Justiz.

1.5 Wenn die Wut unkontrollierbar wird – gewalttätige AfD-Mitglieder und Politiker

Ist die Angst vor AfD-Politikern gerechtfertigt? Oder reden sie am Ende doch nur? Nein, tun sie nicht. Der Hass und die latenten Aggressionen treten früher oder später an die Oberfläche. So häufen sich die Fälle, in denen AfD-Mitglieder gewalttätig werden und nicht mehr nur ausschließlich verbal die Stimmung anheizen. Sie greifen an, mit einem Messer, mit Reizgas, mit Fäusten oder gar mit einem Auto, sie treten, schlagen, schubsen, beißen. AfD-Politiker und -Mitglieder standen inzwischen mehrfach vor deutschen Strafgerichten, wegen gefährlicher Körperverletzung, Erpressung, Nötigung, Entführung.[195]

Die Gewalt entzündet sich in vielen Fällen, wenn sich betroffene AfD-Politiker mit Kritik konfrontiert sehen. So hat der AfD-Kreistagsabgeordnete und Umzugsunternehmer Sven Ebert aus dem Saale-Kreis eine Frau im Mai 2021 mit Reizgas besprüht, ihr ins Gesicht geschlagen und in den Bauch getreten, da er annahm, die Frau könnte ein AfD-Plakat beschmiert haben. Ebert wurde zu einer sechsmonatigen Freiheitsstrafe auf Bewährung verurteilt. Das Landgericht Halle hat das Urteil bestätigt.[196] Schon zuvor hatte er Studierende an der Universität Halle ebenfalls mit Reizgas angegriffen.[197] Zwei Jahre zuvor war der damalige AfD-Stadtrat Dubravko Mandic, im Hauptberuf Rechtsanwalt, aus Freiburg in einer ähnlichen Situation ausgerastet. Zwei Personen, die der AfD-Mann beschuldigte, AfD-Plakate zerstört zu haben, hielt er fest. Einem Radfahrer, der helfen wollte, sprühte er Reizgas ins Gesicht. Das Urteil ist rechtskräftig: sieben Monate auf Bewährung wegen gefährlicher Körperverletzung.[198] Mandic hatte schon zuvor an einem anderen Tag einer Journalistin ihr Telefon aus der Hand gerissen, um darauf Fotos und Videos zu löschen. Die Frau hatte den AfDler gefilmt, als er ein Treffen des «Flügels» in bayerischer Tracht verlassen hatte. Die Teilnehmer hatten dort zuvor die erste Strophe des Deutschlandliedes gesungen.[199] Ein zweiter Kommunalpolitiker der AfD aus Freiburg, Robert Hagerman, griff im Juni 2021 zwei Jugendliche mit Pfefferspray an, die ihn als «Fascho» bezeichnet hatten. Als ein Ehepaar den beiden zur Hilfe kam, stach der AfDler den Mann mit einem Messer in die Brust. Das Amtsgericht Freiburg verurteilte Hagerman wegen gefährlicher Körperverletzung zu 1200 Euro Geldstrafe.[200]

Gerade rund um AfD-Events kommt es immer wieder zu ähnlichen Gewalttaten. So aus einer Höcke-Veranstaltung heraus: Der Kreistagsabgeordnete Mirko Fischer, damals in der AfD, griff im September 2021 die Lokalpolitikerin Martina Schu von den Linken in Paderborn an, die gegen den Auftritt Höckes demonstriert hatte. Fischer schlug der Bundestagskandidatin gegen den Kopf.[202] Die erlitt ein Schleudertrauma, der AfD-Mann wurde später zu einer Geldstrafe verurteilt. Er musste unter anderem 2000 Euro Strafe zahlen.

Die Opfer wurden alle ohne Vorwarnung angegriffen, oder aus einer Situation heraus, in der den AfD-Politikern nichts passieren konnte, weil sie in der stärkeren Position waren und ihre Opfer überraschten. Mithin: Die Angriffe waren feige. Einige Male nutzten AfDler sogar Autos, um Demonstranten anzugreifen. Der Burschenschaftler und Vorsitzende der JA in Nordrhein-Westfalen, Felix Alexander Cassel, stellt sich auf seiner Facebook-Seite als «Team #Remigration» vor. Er nahm 2019 an einem «AfD-Bürgerdialog» in Köln-Kalk teil. Kalk ist ein migrantisch geprägter Stadtteil, mehrere hundert Demonstranten forderten am Rande der Veranstaltung: «Kalk bleibt bunt!»[203] Im Anschluss fuhr der JA-Vorsitzende Cassel in einem silbernen Ford einen Mann auf der Straße um, der zu einer Gruppe von Gegendemonstranten gehörte. Erinnerungen an die Demonstration von Charlottesville in den USA 2017 wurden wach, als ein rechter Aktivist allerdings mit höherer Geschwindigkeit in eine Menge gerast war, mehrere Demonstranten schwer verletzt und die 32-jährige Heather Heyer getötet hatte. Der Fall in Köln beschäftigte über Jahre hinweg mehrere Instanzen. Das Kölner Landgericht bestätigte schließlich Anfang 2024 die Strafe für Cassel, selbst gelernter Jurist – sieben Monate auf Bewährung wegen gefährlicher Körperverletzung und Unfallflucht. Auch im Jahr 2020, bei einer Veranstaltung der AfD in Hamburg, raste ein Auto, in dem Sicherheitspersonal der Partei gesessen haben soll, mit hoher Geschwindigkeit los, obwohl es von Polizisten und Demonstranten umringt war.[204] In Henstedt-Ulzburg fuhr 2020 ein damals 19-Jähriges Mitglied der AfD mit seinem zwei Tonnen schweren Pick-up von VW nach einem Vortrag Jörg Meuthens in eine Menge von Gegendemonstranten, die auf dem Gehweg standen – er verletzte vier Menschen.[205] Die Front des Pick-ups war verbeult, ein Rückspiegel abgebrochen, so heftig war der Aufprall. Obwohl Polizisten anschließend in der unübersichtlichen Lage einen Warnschuss abgaben, hieß es zunächst offiziell seitens der Polizei, dass es sich um einen Unfall gehandelt habe. Vor Gericht war davon nicht mehr die Rede. Der Angeklagte gehörte zur rechten Szene der Gegend, beobachtete Antifa-Demos, interessierte sich für die «Identitäre Bewegung» und tauschte Bildchen von Hakenkreuzen aus.[206] Das Gericht sah trotzdem keinen politischen Hintergrund, aber urteilte: «Dem Angeklagten war seine Tat bewusst. Er ist ein intelligenter junger Mann, der auch das Auto schon häufiger gefahren ist.»[207] Eine Tötungsabsicht sah das Gericht allerdings nicht. Der junge Mann wurde nach Jugendstrafrecht zu drei Jahren Haft verurteilt. Dass ein Mitglied oder Anhänger der AfD zu einer Haftstrafe ohne Bewährung verurteilt wird, blieb bislang jedoch die Ausnahme, egal wie aufsehenerregend ein Fall war.

Das galt auch für die Tat des Berliner AfD-Bezirksverordneten Kai Borrmann. Der biss im August 2021 die schwarze Musikjournalistin Steph Karl, nachdem er sie zuvor schon rassistisch beleidigt und geschlagen hatte.[208] Er hatte sich in einem französischen Café in Berlin in Karls Gespräch mit einer Freundin eingemischt, die sich darüber unterhalten hatten, was ihre Identität ausmache. Borrmann gab sich als AfD-Mitglied zu erkennen und erklärte Karl, sie sei gar nicht schwarz, um dann darauf zu bestehen, sie «N***» zu nennen.[209] «Er hat dann auch das N-Wort gegendert. Das fand er besonders witzig, und er hat einfach nicht aufgehört», erzählte Karl später in einem Video.[210] Er habe sich dann immer mehr in Rage geredet, sei den Frauen auf die Straße gefolgt. Karl: «Ich habe einfach vor Wut so geweint, weil ich es nicht glauben konnte, dass das passiert … und er ist uns immer weiter hinterher.» Borrmann sagt dann: «N****! Heult doch, ihr N****!»[211] Er benutzte durchgehend das N-Wort, «der hat das richtig genossen, uns so zu beleidigen», so Karl. Irgendwann dachte sie: «Nein, Mann, nicht mit mir! Auf gar keinen Fall, irgendwann reicht es auch einfach und ich habe ihm gesagt: ‹Ich bin kein N-Wort, ich bin ein fucking Mensch!›, woraufhin er mir ins Gesicht geschlagen hat.» Karl wehrte sich nun. Borrmanns Sommerhut fiel zu Boden. Schließlich, so stellte das Gericht fest, nahm der AfD-Politiker sie in den Schwitzkasten und biss ihr in den Unterarm.[212] Karl: «Er dachte, dass er das alles machen kann und dass ich mich nicht wehre. Aber ich habe mich gewehrt, und wir wurden dann letztendlich auch getrennt.» Die Polizei kam, und «es war sehr, sehr schlimm, es war sehr traumatisierend für sowohl meine beste Freundin als auch für mich», sagte Karl später. Zunächst zeigte der AfD-Mann sie an, ließ dann aber die Anzeige fallen. Borrmann, Islamwissenschaftler, Mitte 50, war nicht nur Bezirksverordneter in Berlin Mitte, sondern hatte für einen AfD-Abgeordneten in Berlin gearbeitet. Er musste 10 800 Euro Strafe zahlen. Steph Karl hat der Angriff nachhaltig verstört.

Einer ihrer Freunde, der Rapper Kool Savas aus Berlin, besuchte die Gerichtsverhandlung und schrieb später: «Ich komm' jetzt gerade von Stephs Prozess […] und dieser Herr Borrmann […] ist jetzt mit einer Geldstrafe, ‹Strafe› in Anführungszeichen, … davongekommen und ich finds übertrieben enttäuschend.» Für Kool Savas war das «crazy und unverständlich», da es im Endeffekt bedeutet, dass man losgehen, Leute rassistisch beleidigen und schlagen könne, und «es passiert nicht mehr als [sic] das man ein paar Tagessätze abdrücken muss.» Die Richterin habe selbst einen Migrationshintergrund, falle also in das Raster der Menschen, welche von Nazis und Rassisten angegriffen werden.[213]

Allerdings ist es in Deutschland nicht ungewöhnlich, dass nicht sofort Freiheitsstrafen verhängt werden, selbst bei Körperverletzungen. Borrmann jedenfalls war nicht abgeschreckt. Er kommentierte im August 2023 einen Volksverpetzer-Tweet über einen AfD-Politiker, der realisiert hatte, dass seine Partei dem «Großen Austausch» und damit Menschen wie dem Attentäter Anders Breivik das Wort reden: «Ja, die AfD glaubt an die gleichen rechtsextremen Verschwörungsmythen wie der Nazi-Terrorist und Mörder Andreas Breivik».[214] Borrmann kommentierte: «Dass er ein Mörder war, beweist ja nicht, dass er politisch falsch lag.»[215] Alles liegt also sehr nahe beieinander: tatsächliche Gewalt, der Hass auf alles Fremde und das Verständnis für rechten Terror.

Was bei den Übergriffen von AfD-Politikern auffällt: Sie greifen dabei Schwächere, oftmals Frauen, an. So auch ein AfD-Ratsherr aus Salzgitter. Der wurde zu einer 18-monatigen Haftstrafe auf Bewährung verurteilt, weil er nach Ansicht des Gerichts eine Frau genötigt, erpresst und gestalkt hatte.[216] In besonders übler Weise: Er nannte sich in Nachrichten an die Frau «der Ficker», erpresste 11 000 Euro von ihr, nachdem er gedroht hatte, intime Fotos von ihr zu veröffentlichen. Das tat er trotzdem, wie die

Braunschweiger Zeitung berichtete: «32 dicke Briefe …gingen … an ihre Freunde, die Behörden in ihrem kleinen Heimatort, ihre Familie, selbst an ihre Autowerkstatt. Gespickt mit demütigenden Details und Bildern.»[217] Der Mann von der AfD hat den Sachverhalt vor Gericht zugegeben und Schmerzensgeld gezahlt.

Ebenfalls zu beobachten: ein Hang zur Selbstjustiz. Ein Kommunalpolitiker aus Panketal in Brandenburg, der für die AfD ein Mandat in einer Gemeindevertretung errungen hatte, wurde zu zwei Jahren Haft auf Bewährung verurteilt, weil er im Auftrag zweier Frauen einen Mann entführt hatte, der eine Bekannte gestalkt haben soll.[218] Gemeinsam mit Komplizen zerrte der AfD-Politiker den Mann in einen Lieferwagen, zog ihn aus, fesselte und verprügelte das Opfer in einem Waldstück.[219] Nach dem Urteil rastete der Ex-AfD-Politiker aus und beleidigte den Richter. Der Kommunalpolitker der AfD hat die Partei verlassen und Berufung gegen das Urteil eingelegt.

Ein späteres Mitglied des sächsischen AfD-Landesvorstands hatte ebenfalls das Recht mehrfach in seine Hand genommen. Daniel Zabel wurde vom Landgericht Dresden zu 16 Monaten Haft auf Bewährung verurteilt, weil er mit seinen Kollegen, Justizvollzugsbeamten wie er, einen ausländischen Gefangenen im Gefängnis misshandelt hatte.[220] Über die Tat hatte sich Zabel in einer Chatgruppe mit anderen Justizbeamten ausgetauscht. Vor Gericht konnte das Opfer nicht aussagen, weil es bereits abgeschoben worden war. Zabel war zuvor auffällig geworden, als er einen Haftbefehl gegen einen irakischen Mann abfotografierte und in der rechten Szene verteilt hatte, Rechtsradikale und ein AfD-Kreisverband veröffentlichten das Dokument ungeschwärzt. Der Iraker war – zu Unrecht – verdächtigt worden, einen Mann getötet zu haben, der auf einem Sommerfest in Chemnitz 2018 erstochen worden war – Auslöser für spätere Demonstrationen in der Stadt. Trotzdem nahm die AfD Sachsen Zabel auf und wählte ihn sogar in den Landesvorstand.

Bei all den Gewalttaten der AfD fällt vor allem eines auf: Nicht alle Verurteilten sind konsequent aus der AfD verwiesen worden, hier bleibt die Partei sich treu. Auch im Umgang mit gewalttätigen Mitgliedern gibt es keine klare Linie. Viele der Gewalttäter haben zudem nicht einmal ihr Mandat verloren. Das gilt auch für ein Mitglied des Bundestags, Sebastian Münzenmaier. Er gehörte damals zu den «Junghooligans» aus Kaiserlautern, Spitzname «Münz», und wurde verurteilt, weil er 2012 einen Angriff auf Mainzer Fans, darunter Frauen und Kinder, mit vorbereitet hatte. Die Hooligans hatten sich in der Nähe des Mainzer Stadions in Büschen versteckt, um dann aus dem Hinterhalt drei Mainzer Busse zu überfallen und mit Dachlatten und Schraubenschlüsseln zuzuschlagen. Münzenmaier hatte den Angriff per Handy mit koordiniert, so die Überzeugung des Gerichts in Mainz.[221] Münzenmaiers Delikt: Beihilfe zu gefährlicher Körperverletzung. Das Urteil: sechs Monate auf Bewährung und 10 000 Euro Geldstrafe. Trotzdem wurde er 2017 für die AfD in den Bundestag gewählt, wo er noch immer sitzt.

Eines haben all diese Fälle außerdem gemeinsam: Keiner der Verurteilten hat Reue gezeigt oder sich bei seinen Opfern öffentlichkeitswirksam entschuldigt. Egal wie erdrückend die Beweise oder wie hinterhältig die Angriffe waren. Die Partei verlangt keine Entschuldigung, Klarstellung oder eine Distanzierung von der Gewalt. Mal fliegt man raus, mal wird lieber die Justiz als unfair beschimpft, und der Verurteilte macht in manchen Fällen sogar Karriere, so wie Sebastian Münzenmaier, der inzwischen seit 2023 einer von vier stellvertretenden Fraktionsvorsitzenden der AfD im Bundestag ist, auf Augenhöhe mit Beatrix von Storch.

Inzwischen wird aufgrund der vielen Vorfälle auch diskutiert, wie mit AfD-Politikern umgegangen werden soll, die Waffen besitzen. Pauschal darf man ihnen nicht Pistolen oder Gewehre entziehen, wenn sie eine Waffenbesitzkarte haben, stellte das Oberverwaltungsgericht in Magdeburg fest.[222] Allerdings bestätigte das Verwaltungsgericht in Düsseldorf eine Entscheidung der Behörden, dem Landtagsabgeordneten Zacharias Schalley die Waffenbesitzkarte zu entziehen.[223] Er hatte sich neben der AfD in mehreren extremistischen Vereinigungen engagiert. Seit 2020 das Waffengesetz verschärft wurde, legt auch die bloße Mitgliedschaft in einer verfassungsfeindlichen Vereinigung die Annahme nahe, dass die Person als unzuverlässig im Sinne des Waffengesetzes gelten muss, hielt das Gericht in Düsseldorf fest. Das hielt den AfD-Bundestagbgeordneten Thomas Seitz nicht davon ab zu fordern, Waffen im Bundestag verwahren zu dürfen, die man zuvor auf dem Weg zur Arbeit zur Selbtsverteidigung brauche. Von Seitz wird noch die Rede sein.[224]

Wenn es um gewalttätige AfDler geht, ist das Bild, wie sich zeigen wird, noch besorgniserregender, wenn man die Mitarbeiter vieler AfD-Politiker durchleuchtet. So etwa von Mario Müller, der für den AfD-Bundestagsabgeordneten Jan Wenzel Schmidt aus Sachsen-Anhalt arbeitet. Müller war auch bei dem Treffen in Potsdam anwesend. Dort gab er sogar mit seinen Gewalttaten an. Er stellte sich, laut Correctiv, im Scherz bei dem Treffen im Landhaus Adlon so vor: «Ich bin gewaltbereiter Neonazi».[225] Tatsächlich war Müller noch als Mitglied der JN, der Nachwuchsorganisation der NPD, zu einer Strafe verurteilt worden, weil er ein Opfer mit einem Totschläger verletzt hatte.[226] Er war ein tragendes Mitglied der militanten rechten Szene in Deutschland.

So scheint es, als sei die NPD doch noch in den Bundestag eingezogen – denn die Partei hatte sich auch dadurch ausgezeichnet, dass sie einen hohen Anteil an vorbestraften Mitgliedern in ihren Reihen nicht nur duldete, sondern sogar förderte.[227] Da passt, dass AfD-Politiker auf kommunaler Ebene im Kreistag Oberspreewald-Lausitz und in der Stadt Lauchhammer, beide in

Brandenburg, gemeinsam mit der Partei «Die Heimat» (ehemals NPD) offiziell eine gemeinsame Fraktion gegründet haben. Die Reaktion der Parteiführung: Wie fast immer inkonsequent. «Die Heimat» zitierte derweil genüsslich Tino Chrupalla, der gesagt habe, es gebe «keine Brandmauer auf kommunaler Ebene». Und selber jubelte die Nachfolgepartei der NPD: «Das politische Brandenburg erlebt einen erfrischenden Windstoß der Vernunft». Eine weiterer Testballon, eine weitere Grenzverschiebung.

1.6 Cashcow Parlament – wie Mitarbeiter von AfD-Abgeordneten die rechte Szene aufbauen

Das Bundesamt für Verfassungsschutz beobachtet die AfD als Gesamtpartei seit März 2021 als Verdachtsfall und geht davon aus, dass 10 200 Mitglieder rechtsextrem sind – die Nachwuchsorganisation Junge Alternative eingeschlossen.[228] Gleichzeitig hält das BfV 38 800 Menschen in Deutschland für rechtsextrem – mithin ist mehr als jeder vierte deutsche Rechtsextreme in der AfD. So ist es nur logisch, dass sich dieser Fakt auch bei den Mitarbeitern der Partei in Parlamenten auf Bundes- und Landesebene zeigt. Rechtsradikale Burschenschafter, neurechte TikTok-Influencer, ehemalige Mitglieder der NPD, der JN, der DVU, der Republikaner, der Heimattreuen Deutschen und der Wiking Jugend, militante Straßenschläger, vorbestraft oder nicht, Skinheads aus dem Umfeld des NSU – sie alle finden sich in der AfD wieder, als Mitarbeiter oder Kandidaten. Für sie alle löste die Partei ein Problem: Lange war es schwer, mit Rechtsextremismus seinen Lebensunterhalt zu verdienen.

So haben sich die über ein Dutzend NSU-Untersuchungsausschüsse in diversen deutschen Parlamenten auch intensiv mit der Finanzierung der rechten Szene in Deutschland beschäftigt. Eines wurde dabei deutlich: Geldprobleme sind an der Tagesordnung. Wie die Fahrt zur nächsten Demonstration finanzieren? Wie die nächsten Plakate, Aufkleber, konspirativen Wohnungen – oder Waffen? Eine die wichtigsten Einnahmequellen – der Verkauf von indiziertem Nazi-Rock per CD – brach im Zuge der Digitalisierung weg, Konzerte können das nur zum Teil ersetzen. Akteure, die sich lange in der rechtsextremen Szene tummeln, sind zudem in der Regel vorbestraft und haben Schwierigkeiten, Anstellungen zu bekommen, die gut bezahlt und auf Dauer angelegt sind – sie haben also selten Geld für ihren politischen Kampf übrig. Die Ausschüsse zeigten zudem, dass auch deshalb eine der wenigen stabilen Einkommensquellen für zentrale Akteure ausgerechnet jenes Geld ist, das sie für ihre Spitzeldienste von verschiedenen Verfassungsschutzämtern bekamen. Gleichzeitig organisierten sich viele der rechten Strippenzieher Geld aus illegalen Quellen: Sie verkauften Diebesgut, begingen Versicherungsbetrug oder, wie im Fall eines einflussreichen V-Manns und Organisators der Szene aus Thüringen, schickten junge Männer auf den Strich. Der eine oder andere arbeitete als LKW-Fahrer und nutzte grenzüberschreitende Fahrten zum Drogen- oder gar Menschenschmuggel. Wiederum andere überfielen Postämter, Banken oder Geldtransporter.

Eine bezahlte Stelle in einem deutschen Parlament ist vor diesem Hintergrund eine großartige Aussicht. Schon in den späten 1990ern hatten das die militanten Kameradschaften erkannt und versuchten, Arbeit und Mandate bei der NPD zu ergattern. Manch einer mit Erfolg. Allerdings gelang es der NPD eben nie, in den Bundestag gewählt zu werden, wo im Jahr 2017 einer Partei 20 870 Euro unter anderem für Mitarbeiter zur Verfügung stand – pro Monat. Pro Abgeordneten. Was für ein Futtertrog. An den schaffte es anders als die NPD die AfD – und konnte so zu einem der entscheidenden Faktoren bei der Professionalisierung der rechten Szene in Deutschland in den letzten zehn Jahren werden. Die neuen Abgeordneten zahlten den Mitarbeitern Geld, gaben ihnen Telefone, Computer, Büros und Deckung – denn ihre Immunität strahlt ab.

Die Möglichkeit, in deutschen Parlamenten mit Steuergeldern eine neuartige Beeinflussungsmaschine aufzubauen, wie gezeigt mit Twitter, Facebook, auf TikTok und mit dem Know-how teurer Agenturen, wurde so als eine historische Chance ergriffen. Rechtsextremisten oder auch nur Rechtsradikale konnten Kommunikationstechniken erlernen, Artikel schreiben, Filme drehen und schneiden, die entstehende rechte Bubble aus Magazinen, Onlinemedien und Youtube-Kanälen ständig mit Inhalt beliefern – und wurden dafür auch noch vom Staat bezahlt – den manch einer der Mitarbeiter und Mitarbeiterinnen hasste , seit er oder sie denken konnte.

Das also begann, als ab 2014 die AfD in die Parlamente einzog, damals erstmals in Brüssel und Straßburg. Spätestens mit dem ersten Einzug in den Bundestag waren die Schleusen geöffnet: Für die gewählten AfD-Kandidaten bedeuteten die Erfolge, dass sie über die nächsten vier Jahre für Mitarbeiter ein Budget von rund einer Million Euro abrechnen durften. Eine Million Euro. Pro Mandat. Jackpot. Und: Es wurden 94 Kandidaten in den Bundestag gewählt – macht fast 100 Millionen Euro. Nochmal: Jackpot. Zudem darf die Fraktion ihren eigenen Stab ebenfalls vom Staat finanzieren lassen. Doppeljackpot. Zwei Legislaturperioden der AfD haben so fast eine Viertelmilliarde Euro an Gehältern in die Taschen von diversen Anhängern gespült, die nicht nur einmal am Tag daran denken, wie man das Parlament wieder abschaffen kann, um sich selbst zu ermächtigen. Ohne lästige demokratische Kontrolle.

Als die AfD erstmals in den Bundestag einzog, recherchierten diverse Medien zunächst umfangreich und gründlich den Hintergrund der Mitarbeiter, darunter die *taz*, die *ZEIT* und der WDR. Verschiedene AfD-Abgeordnete hatten damals bereits Rechtsextremisten angestellt – auch vermeintlich gemäßigte Parlamentarier der Partei. Anfang 2018 hieß es so: «AfD soll 27 rechtsradikale Mitarbeiter im Bundestag beschäftigen»[229] oder, weniger vorsichtig: «AfD-Abgeordnete beschäftigen Rechtsextreme und Verfassungsfeinde».[230]

Alexander Gauland, erster Fraktionsvorsitzender der AfD, bezahlte gleich zwei Mitarbeiter mit eindeutig rechtsextremistischer Vergangenheit: Martin Midinet kam aus Brandenburg und war in der Berliner Neonaziszene aktiv.[231] Ebenfalls interessant war der zweite Mitarbeiter Gaulands, Felix Nothdurft, ehemals fünf Jahre lang Mitglied in der «Heimattreuen Deutschen Jugend» (HDJ). Nothdurft war dort Leiter der «Abteilung HALT» (Heimattreue Ausrüstung und Lagertechnik). Die Bundeszentrale für politische Bildung schreibt über die HDJ, dass sie im Oktober 2000 «in der Tradition der seit 1994 verbotenen Wiking-Jugend gegründet» worden sei: «Die HDJ war fest in der neonazistischen Szene verankert. Zahlreiche ehemalige Kader der HDJ üben mittlerweile hohe Funktionen in der NPD aus.» Nach nur neun Jahren war Schluss: «Am 31. März 2009 verbot der damalige Bundesinnenminister Wolfgang Schäuble die HDJ wegen ihrer ‹Wesensverwandtschaft mit dem Nationalsozialismus, insbesondere mit der früheren Hitlerjugend›».[232] Ein Ex-Mitglied einer verbotenen rechtsextremen Organisation im Geiste der «Hitlerjugend» arbeitete also dem ersten Fraktionsvorsitzenden der AfD im Bundestag zu.

Gauland gab den Ton für die vielen Fälle vor, die noch kommen sollten: Er stritt den Fakt nicht ab, sondern redete die Anstellung von Felix Nothdurft trotz seiner Rolle in der Heimattreuen Deutschen Jugend klein, erklärte gegenüber der *ZEIT*, die Kritik sei »absolut lächerlich» – Nothdurfts Mitgliedschaft in der HDJ sei «eine Jugendsünde».[233] Seine Mitarbeiter würde er bestimmt nicht fragen, «was sie in jungen Jahren gemacht haben». So locker nahm Gaulands Mitarbeiter die Veröffentlichung allerdings nicht – er verklagte die *taz* mit Hilfe einer Kölner Kanzlei, die sich auch auf solche Fälle spezialisiert hatte. Die *taz* hatte ebenfalls über Nothdurft berichtet und dabei seinen vollen Namen genannt, damit die Leser und Leserinnen seinen Fall besser einordnen konnten. In den ersten Instanzen unterlag die *taz*, ehe die Zeitung sich vor dem OLG Düsseldorf durchsetzte.[234] Der Anwalt der *taz*, Johannes „Jony“ Eisenberg, hob die Bedeutung des Urteils hervor und legte gleichzeitig den Finger in die Wunde – viele Medien hatten nämlich schon bei der Androhung rechtlicher Schritte gegenüber der AfD klein beigegeben und vorauseilend Artikel mit Namensnennungen zurückgezogen, ohne überhaupt vor Gericht zu ziehen: «Jener Felix Nothdurft ist nach Bekanntwerden seiner Vergangenheit gegen zahlreiche Medien vorgegangen, die sich jeweils – ohne Gerichte anzurufen – verpflichtet haben, auf die Abmahnung hin seinen Namen zu löschen. Neben Nothdurft sind zahlreiche weitere Mitarbeiter von AfD-Bundestagsabgeordneten, aber auch rechtsradikale Siedler, sowie AfD-Funktionäre gegen Medien vorgegangen, die sie und ihr Treiben öffentlich haben sichtbar werden lassen.»[235] Der Anwalt beschrieb, wie das OLG Düsseldorf herausgearbeitet hatte, warum sich rechtsextreme Mitarbeiter nicht auf ein Recht auf Vergessen unter Jugendschutzgesichtspunkten berufen können: «Gauland wirkt … aufgrund seiner großen medialen Präsenz in Funk und Fernsehen an der öffentlichen Meinungsbildung intensiv mit. Allein deshalb ist es für die Öffentlichkeit von Interesse, zu erfahren, von welchen Personen als wissenschaftlichen Mitarbeitern sich (…) Gauland für die Inhalte oder die Abfassung seiner Debattenbeiträge zuarbeiten lässt.» Zudem, stellte das Gericht fest, werde die politische Debatte darüber, ob sich die AfD von rechtsextremen Bewegungen hinreichend abgrenzt oder ob sie besser vom Verfassungsschutz beobachtet werden solle, schon längst geführt. Daher sei es «für die Öffentlichkeit von erheblichem Interesse gewesen, zu erfahren, ob (…) Gauland oder andere AfD-Politiker Mitarbeiter beschäftigen, die eine rechtsextreme Vergangenheit aufweisen.»[236] Das OLG führte aus, dass «zu den betroffenen Mitarbeitern individualisierende Angaben» verbreitet werden dürfen, «um so die Glaubhaftigkeit dieser Berichte besser einordnen zu können.» Schließlich stellte das Gericht klar, dass Namen genannt werden müssen, damit Zusammenhänge und das Ausmaß der Kooperation mit Rechtsextremisten klar werden. So war zum «Zeitpunkt der Berichterstattung [der *taz*] ... bereits über andere Mitarbeiter von AfD-Abgeordneten mit einer rechtsextremen Vergangenheit berichtet worden», «etwa über den in der HDJ an führender Stelle tätig gewesenen Bruder des Klägers.» Laurens Nothdurft – Felix' Bruder – war nicht nur in der HDJ, sondern hatte zudem Kontakt zur NPD und war trotzdem bei der AfD angestellt – im bayerischen Landtag als Justiziar.[237] Er wurde später entlassen, auch Felix Nothdurft verließ Gaulands Büro – allerdings mit den allerbesten Wünschen. Er wurde im Anschluss Beamter in Sachsen-Anhalt. Der Fall Nothdurft beschäftigte also ab 2018 die Gerichte. Zeit genug für die AfD das Problem zu regeln – wie sich jedoch zeigen wird, passierte das Gegenteil.

Dass man zunächst nicht zuletzt durch die Hilfe von Anwälten Rechtsextremisten als Mitarbeiter etablieren konnte, hatte die AfD und ihre Führer offenbar ermutigt, weiter Grenzen zu verschieben. Gauland hielt, nachdem er die Kritik an seinem Mitarbeiter erfolgreich beiseitegewischt hatte, nur gut zwei Monate später eine seiner bekanntesten Reden auf dem «Kongress der Jungen Alternative»: «Liebe Freunde, uns muss man nicht vom Unwert des Nationalsozialismus überzeugen. Wir haben diesen Unwert im Blut. Aber, liebe Freunde, wer eine Rot-Kreuz-Flagge aus den letzten Tages des Kampfes um Berlin entsorgt, hat keine Achtung vor soldatischen Traditionen, die es jenseits der Verbrechen auch in der Wehrmacht gab.»[238]

Das Urteil des OLG Düsseldorf wurde im Spätsommer 2019 gefällt, die AfD hatte sich mit den Klagen und den reinen Klageandrohungen wichtige Zeit erkauft, indem sie den Recherchetrieb der Medien erfolgreich unterband. So wurden viele Fälle rechtsextremer Mitarbeiter zunächst nicht weiter großflächig verfolgt, oftmals übernahmen Blogs und private Initiativen wie «Blick nach Rechts» oder «Sachsen-Anhalt Rechtsaußen» die kleinteilige, mühsame und rechtlich brisante Recherchearbeit – obwohl viele Mitarbeiter namentlich auch im Gutachten des BfV 2019 ausdrücklich erwähnt wurden.[239] Auch eine Systematik wurde in diesem Bericht klar: Die Mitarbeiter wurden nicht zufällig oder vereinzelt angestellt, sondern flächendeckend. Die Frage, warum sich die AfD auf die Rechtsextremisten einließ, drängte sich auf: Zwar hatte die AfD Probleme, alle Stellen zu besetzen, weil nicht viele Kandidaten für die Partei arbeiten wollten, aber auf zahlreiche Ex-Mitglieder rechtsextremistischer Organisationen war man personell wiederum auch nicht angewiesen. Trotzdem stellte die Partei viele dieser Kandidaten an und warf sie auch in der Regel nach dem ersten öffentlichen Outing keineswegs konsequent raus. Laurens Nothdurft war eher die Ausnahme und auch sein Fall und andere zeigen, wie zu sehen sein wird, dass ein Rauswurf nicht das Ende der Zusammenarbeit bedeuten muss. So liegt der Schluss nahe, dass sich die Partei mit voller Absicht derart mit Neonazis und Rechtsextremisten vernetzte – und das nicht nur im Bundestag. Manch ein Mitarbeiter wechselte auch zwischen Landes- und Bundesebene hin und her. So arbeitete Felix Nothdurft zunächst für die AfD-Fraktion in Brandenburg – unter dem Fraktionsvorsitzenden Andreas Kalbitz, der selbst, wie Dokumente des BfV belegen, 2009 Mitglied eben in der Heimattreuen Deutschen Jugend war, kurz bevor sie verboten wurde.[240]

In fast jedem Landesparlament arbeiteten und arbeiten Rechtsextremisten oder zumindest Rechtsradikale aus der Szene für die AfD. Regionale Schwerpunkte sind dabei Brandenburg und Thüringen, aber auch im Westen, etwa in Hamburg, sind ehemalige

Mitglieder der DVU bei der Fraktion angestellt.[241] Auch in Thüringen arbeitete wenig überraschend ein Neonazi für Björn Höckes Fraktion – Jirka Buder, der in der extrem gefährlichen «Freiheitliche Deutsche Arbeiterpartei» (FAP), der «Wiking-Jugend» (WJ) und der «Nationalistischen Front» (NF) aktiv. war[242]

Vor allem Sachsen-Anhalt ist jedoch ein Knotenpunkt, wenn es um die Beschäftigung von und die Kooperation mit Rechtsextremisten geht. Sowohl die Fraktion im Landtag, als auch die Bundestagsabgeordneten aus diesem Bundesland spielen bei der Finanzierung rechtsextremistischer Akteure eine zentrale Rolle. Nach Sachsen-Anhalt hatte es auch Maximilian Tischer verschlagen, den Freund des verurteilten Rechtsterroristen Franco Albrecht und Mitarbeiter von Jan Nolte im Bundestag. Zudem waren nicht nur mehrere führende Ex-Mitglieder der HDJ in Sachsen-Anhalt für die AfD tätig – mindestens ein hochrangiger HDJ-Funktionär machte dort sogar Karriere: Patrick Harr, der 2009 in den Bundesvorstand der HDJ gewählt wurde – als Kalbitz dort auch Mitglied war. Harr nahm 2023 an dem vielfach beschriebenen Treffen in Potsdam teil und ist noch immer der Sprecher und Geschäftsführer der AfD-Fraktion im Landtag von Sachsen-Anhalt.[243] Er hatte zuvor auch für den dortigen Fraktionschef André Poggenburg gearbeitet, der, wie wir noch zeigen werden, jüngst in Gera «Deutschland den Deutschen, was denn sonst» gegrölt hat und inzwischen nicht mehr in der Partei ist, aber mit AfD-Politkern kooperiert.

Die Rolle der Mitarbeiter in Sachsen-Anhalt beantwortet auch die Frage, warum der Landesverband laut des dortigen Landesamtes für Verfassungsschutz als gesichert rechtsextremistisch gilt.[244] Nicht zuletzt, weil man dort schon immer wieder und von Anfang an mit rechtsextremen Mitarbeitern zusammenarbeitete. So war der Bundeswehrreservist Michael S. bei der ersten AfD-Fraktion als Referent für Arbeit, Soziales und Integration angestellt. Er hatte diverse Semester an der Universität Leipzig studiert und war lange auf der Suche nach einem Job. Er hatte etwas gegen Pöstchenjäger, arbeitete dann aber doch bei der AfD. Einem Bekannten beschrieb er die Stimmung in der AfD-Fraktion in Sachsen-Anhalt als «ausgelassen hitleristisch».[245] Er arbeitete in der Partei unter anderem enger mit Oliver Kirchner zusammen, einem Mann des «Flügels». Als 2015 viele Flüchtlinge nach Deutschland kamen, hatte Michael S. online eine Wehrsportgruppe gegründet.[246] Er tauschte Anfang September 2015 mit einem Freund in der Chatgruppe Nachrichten aus, die Stimmung zusammenfassend:

Michael S.: «..hmm, dr Rassenkrieg scheint doch ganz lustig zu werden»

Joerg K.:.. realistisch betrachtet sind wir schon tot, es geht nur noch um die reibungslose Schlüssel- und Hausübergabe.

Michael S.: nüscht wird reibungslos, zumindest nich da wo meine wumme glüht[247]

Kurz darauf gründete Michael S. eine weitere Chat-Gruppe, «Endkampf», für Burschenschaftler: «Ich weiß nicht wie ihr drauf seid, aber nach den Informationen die ich gerade am Wochenende bei der Bw [Bundeswehr] bekommen habe, gehe ich fest von einer echten Krise aus. Um die zu überstehen ist Vorbereitung alles. Diese geheime Gruppe ist nur eine Plattform für die Germanen [Mitglieder der Burschenschaft] um sich auszutauschen. Da meine Planung bereits steht, gebe ich Euch damit lediglich die Möglichkeit Euch selbst Gedanken zu machen.»[248] Parallel trieb er eine weitere Gruppe voran, in der man über Vorräte, Waffen, und Schießtraining diskutierte. Der spätere AfD-Mitarbeiter Michael S. – begeisterter Jäger und Sportschütze – gab im Chat damit an, dass er bereits einiges an Munition gehortet habe und gab Nachhilfe in Sachen Waffenbesitz: Man bekomme in Deutschland nur eine Waffenbesitzkarte, wenn man nachweisen könne, dass man über längere Zeit regelmäßig geschossen habe – was angesichts des drohenden «Rassenkriegs» nach Ansicht der Chat-Teilnehmer zu lange dauern würde. Also vermittelte Michael S. seinen Freunden aus der Chatgruppe einen Kontakt beim sächsischen Bundeswehr-Reservistenverband, der Bestätigungen für Schusstrainings fälschen könne. Der Vorsitzende sei ein Burschenschafter – also ein Gesinnungsgenosse und zudem bestechlich: «er is am samstag zwischen 10–13 Uhr im Schützenhof, entweder in der Waffenkammer oder hinten im reservistenzimmer, einfach nach ihm fragen. Bzgl. der ‹Spende› sind 50,– mehr als großzügig!» [sic][249] Als Michael S. zum Hauptmann der Reserve befördert wurde, schrieb ein Rechtsextremist aus Brandenburg laut der Recherchegruppe «Sachsen-Anhalt-Rechtsaußen»: «Herzlichen Glückwunsch und Sieg Heil, Herr Hauptmann!»[250] Anfang 2016 bekam der «Hauptmann» seinen Job bei der AfD, die Chats wurden danach verschlüsselt geführt.[251] Michael S. wurde schließlich entlassen, allerdings weil er sich «in einer Vielzahl von Fällen sexistisch bzw. sexuell beleidigend verhalten hatte», wie es in einem Schriftsatz hieß, in dem die AfD die Kündigung begründet.[252] Doch er bekam trotzdem einen neuen Job: bei der AfD im Bundestag. Dort musste er erst gehen, als seine Gewaltchats 2020 publik wurden.[253] Das bedeutet jedoch nicht, dass Rechtsextreme automatisch rausgeworfen werden. Im Gegenteil. Ein Automatismus ist nicht zu erkennen, wie sich zeigen wird.

Die Waffenaffinität und Verbalradikalität zeichnete naturgemäß einige rechtsextremistische Mitarbeiter der AfD aus – sie stellten jedoch prinzipiell kein Hindernis dar, um für die Partei arbeiten zu dürfen. Gut zu erkennen war das unter anderem beim anfangs vorgestellten Marcel Grauf – einst Landesorganisationsleiter der «Jungen Nationaldemokraten», der NPD-Jugendorganisation, mit nicht zu übersehendem Schmiss in seinem Gesicht, der aus seiner Zeit in einer schlagenden Verbindung stammte.[254] Er durfte trotz seiner Radikalität wie anfangs erwähnt für zwei Landtagsabgeordnete in Stuttgart, Christina Baum und Heiner

Merz, arbeiten und eben im Bundestag für die jetzige Beisitzerin im Bundesvorstand Baum, als die dort Abgeordnete wurde. Grauf war derjenige, dessen besonders radikale und brutale Chats von dem Wochenmagazin *Kontext* veröffentlicht worden waren, nachdem ihn die Situation ab 2015 völlig enthemmt zu haben schien: «Wenn ich die Scheisse von [Sigmar] Gabriel dazu schon wieder lese, weiß ich dass ich die Drecksau am liebsten abknallen würde. IRGENDWANN! Ich werde noch ausrasten … Da soll man kein Terrorist werden!!!!! Hoffen, dass es bald knallt.»[255] Das OLG Karlsruhe stellte die Authentizität der Chats fest und erlaubte zudem, dass man Grauf ein Ex-NPD-Mitglied nennt.[256] Zu seiner NPD-Zeit hatte er nicht nur geschrieben und gewütet, sondern auch aktiv einen militanten Rechtsextremisten unterstützt, Alexander Neidlein. Neidlein hatte Postämter überfallen, sich in Südafrika mit der Polizei eine Schießerei geliefert und mit einem NPD-Mitglied über den Tag X – den Tag des Umsturzes – gesprochen und darüber, wer alles «aufgehängt wird», wenn sie – die NPD – an die Macht kämen, die sie ganz wie Hitler allerdings per Wahl erringen wollten.[257]

Aber es war keineswegs so, dass es etwa eine informelle rote Linie gab, wenn es um die NPD ging. Der AfD-Landtagsabgeordnete Jan Wenzel Schmidt in Sachsen-Anhalt, von dem noch die Rede sein wird, stellte etwa Stefan Träger an – der einst bei der JN aktiv war und dann von der NPD sogar bei der Bundestagswahl 2009 im Wahlkreis Börde als Kandidat für ein Direktmandat aufgestellt wurde. Auch er fiel in den radikalen Chats rund um Michael S. auf. Später wurde er Geschäftsführer der AfD-Stadtratsfraktion in Magdeburg.[258] Ein NPD-Kandidat arbeitet für die AfD – wie passt das mit dem Unvereinbarkeitsbeschluss der Partei zusammen und der ausführlichen Unvereinbarkeitsliste, auf der so viele rechtsextremistische Gruppen stehen? Es passt gar nicht zusammen – denn der Beschluss wird, wenn es um Mitarbeiter geht, von der Partei oft ignoriert.[259] Zumal von Mitarbeitern darin keine Rede ist, sondern nur von Mitgliedern. Der Rechtsextremist und Anwalt Matthias Helferich, Abgeordneter im Bundestag und lange Vizechef der AfD in Nordrhein-Westfalen, gibt auf seiner Homepage Tipps, wie man den Beschluss umgeht, darunter: «Niemand, der gegenwärtig Mitglied in einer Vereinigung ist, die in der [Liste] geführt wird, darf zugleich Mitglied in der AfD sein. Allerdings kann eine Person, die in der Vergangenheit Mitglied in einer solchen Vereinigung gewesen ist, heute aber nicht mehr, durchaus Mitglied der AfD werden, wenn der zuständige Landesvorstand seine Aufnahme mit einer 2/3-Mehrheit beschließt.»[260] Helferich soll inzwischen selber aus der Partei fliegen, da er unter anderem in einem Instagram-Post das Foto eines Pappanhängers an einem Rückspiegel, auf dem stand «Raus mit die Viecher», mit dem Wort «Super» und «#Remigration» kommentierte. Außerdem hatte er mit Abstand die meisten Ordnungsrufe im Bundestag bekommen und hatte aufgrund mehrerer Skandale darauf verzichtet, Mitglied der AfD-Fraktion zu werden.[261] In einem internen Schreiben der Partei heißt es laut *FAZ*: «Die Szenarien, die drohen, sollten Personen wie Matthias Helferich jemals politisch-exekutiv Macht erhalten, erinnern an die finstersten Kapitel der Menschheitsgeschichte und speziell auch der deutschen Geschichte.»[262] Nur: Wenn das immer der Maßstab der Partei wäre, hätte die AfD auf einen Schlag Dutzende Mitarbeiter weniger.

So durfte gerade im Bundestag ein Mann für einen AfD-Abgeordneten arbeiten, der 2014 in Barnim, Brandenburg, für die NPD kandidiert hatte und zudem mehrere Blogs schrieb, die so radikal waren, dass sie vom Verfassungsschutz regelmäßig zitiert wurden.[263] Der Kandidat fotografierte außerdem auf Antifa-Demos den politischen Gegner – im Bundestag hatte er jetzt ganz andere Möglichkeiten.[264] Denn die Mitarbeiter haben dort Zugriff auf Akten, die etwa die Polizeibehörden und Nachrichtendienste an das Parlament liefern müssen – eine Informationsgoldgrube. Aus erster Hand lässt sich nachvollziehen, wie die rechte Szene beobachtet wird, und sie liefern manches Mal Verwertbares über den politischen Gegner, deren Beobachtung nach wie vor eine der Säulen rechtsextremistischer Aktivisten in Deutschland ist und einst «Anti-Antifa»-Arbeit getauft wurde. Der Hobby-Journalist Jörg Schröder, eigentlich studierter Forstwissenschaftler, wurde vom damaligen Vize-Fraktionschef Peter Felser in den Bundestag geholt. Felser war einer von mehreren radikalisierten ehemaligen hochrangigen Mitgliedern der Bundeswehr, zunächst Mitglied bei den Republikanern. Bei der Bundeswehr hat er Götz Kubitschek kennengelernt – beide waren als Offiziere im Rahmen des SFOR-Einsatzes im Kosovo, eher mit dem Stift in der Hand, Felser moderierte eine Radiosendung –, gemeinsam brachte man ein Buch heraus, in dem man sich über die Wehrmacht Gedanken machte, und gemeinsam gründete man eine Firma, die unter anderem Werbevideos für die Republikaner drehte, die so radikal waren, dass sich die Sender weigerten, sie auszustrahlen.[265] Von einem Reporter damit konfrontiert, ob die AfD denn Rechtsextremisten beschäftige, antwortete er: «Keiner von uns. Ich wüsste keinen im Kreisverband, keinen im Landesverband, keinen im Bundesverband, der rechtsextrem wäre.»[266] Sein Mitarbeiter Schröder war zuvor, wie Felix Nothdurft, in der Brandenburger AfD-Landtagsfraktion tätig.[267]

Auch auf Länderebene zeigte sich regelmäßig, dass die AfD nicht nur mit Ex-HDJlern – wie festgestellt, ein Sprungbrett für eine Karriere in der NPD –, sondern auch konsequenterweise direkt mit Mitgliedern, Funktionären, Kandidaten und Mitarbeitern der NPD und der JN zusammenarbeitete – und sie bezahlte. So beriet ein blasser Mann namens Armin Allmendinger, der zunächst genau wie Marcel Grauf einer rechtsradikalen Burschenschaft angehörte, einen Abgeordneten der AfD in Baden-Württemberg. Allmendinger wurde auf diversen Veranstaltungen der NPD gesehen, und nicht nur das. Im BfV-Bericht von 2019 hieß es: «Armin Allmendinger ist ein weiterer AfD-Mitarbeiter mit einer Vergangenheit in der NPD. Der parlamentarische Berater der AfD im Stuttgarter Landtag schrieb im Oktober 2011 für die NPD-Zeitschrift ‹Deutsche Stimme›».[268] Bei der «Deutschen Stimme» kannten generell viele AfD-Politiker keine Berührungsängste. Das BfV wies darauf hin, dass AfD-Politiker dem Blatt regelmäßig Interviews gaben.

Für die NPD-Zeitung schrieben zudem gleich mehrere Mitarbeiter der AfD, darunter auch der Schweizer Berater eines Bundestagsabgeordneten. Eric Weber, Rechtsextremist aus der Schweiz, ist dort bekannt wie ein bunter Hund, da auch er ein Meister darin geworden ist, mit TikTok Jugendliche digital einzufangen, und Hunderttausende junge Menschen erreicht, auch weil er den Extremisten-Clown gibt. Weber gründete einst die Liste «Volks-Aktion gegen zu viele Ausländer und Asylanten in unserer Heimat» im Kantonsparlament Basel-Stadt, forderte «Internierungslager für Asylanten» und «Todesstrafe für Drogendealer» und wurde wegen Wahlbetrugs und Wahlfälschung verurteilt.[269] In den Achtzigerjahren warfen Schweizer Polizisten Weber mehr als einmal aus dem Sitzungssaal des Lokalparlaments in Basel, weil er «Heil Hitler» gerufen hatte.[270] Weswegen man ihn in der Schweiz ungestraft einen «Nazi» nennen darf. Jener Weber arbeitet also auch im Bundestag für einen AfD-Abgeordneten in der ersten Legislaturperiode – nachdem er, auch das passt, im sächsischen Landtag für den NPD-Abgeordneten Mirko Schmidt arbeitete.[271] Im Bundestag wurde er von einem Abgeordneten angestellt, der von Anfang an eine ganze Reihe problematischer Mitarbeiter beschäftigte, nicht nur in Berlin, sondern auch in seiner Heimat, Bayern: Petr Bystron. Bystron sollte Jahre später Schlagzeilen machen, weil er unter den Verdacht geriet, Geld von russischen Geheimdienstkontakten genommen zu haben.[272] Seine Mitarbeiterin in München, Dagmar S., war wegen ihrer Kontakte zu Waffenschiebern verurteilt worden, außerdem beschäftigte Bystron anfangs in seinem Büro in Berlin gleich mehrere Rechtsradikale, so bekam auch Jan-Andres Schulze durch das Abgeordneten-Mandat von Bystron sein Geld – Schulze versuchte sich wie so viele andere AfD-Mitarbeiter zunächst als Publizist, unter anderem beim rechtsextremen Kopp-Verlag, dessen Publikationen vom Landesamt für Verfassungsschutz Baden-Württemberg genau registriert werden. Dabei beließ es Bystron aber nicht. Er stellte außerdem Falk Janke an, der einst mit DVU-Politikern eine Fraktion im Kreistag von Märkisch-Oderland gebildet hatte.[273]

Bystrons zeitweiliger Mitarbeiter Weber aus der Schweiz und Jan-Andres Schulze gehörten dabei zu einer ganzen Reihe rechtsradikaler bis rechtsextremer selbsternannter Publizisten, die für Abgeordnete der AfD im Bundestag arbeiteten – und arbeiten. Darunter Autoren der *Jungen Freiheit*, der Zeitschrift *Sleipnir*, für die *Deutsche Militärzeitschrift*, für das neurechte Blatt *Sezession* – den meisten Deutschen außerhalb der rechten Bubble wohl unbekannt, tatsächlich aber einflussreiche Publikationen, die allesamt die Radikalisierung des rechten Diskurses in den letzten Jahren vorangetrieben haben. Dazu gehört auch das rechtsextreme Magazin *Compact*, das einen eigenen Videokanal betreibt – eine Moderatorin des Kanals arbeitete ebenfalls für die AfD im Bundestag. Auch der rechtsextreme Chefredakteur des Blattes *Zuerst*! – Titelgeschichten: «Operation Umvolkung», die «organisierte Umvolkungsmaschinerie»[274] –, Manuel Ochsenreiter, durfte im Bundestag beim Abgeordneten Markus Frohnmaier aus Baden-Württemberg arbeiten, der inzwischen Pressesprecher der gesamten Partei ist.[275] Ochsenreiter geriet später in den Verdacht, einen Terroranschlag in der Ukraine finanziert zu haben, worüber noch zu sprechen sein wird (vgl. Kapitel 1.10., Die Internationale der Demokratiefeinde).[276]

Die Partei baute also Schritt für Schritt ein eigenes Mediennetz auf – und wurde und wird dabei auch vom Staat durch die Mitarbeitergehälter finanziert. Der TikTok-Berater von Maximillian Krah – Erik Ahrens – passt da ins Bild: ein ehemaliges Mitglied im linken SDS Frankfurts[277], Lehramtsstudent, der plötzlich eine neurechte Gruppe gründete – «GegenUni» – und sich dann auch mit Hilfe der Medien zum Großexperten aufbauen konnte: «Sie sitzen hier mit jemandem auf der Ebene von Steve Bannon», titelte etwa *Spiegel Online* über den «AfD-TikTok-Guru» (Stern).[278] Eine derartige Karriere wäre ohne den bezahlten Job bei einem AfD-Politiker kaum denkbar gewesen.

Die AfD ermöglicht es etlichen Akteuren aus allen Bereichen der rechten Szene bei der Partei zu arbeiten, darunter Ideologen, die zuvor bei neurechten Think Tanks gearbeitet haben. Dazu gehört Daniel Tapp, der auch das Studienzentrum Weikersheim leitet, nachdem er ab 2017 im Büro der Fraktionsvorsitzenden Alice Weidel arbeiten durfte, die wiederum Arne Friedrich Mörig, den Sohn des Organisators des Treffens von Potsdam –, Gernot Mörig, bei sich als Social-Media-Referenten beschäftigte.[279] Denn darum ging es Teilen der Partei schon lange: die Vernetzung von Identitären, Rechtsextremisten mit Rechtskonservativen, um gemeinsame Ziele zu erreichen, wenn eben auch – das zeigte das Treffen von Potsdam –, viele Pläne noch nicht finanziert werden können. Schließlich bat man schon in der Einladung: «Es bedarf Patrioten, die aktiv etwas tun, und Persönlichkeiten, die diese Aktivitäten finanziell unterstützen.»[280]

Schon in den ersten Legislaturperioden der AfD in verschiedenen Parlamenten zeigte sich, dass nur der Blick auf die Mitarbeiter nicht reicht – die Partei ermöglichte der rechtsradikalen Szene auch, sich durch Konferenzen und Treffen im Parlament zu vernetzen. So lud die AfD-Fraktion in Sachsen-Anhalt Götz Kubitschek in den Landtag, Gründer des rechten «Instituts für Staatspolitik» in Schnellroda in Thüringen.[281] Kubitschek, so berichtete ein enger Freund des AfD-Mitarbeiters Michael S. in einem Chat, habe zudem Pläne gehabt, wie Michael S. sie auch pflegte: «Götz baut übrigens bereits an paramilitärischen Verbänden.»[282] Und, wie der WDR in einer Dokumentation 2018 beobachtete, bot die AfD schon früh Philip Stein, Initiator der Initiative «Ein Prozent für unser Land», im Bundestag eine Bühne. Stein, der auch aus dem Burschenschafter-Milieu stammt, brachte (vor laufender Kamera) zwei ehemals führende rechtsextreme Kader mit zur AfD, so der WDR: «Michael Schäfer und Julian Monaco. Beide waren jahrelang im Bundesvorstand der NPD-Jugend JN. Sie pflegten Kontakte zu den italienischen Neofaschisten von Casa Pound.»[283] Selbstredend stieß sich daran augenscheinlich niemand so sehr in der AfD, dass man diese Kontakte unterbunden hätte.

In der zweiten Legislaturperiode ab 2021 lief es in der AfD-Bundestagsfraktion ähnlich wie in den ersten vier Jahren – man stellte weiter Rechtsextremisten an und arbeitete an einer rechten Front. Zwar hatte man weniger Mandate, dafür durfte man inzwischen 25 874 Euro pro Abgeordneten und Jahr ausgeben.[284] Gesamtbudget aller 77 Abgeordneten der AfD-Fraktion für eine Legislaturperiode: 95 Millionen Euro. Die Schlagzeilen über die AfD-Mitarbeiter in den beiden Legislaturperioden ähneln sich dabei – allerdings nahm man sich des Problems in den deutschen Medien in der Breite beim zweiten Mal eher mit Verzug an, es hatte offenbar die Groß-Demonstrationen Anfang 2024 gebraucht, um sich an dieses AfD-Problem zu erinnern. Es dauerte bis zum April 2024, ehe etwa der Bayerische Rundfunk genau hinschaute und berichtete: «AfD im Bundestag beschäftigt mehr als 100 Rechtsextreme».[285] Das Team des BR rechnete vor, dass die Fraktion nach eigener Auskunft 182 Mitarbeiter habe, man durch Recherchen jedoch 500 AfD-Jobber im Bundestag identifizieren konnte.[286] Nach einem Abgleich der Namen mit öffentlichen Quellen und Verfassungsschutzberichten kam man zu dem Ergebnis, dass mehr als die Hälfte der AfD-Abgeordneten demnach Personen beschäftige, die in Organisationen aktiv sind, die vom Verfassungsschutz als rechtsextrem eingestuft werden. Bei der Nennung aller Namen war man seitens des BR dann zurückhaltend, enttarnte aber unter anderem ein Mitglied der Gruppe «Ein Prozent» als AfD-Mitarbeiter: John Hoewer. Ein Foto zeigt Hoewer 2021 in Berlin mit Neonazis aus dem Umfeld der NPD beim Kampfsport-Training.[287] Hoewer arbeitete, das passte, beim Ex-Hooliganhelfer und Bundestagsfraktionsvize Münzenmaier, zuvor hatte er bereits in der Landtagsfraktion der AfD in Magdeburg eine Stelle gehabt. Hoewer tauchte wohl auch deshalb, kleine Welt, in den Chats des waffenbegeisterten Ex-Referenten Michael S. aus Sachsen-Anhalt auf und ließ sich gemeinsam mit anderen Teilnehmern auf diversen Fotos ablichten.[288]

Die Gruppe «Ein Prozent» gibt sich frisch, gut gestylt, jedes Haar sitzt, die Hemden sind gebügelt, ist aber, so BfV-Präsident Thomas Haldenwang, gesichert rechtsextremistisch, denn: «Es bestehen keine Zweifel mehr, dass diese Personenzusammenschlüsse verfassungsfeindliche Bestrebungen verfolgen.»[289] Denn: «Die vertretenen und propagierten Positionen beinhalten nachweislich völkisch-nationalistische Ideologeme, sind migranten-, fremden- und muslimfeindlich sowie rassistisch. ‹Ein Prozent e. V.› vertritt zudem einen auf ethnischen Abstammungsprämissen beruhenden Volksbegriff.... Ziel des Vereins ist die metapolitische Erringung der kulturellen Hegemonie und damit die Etablierung einer entsprechenden ‹Gegenkultur›».[290]

Es kann niemanden mehr überraschen, dass der Parlamentarische Geschäftsführer der AfD, Bernd Baumann, ab 2019 eine Frau beschäftigte, die unter anderem für «Ein Prozent» das Videoformat «Wir klären das» moderiert: Marie-Thérèse Kaiser. Kaiser, die einen Bachelor of Arts aus Hamburg hält, den sie mit einer Arbeit «zur Wirkungsweise provokanter Werbung» erlangte, hatte bereits während des Europawahlkampfes 2019 für die AfD in der Bundestagsgeschäftsstelle gearbeitet.[291] Einst jobbte die junge Frau aus Niedersachsen als Model und trat bei RTL in einer Dating-Show auf. Den Beruf, Model, könne sie, wie sie schreibt, nur noch gelegentlich ausüben, angeblich «aus politischen Gründen in Zeiten der sogenannten *Cancel Culture*». Sie arbeitete stattdessen nebenbei für den bildungspolitischen Sprecher der AfD-Fraktion im sächsischen Landtag, Rolf Weigand, und half der AfD im Bundestag.[292] Marie-Thérèse Kaiser wechselte dort innerhalb der AfD-Fraktion Ende April 2024 den Job – und arbeitet nun direkt bei Alice Weidel. Und das, obwohl ihr eine Vorstrafe wegen Volksverhetzung droht. In erster und zweiter Instanz wurde sie bereits wegen eines Posts bei Facebook zu einer Geldstrafe von 6000 Euro verurteilt.[293] Sie hatte geschrieben: «Afghanistan-Flüchtlinge; Hamburger SPD-Bürgermeister für ‹unbürokratische› Aufnahme; Willkommenskultur für Gruppenvergewaltigungen?»[294] Bei der Berufungsverhandlung in Verden, die Kaiser verlor, kam auch der Vorsitzende der AfD in Celle, Maik Julitz, der ebenfalls beim Treffen in Potsdam anwesend war. Er unterstützte Marie-Thérèse Kaiser lautstark.[295] Dass Alice Weidel nun Kaiser angestellt hat, passt zu der Tradition der AfD-Fraktion im Bundestag, ähnlich hatte es ja Alexander Gauland gemacht: Verbale Militanz schützt nicht vor Anstellung bei der AfD, offenbar im Gegenteil, das macht Job-Kandidaten erst interessant.

Aber auch Militanz selbst ist keine rote Linie – denn es bleibt nicht immer nur beim Reden, Hetzen und Agitieren. Das ist bei den AfD-Mitarbeitern nicht anders als bei den Abgeordneten. So wird der zweimal wegen gefährlicher Körperverletzung verurteilte Neonazi Mario Müller aus Niedersachsen von einem AfD-Abgeordneten bezahlt. Müller hatte mit einer Socke samt einem Metallstück darin einen Jungen geschlagen, ein anderes Mal Zivilpolizisten mit Reizgas angegriffen und sein halbes Leben in der rechten Szene verbracht – er musste allerdings nie zur Haft antreten, weil er mehrfach mit Bewährungsstrafen davonkam.

Im September 2022 veröffentlichte die «Rechercheplattform zur Identitären Bewegung» ein Foto auf Twitter. Es zeigte Mario Müller und den damaligen Vorsitzenden der JA in Berlin, Martin Kohler, in einer Außenstelle des Bundestags, in der auch Journalisten ihre Akkreditierung beantragen müssen. Die Plattform schrieb: «… am 8.7. in der Ausweisstelle in der Wilhelmstraße 65. Feinde der Demokratie sitzen in Herzkammer!»[296] Müller und Kohler trugen bei ihrem Besuch brav Anzüge, lasen betont konzentriert gemeinsam in einem Buch.[297] Die «Welt» berichtete wenige Tage später, dass Müller bei dem Abgeordneten Jan Wenzel Schmidt, der für Sachsen-Anhalt im Bundestag sitzt, eine Anstellung gefunden und deswegen einen Ausweis beantragt habe. Ausgerechnet Müller, erst im Umfeld der NPD unterwegs, dann gewalttätig geworden, später in einer Kameradschaft aktiv, um schließlich das Gesicht der Identitäten Bewegung in Ostdeutschland zu werden, wo er Sozialwissenschaften in Magdeburg und Halle an der Saale studierte. Die IB nutzte in Halle einen Altbau am Steintor-Campus als Quartier, genannt der «Flamberg».[298] Das Haus hatte der Abgeordnete des Landtags Hessen, Andreas Licher, gekauft, gleichzeitig mietete der AfD-Landtagsabgeordnete Hans-Thomas Tillschneider zeitweise darin ein Büro.[299] Man kannte sich also schon lange und hatte keine Berührungsängste, obwohl Müller namentlich in mehreren Verfassungsschutzberichten auftauchte. Zudem hatte er in einem Buch – «Kontrakultur» – über, Achtung, Remigration und die Festung Europa geschrieben.[300] Mit der Anstellung von Mario Müller wurde mal wieder eine Grenze ein Stück weiter verschoben, denn Müller war nicht in der Vergangenheit in der NPD oder anderorts aktiv, sondern ein aktueller, integraler Bestandteil des deutschen Rechtsextremismus – ein Mann, der nicht nur wegen seiner ungewöhnlich schmächtigen Statur und seinen feuerroten Haaren auffiel. Er pöbelte in Richtung Polizisten auf der Frankfurter Buchmesse, reiste nach Griechenland, um angeblich über

Flüchtlinge zu berichten – mit einem Mann der NPD, der dort verprügelt wurde.[301] Er ließ sich mit rechtsradikalen Mitgliedern der Asow-Brigade – vor dem Krieg – in der Ukraine fotografieren. Und er tauchte auf einer Geburtstagsparty des ehemaligen *Spiegel*-Redakteurs Matthias Matussek auf, auf der auch Ex-ARD-Moderator Reinhold Beckmann anwesend war.[302] Hauptsache, es knallt.

Die Berichte über seine Anstellung ließen die AfD und seinen Arbeitgeber, den AfD-Abgeordneten Schmidt, kalt. Schmidt sagte 2024 bei einer Veranstaltung in Burg: «Ich kann auch garantieren, dass die etablierten Parteien zu Recht Angst vor uns haben. Die haben zu Recht den Verfassungsschutz auf uns angesetzt. Wir werden maßgebliche Dinge verändern, wenn wir regieren.»[303] Als der BR den Fall noch einmal aufgriff, antwortete Schmidt auf die Frage, ob Müller noch bei ihm arbeite: «Ich behalte mein Personal so, wie es ist. Für mich ist immer wichtig, dass das Personal grundsätzlich vernünftige Abschlüsse hat und eben doch Berufserfahrung vorweisen kann, gut arbeitet. Und das tun all meine Mitarbeiter.» An Müller hielt er also genauso fest, wie Jan Nolte es mit dem Freund von Franco Albrecht, Maximilian Tischer, getan hatte, auch wenn der öffentliche Aufschrei diesmal schriller war. Vor allem, nachdem von Correctiv berichtet worden war, dass Mario Müller folgerichtig bei dem Treffen in Potsdam dabei war, wo er sich seiner Militanz gerühmt und sich damit gebrüstet haben soll, den politischen Gegner, die Antifa, umfangreich aufgeklärt zu haben.[304] Den Bundestag und seine Büros durfte er allerdings nicht betreten, einen Hausausweis hat er wegen seiner Vorstrafen nie bekommen. Die Stellungnahme des Fraktionschefs Tino Chrupalla sprach Bände, war er doch offensichtlich juristisch gut beraten: «Alle Mitarbeiter, die hier arbeiten, die auch einen Hausausweis besitzen, sind auch vom Bundestag geprüft. Das sind unbescholtene Bürger, gegen die nichts vorliegt.» – *Die auch einen Hausausweis besitzen.* Das galt nun gerade nicht für Müller. Das Gehalt – aus Steuergeldern bezahlt – hat Müller allerdings bekommen.

Die Rechtsextremisten der AfD hatten auch sonst keinerlei Probleme mit Neonazis aus der Hooliganszene zusammenzuarbeiten, auch, aber nicht nur auf Mitarbeiterebene.[305] Hierbei ist Benedikt Kaiser ein besonderer Fall, weil der ehemalige Politikstudent aus Chemnitz sich heute mit Brille und im Anzug als zivilisierter Vordenker inszeniert, Bücher im Akkord zu schreiben scheint. Doch während seiner Studentenzeit wurde er regelmäßig in Chemnitzer Hooligan- und Neonazigruppen gesehen – und fotografiert:[306] als Teil der brutalen Fangruppe «NS Boys» oder auf Demonstrationen mit militanten Nazis. Vor allem aber schien man ihm in der Chemnitzer Neonaziszene, seit den 1990er Jahren ein Zentrum des deutschen Rechtsextremismus, zu vertrauen. So war er mit Eric Fröhlich befreundet und schrieb gemeinsam mit ihm ein Buch («Phänomen Inselfaschismus»). Fröhlich wiederum bewegte sich im Umfeld des NSU, wofür Kaiser natürlich nichts kann, auch wenn in den rechten Kameradschaften, mit denen er selber viel Zeit verbrachte, auch der NSU-Helfer Ralf Wohlleben eine zentrale Rolle spielte. Über Kaisers Co-Autor Fröhlich schrieb der Verfassungsschutz: «Fröhlich ist langjähriges Szenemitglied und Führungsperson der rechtsextremistischen Szene in Chemnitz …[er hatte] mindestens seit Juli 2011 telefonischen Kontakt zu Ralf Wohlleben. Die Erkenntnisse über diese Kontakte … sind aus Sicht des LfV Sachsen auch insofern von Bedeutung, da Fröhlich nach hier vorliegenden Erkenntnissen bereits im Juli 2000 u. a. über Kontakte zu den ebenfalls im Komplex ‹Trio› [NSU] relevanten Personen hatte.»[307] In Chemnitz hielten sich die Mitglieder des NSU lange versteckt, daher stand Kaisers Co-Autor auch im Fokus der BKA-Ermittlungen.

Heute gibt Fröhlichs Freund Benedikt Kaiser also den «Vordenker», er arbeitete bereits für Götz Kubitscheks Verlag als Lektor und Redakteur und verkauft sich in seinen Selbstdarstellungen als weit gereister, international gefragter Intellektueller.[308] Anstellung im Bundestag fand er beim Abgeordneten Jürgen Pohl, Rechtsanwalt aus Nordhausen in Thüringen, seit 2017 im Bundestag und eine Schlüsselfigur, wenn es um die Beschäftigung – und Bezahlung – von Neonazis geht. Er hat über die Jahre mindestens vier zentrale rechte Akteure in seinem Berliner Büro beschäftigt: Neben Kaiser den Autoren der *Jungen Freiheit*, Heiko Luge, dazu Andreas-Dieter («Adrich») Iloff[309], ein gut vernetzter Rechtsradikaler mit Kontakten zu Ex-HDJlern und Thorsten Heise, und, schließlich, prominenter, als Büroleiter den Magdeburger Frank Pasemann – der Ende 2020 aus der AfD-Fraktion des Bundestags ausgeschlossen worden war, weil er unter anderem einen Tweet geteilt hatte, in dem er über einem Foto des früheren Vizechefs des Zentralrats der Juden, Michel Friedman, schrieb: «Der ewige Friedman!», was nach «Der ewige Jude» klang, dem berüchtigten NSDAP-Propagandafilm.[310] Allerdings hatte Pasemann schon 2018 nach der Urteilsverkündung im Fall Beate Zschäpe getwittert: «Nach über fünf Jahren und ca. 30 Mio. Zusatzkosten für den deutschen Steuerzahler, davon ca. 23 Mio. reine Anwaltskosten, geht heute der #NSU #Schauprozess vorerst zu Ende» – und er durfte sein Amt noch zwei Jahre behalten.[311] Pasemann war es auch, der den «Ein Prozent»-Mann Philip Stein in den Bundestag eingeladen hatte. Auch Pasemanns neuer Arbeitgeber Jürgen Pohl trat noch nach dem Ausschluss von Andreas Kalbitz auf Wahlkampf-Events mit dem Ex-HDJ-Mitglied auf. Parteiaustritte – nur Makulatur. Mehr als einmal wurden die Verbannten sogar mit einem Job im Bundestag belohnt, auch bei besonders krassen Verfehlungen: Der ehemalige Co-Chef der JA, Marvin Neumann, trat 2020 aus der Partei aus, weil er einen Shitstorm ausgelöst hatte. So hatte er sein White-Supremacy-Gedankengut in einem Post offen gelegt: «Wenn die europäische Zivilisation sich nicht selbst zerstören will, nur um die Komplexe einer degenerierten Oberschicht in den Medienhäusern, Unis und Konzernen zu befrieden, muss früher oder später auch mal in aller Schärfe gesagt werden: ‹Weiße Vorherrschaft› ist okay.»[312] Ausgerechnet eine interne Arbeitsgruppe, die ein Verbot der Partei abwenden sollte, hatte Neumann angeschwärzt. Das hielt wiederum den Abgeordneten Hannes Gnauck nicht davon ab, Neumann im Bundestag anzustellen und so abzusichern.[313] Gnauck, ehemaliger Bundeswehrsoldat, wurde vom Militärischen Abschirmdienst selbst als rechtsextrem eingestuft[314] – dennoch sitzt er im Verteidigungsausschuss.[315] Generell fiel es Mitgliedern der inzwischen als gesichert rechtsextrem eingestuften JA sehr leicht, ebenfalls Jobs im Bundestag zu bekommen, teilweise war fast der komplette Landesverband Berlin dort untergekommen.[316] In der ersten Legislaturperiode waren einige dieser JA-Mitglieder, und so schließt sich der Kreis, bei Pasemann im Abgeordnetenbüro angestellt, der zudem diverse rechtsradikale Burschenschafter beschäftigte.[317]

Aber auch jenseits der Mitarbeiterschaft verschafft die AfD militanten Neonazis und solchen, die es waren und sich nie distanziert haben, öffentliche Ämter, halfen und helfen ihnen bei der Karriere – ganz so, wie es in der NPD gelaufen war, als Männer wie der Thüringer Tino Brandt, der NSU-Unterstützer Ralf Wohlleben oder der Kameradschaftsführer Thorsten Heise dort Ämter anstrebten und bekamen. Auch im Falle politischer Ämter innerhalb der AfD, besetzt durch Rechtsextremisten, ist die Liste sehr lang, so dass von Einzelfällen keine Rede sein kann – und die Fälle sind schockierend, weil sie zu Neonazis führen, die über den bewaffneten Widerstand nachgedacht haben, wenn die Ordnung einst zusammenbrechen sollte – und diskutiert haben, ob man ggf. nachhelfen muss. Und wieder führen Fälle auch in das Umfeld des NSU. Und wieder lässt sich eine Parallele zur NPD erkennen. So ist der NPD-Sound der Terrorverdächtigen Birgit Malsack-Winkemann eben doch kein Zufall. Konsequenterweise ermöglicht es die AfD ehemaligen Mitarbeitern, mit der Partei im Rücken für kommunale Ämter zu kandidieren.

– Maximilian Tischer, der Freund und Schwager des Rechtsterroristen Franco Albrecht, vom BfV als Rechtsextremist eingeordnet, kandiert für die AfD im Jerichower Land in Sachsen-Anhalt, obwohl er dort nach Recherchen des MDR gar nicht wohnt.[318] Er bekam trotzdem bei der Gemeinderatswahl im kleinen Ort Möser 811 Stimmen, landete auf Platz 3 – auf Platz 1 ein weiterer AfD-Kandidat.[319]

– Der ehemalige Mitarbeiter und Bruder von Felix Nothdurft, Laurens, in Bayern einst gefeuert ob seiner HDJ- und NPD-Kontakte, durfte auf einem AfD-Ticket in Dessau antreten. Ebenfalls mit Erfolg.[320] Er wurde sogar zum Bürgermeister im Dessauer Stadtteil Roßlau gewählt.

– Jean-Pascal Hohm, einst JA-Chef in Brandenburg, aus der Partei ausgeschieden, weil seinetwegen der Verfassungsschutz besonders hellhörig geworden ist, kandidiert im September 2024 in Cottbus für ein Direktmandat im Landtag.[321] Er hatte beim brandenburgischen AfD-Abgeordneten Steffen Kotré im Bundestag gearbeitet. Kotré wiederum lief 2009, das belegen Videoaufnahmen, auf einem der bis dato größten Neonazi-Aufmärsche Europas in Dresden mit.[322] Er hatte auch die JA-Politikerin Anna Leisten beschäftigt, die White-Power-Frau aus Brandenburg.

– Lars Franke, wie Benedikt Kaiser lange sehr aktiv in der Chemnitzer Neonazi Szene, kandierte für die AfD erfolgreich für den Stadtrat in Chemnitz. Jetzt ist er Direktkandidat für die Landtagswahl 2024 in Sachsen.[323] Franke war einst, wie BKA-Akten zeigen, Mitglied der Chemnitzer Skinhead-Gang 88er, Nukleus der später verbotenen rechtsextremen Gruppe «Blood and Honour», die den NSU intensiv unterstützt hatte. Franke war laut Aussage eines anderen Chemnitzer Neonazis der erste Sänger der Nazirock-Band «Störkraft». Außerdem war Franke gut mit einem engen Kontakt des NSU, Hendrik Lasch, befreundet.

– Die Influencerin Isabelle Cofflet, die sich an Aktionen der rechtsextremen Aktion Lukreta beteiligt, wurde von der AfD in Koblenz als Kandidatin aufgestellt.

– Arthur Österle («Politiker aus Notwehr»), der 2018 an einer Demonstration der neonazistischen Partei «Der III. Weg» teilnahm, regelmäßig als Ordner Proteste der rechten Szene begleitete und im August 2020 auch Teil der Gruppe war, die auf die Stufen des Reichstagsgebäudes gestürmt war, kandiert für die Partei für ein Direktmandat im sächsischen Landtag 2024, hat also gute Chancen.[324]

– Auch in Mecklenburg-Vorpommern kandidierten gleich mehrere problematische Figuren für die AfD. Im Landkreis Ludwigslust-Parchim war der Nordkreuz-Kontakt Philip Steinbeck erfolgreich, der, obwohl nie offiziell in der NPD, den früheren NPD-Chef Udo Pastörs intensiv unterstützt hatte.[325] Das beste Ergebnis bei der Wahl zur Stadtvertretung in Neukloster holte der suspendierte Kriminalbeamte Haik Jäger mit 557 Stimmen.[326] Er gehörte unbestritten zum festen Kern des Netzwerks «Nordkreuz», jener Gruppe aus Mecklenburg-Vorpommern, die Waffen und Munition hortete, sich auf den Tag X vorbereitete, bereits Leichensäcke und Löschkalk gekauft hatte. In einem internen Chat hatte Jäger sich mit den anderen Nordkreuzlern über ihr Programm ausgetauscht. Einer schrieb: «Und deportation [sic] kommt gar nicht vor? Diese Ausländer Edition wirkt so unausgewogen» Jäger antwortete: «Wir können die Gefängnisse ja wie geplant auf Madagaskar bauen.» Darauf antwortete Marko Groß, der Ex-SEK-Mann: «Würde mich als Direktor in derartiger Anlage anbieten. Ehrenamtlich, versteht sich …» Wiederum Jäger: «Dann mußt Du allerdings unter mir dienen. Hab mit der AfD für die Machtergreifung abgesprochen, dass ich im RSHA (gemeint ist das Reichssicherheitshauptamt) Abteilung 4 übernehme.» Groß: «… ist mir eine Ehre.» Jäger tat das gegenüber der *Süddeutschen Zeitung* als Witz ab.[327] Die Terror-Anklage gegen ihn wurde nach gut vier Jahren fallen gelassen. Ein weiterer Unterstützer von Nordkreuz, Mike Flemming, kandierte erst erfolglos für die AfD, wurde dann aber 2024 in das Rostocker Stadtparlament gewählt.

Was für Kandidaten, was für eine Missachtung durch die AfD des Geistes ihres eigenen «Unvereinbarkeitsbeschluss», der offiziell nur für Mitglieder von rechtsextremen Organisationen gilt, aber selbst das wurde umgangen. Systematisch wurden Rechtsextremisten in diverse Parlamente geholt, ohne dass es innerhalb der AfD eine konsequente Abwehr dieser Gefahr gegeben hätte. So ist die Partei eine stetige Einnahmequelle für deutsche Rechtsextremisten geworden. Die Ironie: Genau das wirft man den Verfassungsschutzämtern sonst vor, die von der AfD so verachtet werden. Die Nachrichtendienste bezahlen ebenfalls mit Steuergeldern Rechtsextremisten – für ihre Spitzeldienste. Es ist nur konsequent, dass die Partei auch auf der Straße mit Reichsbürgern und militanten Neonazis gemeinsame Sache macht.

1.7 Die AfD – Seite an Seite mit Reichsbürgern, Neonazis und Demokratiefeinden

In Björn Höckes Stammbundesland Thüringen mag die AfD in Umfragen und Wahlen mittlerweile eine Macht sein, doch auf der Straße ist das anders, dort ist die Partei auf Hilfe angewiesen. In Gera Anfang Dezember 2023 zum Beispiel auf den Demo-Organisatoren Christian Klar – nicht verwandt mit dem gleichnamigen RAF-Terroristen, aber durchaus mit bemerkenswert extremistischem Lebenslauf. Gera liegt auf halbem Weg zwischen Jena im Westen und Zwickau im Osten. Im Fall von Klar passend in doppelter Hinsicht: Aus Jena stammten die Kernmitglieder des «Nationalsozialistischen Untergrunds», von dort aus flohen sie vor der Polizei nach Chemnitz und später nach Zwickau. Ihre politische Heimat war der «Thüringer Heimatschutz», ein in den 1990er Jahren von einem V-Mann des Verfassungsschutzes gegründeter Zusammenschluss lokaler Neonazis.[328] Die Polizei beschäftigte sich intensiv mit dem «Heimatschutz», oberservierte, ermittelte, legte Akte um Akte an. In denen finden sich die Namen Uwe Mundlos, Uwe Böhnhardt und Beate Zschäpe, aber auch Christian Klar. Die fast dreihundert Mitglieder des «Heimatschutzes» organisierten Demonstrationen, griffen politische Gegner an, und manch einer war in weitere brutale Überfälle verwickelt. Klar hat mit 16 Jahren «Rotfront verrecke» an eine Säule vor seiner ehemaligen Realschule gesprüht. Später wurde er bei einer Demonstration des «Heimatschutzes» fotografiert, während er in die Karriere eines rechtsradikalen Kleinkriminellen abglitt. Er drohte, prügelte, stahl, nötigte, betrog, er fuhr ohne Führerschein, hörte Nazirock, nahm und dealte mit Drogen. Kokain, Crystal Meth, Cannabis. Um seinen Drohungen Nachdruck zu verleihen, rühmte er sich seiner Kontakte zu gewalttätigen Russen. Einmal schlug er zwei Männer auf dem Parkplatz der Diskothek *Apfelbaum* zusammen und raubte einen von ihnen aus. Die Akten der Thüringer Polizei über ihn füllen mehrere hundert Seiten, fast jeder in der rechten Szene kannte «Klari», «Klarer» oder «Klarissa».[329]

Mit der Corona-Epidemie begann sein politischer Aufstieg in Gera. Er organisierte Demonstrationen, die immer mehr Menschen anzogen, zum «Fest der Freiheit» am 3. Oktober 2022 kamen Björn Höcke und über 10 000 Menschen.[330] Zehntausend, die einem notorischen Neonazi und Kleinkriminellen zujubelten, der auch im Dezember 2023 in Gera wieder Schilder verteilte, auf denen Habeck, Merkel und andere Politiker in Sträflingsklamotten gezeigt wurden, auf den Torso das Urteil «Schuldig» gedruckt. *Schuldig* wegen angeblich überzogener Corona-Maßnahmen, *schuldig* wegen der angeblich ungezügelten Einreise von Flüchtlingen, *schuldig* wegen … – was gerade in Mode ist.

Auch an diesem Dezembertag sind Hunderte Demonstranten zum Museumsplatz in Gera gekommen, das Motto lautet «Nein zum Heim». Die Stadt Gera hatte angekündigt, ein stillgelegtes Krankenhaus als Flüchtlingsunterkunft zu nutzen.[331] Es ist kalt, aber trocken, die Gegendemonstranten sind in der Minderheit, nicht mehr als 40 Polizisten – die Helme baumelnd an der Hüfte – beobachten die Lage. Sie stellen vor Beginn der Veranstaltung einen Demonstranten mit riesiger Fahne – darauf ein Totenkopf und der Slogan «Ami Go Home» –, reden auf ihn ein. Ein Paar, er in heller Lederjacke, sie mit Pelzkragen, überziehen die Polizei dafür mit Flüchen. Die bleibt desinteressiert, auch als kurz darauf eine Demonstrantin, Ende 50, einen der Autoren dieses Buches als korrupt und verlogen beleidigt, dann in Richtung des Journalisten spuckt. Ein Drehteam des MDR wird von groß gewachsenen Bodyguards geschützt. Christian Klar führt unter seiner schwarzen Baseballkappe durch die Veranstaltung, schwer atmend, sichtlich aufgewühlt, viele Politiker sollen aus Thüringen «abhauen», zurück in den Westen, dann ruft er der Menge zu: «Es ist eure Heimat, es ist eure Stadt, eure Sicherheit, eure Familien. Ich selber hab vier Kinder un' hab Angst, und es ist traurig, was hier passiert!»[332] Demonstranten recken Schilder in die Höhe, «Wir sagen nein zum Heim!», darunter ein AfD-Logo.

Klar ruft ein führendes Mitglied der «Freien Sachsen» auf die Bühne, Max Schreiber. Der kommt schnell zum Punkt: «Als wir in Dresden einmal vor dem Haus des Ministerpräsidenten aufgelaufen sind … es war ne angemeldete Demonstration und sie haben darüber berichtet, als hätten wir bei ihm im Wohnzimmer gestanden. Und wenn dieser Ministerpräsident und diese verdammte Politik nicht bald einlenken, dann wird es wahrscheinlich nötig, dass wir in die Wohnzimmer kommen.»[333] Man muss an den CDU-Politiker Walter Lübcke denken, der sich für Flüchtlinge eingesetzt hatte und 2019 in der Nacht eben vor seinem Wohnzimmer-Fenster erschossen wurde, von dem langjährigen

Rechtsextremisten Stephan Ernst, der einst der AfD Geld gespendet hatte. Der Redner aus Sachsen sagt in Richtung der Polizisten: «Jeder hat einen eigenen Kopf und jeder muss, egal ob er ein Polizist ist oder nicht, morgens in den Spiegel sehen können. Und wenn ihr das könnt, liebe Polizisten, obwohl ihr gegen euer eigenes Volk ankämpft, dann fehlt euch was im Kopf.» Die Polizisten schauen unbeteiligt zu. Nach der Rede steigt Klar in den tarnfarbenen Unimog, steht aufrecht auf dem Beifahrersitz, sein Oberkörper ragt aus dem offenen Sonnendach. Umgeben von Polizisten kurvt der Unimog am hell erleuchteten Einkaufszentrum *Gera Arcaden* vorbei, gefolgt von jetzt über tausend Demonstranten. Klar hat es weit gebracht – er führt eine Demo durch seine Heimatstadt, er, der Ex-Häftling, der mehrere Jahre in vielen Knästen Thüringens einsaß, in Tonna, Untermaßfeld und Gera. Seiner politischen Gesinnung schwor er nie ab, er bewegte sich im Umfeld der verbotenen Organisation «Blood & Honour». Auf diversen Neonazi-Demonstrationen wurde er über die Jahre fotografiert, er bekundete unter anderem einer Holocaustleugnerin seine Solidarität.[334] Und plötzlich folgen ihm, dem Ex-Türsteher, Ex-Fitnesstrainer, Ex-Schrotthändler, Ex-Knacki, der gerade wieder verurteilt worden ist und auf die Berufung hoffen muss, zahlreiche Menschen durch seine Stadt.

Klar führt sie Richtung Krankenhaus, wo die Unterkunft gebaut werden soll. Passanten stehen am Straßenrand, beobachten den Zug, der sich einen Hügel hochschlängelt, Dutzende Deutschland-Fahnen werden geschwenkt, die Schilder präsentiert – *Genug gemessert! Genug gekostet!* –, Fackeln haben die örtlichen Behörden verboten. In einem Dönerimbiss stehen die Verkäufer mit verschränkten Armen da und blicken durch die Ladenscheibe – *Nudeln, Salatteller, Schnitzel* – auf die Menschenmenge, aus der laute Rufe zu hören sind: «*Schließt Euch an!*», 1989 der Schlachtruf mutiger DDR-Bürger in Leipzig.

Auf dem Hügel, beim ehemaligen Krankenhaus angekommen,

spricht einer der Gaststars von Christian Klar auf der Ladefläche des Unimogs: Colette aus Aschersleben. Weißer Schal, die Haare tiefschwarz gefärbt, Augenlider mit Kajal dick und dunkel eingefärbt. Man könnte Colette mit Nina Hagen verwechseln, bevor sie zu sprechen beginnt: «Ihr Lieben, willkommen …hier in Gera im braunen Krisengebiet des deutschen Nahen Ostens. Ich bin Colette, eure persönliche Friedenshetzerin, …bin weder rechts- noch linksextrem, sondern habe genau wie ihr hier einfach das eigenständige Denken nicht aufgegeben.» Sie erzählt von ihren Eltern, aber eigentlich davon, dass zu viele Flüchtlinge nach Deutschland kommen, sie zitiert ein «Gedicht», angeblich ihres Vaters, gerichtet an die Bundesregierung: «Ihr holt die Mörder und die Schänder aus aller Herren Länder, die Frauen und Töchter massakrieren, und wollt dafür noch Ruhm kassieren. Ihr seid der Abschaum, ihr seid Idioten, verbindet euch mit Despoten. Euch sollte man zum Teufel jagen mit Schimpf und Schand nach Afrika …» Und über den «Vater Staat» sagt sie: «In welcher verdreckten Welt würden wir akzeptieren, dass ein Vater alles für die Nachbarn, aber nichts für seine eigene Familie tut, dass ein Vater die Türen aushängt, damit jedes – haben wir hier Kinder, Ohren zuhalten –, damit jedes verfickte Arschloch reinkommt, um die Frau oder die Töchter zu vergewaltigen, dass ein Vater dann noch die in Schutz nimmt und entschuldigt, die die Familie beraubt, bedroht, beleidigt und beschmutzt haben (…). Wie sehr würden wir alle so ein ekelhaftes unmenschliches Charakter-Schwein verurteilen.»[335]

Es hören tatsächlich einige Kinder zu, die Polizei bleibt weiter im Hintergrund, während in der ersten Reihe ein Streamer Colettes Hass live in die Welt trägt, per Smartphone. Die Emojis fliegen Colette zu, *Klatsch, Klatsch, thumbs up* – «*die Frau ist ja cool;))*», «*Die Frau …ist großartig*», «*Wahnsinn*». Sie schreit noch: «ganz rechtsradikal wünsche ich euch weiße Weihnacht», bevor sie direkt vom Vertreter der AfD abgelöst wird.

Der Thüringer Landtagsabgeordnete Dr. med. Wolfgang Lauerwald steht blass und verschüchtert, mit Schal und Mütze vermummt auf der Ladefläche des Unimogs, den Blick auf blaue Pappen mit dem Logo der AfD-Fraktion: «So eine Rede ist da gar nicht mehr zu toppen, das war wirklich eindrucksvoll, schönen Dank, Colette.» Er macht sich ohne Umschweife mit Colettes Tiraden gemein. Freundlich grüßt der unscheinbare Dr. Lauerwald, Nierenspezialist in Rente, «alle Patrioten aus Gera» und ist dann voll auf der Linie des *Großen Austauschs*: «Die Regierung hat die Migrantenflut gewollt und bestellt, dessen müssen wir uns immer klar sein.» *Gewollt und bestellt*. Dann rattert er die – angebliche – Kriminalitätsstatistik, den angeblichen Anteil der «Ausländer» daran herunter. Er schließt an: «Das sind, weiß Gott, keine Goldstücke oder Fachkräfte, die hier sind und hierherkommen. Aber schuldig dafür sind die Politiker aller Altparteien.» Über das geplante Auffanglager sagt der AfD-Abgeordnete, seit 2019 im Landtag: «Wir Bürger in Gera … wir leisten Widerstand. Diese volksfeindliche Politik muss verhindert und beendet werden. Wir wehren uns gegen Umvolkung und die Vernichtung unserer Existenz und unserer Zukunft! Dafür kämpfen wir als AfD! Dafür kämpfen wir Geraer gemeinsam auf der Straße! Dafür kämpfen wir Seite an Seite! Wir kämpfen so lange, bis wir am Ziel sind!» Eine ähnliche Pogrom-Stimmung wie Colette aus Aschersleben kann er trotz verbalen Großkalibers nicht mehr entfachen, dafür spricht der Doktor zu leise.

Dem Abgeordneten folgt André Poggenburg, der für die AfD im Landtag von Sachsen-Anhalt die Fraktion führen durfte, die Partei dann jedoch 2018 verlassen musste, nachdem er mehrfach verhaltensausfällig geworden war. So hatte der Politiker unter anderem gesagt, dass die doppelte Staatsbürgerschaft nichts als «heimat- und vaterlandsloses Gesindel» nach Deutschland bringe, welches «wir hier nicht länger haben wollen». Seine Zuhörer in Nentmannsdorf bei Pirna riefen damals: «Abschieben!

Abschieben!» Die Menge in Gera ist derweil schon spärlicher geworden, Poggenburg schreit trotzdem in den dunklen Abendhimmel: «... der Christian [Klar] hat es vorhin angesprochen, euch hat man ja verboten, Fackeln zu benutzen. Das System, die Obrigkeit, hat scheinbar Angst, dass ihr ordnungsgemäß mit Feuer umgehen könnt.» Welch ein Satz vor einer geplanten Flüchtlingsunterkunft. Dann: «Man möchte Millionen Menschen hier begrüßen, wesens- und kulturfremde Menschen hierherholen .... Du kannst nicht den deutschen Sozialstaat stärken, dann aber hier die halbe Welt alimentieren wollen.» Der ehemalige AfD-Spitzenpolitiker fordert: «Ja, was wollten wir denn eigentlich ... von dieser Ampel oder Hampel-Regierung? In dem Grunde gibt es doch nur eine Forderung an die: Haut ab und lasst euch nie wieder blicken! Wir wollen keine Verarmung mehr, wir wollen keine Überfremdung mehr! Deswegen kann und muss das Motto heißen ‹Deutschland den Deutschen›, wem denn sonst?»

Deutschland den Deutschen ... das alles als Zugabe nach Colette und dem Abgeordneten der AfD, der gern die Veranstaltung von Christian Klar nutzte – um Wahlkampf für sein Direktmandat zu machen. Und so funktioniert es an vielen Orten. Die AfD facht das Feuer mit anderen Rechtsextremisten weiter an, ohne das Feuer überhaupt kontrollieren zu wollen. Hauptsache, es brennt.

Vor dem Landtag in Erfurt trifft sich am 12. November 2022 eine verschworene Gemeinschaft. «Miteinanderstadt Erfurt» und «Freies Thüringen» steht auf Plakaten an der Bühne. Davor stehen die üblichen Verdächtigen, wie man sie auch in Gera antrifft: «Miteinanderstadt Gera», Anhänger der Freien Sachsen und Freien Thüringer, Pegida-Leute. Transparente fordern auch dort «Ami go home» und «Russen-Gas sofort». Eine Frau und ein Mann schwenken riesige hellblaue Fahnen mit weißen Friedenstauben. An der Seite des Platzes steht Jürgen Elsässer, Herausgeber und Chefredakteur des rechtsextremen *Compact*-Magazins, neben einem dunklen Transporter, an dem seine Hefte angeboten werden. *Compact*-Titelzeilen lauten beispielsweise «Das Reich wird Pop» mit einer jungen Frau vor den Reichsfarben oder «Invasion aus Afrika» mit einem finster dreinschauenden schwarzen Mann. Zwei Monate vor seinem Besuch in Erfurt hat Elsässer die Bundesregierung bei einer Kundgebung in Leipzig als «Volksverräter in der Ampel» tituliert. Demos wie die in Erfurt dienen immer auch der Vernetzung und Rekrutierung neuer Anhänger. Als auf der Bühne Björn Höcke angekündigt wird, skandiert die Menge wieder: «Höcke! Höcke! Höcke!»

Vor dem Thüringer AfD-Chef wurden die Anhänger mit teils völkischen Audio- und Redebeiträgen auf ein neues Deutschland eingeschworen. «Unser Deutschland ist befreit von parasitären Strukturen, Korruption und Machtmissbrauch», schallte es durch die Lautsprecher. «Unser Deutschland sichert das freie und selbstbestimmte Leben unseres Volkes im Schutze eines souveränen und starken und geeinten Nationalstaates.» Botschaften aus dem Reichsbürger-Milieu. Als Höcke dann im hellen Mantel ans Mikro tritt, dankt er seinen Vorrednern und ganz besonders Pegida: «Danke Wolfgang, Siggi und Lutz.» Gemeint sind Taufkirch, Däbritz und Bachmann. Einmal mehr preist Höcke die «historische Leistung» der Straßenbewegung, die den Rassismus mit der angeblichen «Islamisierung des Abendlandes» schon im Namen trägt.[336]

Auch den rechtsextremen Freien Sachsen dankt Höcke in Erfurt ausdrücklich. Hier treffen sich jene, die der AfD als «Vorfeld» gelten. Nur die «Kraft des Parlaments und die Kraft der Straße in Kombination» könnten «die politische Wende in Deutschland bringen», verkündet Höcke. Er verspricht, dass die Straße in Thüringen und Sachsen «auch noch in Zukunft brennen» werde. Die AfD soll Bewegungspartei bleiben. Unruhe ist ein wichtiger Teil der Strategie. Nur so lässt sich die Stimmung für eine politische Wende, wie es in Anlehnung an 1989 oft heißt, herbeieskalieren. Es folgt ein Treueschwur, der klarmacht, dass es für Höcke keinerlei Abgrenzung innerhalb des rechtsextremen Lagers gibt: «Wir, die Volksopposition im Parlament, und die Volksopposition auf der Straße – wir lassen uns nicht spalten.» Und mit besonderem Nachdruck: «Niemals!» Die Menge feiert ihn dafür mit Applaus und Sirenengeheul.

Ein Video-Dokument. Höcke steht im weißen Hemd auf einer anderen Demo-Bühne am Mikrofon, eingerahmt von zwei Topf-Palmen, und spricht einem Weggefährten seinen Dank aus. Wieder mal beschwört Höcke das «Wir» einer «Volksopposition für Deutschland». Die Partei sei «ein Teil dieses gemeinsamen Auftrags». Dann umgarnt Höcke den Weggefährten: «Und deswegen war es mir auch so wichtig, den Frank Haußner mitzubringen.» Der Thüringer AfD-Chef betont die «Gleichwertigkeit, die Wichtigkeit, dieses Schulter-an-Schulter-Schreiten von Partei und Vorfeld». Schließlich adelt er den Angesprochenen mit einer persönlichen Würdigung: «Also, lieber Frank, herzlichen Dank für dein jahrelanges Engagement bei den Spaziergängern, bei den Freiheitskämpfern auf der Straße. Dein Verdienst ist jetzt schon ein historisches.»[337]

Ein Lob mit Kalkül. Denn Höcke ist auf Unterstützung angewiesen, bestätigt auch Felix Steiner, der für den Verein Mobile Beratung in Thüringen (MOBIT) seit Jahren die extreme Rechte beobachtet: «Die AfD selbst hat in Thüringen überhaupt kein Mobilisierungspotenzial.» Haußner sei mit seinem Netzwerk «Freies Thüringen» rund um das Thema Pandemieleugnung groß geworden. Der Dachdecker ist schon lange politisch aktiv. Seit Jahren vernetzt sich die extreme Rechte in Thüringen rund um Gruppen wie die Patrioten Ostthüringen und mobilisiert zum Widerstand auf der Straße. Der Telegram-Kanal von Freies Thüringen erreicht mittlerweile viele Tausend Abonnenten und

Aktivisten. Genau dieses Potenzial zapft die AfD an, um auf der Straße präsent zu sein und die öffentliche Unruhe anzufachen. «Dafür braucht die AfD Bündnispartner, und das ist an erster Stelle ‹Freies Thüringen› mit Frank Haußner und alle Netzwerke von Neonazis, Pandemieleugner*innen und Reichsbürgern, die da dranhängen», sagt Steiner. Für die Mobilisierung in Thüringen sei Haußner «eine zentrale Figur». Die Arbeitsteilung entspricht der Vorstellung einer Mosaik-Rechten, wie sie etwa der neurechte Autor Benedikt Kaiser aus dem Umfeld von Götz Kubitschek in Schnellroda entwickelt hat.[338]

Wofür steht nun aber besagter Frank Haußner? Ein weiterer Video-Mitschnitt zeigt, wie Haußner in einem Karohemd an einem Pult eine Rede beginnt: «15. Mai 2023, Zeulenroda, Ostthüringen.» Er spricht von einem «Zerstörungswerk der Marionetten globaler Machtstrukturen», denen man Einhalt gebieten werde. Sachsen und Thüringen könnten all jenen Zuflucht bieten, die «in den Kalifaten im Westen unseres Landes» ihre Freiheit und kulturelle Identität verloren hätten. Die Rede vor dem Rathaus von Zeulenroda ist durchsetzt von antisemitischen Codes, Verschwörungserzählungen, Reichsbürger-Ideologie und Drohungen. Haußner spricht von einer «BRD-Machtstruktur» und raunt über «Gestalten an den Schalthebeln der Macht in unserem Land». Man werde an die Wurzel allen Übels herangehen: «Deshalb fordern wir: Die Schuldigen der Verbrechen an den Menschen in unserem Land müssen ihrer gerechten Strafe zugeführt werden.» Und: «Tausende Menschen haben in Mitteldeutschland das BRD-Lügenkonstrukt erkannt und wenden sich angewidert ab.» Haußner baut die verbotene SA-Parole «Alles für Deutschland» in das Versprechen ein: «Wir, die Patrioten, geben in dieser existenziellen Bedrohungslage des Landes alles für Deutschland.» Einige Passagen klingen wie eine Umsturzfantasie: «Wir werden in Thüringen die erste Karte aus dem Lügenkonstrukt ziehen und das Kartenhaus zum Einsturz bringen.»

Szene-Beobachter Felix Steiner erklärt: «Wir finden bei Haußner die komplette inhaltliche Palette, die wir der Reichsbürger- und Verschwörungsideologie-Szene zuordnen. Haußner hat nicht nur entsprechende Kontakte, sondern er ist selbst Reichsbürger.» So spricht Haußner der Bundesrepublik szenetypisch die Souveränität ab. Am Ende seiner Rede in Zeulenroda prophezeit er: «Wir überwinden ein abgewirtschaftetes Unrechtssystem». Danach kündigt er einen besonderen Gast an: Björn Höcke. Der AfD-Politiker begrüßt Haußner mit Handschlag und tritt an das Rednerpult in den Nationalfarben. Er nennt Zeulenroda zur Begrüßung ein «gallisches Städtchen» und lobt den dortigen Widerstand. Seine Besuche hier gäben ihm selbst «Kampfesmut». Höcke und Haußner treten in Thüringen also Seite an Seite auf. Aber nicht nur Höcke. Der AfD-Stadtverband Gera hat beispielsweise im Oktober 2020 zu einer Demo aufgerufen und auch mit den prominenten Köpfen Stephan Brandner, seit 2019 Co-Vorsitzender der AfD, und Frank Haußner geworben.[339] «Haußner ist seit Jahren auch an organisatorischen Absprachen bei Demonstrationen mit der AfD beteiligt», sagt Szene-Kenner Steiner.

Für die AfD ist das überaus heikel. Denn der Auftritt von Zeulenroda ist bei weitem nicht der einzige von Haußner mit offener Demokratiefeindlichkeit. Ein Video, das in einer Telegram-Gruppe kursierte, beginnt mit einer Text-Tafel zu einem «Informationsabend». Darin wird als Datum Donnerstag, der 14. Oktober 2021 genannt. Als Ort wird Wünschendorf/Elster, südlich von Gera, angegeben. Das Logo der «Miteinanderstadt Gera» ist abgebildet. Die Angaben lassen sich nicht verifizieren, scheinen aber glaubwürdig. Das rund 15-minütige Video zeigt Haußner bei einer Rede in einem Raum. Neben ihm hängt eine Reichsflagge in Schwarz-Weiß-Rot. Darauf steht in altdeutscher Schrift: Thüringen. Am Redner-Pult prangt ein Wappen des Fürstenhauses Reuß. Also jener Familie, die ein Jahr später, im Dezember 2022, schlagartig traurig berühmt werden sollte, weil Heinrich XIII. Prinz Reuß bei bundesweiten Razzien unter Terrorverdacht festgenommen wurde, gemeinsam mit Birgit Malsack-Winkemann, der AfD-Richterin, und weiteren Verschwörern aus dem Reichsbürger-Millieu.

Haußner erinnert zu Beginn seiner Rede an eine Veranstaltung mit Prinz Reuß, die offenbar kürzlich stattgefunden hat: «Der Besuch und der Redebeitrag von Prinz Heinrich Reuß löste großes Interesse am Thema Souveränität und deutsche Staatsangehörigkeit aus.» Souveränität ist ein Schlüsselbegriff der Reichsbürger-Ideologie. Und Prinz Reuß für Haußner offenbar eine Art Lichtgestalt. Der Redner spricht von «Bütteln des BRD-Systems», gemeint sind damit Verwaltung, Polizei und Justiz. Er beklagt eine «Zersplitterung der Reichsbürger-Szene». Tatsächlich ist die Reichsbürgerbewegung, zu der auch sogenannte «Selbstverwalter» gerechnet werden, hochgradig heterogen. Im Jahr 2022 rechnete das Bundesamt für Verfassungsschutz (BfV) 23 000 Personen dieser Szene zu, darunter auch 2300 Gewaltorientierte.[340] Im Oktober 2016 starb ein Polizeibeamter in der Nähe von Nürnberg, als ein Reichsbürger während einer Razzia das Feuer eröffnete. Auch bei einer Razzia gegen die mutmaßliche Terrorgruppe um Prinz Reuß wurde ein Polizist angeschossen. Bei allen ideologischen Unterschieden verbindet die sektenartigen Gruppierungen laut Verfassungsschutz «die fundamentale Ablehnung der Existenz oder Legitimität der Bundesrepublik Deutschland sowie deren Rechtsordnung».[341] Thüringen gilt als eine Hochburg der Szene – in Gera, wo sonst, trafen sich im Apirl 2024 eintausend Reichsbürger-Anhänger mitten in der Stadt.

In seinem Vortrag schildert Haußner, dass Prinz Reuß versucht habe, bei einem Treffen von Vertretern verschiedener Gruppierungen Grundlagen für eine «Rückkehr zu Souveränität und Staatlichkeit» zu erarbeiten. Jedoch sei an diesem Tag die «dunkle Seite der deutschen Mentalität» zum Ausdruck gekommen: «die ewige Zerstrittenheit». Diesem Treffen seien noch einige AfD-Leute ferngeblieben. «Umso mehr freue ich mich, dass einige AfDler heute bei uns sind», sagt Haußner. Er ruft dazu auf, die Abgrenzung in den eigenen Reihen zu beenden: «Wir müssen aufhören, über die Stöckchen der dunklen Gestalten an den Schalthebeln der Macht in unserem Land bereitwillig zu springen.» Wieder das antisemitisch grundierte Raunen über dunkle Gestalten, bevor Haußner zur Sache kommt: «Uns alle vereint ein Ziel: die Überwindung des BRD-Unrechtssystems und der Aufbau einer neuen Gesellschaft.» In dieser BRD sei «nichts reformierbar». Die Überwindung des BRD-Unrechtssystems also.

Das Bild, das Haußner von Deutschland zeichnet, trägt wahnhafte Züge. Er spricht in NS-Sprache von einem aufgeblähten Staatskonstrukt «aus unproduktiven Parasiten». Die Ausplünderung des deutschen Volkes sei in der BRD scheinbar zur Staatsräson geworden. Menschen würden hier als «Nutztierherde» betrachtet. «Mit Täuschung und Lüge werden die Menschen in einer Lügen-Matrix gehalten», fantasiert Haußner. «Das Leben der Deutschen gleicht dem Dasein in einer Sklaven-Plantage.» Es sei die Illusion erschaffen worden, in einer Demokratie zu leben. «Wir wollen uns aus diesem Dasein befreien», so Haußner. Im Verlauf seiner Rede vertritt er die typische Reichsbürger-Ideologie: «Das Völkerrechtssubjekt Deutsches Reich ist bis heute erhalten geblieben.» Die Bundesrepublik, die er nur «BRD» nennt, war seiner Meinung nach «noch nie ein souveränes Land und ist es auch heute nicht.» Vielmehr sei Deutschland «bis heute ein von den Alliierten besetztes Territorium».

So spricht Frank Haußner vor Gleichgesinnten, wenn sie scheinbar unbeobachtet sind. Derselbe Reichsbürgerideologe, dessen Verdienst Höcke historisch genannt hat, mit dem er Schulter an Schulter als «Volksopposition» auftritt. Pressefotos zeigen Höcke an der Seite von Haußner, wie beide gemeinsam hinter einem Transparent bei einer Demonstration laufen.[342] Nach den bundesweiten Razzien und Festnahmen gegen die mutmaßliche Terrorgruppe um Prinz Reuß im Dezember 2022 hat sich Haußner öffentlich mit den Terrorverdächtigen solidarisiert. «Sie waren Akteure im Widerstand gegen ein Unrechts-System», sagte er in einer Rede Mitte Dezember 2022 in Zeulenroda. «Sie waren Teil der Wahrheits-Bewegung. Sie waren Teil der Freiheitsbewegung.» Bei einer anderen Kundgebung forderte er die Zuhörenden vor dem Rathaus von Zeulenroda sogar zu einer Solidaritäts-Aktion auf. Sie sollten vorbereitete Postkarten an den in Untersuchungshaft sitzenden Prinz Reuß in die JVA schicken: «Dieses Zeichen soll den Behörden zeigen: Wir lassen keinen politischen Gefangenen in dieser BRD alleine.» Verdacht auf Rechtsterror ist im Umfeld der AfD offenkundig auch in diesem Fall kein Grund zur Distanzierung, sondern für zentrale Köpfe der Szene sogar ein Grund zur Solidarisierung. Zur Erinnerung: Die Bundesanwaltschaft legt den mutmaßlichen Putschisten zur Last, für den geplanten Umsturz des demokratischen Systems auch die Liquidierung von Repräsentanten der Bundesrepublik vorgesehen zu haben.[343]

Im «Vorfeld» der AfD grassieren zudem offene Bekenntnisse zum Nationalsozialismus durch die verbotene Parole der Sturmabteilung SA, Hitlers paramilitärische Schläger-Truppe: «Alles für Deutschland.» Frank Haußner hat von einer Bühne mit dem Banner des *Compact*-Magazins den Satz gesagt: «In dieser existenziellen Bedrohungslage geben die Patrioten in unserem Land alles für Deutschland.» Vor dem Banner der «Miteinanderstadt Gera» rief Christian Klar als Redner bei einer Kundgebung: «Alles für unsere Kinder, alles für unsere Heimat, alles für unsere Zukunft und vor allem: Alles für Deutschland!» Danach übergab er das Mikro an Frank Haußner, der hinzufügte: «Wir, die Patrioten, geben alles für Deutschland.» Die verbotene SA-Losung ist in der Szene Erkennungszeichen und Bekenntnis zum antidemokratischen Widerstand.

Umso bemerkenswerter, dass die Staatsanwaltschaft Halle gegen Björn Höcke wegen dieser Parole im Juni 2023 Anklage erhoben hat, weil dieser in einer Rede in Merseburg im Mai 2021 ebenfalls die Phrase «Alles für Deutschland» verwendet haben soll.[344] Die ganze Verachtung für den demokratischen Rechtsstaat wird deutlich, als Höcke bei einer Veranstaltung in Gera auf das bald anstehende Strafverfahren anspielt und erneut anstimmt: «Alles für unsere Heimat, alles für Sachsen-Anhalt, alles für ...» Höcke gestikuliert mit dem linken Arm und lässt die Zuhörerschaft im Saal den Schlachtruf vollenden: «Deutschland». Der Rest ist höhnischer Jubel.[345] Im Mai 2024 verurteilte das Landgericht Halle den Thüringer AfD-Chef wegen des Verwendens von Kennzeichen verfassungswidriger Organisationen (Paragraph 86 a StGB) zu einer Geldstrafe von 13 000 Euro. Das Gericht nahm Höcke die behauptete Unwissenheit über die SA-Losung nicht ab.[346] Das Urteil ist noch nicht rechtskräftig.

Mit der verbotenen SA-Parole stellt sich die extreme Rechte nicht nur in die Tradition des Nationalsozialismus, sondern attackiert damit zugleich den bundesdeutschen Rechtsstaat. Es geht darum, den Paragraphen 86 a des Strafgesetzbuches grundsätzlich in Frage zu stellen. Nach dem Motto: Ein harmloses Bekenntnis zu Deutschland soll strafbar sein? Dann gibt es hierzulande ja wohl keine echte Meinungsfreiheit. So funktioniert der «Kampf um die Begriffe» in der Praxis. Unsagbares NS-Vokabular soll wieder sagbar werden.

Seit den Anfängen von Pegida gehen wütende Bürger im deutschen Osten je nach Anlass mit Neonazis und anderen Rechtsextremisten auf die Straße. Experten sprechen von «hybriden Protestgemeinschaften». Die Anlässe wechseln: Anti-Asyl, Corona, Energiepreise, Krieg. Mittlerweile gibt es feste Strukturen zur Mobilisierung, allen voran die reichweitenstarken Telegram-Kanäle von Freies Thüringen und Freie Sachsen. Sozialforscher Johannes Kiess von der Uni Leipzig, der die Proteste beobachtet, nennt das «antidemokratische Mobilisierung». Bei diesen Straßenprotesten finde regelmäßig ein Abbild ostdeutscher Kleinstädte zusammen. Was diese Leute verbinde, seien Frustration und «das Ressentiment gegen die da oben, gegen die Politik, gegen die Demokratie.» Neben den genannten Akteuren spielen für die Mobilisierung auch Pandemie-Leugner, NPD-Kader (neuerdings «Die Heimat»), Identitäre, Reichsbürger-Gruppen und lokal auch die neonazistische Kleinpartei III. Weg eine Rolle.

Die AfD ist im Netzwerk der extremen Rechten ein Akteur von vielen. «Die AfD bemüht sich, mit den Bündnispartnern aus der Szene eng zusammenzuarbeiten», sagt Felix Steiner. Umgekehrt ist den extremen Partnern aber auch klar: Die AfD ist der parlamentarische Arm der Bewegung. Wahlstimmen für die Nischenparteien «Die Heimat» und «III. Weg» sind verschenkte Stimmen. Nur die AfD verspricht derzeit parlamentarischen Einfluss und sogar eine Machtoption. Ein Beispiel aus der Neonazi-Szene: «Der Aktivist Tommy Frenck hat in den vergangenen Jahren regelmäßig dazu aufgerufen, bei Wahlen die AfD zu wählen, weil es aus seiner Sicht keine andere nationale Partei gibt, die ähnliche Erfolgschancen hat», so Steiner. Die AfD wiederum nehme Aktivisten mit einer Vergangenheit in der Neonazi-Szene aufgrund einer Unvereinbarkeitsliste zwar nicht offiziell als Mitglieder auf. Gleichwohl sei eben jemand wie Christian Klar aber «Bündnispartner» auf der Straße. «Es gibt de facto keine Abgrenzung der AfD zur klassischen Neonazi-Szene.»

Kaum jemand kommt jenen, die mit der AfD im nationalen Widerstand unterwegs sind, näher als Kili Weber. Die junge Frau dokumentiert per Foto und Video rechte Demonstrationen, vor allem in Sachsen, aber auch in Thüringen, und veröffentlicht ihr Bildmaterial in sozialen Medien wie auf der Plattform X. Als freie Fotoreporterin geht sie dahin, wo selten Kollegen auftauchen. In die Provinz, in kleine Orte wie Eilenburg, Oschatz, Wurzen oder Borna. Manchmal mehrmals pro Woche. Sie leiht der Gesellschaft ihre Augen, damit keine blinden Flecken in der Berichterstattung entstehen. In einem Büro in Leipzig gibt sie Einblick in ihr Archiv, zeigt einschlägige Videos und erzählt, was sie auf der Straße erlebt. Von den üblichen Beleidigungen: «Fotze» oder «asoziale Zecke». Von Schlägen gegen die Kamera und die Arme, die normal geworden sind. «Aggression ist immer da», sagt sie. «Wenn es dunkel wird, nimmt das zu. Dann wird angegriffen.» Viele Beleidigungen richten sich gegen sie als Frau. Immer wieder erhält sie Morddrohungen. «Tötet Kili» war auf eine Wand geschmiert. «Ohne Begleitschutz gehe ich nicht mehr auf Demos», berichtet Kili Weber. «Das ist viel zu gefährlich.»

Die junge Frau erzählt von einer Versammlung in Gera am 3. Oktober 2023 zum Tag der Deutschen Einheit, die ebenfalls von Christian Klar angemeldet wurde. Die Polizei ermittelte später gegen Klar, weil er an dem Tag in seiner Rede die verbotene SA-Parole «Alles für Deutschland» verwendet haben soll. Auch Weber beobachtet seit langem, wie die extreme Rechte in Gera regelmäßig nahezu unbehelligt von Auflagen den öffentlichen Raum besetzen darf – die Unterstützung durch die AfD ist dabei die Regel, nicht die Ausnahme. Am Tag der Deutschen Einheit war neben Reitern und Pferden ein Traktor mit großem AfD-Logo vor Ort. [347] Anwesend waren auch wieder Demonstranten, die «Schuldig»-Plakate» mitgebracht hatten, die Innenministerin Nancy Faeser, Außenministerin Annalena Baerbock und andere in Sträflingskleidung an den Pranger stellten. Solche Plakate haben bereits mehrfach die Justiz beschäftigt. Im April 2023 beschlagnahmte die Polizei anlässlich einer Versammlung auf dem

Domplatz in Magdeburg 20 Exemplare. Das Landgericht Magdeburg konnte in den Schmähungen von Politikern jedoch weder Beleidigung noch üble Nachrede erkennen und gab dem Beschuldigten recht. Sein Name: Frank Haußner. Sein Verteidiger: Martin Kohlmann, Kopf der Freien Sachsen.

Während Kili Weber ihre Beobachtungen aus Gera schildert, spult sie in einem Video vor und zurück: «Ein Militärfahrzeug hat die Demo angeführt.» Und die AfD mittendrin. Ein Mann unter einem blauen Schirm trägt auf seinem T-Shirt die Aufschrift: «Deutschland wacht auf. Wählt AfD». Ein anderer verbreitet mit einem blauen Herz die AfD-Botschaft: «Unser Land zuerst». Auf einem schwarzen Pick-up sind AfD-Fahnen neben denen der Freien Sachsen aufgepflanzt. Bei der Demo gab es einen martialischen Trommelzug, Schmähungen gegen die Journalistin und einen Demonstranten, der die umgedrehte Deutschland-Fahne in Gelb-Rot-Schwarz schwenkt: Symbol von Rechtsextremisten und Reichsbürgern. «Auch gewaltbereite Neonazis waren vor Ort», sagt Weber und zeigt auf dem Display eine Gruppe junger Männer in schwarzen Shirts.

An diesem Tag, an dem auch *Compact*-Chefredakteur Jürgen Elsässer, Martin Kohlmann von den Freien Sachsen sowie auch wieder der Thüringer AfD-Landtagsabgeordnete Wolfgang Lauerwald Reden hielten,[348] sei am Rande der Veranstaltung in Gera ein junger Mann im schwarzen Polo-Shirt der AfD-Jugendorganisation JA auf sie und ihre Kollegen zugekommen, erinnert sich Kili Weber. Der junge Mann soll ihr zufolge Alexander T. gewesen sein, Torwart bei einem heimischen Fußballverein. «Kennt ihr Walter Lübcke?», habe er die Reporter gefragt. So berichtet es Kili Weber. Ein Video belegt, was danach gesprochen wurde: «Der mit den Flüchtlingen», ist zu hören. Die Anspielung auf den CDU-Politiker Walter Lübcke, der von einem Rechtsterroristen in der Nähe von Kassel ermordet wurde, haben die Journalisten als Morddrohung verstanden. In rechten Chatgruppen kursieren

Fotos von Kili Weber, die sie als Feindin markieren. Videos dokumentieren Angriffe auf sie und ihr Team.

Die Muster der Demos, die Kili Weber allen Anfeindungen zum Trotz dokumentiert, wiederholen sich. Weber zeigt Videos und Fotos aus Bautzen, Oschatz und Görlitz. Sie zeigt Demonstrierende mit Reichs- und Russlandfahnen, und überall ist die AfD dabei. Sie nennt das «die typische sächsische Mischung, 40-Plus-Jährige, AfD, Ältere, Reichsbürger.» Sie erinnert sich an etliche Demos unter Beteiligung von AfD-Kommunalpolitikern. Bei einer Montagsdemo im August 2023 in Bautzen habe die AfD ihren Info-Stand direkt neben der Bühne aufgebaut. Neuerdings beobachtet sie auf den Demos immer wieder Teilnehmer mit einem sogenannten Selbstverteidigungsschirm: «Die haben einen Knauf, damit kann man dann zuschlagen.» Besonders gefährlich ist ihre Arbeit in den kleinen Orten, wo bei Demos kaum Polizei vor Ort ist. In der sächsischen Provinz könne man nicht mehr gefahrlos über solche Aufmärsche berichten, so Kili Weber. Sie zeigt ein Video aus Bautzen. Es zeigt eine Gruppe, hauptsächlich junge Männer, militant, ganz in schwarz – der «Jugendblock», erklärt sie. Mitten in dem Block läuft eine einzelne Frau mit einer AfD-Fahne. Die jungen Männer stimmen einen Schmähgesang an: «Ohne Polizeischutz wärt ihr gar nicht hier.» Schließlich bedrängen sie die Reporterin, einer ruft: «Kili, verpiss dich!»

Nicht immer bleibt es bei Drohungen. Kili Weber erinnert sich an eine Montagsdemo am 10. Oktober 2022 in Wurzen, einer sächsischen Kleinstadt bei Leipzig, in der es seit langem starke rechtsextreme Strukturen gibt: «Da wurden wir minutenlang bedrängt, auf meinen Begleitschutz wurde eingeschlagen.» Aus Sicherheitsgründen habe sie mit ihrem Team die Berichterstattung abgebrochen. Sie hatten in einer Seitenstraße geparkt. An den Eingängen der engen Gassen standen Weber zufolge Szene-Späher, die bei ihrem Anblick zu telefonieren begannen und Verstärkung herbeiorderten. Auf dem Weg zum Auto seien sie dann regelrecht gejagt worden. «Das war erst eine kleine Gruppe, aber es kamen immer mehr Nazis dazu», erinnert sich Weber. «Wir mussten dann zum Auto rennen, haben uns in den Wagen gerettet und sind los.» Eine Woche später war sie wieder mit Security in Wurzen, um zu berichten. Wieder wurden sie angepöbelt, erneut kam es trotz Begleitschutz zum Angriff, diesmal sogar aus der Demo heraus. Die Polizei ging dazwischen und eskortierte das Team von Kili Weber schließlich aus Sicherheitsgründen mit zwei Polizeiwagen aus Wurzen heraus. Mittlerweile findet die Reporterin für ihre Berichterstattung kaum noch Personenschützer. Die demokratische Öffentlichkeit droht, blind zu werden. Ausgerechnet da, wo sich aggressive Demokratiefeindlichkeit zusammenbraut und zu einer bedrohlichen Normalität geworden ist. Wo es umso wichtiger wäre, genau hinzuschauen – um die Strategien und Netzwerke der AfD enttarnen zu können.

An radikalen Straßenprotesten beteiligen sich AfD-Kader aller Hierarchieebenen. Regelmäßig auch an der Stimmungsmache gegen Unterkünfte für Geflüchtete. Auf YouTube posiert der stellvertretende Bundessprecher der AfD, Stephan Brandner, vor einem Pick-up, auf die Seite des Autos ist das Logo der Partei und der Slogan «Politischer Notdienst!» lackiert. Darüber wird in dem Video eine Parole eingeblendet: «Gera sagt Nein zur Erstaufnahmeeinrichtung!»[349] Brandner, wie Höcke ein West-Import, hat 2021 das Direktmandat für den Bundestag in Gera gewonnen. Am 9. Dezember 2023 vormittags, bevor an dem Tag auch die «Miteinanderstadt Gera» um Christian Klar vor Ort demonstrierte, führt Brandner in seinem Wahlkreis einen Autokorso an. In dem fährt ein dunkler Geländewagen mit – über dem Dach flattert eine große Wirmer-Flagge. Die Fahne mit dem schwarzgelben Kreuz auf rotem Grund geht auf den Widerstandskämpfer Josef Wirmer zurück, der zum Umfeld der gescheiterten Hitler-

Attentäter vom 20. Juli 194 gehörte – die Flagge wurde später unter Reichsbürgern und Pegida- Anhängern populär.

Auch der sächsische AfD-Landtagsabgeordnete Jörg Dornau mobilisierte zu einer Kundgebung am 20. Oktober 2023 unter dem Motto: «Nein zum Heim in Markranstädt», einer Kleinstadt bei Leipzig. Neben Dornau ist auf dem digitalen Plakat Ulrich Oehme abgebildet. Der war bereits 2017 im Wahlkampf als AfD-Bundestagskandidat durch Plakate mit der verbotenen SA-Parole «Alles für Deutschland» aufgefallen. An Demos gegen Asylunterkünfte beteiligen sich auch regelmäßig AfD-Lokalpolitiker. Die AfD verbündet sich damit einerseits mit einer populären Protestbewegung. Andererseits schürt sie selbst zuvor gezielt Ressentiments und heizt mit Aufreger-Themen wie Migration die gesellschaftliche Stimmung an, um dann ihrerseits neue Wutproteste zu provozieren. Vielerorts sind es oft nur wenige Hundert Demonstrierende, wenn überhaupt. Aber sie suggerieren trotz allem: Wir haben jetzt schon Macht. Nach dem Motto: Der öffentliche Raum gehört uns.

1.8 Fake News und TikTok-Hits – Warum die AfD den digitalen Raum beherrscht

Als am 20. November 2023 der abendliche Demozug mit einigen Hundert Teilnehmenden durch die Dresdner Innenstadt zieht, bleiben Passanten verwundert mit ihren Einkäufen stehen, einige filmen den «Montagsspaziergang» mit ihren Smartphones, Migranten halten eingeschüchtert Abstand. Aus Lautsprechern ertönt die Stimme des Tagesschau-Sprechers Jens Riewa: «Für all diese Lügen und die bewusste Manipulation, aber insbesondere für die Denunzierung unserer Mitmenschen müssen wir uns ausdrücklich entschuldigen.» Wenig später beschallt erneut die Erkennungsmelodie der Tagesschau eine Straßenbahn-Haltestelle.

«Heute im Studio: Susanne Daubner.» Die Stimme der bekannten ARD-Sprecherin begrüßt wie gewohnt zur Tagesschau. Doch dann fährt die Sprecherin fort: «Wir müssen uns erneut bei Ihnen entschuldigen. Seit Jahren lügen wir Ihnen dreist ins Gesicht. Wir haben gelogen, als wir anständige Bürger aus der Mitte der Gesellschaft als Rechtsextreme, Reichsbürger oder Corona-Leugner denunzierten.» Für all diese Lügen über friedliche Montagsdemonstranten wolle sie sich im Namen des gesamten öffentlich-rechtlichen Rundfunks ausdrücklich entschuldigen. Die Wartenden an der Haltestelle sehen einander ratlos an. Was erzählt die Tagesschau-Sprecherin da? Die Antwort lautet: Was durch die Lautsprecher hallt, sind nicht die echten Stimmen von Jens Riewa und Susanne Daubner, sondern täuschend echte Fälschungen, offenkundig mit Künstlicher Intelligenz produzierte Fake-News. Die Montagsdemo beschallt die City von Dresden mit pressefeindlichen Lügen und Verschwörungserzählungen.

Bei der Montagsdemo finden die bekannten Gruppen zusammen: Freie Sachsen mit grün-weißen Fahnen, *Compact*-Sympathisanten, Russland-Freunde, Pandemie-Leugner. Bemerkenswert ist aber, wer die Demo hinter dem Front-Transparent mit der Schlagzeile «Zeit für eine Wende» anführt: AfD-Leute mit ihren Transparenten. «Asyl-Lüge beenden!», steht da, und auf rotem Grund: «Remigration jetzt!» Wenige Tage vor dem sogenannten Geheimtreffen von Potsdam hat die AfD ihre Forderung nach massenhafter Vertreibung offen durch die Straßen von Dresden getragen – neben stadtbekannten Rechtsextremisten. Diesmal bereiten die «Montagsspaziergänger» mit Fahnen und dem harten Rhythmus der Trommelgruppe die Bühne für den AfD-Spitzenkandidaten zur Europawahl, Maximilian Krah. Der schürt in seiner Rede den Verschwörungsglauben rund um den russischen Angriffskrieg. Krah prangert die deutsche Hilfe für die Ukraine an: «Mit diesem Geld sterben junge Ukrainer und junge Russen. Und wofür denn? Doch nicht für die Ukraine und nicht für Russland.» Krah raunt über sinistre Weltherrschaftspläne «von Leuten, die überall unser Leben schwer machen». Das Motiv machtvoller, weltweit agierender, finsterer Gestalten ist ein bekanntes Narrativ des Antisemitismus: jüdische Strippenzieher, die nach der Weltherrschaft trachten.

Ein gemeinsamer Nenner der AfD-Agitation auf der Straße ist die Abwesenheit jeglicher Sachpolitik. Wer konkrete Antworten auf Fragen zu Wirtschaft, Bildung, Soziales, Wohnen, Klima oder Arbeit erwartet, bekommt: nichts. Stattdessen geht es auch bei dieser Montagsdemo wieder um die «Millionen von Menschen», die nach Deutschland gekommen sind und die «tatsächlich hier nichts verloren haben», wie Krah behauptet. Es sei an der Zeit zu überlegen, «wie wir ihnen die Chance geben zurückzugehen». Nun ist der AfD-Politiker in seinem Element. «Das ist unser Land», ruft Krah. «Wir sind nicht nur eine Bevölkerung, liebe Freunde, wir sind ein Volk. Wir gehören zusammen, weil wir dieselbe Sprache sprechen, weil wir dieselben Lieder als Kinder gesungen haben und dieselben Märchen hoffentlich weitergeben. Weil unsere Vorfahren schon gemeinsam in dieser Sprache gedacht, gelitten haben und verführt wurden.» Unter den Buhrufen des Gegenprotests beschwört Krah eine deutsche Schicksalsgemeinschaft herauf, in der keiner mit einer falschen Herkunft oder Kindheit einen Platz hat. An diesem Abend erreicht er allerdings nur wenige Hundert Verschwörungsgläubige, darunter eine Frau mit einer Reichsfahne in der hintersten Reihe.

Erfolgreicher als auf der Straße ist Krah in den sozialen Medien, genauer gesagt auf der chinesischen Plattform TikTok, wo der bis dahin weitgehend unbekannte AfD-Politiker auf sich aufmerksam machte, wenn auch als Lachnummer. In einem Video, das allein auf TikTok 1,4 Millionen Klicks erzielt hat, sitzt Krah vor einem weißen Regal und erteilt jungen Männern ohne Freundin ungefragt Ratschläge: «Schau keine Pornos. Wähl nicht die Grünen.»[350] Junge Männer sollten sich nicht einreden lassen, dass sie lieb, soft, schwach und links sein müssten. Der folgende Satz ging viral: «Echte Männer sind rechts.» Allein auf TikTok haben das rund 7000 User kommentiert, etliche mit Hohn und Spott. «Dachte kurz, das wäre ein Heute-Show-Sketch», schreibt einer, ein anderer: «Der Bruder ist 80 Jahre zu spät.» Doch genau das ist Teil des Erfolgsrezepts. Denn die aufgeklärten Spötter halfen Krah dabei, den Clip zu verbreiten. Der ernste Hintergrund blieb außen vor: Denn die Botschaft adressiert auch sogenannte Incels. Jene unfreiwillig enthaltsamen Männer, die in Internetforen nicht nur ihr vermeintliches Recht auf Sex einfordern, sondern auch ihrem Hass auf Frauen und Gewaltfantasien freien Lauf lassen. Frauenfeindlichkeit treibt immer wieder auch Rechtsterroristen an, wie im Fall des norwegischen Massenmörders Anders Breivik oder des Attentäters von Halle, der zwei Menschen ermordete, nachdem er daran gescheitert war, ein Massaker an der jüdischen Gemeinde zu verüben.

Was bei Maximilian Krah auf den ersten Blick nach einer digitalen Verzweiflungstat aussieht, ist zielgruppenspezifische Ideologieproduktion. Das verdeutlicht Krahs Video «Sei stolz auf Deutschland», in dem der AfD-Politiker vor einer grünen Baum-Kulisse mal eben die deutsche Erinnerungskultur abzuräumen versucht.[351] Wie in allen Videos steigt er mit einer zugespitzten Botschaft ein: «Unsere Vorfahren waren keine Verbrecher. Wir haben allen Grund, stolz auf unser Land zu sein.» In weniger als einer Minute wird die Entschuldigung der NS-Verbrechen mit dem Stolz auf die deutschen Vorfahren verknüpft. Die junge Generation soll das ruhmreiche Erbe der Ahnen fortführen. Zum Finale gibt es eine nationalistische Beschwörung: «Dann geht es endlich um Dich und um uns als ein Volk.» Auffällig ist die nahezu identische Form der Videos. Plattformtypische kurze Clips, musikunterlegt. Was Krah sagt, ploppt als Text auf.

Kopf hinter der Kampagne ist der rechte Szene-Aktivist Erik Ahrens, das Medienphänomen. Bezeichnenderweise hat Ahrens über das digitale Erfolgsrezept im September 2023 einen Vortrag bei der «Sommerakademie» des rechtsextremen Instituts für Staatspolitik (IfS) in Schnellroda gehalten. Titel seines Referats: «TikTok von rechts».[352] Ahrens räumt ein, diverse Videos für Krah auf den Weg gebracht zu haben, und kündigt weitere an. Mit Hilfe von drei Krah-Videos erklärt er, dass man auf dieser Plattform lediglich einige Grundprinzipien befolgen müsse, um auch ohne viele Follower große Reichweite zu erzielen. Je mehr man nämlich veröffentlicht, desto höher die Wahrscheinlichkeit, dass ein Clip viral geht. Denn anders als etwa auf der Plattform X braucht ein Account bei TikTok dafür keine große Anhängerschaft. Entscheidend ist vielmehr der Algorithmus, der auch kleinen Accounts Millionen Klicks verschaffen kann.

Ahrens zeigt das Krah-Video «Unsere Vorfahren waren keine Verbrecher». Anschließend brandet im Saal in Schnellroda Applaus auf. Der Referent spricht davon, dass der Slogan «Schuldkult» auch auf Twitter zum Erfolg beigetragen habe. TikTok hat in diesem Fall also Starthilfe für andere digitale Kanäle geleistet. Ahrens, der mit «Schuldkult» das geschichtsrevisionistische Vokabular der AfD benutzt, erklärt, dass TikTok «zielgerichtet» eingesetzt werden könne: für die breite Öffentlichkeit, für ein intellektuelles Publikum oder die eigene Blase. Damit hat die AfD enormen Erfolg. Wie schon bei Facebook und Youtube verschlafen die anderen Parteien auch diesen digitalen Trend.

Während AfD-Inhalte millionenfach geklickt werden und durch Dauerschleifen erfolgreicher Reels ein geradezu «hypnotischer Effekt» eintritt, wie Ahrens es nennt, dümpeln die demokratischen Parteien knapp über der Wahrnehmungsgrenze und verpassen die nächste Entwicklung. Bemerkenswert, dass die AfD für ihren digitalen Erfolg gemeinsame Sache mit einem politischen Gesinnungsgenossen wie Ahrens macht. Der Angriff auf den demokratischen Diskurs wird also im Internet ebenso wie auf der Straße von einer ideologischen Kampfgemeinschaft geführt.

Was also macht die AfD in der digitalen Welt besser als demokratische Parteien? Markus Bösch ist Medienforscher an der Hochschule für Angewandte Wissenschaften Hamburg (HAW) und hat die Strategie der AfD auf TikTok untersucht. Er attestiert der Partei große Sachkenntnis über die Funktionsweise der Plattform. Zudem habe sie diese wie fast alle sozialen Medien schon früh genutzt. Während etwa die SPD auf TikTok für Partei und Fraktion offizielle Accounts betreibt, sei der offizielle AfD-Account sogar wegen Regelverstößen gesperrt worden. An dessen Stelle traten Bösch zufolge Dutzende andere Accounts mit AfD-Logo. Hinzu komme als Verstärker «eine riesengroße Fan-Armee, die Inhalte der AfD pusht». Diese würden immer wieder zielgerichtet aktiviert, «um missliebige Accounts anderer politischer Couleur flächendeckend mit AfD-Inhalten zu überfluten und plattzumachen». Da werden dann bei Live-Streams die Kommentarspalten mit AfD-Slogans oder blauen Herzen überzogen, um sachlichen Diskurs zu zerstören.

Darüber hinaus werden AfD-Inhalte von sogenannten inauthentischen Accounts verbreitet, die vermutlich nicht von einzelnen Personen betrieben werden, sondern von Gruppen oder Organisationen. Man erkennt sie an einer Kombination aus Namen und Zahlen. Bei seiner Forschung ist Bösch zudem auf ein brisantes Detail gestoßen. In einer Untersuchung analysierte er mit seinem Team, wie die AfD den Pride-Monat der LGBTQ+-Bewegung für mehr Toleranz und Sichtbarkeit für sexuelle Minderheiten unter dem Hashtag #stolzmonat zu kapern versuchte. Mit antiqueeren Parolen und den Nationalfarben anstelle des verhassten Regenbogen-Symbols. «Neben AfD-nahen Accounts fiel uns auf, dass auch russlandnahe Propaganda-Accounts den Hashtag #stolzmonat teilten. Das waren Accounts, die ansonsten ausschließlich russische Propaganda verbreiten.» Bösch folgert, dass die perfektionierte Internetstrategie der AfD vermutlich auch aus Russland unterstützt werde.

Schon im Wahlkampf 2017 hatte die AfD Hilfe aus dem Ausland bekommen – allerdings nicht aus Russland. Hilfe leistete unter anderem eine Werbeagentur aus Miami in Florida, Harris Media, die schon für Donald Trump, Marine Le Pen und Benjamin Netanyahu gearbeitet hatte. Der Vizepräsident von Harris Media, Joshua Canter, damals 26 Jahre alt, erzählte dem Reporter Vernon Silver von Bloomberg, dass die AfD vor dem Jahr 2017 kaum Kontakte bei Facebook, Google oder Twitter hatte.[353] Um auf diesen Plattformen erfolgreich zu sein, muss man sie allerdings technisch verstehen – und begreifen, wie man dort das eigene Geld am besten einsetzt. Canter traf sich im Auftrag der AfD unter anderem am Potsdamer Platz in den Räumen von Facebook mit deren Verkäufern, um die Anwendung verschiedener Tools zu diskutieren. Canter half der AfD anschließend mit Hilfe von Facebook-Daten, potenzielle Wähler zu identifizieren. Dafür analysierte seine Agentur 300 000 Facebook-Likes von AfD-Sympathisanten und machte sich anschließend auf die Suche nach ähnlichen Profilen bei Facebook. Am Ende identifizierte man mehrere Gruppen – Mütter, Unternehmer, Gewerkschaftsmitglieder. Fast zehn Millionen potenzielle Wähler bei Facebook konnten so mit Anzeigen der AfD geflutet werden. Allerdings: maßgeschneidert. Denn man filterte ebenfalls Adressaten heraus, die offen gegenüber radikaleren Botschaften sein könnten. Dafür zahlte man Google Geld, damit bei der Suche nach «Angela Merkel» automatisch im Suchfenster ebenfalls das Schlagwort «Die Eidbrecherin» erschien. Klickte man auf das entsprechende Suchergebnis, wurde man auf eine Website weitergeleitet. Die war dann mit einem Facebook-Cookie versehen, so dass Besucher der Seite anschließend getrackt werden konnten – um danach mit der maßgeschneiderten Werbung bombardiert zu werden. Die AfD war die einzige Partei, die auf solche datenschutzrechtlich bedenklichen Methoden zurückgriff. Auch der Kommunikationswissenschaftler René Seidenglanz aus Leipzig beschäftigt sich mit diesem Phänomen, die Forschungen seines Instituts belegen den Verdacht: «Es ist sehr wahrscheinlich, dass die Partei damit besonders bei der Mobilisierungsfunktion punktete. Und Facebook machte mit und beeinflusste eine Wahl in Deutschland, bei der die AfD ihr Ergebnis verdoppeln konnte.» Fakt sei schlicht, dass «die AfD es offensichtlich geschafft hat, sehr frühzeitig die Potenziale von Facebook-Kampagnen zu erkennen, frühzeitiger als andere.»[354]

Auch Google half der Partei indirekt mit den damals gültigen Algorithmen auf der Videoplattform YouTube, die Google gekauft hatte. Der Forscher Jonas Kaiser von der Universität Harvard stellte auch hier fest, dass die Regeln der AfD halfen, es ging bei YouTube lange ausschließlich um die Verstärkung von Vorlieben, ähnlich wie heute bei TikTok. Hat man ein Thema länger geschaut, werden sofort weitere Beiträge dazu vorgeschlagen. Von ARD- oder ZDF-Filmen über Migration wurde man zur AfD und ähnlichen Kanälen geleitet, beobachtet Kaiser: «Wenn man dann auf den Kanal der AfD ging, dann ging es nicht mehr zurück auf die anderen Kanäle» – ARD, ZDF oder andere – «sondern es ging hinein zu anderen verschwörungstheoretischen oder rechten Kanälen.» Ein Verstärkungseffekt, der vor allem der AfD half. Die Partei dominierte nicht nur YouTube und Facebook, sondern auch Twitter und Instagram und erreicht auch Jahre später noch immer digital die meisten Menschen. Und die Zahlen gingen auch nach 2017 immer weiter nach oben: In einer Analyse des Institute for Strategic Dialogue heißt es, dass die AfD die politischen Debatten auf Facebook und X/Twitter nicht nur 2017, sondern auch vor der Wahl 2021 dominieren konnte – die anderen Parteien konnten also nicht aufholen.[355] Und auch damals benutzte man unter anderem eine Technik, die «Hashjacking» getauft wurde, man übernahm den Hashtag einer Kampagne des politischen Gegners und kaperte sie gleichsam.[356]

Neben der schieren Masse an Kontakten zu Wählern bot die neue digitale Welt der AfD noch etwas anderes: Sie konnte mehrere Parteien auf einmal sein. In den Talkshows und Werbespots gab man sich gemäßigt bis ironisch, so in einem Werbespot 2017 mit Alice Weidel (Slogan: «Wir rocken Deutschland», in dem Spot ist unter anderem ein Anti-AfD-Plakat zu sehen: «AfD? Boah nee»). Auf Facebook, in YouTube-Clips und bei Twitter wurden dann radikalere Botschaften an die Klientel – meist unbeobachtet von den etablierten Medien – ausgesandt. So hatten professionelle Beobachter schon den Wahlsieg Trumps und den Brexit nicht kommen sehen, weil sie nicht mitbekommen hatten, dass sowohl Trump also auch die Brexit-Organisatoren auf Facebook radikaler mit Wählern kommunizierten, zugespitzter und durchsetzt mit Lügen. So macht es die AfD seit 2017, erklärt René Seidenglanz: «Die AfD hat ja offenbar hier sehr gezielt auch unterschiedliche Gruppen identifiziert und diesen unterschiedlichen Gruppen auch unterschiedliche Informationen zugespielt.» Über verschiedene Kanäle können Politiker heutzutage längst permanent sich widersprechende Botschaften aussenden. Der Politikberater und ehemalige italienische Kulturminister Giuliano da Empoli hat dieses System auf die 5-Sterne-Bewegung in Italien zurückgeführt, die schon vor fast 20 Jahren frühzeitig dieses System perfektioniert hatte: «Als diese Bewegungen Botschaften aussandten, die sich permanent widersprachen, sagten die etablierten Politiker: ‹Seht euch diese Witzbolde an›. Sie verstanden einfach nicht, dass sich das ganze Ökosystem verändert hatte. Das System war so fragmentiert, dass man die Menschen über tausend Kanäle verschieden ansprechen muss.»[357] Denn: «Fake News sind nicht das eigentliche Problem, sondern nur die Spitze des Eisbergs. Es gibt so viele Informationen, dass sich jeder seine eigenen Fakten heraussuchen kann, um dann in einem Parallel-Universum zu leben.» Und darauf muss die Politik reagieren. Noch immer haben das viele Parteien nicht verstanden – vor allem nicht so gut wie die AfD. Das Instrument der Wahl ist inzwischen TikTok.

Von jungen Männern, für die blondierte Frauen mit tiefem Ausschnitt in Clips auftreten, bis zur türkischen Community, die man mit Parolen gegen einen linksgrünen Zeitgeist zu ködern versucht, gebe es nur wenige Zielgruppen, die von der AfD nicht gezielt angesprochen werden, sagt der Hamburger Forscher Bösch. Hinzu kommen sogenannte Memes, mit denen AfD-Prominente wie Alice Weidel als Pop-Stars inszeniert werden. Auf diese Weise habe die AfD die «digitale Hoheit» errungen. Um das Ausmaß zu verdeutlichen, wählt der Forscher einen Vergleich. Das sei so, als würde die AfD flächendeckend die Städte zuplakatieren, während die anderen Parteien nur vereinzelt Handzettel verteilen. Die Dimension dieses digitalen Angriffs wird bislang weder politisch noch medial wirkungsvoll beantwortet. Es fehlt an Strategien und effektiven Reaktionen. Auffällig ist, dass der Siegeszug der AfD auf TikTok von wachsendem Zuspruch für die Partei bei jungen Leuten begleitet wird.

In den vergangenen Jahren ist eine einflussreiche und autarke rechte Medienblase gewachsen, in der linksgrüne Feindbilder gepflegt werden und die AfD als parlamentarischer Arm der Bewegung hofiert wird: Sie reicht von der Wochenzeitung *Junge Freiheit* über *Tichys Einblick* und Elsässers *Compact*-Magazin bis zu extrem rechten Youtube- und Telegram-Kanälen. Die Anhängerschaft wird nicht nur mit anti-woker, migrationsfeindlicher, identitärer und antipluralistischer Ideologie versorgt, sondern auch mit langen Interviews des AfD-Spitzenpersonals. Da stellt dann beispielsweise die *Junge Freiheit*, die seit Jahren eine Art Scharnierfunktion zwischen bürgerlich radikaler und extremer Rechter einnimmt, den ersten AfD-Bürgermeister von Raguhn-Jeßnitz, Hannes Loth, in einem langen Exklusiv-Interview vor.[358]

Der Thüringer AfD-Chef Höcke ließ sich beim Landesparteitag im November 2023 von Jürgen Elsässer für dessen Compact

TV interviewen. In einer Simulation von Journalismus liefert Elsässer Stichworte über «Hetzmedien» wie den *Spiegel*, die Höcke dankbar aufgreift, um sich selbst als Medien-Opfer zu inszenieren und die eigene Professionalität zu preisen.[359] Auch medial macht die AfD also gemeinsame Sache mit den radikalsten Kräften des Landes. Der Bundesverfassungsschutz stuft *Compact* mittlerweile als «gesichert extremistisch» ein. Dessen Inhalte seien eindeutig als völkisch-nationalistisch und minderheitenfeindlich zu werten. Immer wieder würden antisemitische Verschwörungsmythen und islamfeindliche Motive verbreitet.[360]

Während die AfD in den verhassten «Systemmedien» vor allem Selbstverharmlosung betreibt, um als normale Partei wahrgenommen zu werden, geht es in der eigenen medialen Blase um den gemeinsamen Kampf. *Compact* hat im Wahljahr 2024 eine eigene Open-Air-Veranstaltungsreihe zur Unterstützung der AfD unter dem Titel «Die blaue Welle rollt durch Deutschland» beworben.[361] Als Gäste hat Jürgen Elsässer prominente Köpfe wie Martin Sellner, aber auch AfD-Prominenz wie die ehemalige AfD-Chefin von Brandenburg, Birgit Bessin, angekündigt. Die verschwand allerdings als geplante Rednerin wieder von der Liste für den Auftritt in Velten.[362] Noch vor dem Start bescherte die Tour der AfD nämlich großen Ärger. Denn im Vorfeld wurden dafür von Elsässer Spenden eingeworben. Die Bundestagsverwaltung prüfte daraufhin, ob das als unzulässige Parteienfinanzierung zu werten ist. Nach einem Bericht des ARD-Magazins Kontraste ging die AfD offiziell auf Distanz und gab an, eine Abmahnung gegen den Compact Verlag zu prüfen.[363] Das ändert jedoch nichts an der ideologischen und strategischen Nähe.

Der AfD-Anhang erhält im rechten Medienkosmos längst eine Vollversorgung, die hermetisch von professionellen Standards der Qualitätsmedien entkoppelt ist. In der ostdeutschen Provinz kommt es vor, dass an Tankstellen oder am Kiosk zwar die Verschwörungserzählungen des *Compact*-Magazins mit Titeln wie

«Asyl. Die Flut. So wird Deutschland abgeschafft» ausliegen, nicht aber der *Spiegel* oder *Die Zeit*. Zwar haben mittlerweile viele Bahnhofsbuchhandlungen die gedruckte Hetze aus dem Sortiment verbannt, doch die allgemeine Gleichgültigkeit gegenüber Demokratiefeindlichkeit hat den Aufstieg der AfD zur völkischen Volkspartei im Osten begünstigt. Die Saat des Misstrauens und der Verachtung, die zunächst Pegida gegen die «Lügenpresse» und die AfD bis heute gegen die «Systemmedien» züchtet, geht auf. In den klassischen Medien darf sich die AfD als Opfer inszenieren, in den sozialen Medien erschließt sie sich neue Zielgruppen, und die «alternativen» rechten Print- und audiovisuellen Medien verankern ihre Ideologie fest in den Köpfen der Anhängerschaft. Ein ausgefeiltes und ganzheitliches Konzept, dem andere Parteien fast nichts entgegenzusetzen haben. Zumal jahrelang die russischen Propagandasender *Sputnik* und *Russia Today* eine enorme Wirkung vor allem in Ostdeutschland entwickelt haben und die AfD ungeschützt unterstützten. Die Vorsitzende Alice Weidel zeigte dann im Juni 2024, wie skrupellos auch sie neue Medien einsetzt. Sie echauffierte sich öffentlich über eine angebliche Pressemitteilung des Bundesinnenministeriums zu dem Mord an einem Polizisten in Mannheim. Allein: Die Pressemitteilung gab es nicht, sie wurde im Auftrag eines AfD-Politikers von einer KI produziert, der sie dann auch weiter verbreitete. Obwohl darauf schnell hingewiesen wurde, entschuldigte sich Weidel nur lauwarm: «... da sind wir bei der Recherche einem Fake aufgesessen, was uns sehr leid tut.» Recherchen? Und dann schrieb sie noch: «Der Tenor bleibt dennoch richtig ...» Verbote und Regulierungen würden gar nicht helfen, so der Politikberater und Ex-Minister da Empoli: «Die Menschen suchen nach Anerkennung – sie wollen gesehen, anerkannt werden, Teil von etwas sein. Das muss man ihnen bieten. Wenn man dazu nicht in der Lage ist, löst auch alle Kritik an diesem Wunsch oder ein noch so großes Maß an Regulierung das Problem nicht.»

1.9 Kampfzone Kommune – Radikalisierung und Normalisierung

Bautzen liegt keine Autostunde von der polnischen Grenze entfernt in Ostsachsen, eine malerische Stadt, die vor rund tausend Jahren über der Spree auf einem Hügel angesiedelt wurde. Teile der alten Stadtmauern und ein knappes halbes Dutzend der historischen Türme entfalten sich vor der mächtigen Friedensbrücke als perfektes Panorama. Ein Touristenmagnet. Gleichzeitig eine Stadt, die immer wieder negative Schlagzeilen produziert: «Neonazis attackieren Kultur-Festival in Bautzen»[364], «Rechtsextreme machen wieder Hetzjagd auf Flüchtlinge»[365], «Rechter Mob in Bautzen ...: Schon wieder brennt eine Asylunterkunft!»[366]

Birgit Kieschnik will für ein anderes Bild von Bautzen stehen. Die Beamtin, Mitte 50, schmächtig, schmale Brille, stemmt sich seit über zehn Jahren gegen die rechte Szene in ihrer Stadt. Sie trifft sich inzwischen auch deswegen jeden vierten Sonntag mit Freunden und Verbündeten südlich der Stadt an der B96, die nach Bautzen hineinführt. Sie schwenken gemeinsam Europa- und Regenbogenfahnen, ein Stammgast trägt ein hellblaues Einhornkostüm. Damit reagieren sie auf Reichsbürger, Rechtsradikale, Impfgegner und selbsternannte «mündige» Bürger, die seit 2020 in der Nähe regelmäßig Autofahrern vom Straßenrand Reichskriegsflaggen, QAnon-Fahnen und die bundesdeutschen Farben verkehrt herum entgegenstrecken, das Symbol der Reichsbürger-Szene. Kieschnik und ihre Verbündeten wollten nicht, dass die rechten Gruppen den Eindruck von Bautzen vermitteln, der am Ende bleibt: «Wir haben gesagt, wir machen unseren eigenen Hotspot. Mit bunten, positiven Fahnen, mit der Deutschlandfahne. Irgendwelche Reichsbürger und Querfrontler mit Russlandfahnen, die stehen nicht für Deutschland, sondern wir.»

Die Beamtin sieht sich dabei einer Phalanx von rechten Akteuren gegenüber: eine starke AfD, Reichsbürger, völkische Christen und antisemitische Esoteriker: «Wir haben Familie und Beruf, wir haben eigentlich keine Zeit, aber nichts machen ist halt auch nicht die Lösung, weil diese Verzweiflung, die macht wirklich krank. Dadurch, dass man was macht, geht es einem wieder besser.»

Birgit Kieschnik lebt seit über 20 Jahren in Bautzen, sie wurde in der Nähe geboren. Sie arbeitet als Beamtin im Katasteramt und wurde deshalb geschult, vor allem Reichsbürger schnell zu erkennen. Reichsbürger konfrontieren Behörden, wo sie nur können, stellen dabei staatliches Handeln in Frage – nicht zuletzt in der Region Bautzen. Kieschnik selbst war einst, noch vor der Corona-Pandemie, Impfgegnerin, sie hatte auf Einflüsterer in ihrer Heimat gehört, ihre eigenen Kinder nicht impfen lassen, was sie inzwischen bereut. Diese Erfahrung hat sie jedoch auch sensibilisiert. Die Beamtin beobachtete ab spätestens 2014, dass Gruppen, die scheinbar nichts miteinander zu tun hatten – Esoteriker und Reichsbürger – gemeinsam auftraten. Auch Kieschnik, die sich damals aktiv in der Schulpolitik einsetzte, wurde von einem Aktivisten angesprochen, sie sei doch auch ein kritischer Geist und solle sich anschließen. Sie lehnte ab.

Nach der Annexion der Krim durch Russland fielen Kieschnik in Bautzen Montagsmahnwachen auf, deren Organisatoren die Ukraine und die USA für den Einmarsch der Russen verantwortlich machten – und die gleichzeitig Reichsbürger-Slogans in ihre Mikrofone säuselten: «Deutschland ist nicht souverän und wir brauchen einen Friedensvertrag». Doch es blieb nicht bei ein paar Demonstranten an einer Straßenecke. Die öffentliche Meinung wurde gezielt beeinflusst. So machte das Anzeigenblatt *Denkste?!* in Bautzen Stimmung.[367] Ebenfalls die Souveränität der Bundesrepublik infrage stellend, Russisch, dabei mit klaren Feindbildern: Die «System-Medien» verbreiteten Hysterie, wenn sie etwa den Brand eines Flüchtlingsheims in Bautzen aufgriffen, seriös seien nur Quellen wie *Compact*, *Russia Today* oder *Epoch Times*. Angebliche Experten wurden in dem Blatt aufgeboten, die davon berichteten, dass kritische Meinungen in Deutschland unterdrückt würden.

Birgit Kieschnik stellte verblüfft fest, dass *Denkste?!* von Jörg Drews mit einer Anschubfinanzierung bedacht wurde. Der in Ostdeutschland geborene Bauunternehmer war nach der Wende zum Multimillionär und zu einem der wichtigsten Arbeitgeber in der Region geworden. Er organisierte zudem vor Ort Diskussionen mit Veteranen des bundesdeutschen Politikbetriebs – die inzwischen die Bundesrepublik ebenfalls radikal kritisierten und Russland in Schutz nahmen. Wie der ehemalige Verteidigungsstaatssekretär Willi Wimmer, 33 Jahre lang Abgeordneter für die CDU im Bundestag. Als der Propagandasender *Russia Today* sein zehnjähriges Jubiläum in Moskau feierte, saß er bei der Party mit Wladimir Putin an dessen Tisch[368] [369]. Auch in Bautzen gab Wimmer den auf den ersten Blick friedensliebenden Ex-Politiker: Kriegstreiber sind immer die anderen, vor allem die «kriegslüsternen USA».[370] Wimmer machte jedoch auch «internationale und nationale jüdische Interessen» für den Ausbruch des Ersten Weltkriegs verantwortlich. Nicht nur Kieschnik erkannte den gemeinsamen Nenner der verschiedenen Akteure in Bautzen: Antisemitismus.[371]

In dieses Bild fügte sich auch die AfD ein. AfD-Politiker sprachen bei den Veranstaltungen des Bauunternehmers, der bedachte die Partei nach eigenen Angaben 2017 mit einer Spende von 19.500€. Zudem sah Kieschnik, dass der Kandidat der Partei im Bundestagswahlkampf 2017 – Karsten Hilse – gemeinsam mit den aktivsten Verschwörungstheoretikern öffentlich auftrat. Sie konfrontierte Hilse, ehemals NVA-Soldat und Volkspolizist, danach Jahrzehnte in der Landespolizei Sachsen tätig: «Ich habe ihm gesagt: ‹Ich bin Beamtin. Sie sind Beamter. Was Sie hier machen –

mit den Reichsbürgern zusammen auftreten; an Ihrer Stelle würde ich mich schämen.›»[372] Doch sie war die Ausnahme. Hilse wurde direkt in den Bundestag gewählt, er bekam 33,3 Prozent der Stimmen, die SPD holte gerade mal zehn Prozent.[373] Der Diskurs in der Stadt wurde zunehmend von Männern wie Hilse bestimmt. Nicht nur Kieschnik kämpfte dagegen an. Als auch die lokale Grünenpolitikerin Annalena Schmidt Kritik übte, die Verbindungen zwischen Drews, AfD und anderen offenlegte, verhärteten sich die Fronten. Der Oberbürgermeister von der SPD organisierte im Februar 2019 eine Diskussionsrunde in einer Bautzener Kirche, Titel: «Zurück zur Sachlichkeit». Kieschnik erinnert sich an die Veranstaltung als einen Scheidepunkt. Sie hörte mit 800 anderen Gästen zu, wie die Grünen-Abgeordnete eingangs die Vergabe eines «Friedenspreises» an Willi Wimmer *sachlich* kritisierte, da Wimmer auch antisemitische Äußerungen verbreite.[374] Drews durfte erwidern, und sprach dann hauptsächlich über sich, ohne dass er vorher direkt angegriffen worden wäre und obwohl er offiziell nichts mit dem «Friedenspreis» zu tun hat. Er sei ein besorgter und verdienter Bürger, der viel Geld in die Stadt gesteckt habe. Plötzlich werde er in Stasi-Manier mit Behauptungen, er sei selbst ein Reichsbürger, zersetzt. Er stellte fest, er sei «als *wirklicher* Bautzener am Stadtrand geboren». Herkunft – wer wurde wann wo geboren – rückte in den Mittelpunkt des Abends. Drews versteckte sein Hauptanliegen hinter einem Zitat von Daniel Cohn-Bendit, dem Grünen-Urgestein: «Die multikulturelle Gesellschaft ist hart, schnell, grausam und wenig solidarisch. … Sie hat die Tendenz, … ihren Zusammenhalt sowie die Verbindlichkeit der Werte einzubüßen.»[375] Schon Björn Höcke and andere Rechtsradikale hatten diesen Satz genutzt, um zu sagen: Seht ihr, sogar die *Grünen* lehnen die multikulturelle Gesellschaft ab. Schließlich sagte Drews: «Was das Einbüßen der Werte anbelangt, was das Unsolidarische anbelangt, das möchte ich gerne verhindern. Und deswegen bin ich wieder politisch tätig, obwohl ich gerne anderes täte.» *Beifall.* Beifall für ein Statement, das die Schuld an allen Konflikten in einer Stadt wie Bautzen der multikulturellen Gesellschaft gibt, mithin allen Fremden. Seit 1989 hat die kleine Stadt 16 000 Einwohner verloren, über 30 Prozent. Sie ist auf den Zuzug angewiesen. Trotzdem wurden auch Menschen, die aus anderen Teilen Deutschlands nach Bautzen gezogen sind, angefeindet.

Das bekam auch die gebürtige Hessin Annalena Schmidt zu spüren, die damals seit gut drei Jahren in Bautzen lebte. Eine Frau sagte unter dem Jubel vieler Zuhörer: «Ich sitze hier vorn einer Frau gegenüber, die mit Bautzen eigentlich gar nichts zu tun hat. Ich habe zwei Kinder geboren. Ich bin in dieser Stadt groß geworden. Was haben Sie denn bis jetzt gemacht …» Hämisch wurde geklatscht und gejohlt. Dann sagte die Frau: «Sie behaupten, diese Stadt ist braun. Sie behaupten einfach, diese Stadt ist dreckig. Sie sagen Sachen, die überhaupt nicht stimmen. Wer sind Sie? Gehen Sie wieder!» Ein Einschnitt, den Kieschnik nie vergessen konnte: «Ich habe am ganzen Körper gezittert und habe gedacht, ich kriege einen Herzinfarkt. Dieser Hass, das war körperlich zu spüren. Und er hat immer Gewalt zur Folge, immer.»

Kieschnik spornte der Hass auf der anderen Seite jedoch gleichzeitig an. Sie begann, mehr Beobachtungen zu veröffentlichen, wie die Begegnung mit einer alten Frau, die ihr sagte: «Wir brauchen mal wieder einen Adolf, der mal richtig aufräumt hier». Sie berichtete über die Kooperation zwischen dem Bauunternehmer, Reichsbürgern und der AfD auch im Landtag. Das hatte Folgen: «Man versucht, mir das Leben schwer zu machen. Manchmal klingelt es nach Mitternacht, und dann hatte ich halt Drohbriefe im Briefkasten.» Auch der damalige Bautzener Oberbürgermeister, Mitglied der SPD, stellte sie zur Rede: «Der hat mir dann direkt ins Gesicht gesagt: ‹Sie sind das Problem dieser Stadt, Sie sind die Radikale hier. Was die Herren machen, ist nicht justiziabel.› Ist ja klar. Ich bin kein Arbeitgeber. Also, wer ist hier wichtig? Ich nicht.» Auch der Landrat von der CDU versuchte zu beschwichtigen, erinnert sich Kieschnik: «Wenn dann der Landrat immer gesagt hat, die sind doch keine Monster, die wollen doch nur das Beste für die Stadt, wie wir alle. Das ist völliger Quark. Die wollen nicht das Beste.»

Sie spürte, dass an ihr ein Exempel statuiert werden sollte. Viele Bautzener sagten ihr unter vier Augen, dass man auf ihrer Seite stehe, aber offen sagen wollte man das leider nicht mehr – «die haben halt gesehen, was mit mir passiert ist.» Kieschnik weiß, dass ihr Kampf noch lange weitergehen muss: «Wenn dann Leute sagen: ‹Nimm dich doch mal raus›, dann sag ich, wie soll ich mich rausnehmen? Das ist mein Alltag. Soll ich mich einbuddeln? Man hat eigentlich keine Wahl. Man ist hier, und da muss man einfach den Rücken grade machen und Haltung zeigen.» Anfang 2024 gab es auch in Bautzen große Demonstrationen gegen Rechts, die rechten Strukturen sind jedoch unverändert aktiv. Die Grünen-Politikerin Annalena Schmidt ist inzwischen nach Dresden gezogen, wo sie im Wahlkampf von Mitgliedern der «Freien Sachsen» bedrängt worden ist.[376]

Auf Kieschnik und ihr demokratisches Engagement wurde man inzwischen auch in Berlin aufmerksam, nur: «Es hilft mir aber halt in Bautzen nicht, dass ich beim Bundespräsidenten eingeladen war.» Denn an dem Problem ändere sich nichts. Die rechte Phalanx, das ist für sie der entscheidende Punkt, glaubt wirklich an eine übermächtige jüdische Weltverschwörung, und sie, die Katasterbeamtin Kieschnik, wird als Teil davon wahrgenommen: «Ich bin die Böse. Ich bin die Feindin. Das ist erschreckend».

Auch im sächsischen Freiberg im Erzgebirge gibt es eine rechte Hegemonie im Alltag. Schon bei der Kommunalwahl im Jahr 2019 wurde die AfD hier mit 21,68 Prozent knapp vor der CDU stärkste Kraft im Stadtrat. An einem Januarabend 2024 sitzen vier

Mitglieder des Bündnisses «Freiberg für alle» im evangelischen Gemeindezentrum an einem Holztisch. Wenige Tage zuvor hat die Veröffentlichung der Correctiv-Recherche das Land erschüttert. An diesem Abend wollen sie davon erzählen, wie es ist, in einer AfD-Hochburg zu leben, wie sie in Freiberg täglich eine fortschreitende Radikalisierung beobachten und was sie tun, um dagegenzuhalten. Elke Koch sitzt für die Grünen im Stadtrat. Constance Bornkampf arbeitet an der TU Bergakademie Freiberg, Cornelia Skovgaard-Sörensen in der Familienbegleitung, und Michael Stahl ist der örtliche Pfarrer. Wenige Tage später werden auch in Freiberg Hunderte Menschen für die Demokratie und gegen Rechtsextremismus demonstrieren und eine Aufbruchstimmung erzeugen. Aber an diesem Abend ist die Stimmung nachdenklich, fast schon bedrückt.

Im Stadtrat komme die AfD trotz ihrer Stärke nicht mit ihren Anträgen durch, berichtet Koch. So sei die Partei beispielsweise mit dem Versuch gescheitert, eine Bürgerwehr aufzustellen: «Die Mehrheit wollte aber keine Ersatzpolizei.» Ansonsten empfindet sie das Auftreten der AfD im Stadtrat «weder als konstruktiv noch als aggressiv». Die Fraktion verhalte sich eher unauffällig. Dennoch sind Themen und Erzählungen der Partei allgegenwärtig. «Im Alltag nehmen wir sehr stark rechte Parolen wahr», sagt Koch. Egal, ob beim Bäcker oder in der Kaufhalle – regelmäßig bekomme man zu hören: «Uns geht es immer schlechter. Migranten und Flüchtlinge nehmen uns alles weg.» Die Stadträtin erlebt derzeit eine beängstigende Stimmungsmache: «Man hat den Eindruck, das ist zu einer allgemeinen Meinung geworden.» Ihre Mitstreiterin Constance Bornkampf meidet mittlerweile im Freundeskreis sogar politische Diskussionen: «Ich gehe nur noch dazwischen, wenn etwas ganz Menschenverachtendes oder Rassistisches geäußert wird.» Sie weiß, dass einige ihrer Freunde die AfD wählen. Alle anderen Parteien seien angeblich unwählbar. Die Grünen sind vielen in der Region geradezu verhasst. In ihrem neuen Freundeskreis bekommt die Freibergerin zu hören: «Du bist doch auch eine, die AfD wählen müsste. Das ist völlig normal geworden.» Noch vor einigen Jahren hätte sich kaum jemand offen zur AfD bekannt. «Heutzutage ist man regelrecht stolz darauf», sagt Constance Bornkampf von der Bergakademie.

Das verschärfte politische Klima ist überall spürbar und vergiftet in Freiberg das Zusammenleben. Cornelia Skovgaard-Sörensen hilft Migrantenfamilien bei der Wohnungssuche. Sie berichtet, dass es immer schwerer wird, ein neues Zuhause für die Familien zu finden. Vermieter fragen misstrauisch nach der Herkunft. Nicht selten fallen abwertende Sprüche. Ohne ihre Hilfe hätten die Menschen überhaupt keine Chance auf dem Wohnungsmarkt. «Das macht mir Angst», sagt die Sozialarbeiterin. Constance Bornkampf ergänzt, dass auch indischen Studierenden von der Freiberger Hochschule freie Wohnungen vorenthalten würden. Gegen diese Gäste hätten die Leute eigentlich nichts, weil sie ja nach dem Studium wieder weggehen, aber eine Unterkunft findet auch der wissenschaftliche Nachwuchs oft nur dann, wenn ein Mitarbeiter der Uni ein gutes Wort beim Vermieter einlegt. Mitunter wird der grassierende Rassismus ganz offen ausgelebt. Eine Migrantin, die schon seit einigen Jahren in Freiberg lebt und fließend Deutsch spricht, hat Skovgaard-Sörensen erzählt, was sie vor einem Supermarkt erlebt hat, als sie im Auto saß und wartete. Plötzlich habe ein älterer Mann an die Scheibe geklopft und gepöbelt: «Sie dürfen nicht mit Kopftuch Auto fahren. Das ist verboten.» Aufgrund solcher Erlebnisse warnt die Sozialarbeiterin: «Die Hemmschwelle sinkt immer mehr.»

«Die allgemeine Stimmung in der Region ist, dass rechte Parolen verfangen», sagt der Pfarrer Michael Stahl. «Dieses Mosaik aus verschiedenen rechten Gruppen fügt sich immer stärker zusammen.» Das rechte Netzwerk wirke wie eine Radikalisierungsmaschine. Neben der AfD sind die Freien Sachsen auf der Straße aktiv, darüber hinaus gibt es eine starke Reichsbürgerbewegung.

Sorgen bereitet Stahl, dass sich vor den Stadttoren Freibergs das sogenannte Königreich Deutschland von Peter Fitzek anzusiedeln versucht. Auf einer Informationsveranstaltung versuchte der Reichsbürger, Bedenken gegen seine Aktivitäten zu zerstreuen. Ziel der Reichsbürger ist es, in Halsbrücke bei Freiberg autarke Selbstversorger-Strukturen zu errichten.[377] Der Sektenbeauftragte der evangelischen Landeskirche, Harald Lamprecht, hat eindringlich vor Fitzek und dessen «Königreich» gewarnt. Das demokratische Staatswesen werde permanent verächtlich gemacht. Für das gesellschaftliche Miteinander wirke die Reichsbürgerbewegung zerstörerisch.[378]

Darüber hinaus organisiere der Verein «Freiberger Forum», der im Zuge der Corona-Pandemie aktiv gegründet wurde, gut besuchte Veranstaltungen, bei denen Menschen mit radikalen Ideen und Personen in Kontakt kämen, berichtet Pfarrer Michael Stahl weiter. Die Mobilisierung auf der Straße überlässt die AfD in Freiberg den Freien Sachsen. Die hiesige AfD-Bundestagsabgeordnete Carolin Bachmann habe gleichwohl eine Kundgebung an jenem Treffpunkt abgehalten, wo sonst üblicherweise die Freien Sachsen demonstrieren. Anschließend wurde zu einem gemeinsamen Spaziergang aufgerufen. «So nutzt die AfD die Bühne, die durch die regelmäßige Mobilisierung der Freien Sachsen bereitet ist.» Der AfD gelinge es, ihrer Anhängerschaft das Gefühl zu vermitteln, Teil einer wachsenden Bewegung zu sein. «Ein Gefühl von Wirksamkeit ist plötzlich da», so beschreibt es Stahl. «Verbunden mit der klaren Mission, die lautet: Wir stürzen das System. Das ist für viele Menschen hochattraktiv.»

Gegen diese Entwicklung stemmen sie sich im Bündnis «Freiberg für alle». Gegen die allgegenwärtige Erzählung vom Niedergang versuchen sie, positive Gemeinschaftserlebnisse zu organisieren. Für die Stadtfeste «Musik für alle» und «Kunst sei Dank» bringen sie ganz unterschiedliche Gruppen, Gewerbetreibende und Nachbarn zusammen und bieten jungen Musikerinnen und

Künstlern eine Bühne. Viele aus Freiberg kommen bei diesen Veranstaltungen erstmals miteinander ins Gespräch. Pfarrer Michael Stahl und seine Mitstreitenden wollen die guten Geschichten der Stadt erzählen. Von Menschen, die ihre Freiheit dazu nutzen, gemeinsam etwas aufzubauen. «Da können wir ein ganz anderes Bild zeigen als die AfD mit ihrer Verfallserzählung», sagt Stahl.

Aber die extreme Rechte ist in der Region stark und in allen Lebensbereichen aktiv. Constanze Bornkampf erzählt von einer Schule, wo in einem Klassen-Chat rassistische Bilder und sogar Hakenkreuze kursierten. Die Gruppe wurde zwar gelöscht, berichtet sie. Aber der Versuch der Eltern, mit der Schule darüber ins Gespräch zu kommen, sei im Sand verlaufen. Kein Einzelfall. Die Schülervertretungen der ostdeutschen Bundesländer warnen vor dem zunehmenden Rechtsextremismus in den Bildungseinrichtungen und appellieren an die Verantwortlichen, endlich entschlossen gegenzusteuern. Doch der Appell verhallt.

«Als wir im Juli zu einer Demo gegen Martin Kohlmann und die Freien Sachsen mobilisiert haben, hat mein Bekanntenkreis gar nicht verstanden, warum wir dastanden und protestiert haben», erinnert sich Bornkampf. Neben NPD-Kadern seien bei der rechten Demo auch AfD-Stadträte vor Ort gewesen. Vielen im Ort sei das aber egal. «Langsam kommt man sich so vor, dass man mit einer demokratischen Meinung in der Minderheit ist.» Sie erzählt von einer 17-Jährigen, die mit ihren Freunden nur vermummt gegen die rechten Montagsspaziergänge mitdemonstrieren wolle. Als sie nach den Gründen fragte, habe die junge Frau geantwortet: «Wir haben Angst.» Danach zeigte sie ihr auf dem Smartphone eine konkrete Drohung.

Michael Stahl erzählt eine Anekdote, um zu erklären, was demokratisches Engagement in der sächsischen Provinz bedeutet. Kürzlich hat das Bündnis «Freiberg für alle» einen Workshop zum Thema «Fake News erkennen» veranstaltet. «Zu dieser Veranstaltung kamen auch Leute, die an den Montagsspaziergängen teilnehmen, und haben unsere Veranstaltung gesprengt», erinnert sich Stahl. Eine sachliche Diskussion war unmöglich. «Dieses Szenario droht immer wieder, sobald es Themen sind, die dem rechten Milieu nicht passen.» Bei einer Podiumsdiskussion zur Rolle der Kirche in der Pandemie wurde Stahl mit Pfui-Rufen unterbrochen. Diese Verrohung findet er erschreckend. Es sei viel «Anstand verloren gegangen».

Die Ankündigung zu dieser Podiums-Diskussion des Freiberger Forums hat auch der Freiberger AfD-Stadtrat Markus Gehrke geteilt. Während der Lokalpolitiker im Stadtrat eher unauffällig bleibt, tritt er in den sozialen Medien als Scharfmacher auf. Am 13. Oktober 2023 postete er auf Facebook: «Flüchtlingsstrom und elektrischer Strom, Deutschland importiert einfach Beides.» Dem Publizisten Hasnain Kazim, der zu einer Lesung nach Freiberg kam, unterstellte Gehrke «Gossen-Niveau». Es sei kein Wunder, dass Freibergs «verstrahltes Gutmenschennetzwerk ‹Freiberg für alle› hinter der Einladung steckt», pöbelte der Lokalpolitiker. Der AfD gelinge es, eine große Präsenz in verschiedenen Lebensbereichen zu entfalten, beobachtet Michael Stahl. Abseits von rassistischer Hetze könne die AfD etwa mit dem Landtagsabgeordneten Rolf Weigand, der in der Region ein hohes Ansehen genieße, auch «durchaus staatstragend auftreten».

Im März 2024 wurde Weigand, der zuvor bei der Wahl zum Landrat gescheitert war, zum Bürgermeister im mittelsächsischen Großschirma gewählt. Später sollte die Wahl aufgrund einer fehlenden Unterschrift wiederholt werden. Weigand, ehemaliger Chef der AfD-Jugendorganisation Junge Alternative (JA) in Sachsen, machte als Abgeordneter Schlagzeilen, weil er in einer Anfrage an die Landesregierung im Jahr 2020 die Anzahl der Frauen im gebärfähigen Alter in Sachsen aufgeschlüsselt nach deren Nationalität wissen wollte.[379] Weigand bezeichnet sich selbst gleichwohl als «bodenständig». Die vielbeschworene Brandmauer nach Rechtsaußen: In ostdeutschen Kommunen ist sie längst löchrig. Das schafft eine neue, gefährliche Normalität, in der nämlich menschenverachtende Ideologie und Praxis als normal angesehen werden. Als normal gilt dann, per se gegen Ausländer zu sein, soziale und politische Wohltaten ausschließlich für Deutsche zu fordern und Regierungsverantwortliche als Feinde zu betrachten. Wer als fremd markiert wird, soll weg.

Die politischen Konsequenzen werden gemeinhin massiv unterschätzt. Wichtig sei zu verstehen, wie Kommunalpolitik überhaupt funktioniert, erklärt Demokratieberater Felix Steiner vom Verein Mobile Beratung in Thüringen. In kleinen Orten gebe es oftmals gar keine Parteien im Stadtrat. Politik werde da maßgeblich vom Personal der Freiwilligen Feuerwehr oder des Schützenvereins gemacht. Wenn dann ein Nachbar oder Schützenkamerad neuerdings für die AfD antritt, «dann wählt man ihn halt, weil der ja immer noch derselbe ist». Dann stimme man eben auch gemeinsam und parteiübergreifend für einen neuen Spielplatz ab. «Das führt zu einer totalen Normalisierung der AfD», sagt Steiner. «Sie wird in den Augen ganz vieler nicht mehr über deren antidemokratische Inhalte wahrgenommen, sondern nur noch über Sachpolitik vor Ort.»

In der öffentlichen Wahrnehmung entsteht mitunter der trügerische Eindruck, in den Kommunen spiele Ideologie keine Rolle. Nach dem Motto: Neue Straßen oder Kindergärten sind weder links noch rechts. Dazu noch einmal der Blick nach Sachsen. Die Wahl von Rolf Weigand zum Bürgermeister in Großschirma hat eine traurige Vorgeschichte. Sein langjähriger Amtsvorgänger Volkmar Schreiter von der FDP hat sich im Oktober 2023 das Leben genommen. Was der konkrete Auslöser für den Suizid war, wird wohl offenbleiben. Es wurde kein Abschiedsbrief gefunden. Der Lokalpolitiker soll unter einer schweren Depression gelitten haben und wurde mehrfach in einer Klinik behandelt.

Die Chemnitzer Freie Presse hat den Werdegang Schreiters rekonstruiert und mit vielen Wegbegleitern gesprochen, darunter auch mit dessen Kindern. Daraus ergibt sich ein beunruhigendes Bild.[380] Demnach hat sich etwas in dem beschaulichen Ort mit 5500 Einwohnern verändert, seit die AfD mit ihrem Kandidaten Rolf Weigand dort politisch an den Start ging. Kurz vor der Bürgermeisterwahl 2018, als der Amtsinhaber gegen den jungen AfD-Kandidaten gewinnen konnte, wurden Wahlplakate von Schreiter mit Parolen wie «Volkmar der Selbstherrliche» und «Grinsen kann ich am besten» überklebt. Die Täter konnten seinerzeit nicht ermittelt werden. Überliefert ist eine Anekdote von der Vereidigung Schreiters im Stadtrat. Da ließ der unterlegene AfD-Kandidat Weigand, der selbst nicht anwesend war, dem Amtsinhaber ein Vergissmeinnicht überreichen. Auch wenn der AfD-Mann böse Absichten von sich gewiesen hat – man kann das als Drohung verstehen.

Im Stadtrat blockierte die AfD nun regelmäßig Beschlüsse. Sitzungen dauerten jetzt manchmal bis in die Nacht. Der Bürgermeister wurde mit diversen Dienstaufsichtsbeschwerden zermürbt, die ihm zusetzten. Auf Facebook wurde der erfahrene Lokalpolitiker als «bockiges Kleinkind» verunglimpft. Schreiter, der sich lange der AfD entgegengestellt hatte, sprach nun von Rücktritt. Sein Sohn registrierte eine beängstigende Veränderung. «Auf einmal war mein Vater weg», wird er in dem Zeitungsbericht zitiert. «Stattdessen war da nur noch eine Hülle.» Nach dem tragischen Tod Volkmar Schreiters wählte der Pfarrer von Großschirma bei der Trauerfeier Worte, die aufhorchen lassen. Wie solle das Leben gehen, wenn man kein Streitpartner mehr sei, «sondern einer, der am Ende wegmuss, weil er der Macht des anderen im Weg steht»? Dieser Tod sei das Ergebnis dessen, dass «unser Zusammenleben lange schon erschüttert» sei. Man sollte sich vor monokausalen Erklärungen hüten. Eines aber wird deutlich: Die Kommunen sind zur politischen Kampfzone geworden. Demokratinnen und Demokraten geraten dort zunehmend und massiv unter Druck.

Die AfD wirkt dabei wie eine Radikalisierungsmaschine, auch wenn deren Kommunalpolitik bisher kein einheitliches Bild abgibt. «Das ist von Ort zu Ort ganz unterschiedlich», sagt Michael Nattke, Geschäftsführer des Vereins Kulturbüro Sachsen, deren mobile Teams in vielen sächsischen Kommunen gegen Rechtsextremismus beraten. Nattke beobachtet seit vielen Jahren die extreme Rechte im Land. Überall dort, wo die AfD über erfahrenes Personal verfüge, agiere die Partei in den Kommunen überaus wirkungsvoll. So verfüge die AfD in Freital zusammen mit dem Bündnis «Konservative Mitte», das in der Kleinstadt den Bürgermeister stellt, über Abstimmungsmehrheiten im Stadtrat. Freital, wo sich eben die rechtsterroristische Gruppe Freital formiert hatte, geriet zuletzt in die Schlagzeilen, weil die Stadt mit 40 000 Einwohnern angeblich nicht mehr als 30 Wohnungen für Geflüchtete stellen könne. Die Kapazitäten seien erschöpft, hieß es.[381] «Auf den Seiten der städtischen Wohnungsgesellschaft werden aber wahnsinnig viele Wohnungen angeboten», sagt Nattke. Im Ergebnis müssten aufgrund der Weigerung andere Kommunen mehr Geflüchtete aufnehmen. Auf diese Weise werde die Solidargemeinschaft außer Kraft gesetzt, so Nattke. In Döbeln wiederum gelang es der AfD, vorübergehend die Förderung für den soziokulturellen Verein Treibhaus Döbeln zu stoppen, nachdem ein AfD-Abgeordneter im Kreistag über missliebige Aufkleber am Kickertisch berichtet hatte.

Das politische Klima wird nicht nur in Sachsen rauer. Der CDU-Landrat von Bad Bibra in Sachsen-Anhalt, Götz Ulrich, hat öffentlich gemacht, dass eine AfD-Demo geplant war, die an seinem Wohnhaus vorbeiführen sollte: mit Fahnen, Trillerpfeifen, Trompeten, Fußballtröten, Megafon und Trommeln. Im Kreistag richtete Ulrich das Wort an die dortige AfD-Fraktion: «Wir alle wissen, wer solche Instrumente der Einschüchterung, der Repression und der Bedrohung eingesetzt hat, wo so etwas hinführen kann.» Anstatt auf Sachpolitik zu setzen, arbeite die AfD mit

Hausbesuchen, so Ulrich, der den AfD-Abgeordneten zurief: «Sie sollten sich in Grund und Boden schämen, so in die Privatsphäre meiner Familie einzudringen und meiner 85-jährigen Mutter, meinen Kindern, meinen Nachbarn damit schlaflose Nächte zu bereiten.» Am Ende seiner Rede gab der Landrat ein Versprechen: «Diesen Nazi-Methoden werde ich standhalten und auch weiterhin mit aller Kraft für die freiheitlich-demokratische Grundordnung einstehen.» Viele andere bringen diesen Mut nicht auf und ziehen sich stillschweigend aus der Lokalpolitik zurück.

Radikalisierung und Normalisierung ergeben eine Doppelstrategie. Langfristig verfolgt die AfD nämlich Plan A einer schleichenden Machteroberung. Und der Weg dahin führt über Rathäuser, Landratsämter, Behörden und Vereine. In seiner Rede in Eisleben im Jahr 2018 hat Björn Höcke die «Patrioten» dazu aufgerufen, sich die bürgerliche Gesellschaft zurückzuholen: «Wir müssen rein in die Jagdgenossenschaften, wir müssen rein in die Kirchengemeinden, wir müssen rein in die Kirmesgesellschaften.» Damals hat Höcke seine Anhänger zum rechten Marsch durch alle relevanten gesellschaftlichen Organisationen ermuntert. Sechs Jahre später lässt sich feststellen: Höckes Jünger sind angekommen.

Den Arbeitsplatz von Felix Steiner in seinem Erfurter Büro würde es so nicht mehr geben, wenn Höckes AfD an die Macht käme. Steiner arbeitet seit einigen Jahren für den gemeinnützigen Verein Mobile Beratung in Thüringen (MOBIT). Der Verein berät Kommunen und Organisationen bei Problemen mit Rechtsextremismus, veranstaltet Tagungen und Fortbildungen. Er ist Teil jener von Land und Bund geförderten Zivilgesellschaft, der Höcke und die AfD den Kampf angesagt haben. «Wir kriegen Anfragen aus allen gesellschaftlichen Bereichen. Von Feuerwehren, Sportvereinen bis hin zu Sozialverbänden», sagt der Berater. «Das große Thema ist der richtige Umgang mit AfD und Reichsbürgern.» Der Beratungsbedarf sei enorm, bei Kirchen genauso wie im Kulturbereich. «Wir erleben flächendeckend eine riesengroße Unsicherheit in den Beratungen, was das eigene Verhalten angeht», so Steiner. Darf ich denn überhaupt sagen, dass die AfD eine extrem rechte Partei ist? Muss ich nicht auch mit dem Reichsbürger reden? «Die Leute haben große Angst, für ihre Positionierung angegriffen zu werden, etwa durch Anfragen im Stadtrat», berichtet Steiner. Er schildert den Fall eines Theaters in Thüringen, das demokratische Proteste mitorganisiert hat. Anschließend wurde im Kreistag gefordert, dem Kulturbetrieb die Finanzmittel zu streichen.

«Fast immer geht es in der Beratung um die Frage der Neutralität», sagt Steiner. Das ist für die AfD ein Zauberwort und Türöffner. Mit diesem Kampfbegriff versucht die Partei, alle gesellschaftlichen Akteure, von Schulen über Medienhäuser bis zu Vereinen, dazu zu bringen, gegenüber Rechtsextremismus passiv zu bleiben und sich politisch rauszuhalten. So schaltete die AfD schon vor Jahren digitale Denunziationsportale, wo missliebige, engagierte Lehrerkräfte gemeldet werden sollten. «Die AfD behauptet permanent, alle hätten politisch neutral zu sein, und deshalb müsse man auch mit ihnen reden», erklärt der Demokratieberater. «Was natürlich Quatsch ist. Ein Bekenntnis zur Demokratie bedeutet eben nicht Neutralität, sondern zu den im Grundgesetz fest verankerten Werten zu stehen.» Aus diesem Grund sei ja nach 1945 die wehrhafte Demokratie entwickelt worden: «Damit Demokratie eben nicht wie 1933 mit den Mitteln der Demokratie abgeschafft werden kann.»

Die wichtigste Strategie in der Beratung ist es Steiner zufolge, die Verunsicherten darin zu bestärken, «dass man demokratische Werte vertritt und sich nicht einschüchtern lassen darf». Viele Hilfesuchende verfügten durchaus über einen solchen Wertekanon, seien aber oftmals zu ängstlich, diesen nach außen zu vertreten, so Steiner: «Die wichtigste Botschaft lautet: ‹Seid selbstbewusste Demokratinnen und Demokraten.›» Doch die mobilen Beratungsteams erleben bei ihrer Arbeit ein beunruhigendes Muster. Die wenigen Aufrechten werden oftmals von einer schweigenden Mehrheit im Stich gelassen. So haben dann die lauten und aggressiven Rechten in Vereinen und Organisationen mitunter leichtes Spiel. Steiner kennt demokratische Einzelkämpfer, die aufgegeben haben und resigniert ausgetreten sind. Entscheidend ist also, in Verbänden, Kirchengemeinden und Feuerwehren Verbündete zu finden und demokratische Netzwerke zu organisieren. Das wird immer schwerer. «Die Anfälligkeit für die Erzählungen der AfD nimmt zu», beobachtet Steiner. «Die Partei hat es geschafft, dass die Leute nicht sagen: Ich verdiene zu wenig Geld, weil die da oben zu viel haben. Sondern die sagen: Ich verdiene zu wenig Geld, was also wollen diese Leute von draußen hier.»

Hinzu kommt die Wirkmacht extrem rechter Propaganda. Die toxischen Erzählungen der AfD und ihrer Unterstützer von unkontrollierter «Massenmigration», «Umvolkung» und «Bevölkerungsaustausch» sowie vom kollektiven Versagen der «Altparteien», «Deutschlandabschaffern» und «linksgrün versifften» Eliten senken auf gefährliche Weise die Hemmschwellen. In diesem Klima wird demokratisches Engagement zunehmend zur Gefahr. Mit 1219 Angriffen, Bedrohungen und Beleidigungen war im Jahr 2023 am stärksten das Personal der Grünen betroffen – mit weitem Abstand vor dem der AfD, SPD, FDP, CDU und Linken. Vor den Kommunal- und Europawahlen sorgte Anfang Mai 2024 der Angriff auf den Dresdner SPD-Europapolitiker Matthias Ecke bundesweit für Erschütterung. Ecke war in Dresden beim Plakatkleben von mehreren Gewalttätern brutal angegriffen worden und erlitt dabei einen Bruch der Augenhöhle und des Jochbeins. Unter den vier ermittelten Tatverdächtigen fanden sich bei einem 17-Jährigen Hinweise auf eine rechtsextreme Gesinnung.[382] Ebenfalls in Dresden wurde die Grünen-Spitzenkandidatin für den Stadtrat, Yvonne Mosler, vor laufenden Kameras beim Plakatieren attackiert.[383] Die giftige Saat rechter Hetze gehe auf, kommentierte der langjährige Pfarrer der Leipziger Thomaskirche und Demokratieberater Christian Wolff.[384] Der angegriffene SPD-Politiker Ecke spricht von «organisierter Verrohung» durch die extreme Rechte.

Wie weit verbreitet extrem rechte Ideologie vor allem im deutschen Osten ist, zeigt eine Studie der Uni Leipzig aus dem Jahr 2023.[385] Demnach stimmt rund ein Drittel voll oder zum Teil der Aussage zu: «Wir sollten einen Führer haben, der Deutschland zum Wohle aller mit starker Hand regiert.» Rund die Hälfte wünscht sich latent oder manifest eine starke Partei, die die «Volksgemeinschaft insgesamt» verkörpere. Zur Erinnerung: «Volksgemeinschaft» hieß das auf gewaltsamer Ausgrenzung basierende Gesellschaftsmodell im Nationalsozialismus, dessen zugrunde liegende Ideologie in der millionenfachen Vernichtung von Minderheiten endete. Sehnsucht nach einem Führer und völkischer Antipluralismus werden offenbar wieder Mainstream. Studienleiter Oliver Decker von der Uni Leipzig warnt, dass viele Menschen im Osten derzeit nicht mehr demokratische Teilhabe wünschen, «sondern die scheinbare Sicherheit einer autoritären Staatlichkeit».[386]

Laut Sachsen-Monitor, der die politischen Einstellungen in dem Bundesland misst, sind in Sachsen 64 Prozent der Befragten davon überzeugt, Deutschland sei durch die vielen Ausländer «in gefährlichem Maß überfremdet». In seiner rassistischen Bedeutung wurde der Begriff «Überfremdung» übrigens von den Nazis in den Duden geschrieben. Die Mehrheit in Sachsen teilt also eine rechtsextreme Verschwörungserzählung. Das Vertrauen in die Parteien ist um zwölf Punkte auf nur noch zehn Prozent gefallen. Während die Zufriedenheit mit der demokratischen Praxis rapide abnimmt (minus 18 Punkte auf 41 Prozent), werden völkische Reinheitsfantasien und Führersehnsucht mehrheitsfähig: Das ist der dramatische Befund, den jene schönreden, die reflexhaft vor einer «Nazikeule» warnen, mit der man AfD-Wähler nicht pauschal verurteilen dürfe.[387]

Die Normalisierung rechtsextremer Ideologie und Akteure ebnet der AfD den Weg in Rathäuser und Landratsämter. Nur wenn es der AfD dauerhaft gelingt, sich in Städten, Orten und Dörfern zu verankern, ist es der Partei möglich, zu einem realen Machtfaktor zu werden und den Alltag der Menschen zu dominieren. Die ostdeutschen Kommunen sind für die AfD Türöffner und Vorbild für ganz Deutschland. Hier können sie zeigen: Die Machtübernahme ist möglich. Mittlerweile erzielt die AfD beachtliche Geländegewinne. In Sonneberg (Thüringen) wurde im Juni 2023 Robert Sesselmann zum ersten AfD-Landrat gewählt. Im Wahlkampf setzte sich der Rechtsanwalt mit Themen durch, die gar nicht in der politischen Verantwortung eines Landrats liegen. Die AfD plakatierte stattdessen Forderungen wie «Grenzen schließen», «Euro abschaffen», «Frauen vor dem Islam schützen» und «Gegen Windräder – für Diesel».[388] Alles Aufreger, viel Kulturkampf, keine konkrete Lokalpolitik.

Das mediale Bild des Kandidaten Sesselmann betonte dessen bürgerliche Biographie als Rechtsanwalt, Familienvater und Kommunalpolitiker. Übersehen wurde gern, dass dieses vermeintlich so freundliche Gesicht der Partei als Beisitzer im Vorstand der Thüringer AfD jene Politik mitverantwortet, die der Verfassungsschutz des Landes als gesichert rechtsextrem bewertet. Nach seinem Wahlsieg zeigte sich Sesselmann denn auch demonstrativ an der Seite von Landeschef Höcke. Laut dem Verband der Beratungsstellen für Betroffene rechter, rassistischer und antisemitischer Gewalt (VBRG) hat sich Sonneberg «seit Amtsantritt des AfD-Landrats zu einem Hotspot rechter Gewalt und rassistischer Bedrohung entwickelt». Die Opferberatungen sprechen von einem «Brandstiftereffekt». Offenbar fühlen sich rechte Gewalttäter durch rechtsextreme Wahlerfolge ermutigt zuzuschlagen.

Der Wahlerfolg der AfD in Sonneberg ist kein Einzelfall. Im August 2023 wurde mit Hannes Loth in Raguhn-Jeßnitz (Sachsen-Anhalt) der erste hauptamtliche Bürgermeister der AfD vereidigt.[389] Auch hier gilt die AfD dem Verfassungsschutz des Landes als gesichert rechtsextrem. Der alarmierende Befund: Extrem rechts zu wählen ist vor allem in ostdeutschen Bundesländern für große Teile der Bevölkerung kein Tabu. Wobei dieses Tabu zunehmend auch im Westen bröckelt, wie die Wahlerfolge der AfD in Bayern (14,6 Prozent) und Hessen (18,4 Prozent) zeigen. Die Folgen des gesellschaftlichen Klimawandels kriegen all jene als erstes schmerzhaft zu spüren, die nicht ins völkische Bild passen.

Johanna und Robert hatten den gemeinsamen Traum von einem guten Leben. Beide sind Mitte 30. Sie ist in Dresden geboren, er im nahen Dippoldiswalde im Osterzgebirge. Sie ist Journalistin, er gelernter Energie- und Umweltingenieur. «Ich liebe das hier», sagt Robert. «Ich liebe die Berge und die Wälder, das Raue, das fetzt.» Er erinnert sich gern daran, wie er als Junge mit den anderen Dorfkindern «rumgestromert» sei und wie sie zusammen gehalten hätten. «Das habe ich mir für meine Kinder auch gewünscht.»

Das Paar kaufte ein Haus in einem kleinen Ort in der Gemeinde Klingenberg im Erzgebirge, in der alten Heimat also. Das renovierten sie, wenn sie von der Arbeit kamen, und zogen im Spätsommer 2023 endlich in ihr neues Zuhause ein. Robert hatte viel vor in dem Dorf. Er wollte ein großes Energie-Projekt starten. Als Selbstversorger wollten sie Äpfel, Kartoffeln und Gemüse anbauen. Einige Monate später, im Januar 2024, sind sie am Ende. Johanna traut sich nicht mehr, mit den Kindern allein in dem Haus zu übernachten, wenn Robert beruflich unterwegs ist. «Der Status ist, dass wir aktiv geächtet werden», sagt Robert. Sie zeigen ein anonymes Schreiben. Das habe letzte Woche im Briefkasten gelegen. Die Wörter auf dem Zettel sind ausgeschnitten und aufgeklebt: «Wer Haus und Hof nicht ehrt ist der Gesellschaft nichts Werd (sic!)»

Sie hatten einen Fehlstart im Dorf, und den haben sie sich durchaus selbst zuzuschreiben. Davon haben sie sich nie mehr erholt. Robert hatte sich abfällig über die Schuleinführung geäußert. Das war ein Fehler, räumt er im Gespräch ein. Er hat sich dafür längst entschuldigt, aber genützt hat es ihnen nichts. «Wir sind die Leute, mit denen man nichts zu tun haben darf», sagt Robert. Ein Teil ihrer Probleme hat sicher mit dem Leben in einem Dorf zu tun. Mit den rigiden Regeln einer kleinen, gewachsenen Gemeinschaft. Mit dem hohen Gras, das bei ihnen wilder wächst, als es die Nachbarn wünschen. Mit den Haaren ihrer Kinder, die länger sind als die der anderen Kinder. Aber das erklärt nicht alles. Einmal soll ein Anwohner durch die stets offene Tür in ihr Haus gekommen sein und gerufen haben: «Wo ist der Russe? Ich bringe den Russen um.» So erzählt es Johanna. Gemeint war Robert, der einen Vollbart trägt. Anlass für den Ärger soll ein Loch im Zaun gewesen sein. «Wir sind für die anderen die Rumänen, die Zigeuner, die Russen», sagt Johanna. Sie erlebe eine völlige verbale Enthemmung: «Auf uns projiziert sich der ganze Hass.»

Johanna wird manchmal angesprochen. Sonnenschein, sagen die anderen dann, du hast den falschen Mann geheiratet. Johanna und Robert haben davon gehört, dass man sie enteignen wolle. Ein anderes Gerücht besagt, man wolle überprüfen lassen, wie es um das Kindeswohl bestellt sei, weil ihre Kinder ja seit Monaten auf einer Baustelle hausen müssten. Gemeint ist damit wohl, dass der Ausbau des Hauses wie bei so vielen Hausbesitzern ein langer Prozess ist. In der Bauphase klemmte die junge Familie Laken in die Fenster, um nachts die Zimmer abzudunkeln. Das Paar ist sich einig darin, was den Hass auf Robert maßgeblich angefacht hat. In seiner Twitter-Biographie stehe nämlich nicht nur Erzgebirge und Fahrradfahrer, sondern auch «Antifa». Irgendwann habe Robert mal gepostet: «Antifa ist Landarbeit». Er erklärt, wie er das meint: «Antifa heißt ja nicht: Ich laufe im schwarzen Block und werfe Molotow-Cocktails. Antifa heißt: Ich stelle mich gegen faschistische Kräfte, die die Demokratie gefährden. Das ist Anti-Faschismus.» Im Jahr 2015 hat er in Dippoldiswalde das dortige Willkommensbündnis mitgegründet. «Wir haben dort schon ganz viel Hass erfahren, wir haben dort schon enorm eingesteckt», sagt er. So schlimm wie jetzt war es noch nie.

Er sei ja auch aufs Land gezogen, um die Demokratie zu stärken. Seine Tweets machten im Ort die Runde. «Robert ist für die anderen offen linksradikal», sagt Johanna. «Robert wird als Querulant bezeichnet. Ich werde angesprochen, ob ich mal bitte meinen Mann in den Griff bekommen könne.» Solche Querulanten wie sie wolle man hier nicht haben, bekamen sie zu hören. Die Stimmung sei angespannt, berichtet das Paar. Ihr Sohn wurde kürzlich von einer Gruppe Gleichaltriger verhöhnt, die sich im Kreis vor ihm aufgebaut hatten. Die Familie verspürt ein diffuses Gefühl der Bedrohung. «Ich habe Angst», sagt Johanna.

Die Rechten sind in der Region – im Gegensatz zu ihnen – akzeptiert. Johanna und Robert erzählen von T-Shirts und Parolen auf Autos. Da stehe dann etwa in Frakturschrift: «Kraft durch Feinstaub». Eine Abwandlung des Namens der NS-Organisation «Kraft durch Freude». Oder jemand trägt auf der Kleidung Parolen wie «Rückreisemanager Wehrmacht». «Es gibt einen Mann, der hat «Blut und Ehre» am Hals tätowiert, sichtbar für alle an der Halsschlagader», sagt Johanna. Die NS-Parole ist in Deutschland verboten. Sie sehen auch immer mal wieder ein Auto mit einem großen Reichsadler. In der Mitte ist statt eines Hakenkreuzes das Symbol von VW abgebildet. Keiner außer ihnen scheint sich an diesen Symbolen und Parolen zu stören.

Das alles ist ihnen nicht neu. Johanna erzählt, dass ihre Freundin in der Jugend immer Darts mit den Jungs gespielt habe. Die

Gewinner kriegten ihr zufolge kleine Hakenkreuze aufgemalt, die Verlierer «Judensterne». Robert erzählt von seiner Schulzeit: «Klar hatten wir Faschos in der Klasse. Klassische Schimpfwörter waren du Jude und du Asi.» Auch das sei seine Kindheit gewesen: «Das war hier schon immer so.» Als Journalistin hat Johanna viele Gespräche in der Region geführt. Wenn die Sprache auf die AfD und andere extrem Rechte kommt, hört sie immer mal wieder: «Na, das sind doch ganz normale Menschen. Die gehen ja auch ganz normal arbeiten.» Viele weigerten sich, Position zu beziehen. «Was wir hier erleben, ist das Wegschauen der Mitte», sagt Johanna.

Und wie erleben sie die AfD? «Die sind präsent, die sind beim Bürger», sagt Robert. In den vergangenen Monaten habe er dreimal die Gelegenheit gehabt, Bundestagsabgeordnete der AfD persönlich zu treffen. Er sehe regelmäßig die entsprechenden Hinweise auf Bürgerdialoge an den Laternen. Im Internet finde man darüber hingegen nichts. «Die AfD ist bei jedem Zapfenstreich, bei jedem Bieranstechen, in den Wirtshäusern», sagt Robert. Johanna ließ sich neulich mal den Terminkalender von einem AfD-Abgeordneten zeigen: «Die sind wirklich überall und die werden auch überall eingeladen. Das sind Politiker zum Anfassen.» Die Politiker der demokratischen Parteien bleiben in der Region hingegen namenlos und unsichtbar.

Johanna hat eine spannende Beobachtung gemacht. Beim Bürgerdialog mit dem Bürgermeister sei eine alte Frau aufgestanden und habe geschimpft. Wie es denn sein könne, dass jetzt Windräder in der Höhe des Dresdner Fernsehturms auf die Neuklingenberger Höhe gebaut werden sollten. Windrad und Fernsehturm – ein ungewöhnlicher Vergleich, dachte Johanna. Einige Wochen später war sie bei einem AfD-Landtagsabgeordneten zum Interview. Er kritisierte fast wortgleich geplante Windräder in der Höhe des Dresdner Fernsehturms. Die Erzählungen der AfD kommen also offenkundig nicht nur an, sondern die Leute machen sie sich zu eigen und umgekehrt. «Vom Bäckermeister höre ich die gleichen Worte, die mir der AfD-Abgeordnete sagt», erzählt Johanna. «Ich erlebe hier eine wörtliche Übernahme und Wiedergabe von AfD-Zitaten.»

Wie schafft die AfD das? Was macht sie abgesehen von ihrer Präsenz so erfolgreich? Johanna versucht sich an einer Erklärung. Die AfD sei ein Magnet und ein Sammelbecken für diverse Haltungen und Stimmungen wie: «Ich hasse Ausländer. Ich bin unzufrieden mit meinem eigenen Leben. Ich bin unzufrieden mit der Demokratie. Ich finde Elektroautos scheiße.» Robert hat mittlerweile verstanden, warum er mit seinen Ideen von nachhaltigen Energie-Projekten scheitern musste. Die meisten um sie herum würden in etwa denken: «Es soll alles so bleiben, wie es ist.» Die Welt verändere sich immer schneller, und das mache vielen Angst. «Die meisten Menschen haben keinen Bock auf Veränderung», glaubt er. «Die AfD schafft es, diese Angst vor dem Neuen, vor dem Fremden zu schüren.» Johanna ergänzt: «Grüne Politik wird als Angriff auf das eigene Leben verstanden. Da kommt so ein Grüner und will dir deinen Verbrennungsmotor verbieten. Da kriege ich doch auf dem Land die Krise.» Grünenpolitiker wie Robert Habeck sind für viele geradezu Hassobjekte. Solche Stimmungen greift die AfD auf und befeuert sie. Die AfD hat zwei ebenso simple wie erfolgreiche Versprechen für die Unzufriedenen im Angebot. Erstens: Ihr könnt so bleiben, wie ihr seid, und müsst nichts ändern. Und zweitens: Die Gefahr kommt von außen, und wir beschützen euch – vor den Migranten und Ausländern.

Johanna und Robert hatten geglaubt, sie könnten Teil dieser lokalen Gemeinschaft sein. Schließlich kommen sie ja beide aus der Region. Das war ein Irrtum. Man hat ihnen unmissverständlich klargemacht: Ihr seid anders. Ihr gehört nicht dazu! Sie sind an der rigiden Vorstellung von homogener Normalität gescheitert. Wer dem nicht entspricht, ist raus. Beim Fasching hat es das

Paar noch einmal versucht. Sie haben sich als Piraten verkleidet, unter die anderen gemischt, aber sie blieben isoliert. Bis sich Johanna draußen in der Raucherecke in ein langes Gespräch mit einem jungen Mann vertiefte. Der begann die Unterhaltung mit den Worten: «Na, du wählst doch bestimmt links, so wie du aussiehst.» Sie fragte zurück, was er denn wählte. Seine Antwort: «Ich wähle AfD, weil die NPD gibt es ja nicht mehr.» Was die AfD denn konkret vor Ort für ihn tun könne, wollte sie wissen. Da habe er geantwortet, dass er AfD wähle, weil er Angst habe, dass die Ausländer «unsere deutschen Frauen» vergewaltigen. Über eine Stunde habe sie mit ihm in der Kälte gestanden, diskutiert, gestikuliert. Er gab zu, dass ihm keine derartige Straftat im Ort bekannt sei. Sie erinnerte ihn an die tschechischen Hilfskräfte, die doch in der Region dringend gebraucht würden. Johanna sagt, es sei ein gutes Gespräch gewesen. Es ging hin und her. Aber ihre Argumente änderten nichts. Die AfD blieb für den jungen Mann aus dem Ort ein Heilsbringer.

Kurz nach dem Interview mit Johanna und Robert haben sie aufgegeben. Die Familie hat eine Wohnung in Leipzig gemietet. Das Haus im Erzgebirge wollen sie verkaufen. Sie waren gekommen, weil sie ein gutes Leben für sich und ihre Kinder wollten. Und weil sie auf dem Land etwas bewegen wollten. Die Menschen, auf die sie trafen, wollen auch etwas bewegen. Nur ganz anders als die beiden. Nun wollen Johanna und Robert nur noch weg.

1.10 Die Internationale der Demokratiefeinde – wie AfD-Politiker Deutschland verraten und verkaufen

Beim Militär spricht man auf Englisch von «OPSEC», Operations Security, wie also kann ein Standort vor Spionage, Sabotage und Angriffen geschützt werden. Umgekehrt: Wo ist die OPSEC des

Gegners am schwächsten, wo kann ich ihm am leichtesten und schnellsten Schaden zufügen? So gehen die Militärs und Nachrichtendienste in aller Welt vor, auch die chinesischen und russischen. Sie erkennen ein leichtes Ziel, wenn sie es sehen. Und die AfD ist ein solches, sogar ein besonders leichtes Ziel. Die Schlagzeilen zeigen es: «AfD-naher Bundeswehr-Offizier gesteht Spionage für Russland», «Mitarbeiter von AfD-Abgeordnetem soll Kontakt zum FSB haben»[390], «Agenten-Affäre: AfD-Hausausweis für mutmaßlichen Spion»[391], «Mitarbeiter China-Spion? Razzia bei AfD-Politiker Krah»,[392] «AfD-Mitarbeiter wegen Spionage verhaftet».[393] Kurz: Die AfD gefährdet auch auf dieser Ebene die Sicherheit Deutschlands.

Der interne Umgang und die Organisation der Partei zeigen zudem, wie verwundbar die AfD ist, da sie nicht zusammenhält und keine Loyalität kennt – die Macht-, Flügel- und Wahl- und-Wiesen-Kämpfe in der AfD sind legendär.[394] Da eh fast jeder jeden in der Partei irgendwann zu verraten scheint, ist jedes Mitglied ein potenzielles Rekrutierungsziel – auch für deutsche Nachrichtendienste: «Verfassungsschutz räumt Einsatz von V-Leuten in der AfD ein», hieß es so auch beim Verfahren vor dem OVG Münster.[395]

Der Verrat wohnt der AfD inne. Aus der Partei heraus wurden vom Start weg fast in Echtzeit Informationen gestreut, nicht zuletzt durch «gemäßigte» Mitglieder selbst, die so mit Hilfe vieler Medien die Erzählung setzen, dass es eben einen gemäßigten Teil in der AfD gibt, der angeblich noch etwas zu sagen hat.[396] Die Schimäre wurde so aufrechterhalten, dass Selbstreinigungskräfte wirken, dass es Regeln gibt, an die man sich hält. Doch liest man verschiedene Schlagzeilen über die Jahre, erkennt man ein System – und das Problem:

«Wie sich die AfD intern zerfleischt» (2015)[397]; «AfD: Die neue Rechtspartei zerfleischt sich gerade selbst» (2016)[398]; «AfD – Die

Selbstzerstörungspartei» (2017)[399]; «So zerfleischt sich Niedersachsens AfD weiter selbst» (2018)[400]; «Bayern-AfD zerfleischt sich selbst» (2019)[401]; «AfD, Corona und der Flügel: Die Zerreißprobe».[402] (2020); «Inside AfD – Eine Partei in der Zerreißprobe» (2021)[403]; «Vorwurf der Parteischädigung, tiefe Risse – und ein Revolte-Plan» (2022)[404]; «Geheimer AfD-Chat zeigt Partei-Chaos»[405] (2023); aber, dann 2024:

«AfD: Ein «Super-Ergebnis» trotz Skandalen ohne Ende»[406]

Die Zerreißproben und das Selbstzerfleischen waren immer Teil der Show und hielten bei Betrachtern den Wunschtraum am Leben, dass sich die AfD als Problem von allein zerlegt und erledigt. Hat sie jedoch nicht. Obwohl dort offenbar lauter Verräter aufeinandertrafen.

Dass die AfD – was ihr als junge Partei vielleicht sogar zugestanden werden könnte – außerdem organisatorisch und logistisch chaotisch agierte, hat zur Folge, dass sie auch sehr leicht ausspioniert werden kann. Es gibt kaum etwas, das nicht schon einmal gehackt, geleakt, durchgestochen oder verraten worden wäre. E-Mails, Chats, WhatsApp-Gruppen, Vorstandssitzungen, Strategietreffen wie in Potsdam – die Partei ist offen wie ein Scheunentor. Nicht, dass es Indiskretionen nicht auch bei anderen Parteien gäbe, die gab es fast immer. Doch die AfD ist auf einem völlig anderen Level. Tausende von internen Nachrichten wurden bekannt, sie wurden in Artikeln und Dokumentationen aufbereitet. Sie zeigen ein klares, kohärentes Bild des Chaos und Selbsthasses:

«Und dieser Chaosladen will Deutschland retten?» (3.5.2019).

«Uns fliegt langsam die Partei unterm Arsch weg, die gegründet wurde, um unser Land zu schützen!» (10.07.2019).[407]

« … WO IST UNSER KONZEPT, WO IST UNSERE STRATEGIE? Wenn man solche Fragen stellt gilt man offenbar als Verräter.» (22.4.2020).

«Die Wähler haben keine Ahnung, was sie erwartet, wenn sie AfD wählen ....» (05.01.2021)

Wenn es gerade kein Leak gibt, dann streiten sich Mitglieder der AfD auch gern öffentlich, bei chaotischen Parteitagen – BaWü, Sachsen – oder auf X, TikTok oder Instagram. Diese Grunddynamik wird durch den gnadenlosen Opportunismus der AfD-Politiker angetrieben. Das soll in der Politik nicht nur in der AfD vorkommen – in der AfD jedoch gibt es eben darüberhinaus zu viele Mitglieder, die ein prinzipielles Problem damit haben, rechtsstaatliche Regeln anzuerkennen. Die AfD-Mitglieder, das belegen die Daten, sind mit Abstand am kriminellsten. Schon 2018 lief gegen zehn Prozent aller damaligen AfD-Abgeordneten ein Verfahren wegen einer Straftat oder anderer Delikte.[408] Wiederum: Die anderen Parteien sind nicht immun – Steuerhinterziehung bei der CDU, Crack-Missbrauch eines SPD-Politikers, Korruption bei der CSU; das alles gab es im Bundestag schon von der AfD. Nur: Die Mitglieder der Partei ließen nichts aus, sie deckten alle Bereiche ab. Terrorismus, Freiheitsentzug, gefährliche Körperverletzung – all das wurde bereits dargestellt. Hinzu kommt Zigarettenschmuggel, Drogenschmuggel, Kindesmissbrauch, Kinderpornos, Trunkenheit am Steuer, Untreue, Steuerhinterziehung, Schmähung, Geldwäsche, Aufforderung zur Begehung eines Hochverrats. Oder eben: Spionage und potenzieller Landesverrat.

Wiederum: Das bedeutet nicht, dass der Bundestag zuvor uneinnehmbar gewesen wäre, wenn es um ausländische Spionage ging, im Gegenteil. Ein Hack des Computersystems im Parlament durch den russischen Militärgeheimdienst 2014 gilt als der Auftakt der heißen Phase eines hybriden Kriegs, der die Invasion der Ukraine vorbereitete – damals war die AfD noch nicht im Parlament.[409] Über die Arbeit der russischen Geheimdienste ist dabei seit der Wahl Trumps und dem Brexit und spätestens seit dem Überfall auf die Ukraine viel geschrieben und berichtet worden, dabei geschah etwas Verblüffendes: Ihre Wirkung wurde gleichzeitig über- und unterschätzt. Überschätzt, weil es nicht die russischen Geheimdienste waren, die Trump allein ins Amt gehievt oder den Brexit bestellt haben. Sie haben einen bestehenden Trend erkannt und ihn verstärkt, einen messbaren Effekt gehabt – aber entscheidend? Die zeitlichen Abläufe zeigen, dass die russischen Agenten erst dann aktiv wurden, als Trump schon fast sicher der Kandidat war, sie sprangen also auf den Zug auf. Im Fall des Brexit, als das Lager der britischen EU-Gegner von zwielichtigen Geschäftemachern dominiert wurde, bot das eine Chance auf Einfluss, die russische Geheimdienste erkannt und ausgenutzt haben. Deshalb steuern sie aber nicht den ganzen Prozess, eine ganze Wahl oder ein Referendum. Unterschätzt wurden die russischen Möglichkeiten in Deutschland, als es um Erdgas und die Vorbereitung des russischen Angriffskrieges ging. Hier hatte man nicht nur, wie bekannt, fast alle Parteien und die Industrie auf der Seite, die genau diese Deals in Gestalt vor allem der BASF wollten, sondern auch die Unterstützung zentraler «Russlandexperten». Ein komplettes System wurde hochgezogen, Ex-Politiker der CDU als Berater eingekauft, ein Ex-Kanzler von der SPD, Spitzenpolitiker in Österreich. Journalisten in Deutschland. Der WDR-Journalist Hubert Seipel drehte einen Gazprom-Film, der voll auf Linie Russlands war – die Ukraine ist unzuverlässig, NordStream ist eine gute Sache, Gazprom ein kapitalistisches Unternehmen wie jedes andere auch, ohne geopolitische Ambitionen. Seipel hatte 600 000 Euro von Alexei Mordaschow erhalten, einem Stahlmagnaten und Milliardär, der Putin nahesteht.[410] Putin zahlt selten direkt, wie sich zeigen wird.[411] An vielen Stellen in Deutschland tauchten Experten auf, die die Ukraine für alle Probleme verantwortlich machten und gleichzeitig russische Aggressionen in Georgien, Tschetschenen kleinreden. Parallel hat man in ganz Europa ökonomische Abhängigkeiten geschaffen, man denke an London, das nicht ohne Grund *Londongrad* hieß, und schließlich hatte man in vielen Ländern Europas populistische Parteien – rechts und links – finanziell aufgepäppelt. So in Österreich, den Niederlanden, Belgien, Italien und in Frankreich. Und in Deutschland? Die AfD? Schlagzeilen nach der Annexion der Krim 2014, als die AfD gerade an Traktion gewann und noch als «Professorenpartei» galt, zeigen ein klares Bild: «Nach Annexion der Krim: AfD-Sprecher Gauland äußert Verständnis für Russland»[412]; «Strategiesitzung in der Botschaft: AfD sucht Rat aus Russland»[413]; «AfD-Jugend und Putin-Jugend verbünden sich»[414]; «AfD-Politiker reisen regelmäßig auf die Krim».[415] So ging es über die Jahre weiter. Ständige Besuche in Russland, AfD-Beobachter bei den Wahlen in Russland, die ihren Namen nicht verdienten – und immer voll auf Linie: «AfD-Vorsitzender Chrupalla lobt Schröders Verbindung zu Putin und Russland»[416]

Geschah das aus ideologischer Überzeugung? Man könnte der Partei zugutehalten, dass die Basis der Partei in Ostdeutschland (inzwischen) pro-russisch eingestellt und schlicht politisches Kalkül entscheidend ist. Schon 2016 wurde aber die Frage diskutiert, ob die Russlandnähe der AfD finanziell belohnt werde – wie es in Italien und Frankreich der Fall war. Der CDU-Politiker Roderich Kiesewetter gab damals dem Deutschlandfunk ein unterschätztes Interview:

Deutschlandfunk: Bekommt die AfD Geld von Wladimir Putin?

Kiesewetter: Sie bekommt Geld von Netzwerken, die mit Russland im Zusammenhang stehen. Putin ist sicherlich sehr gut beraten, seine Finger dort nicht irgendwo mit Fingerabdrücken zu hinterlassen.

Deutschlandfunk: Aber Sie sind davon überzeugt, dass er dahintersteckt?

Kiesewetter: Ja.

Deutschlandfunk: Im Auswärtigen Ausschuss auch offen diskutiert mit Anwesenheit des Außenministers?

Kiesewetter: Wir diskutieren diese Fragen, allerdings nicht offen, sondern in geschlossener Sitzung.[417]

Kiesewetter hatte sich damals auf Informationen eines AfD-Aussteigers bezogen. Über Jahre kamen andernorts neue Hinweise hinzu, die Vorsitzende Petry wurde mit zwei AfD-Politikern mit einem Privatjet von Moskau nach Berlin geflogen. Kosten: 25 000 Euro, der russische Staat zahlte, aber ein direkter Geldfluss wurde nie festgestellt – der würde auch gegen das Parteienrecht verstoßen und dürfte aufwendig verschleiert werden.[418] Russische Stiftungen, Mittelsmänner zu Oligarchen tauchten stattdessen auf.[419] Inzwischen geht etwa der Politikwissenschaftler Gerhard Mangott davon aus, dass sich Russland seinen Beeinflussungsapparat 150 bis 200 Millionen Dollar pro Jahr kosten lässt.[420]

Insofern war es im Jahr drei des Krieges in der Ukraine für alle Seiten *Business as usual*, als der AfD-Abgeordnete Petr Bystron den Medienmanager Artem Martschewskyj in Prag traf – vor der Europawahl 2024.[421] Martschewskyj, ukrainischer Israeli, arbeitete für den Oligarchen Viktor Medwedtschuk, der als einer von Putins Statthaltern in der Ukraine galt. Er wurde nach der Invasion in der Ukraine verhaftet und später gegen ukrainische Kriegsgefangene ausgetauscht und durfte nach Moskau ausreisen. Martschewskyj führte das Unternehmen «The Voice of Europe» weiter, eine eher unbedeutende Medien-Plattform, auf der rechte Politiker Interviews gaben und Propaganda von *Compact* recycelt wird. In der Wirkung kein Vergleich mit den Sendern *Russia Today*, wo Bystron bereits Stammgast war, *Sputnik* oder dem Einfluss westlicher Prominenter wie Tucker Carlson, Gerhard Schröder oder Donald Trump, die sich für Russland einsetzten. Aber die Zeiten hatten sich geändert, die EU-Staaten wollen Zähne zeigen, insbesondere jene Mitglieder, die eine Grenze mit Russland teilen oder, wie Tschechien, 850 Kilometer von Lwiw in der Ukraine entfernt liegen. Und so war etwas anders, als sich der AfD-Mann Bystron und der Medienmanager Martschewskyj trafen. Sie wurden vom tschechischen Geheimdienst BIS beobachtet und abgehört. Bystron kannte man in Tschechien, er wurde dort 1972 in Olmütz geboren und war dort seit spätestens 2015 politisch aktiv und bekannt wie ein bunter Hund. Die Grundwerte eines demokratischen Deutschlands hat er dort nie vertreten, wie sich herausstellen sollte, sondern dort vielmehr seit Jahren an einem Netzwerk der Antidemokraten gestrickt, genau wie in den USA, Südafrika und andernorts. Ob er dafür bezahlt wurde, ist eine wichtige, aber nicht die entscheidende Frage. Was zählt, ist die Erkenntnis, dass er die Demokratie bekämpfte. Tschechien war schon lange Bystrons Schlachtfeld, auf dem er mächtige Verbündete hatte. Und seine Geschichte beantwortet viele Fragen über die AfD, Russland und die Internationale der Anti-Demokraten. Und sie zeigt: Die AfD war von Anfang an gefährlich.

***

Bystron kam mit seinen Eltern als Jugendlicher 1987 aus der damaligen ČSSR nach München. Was ihm die Schlagzeile einbrachte: «Landeschef der Bayern-AfD ist anerkannter Asylbewerber.»[422] Er selbst behauptet, er sei in München zum Diplom-Politologen geworden. Seine offizielle Biografie ist lückenhaft, manches widersprüchlich. Er arbeitete zunächst nicht im weiten Feld der Politik, sondern gründete mehrere GmbHs, die nie viel Umsatz machten, eine handelte mit Lederschuhen, anschließend will er eine Werbeagentur geleitet haben, aber auch über die findet sich nicht viel, außer ein Artikel, in dem die Namen großer, angeblicher Kunden auftauchen – Siemens, E.ON, BP Chemical –, außerdem seien die tschechische Bahn und das polnische Finanzministerium Auftraggeber gewesen.[423] Sein damaliger Partner allerdings arbeitet hauptberuflich als Fotograf, auch auf Hochzeiten und für einen Massagesalon. Nach dieser Zeit war Bystron «Head of Marketing & Corporate Communications», wo, schrieb er später in seinem Lebenslauf nicht. So notierte das Magazin *Focus*: Bystron habe eine Firma namens «Head of Marketing & Corporate Communications» gegründet.[424] Bystron behauptet, er sei ab 2005 acht Jahre in der FDP gewesen, Spuren seines politischen Schaffens finden sich in den Archiven nicht.[425]

Allerdings hatte er damals viel Zeit und hat oft für verschiedene Medien geschrieben, bereits ab 2009 für rechte Zeitungen und Blogs, darunter seit 2009 für die Plattform «eigentümlich frei», ein verschwörungstheoretisches Medium, das behauptetet, die NSDAP sei wirklich «links» gewesen, und zeitweise Beweismittel aus dem Umfeld des NSU von den Behörden bekam. Bystron schrieb über das Minarett-Verbot in der Schweiz und «die Entfremdung der herrschenden Klasse vom Souverän» (2009)[426], ehe er sich dann 2013 der neugegründeten AfD anschloss. Zunächst mit wenig Erfolg: Niederlage bei der Europawahl, schlechter Listenplatz. Über die Jahre machte er jedoch Karriere – und Schlagzeile um Schlagzeile: Er musste 1000 Euro zahlen, weil er seinen Stimmzettel bei der Wahl Merkels zur Bundeskanzlerin fotografierte und auf Twitter veröffentlicht hatte. [427] Seine Immunität wurde 2021 aufgehoben, weil er auf dem Münchner Königsplatz während einer Rede bei den Worten ‹Wir sind die AfD› bewusst seinen rechten ausgestreckten Arm in Richtung der Teilnehmer gestreckt habe, so die Staatsanwaltschaft München.[428] (Das Verfahren wurde eingestellt, auch weil die Polizei keine Anzeige gestellt hat). Aber nichts stoppte ihn. Im Juli 2023 hieß es: «Bystron auf Platz zwei der AfD-Liste für die Europawahl».[429]

Vielleicht wurde er Spitzenkandidat für Europa, weil er 2021 ein Buch – «Make Europe great again» – über eine bestimmte Kaste europäischer Politiker geschrieben hat. So wurde das Buch beworben: «Sie haben einen Appeal wie Pacino in Scarface, wie Brando im Paten: Sie erregen ebenso viel öffentlichen Anstoß wie tiefe Faszination und stillschweigenden Zuspruch.... Zum ersten Mal gibt es nun ein Buch über sie alle, geschrieben von einem, der selbst zu ihrer Familie der wertebewahrenden Avant-Garde [sic] gehört. Der Politologe und Bundestagsabgeordnete Petr Bystron beleuchtet die politischen Biographien von Nigel Farage, Geert Wilders, Viktor Orbán, Marine Le Pen, Matteo Salvini ...»[430]

Ausnahmslos alles Politiker, die Wladimir Putin öffentlich feiern, und im Falle von Le Pens Partei auch Geld aus Russland bekommen haben. Sie hatte 9,4 Millionen Euro als Kredit über eine tschechische Bank aus russischen Quellen bekommen.[431]

Da saß er, Bystron, also neben seinem Kontakt Artem Martschewskyj im Auto. Hat auch er Geld genommen? Die Operation des tschechischen Geheimdienstes löste ein Verfahren bei der Münchener Staatsanwaltschaft aus. Dann ermittelten die deutschen Beamten Handfestes: Sowohl auf eine seiner alten GmbHs – die lange keinen nennenswerten Umsatz gemacht hatten –, als auch bei einem Konto bei der Targobank, gingen in drei Tranchen hohe Beträge ein, knapp 35 000 Euro. Verdächtig: Nachdem er das Geld eingezahlt hatte, hob er es sofort wieder ab, lauter 200 Euro Scheine. Ein solches Verhalten löst im Übrigen seit den Anschlägen vom 11. September 2001, als man versuchte, Terrorfinanzkanäle auszutrocknen, sofort einen Geldwäscheverdachtsfall aus. So auch bei Bystron. Die tschechischen Dienste vermuteten, dass die Bezahlung in Zusammenhang mit der Medienplattform «The Voice of Europe» stand, die Bystrons Kontakt in Prag Artem Martschewskyj leitete – im russischem Auftrag, so der Verdacht. In einer Bundestagsdebatte, nachdem Bystron aufgeflogen war, sagte der FDP-Politiker Konstantin Kuhle: «Die AfD ist integraler Bestandteil der hybriden russischen Kriegsmaschinerie.»[432]

Dass Bystron in dieser Maschinerie ein kleines Rädchen war, steht außer Frage. Sein Fall zeigt die Verstrickung der AfD – und dass sie auch wegen ihrer internationalen Kontakte nicht unterschätzt werden darf.

***

Die ersten Spuren finden sich in Bystrons Heimatstadt, München, Anfang 2015. Damals trifft er einen Mann, der fast 15 Jahre lang eine feste Größe in Europa war: den tschechischen Ex-Präsidenten Václav Klaus. Angeblich, so sagt Bystron später dem *Spiegel*, kenne er Klaus seit 1997 – Wie? Warum? Tatsächlich? All das beantwortet Bystron nicht.[433] Möglicherweise hängt es damit zusammen, dass Bystron mit einer tschechischen Diplomatin verheiratet ist, Stepanka Bystron hatte von 1995 bis 2000 in der tschechischen Botschaft in Bonn gearbeitet.[434]

Ende Januar 2015 trifft er, so viel steht fest, in seiner Rolle als rechter Publizist Klaus und interviewt ihn für das Blatt «Smart Investor», das regelmäßig im rechtsextremistischen *Compact*-Magazin inseriert.[435] Klaus war zwei Jahre zuvor wegen Hochverrats angeklagt worden. Seine Amtszeit ging allerdings ohnehin zu Ende, zu einem Verfahren kam es nicht.[436] Er hatte kurz zuvor seine Macht genutzt, um über 6000 verurteilte Verbrecher per Amnestie aus den Gefängnissen zu entlassen. Klaus stellte sich nicht nur einmal über das Gesetz. So hatte er sich lange geweigert, die Ratifikation der Lissabon-Verträge in Tschechien zu unterschreiben, gedacht als demokratischere Grundlage für die EU und Ersatz für europäische Verfassung. Klaus, Wirtschaftsprofessor, zu Wendezeiten Dissident, war einer der wichtigsten tschechischen Politiker nach dem Fall der Sowjetunion. Er war strikt gegen die Ehe für Homosexuelle, leugnete den Klimawandel – eine Verschwörungstheorie, bedroht sei nämlich nicht das Klima, sondern die Freiheit[437] –, und er stand fest an der Seite von Wladimir Putin.

Das Interview, das sich versucht seriös und kritisch zu geben – «Übertreiben Sie da nicht ein bisschen?», bemerkt Bystron an einer Stelle in Richtung Klaus, der fast immer übertreibt oder verzerrt – schlägt relativ schnell in Propaganda um, vor allem als es um das Hauptthema, die Ukraine und Russland, geht. Frage, bzw. Feststellung Bystron: «… beispielsweise sind die baltischen Staaten oder Polen doch eindeutig gegen Russland und Putin eingestellt» und: «In der Weltpolitik gibt es Einflusssphären, und die Ukraine gehörte immer zur russischen dazu. Aber die Amerikaner haben das nicht akzeptiert, nicht respektiert. Sie versuchen, ihre Einflusssphäre stückweise auszudehnen. Kommt es nun in der Ukraine zum Showdown zwischen den USA und Russland?» Klaus gibt den Staatsmann: «Ich sage immer, die Ukraine ist ein geteiltes Land und zerbrechlich.… Aber ich habe [im Fall der Tschechoslowakei] irgendwann kapiert, dass die Teilung notwendig ist. Allerdings sagt mir meine Erfahrung: Ein normales Zusammenleben in der Ukraine ist nach so viel Blutvergießen nicht mehr möglich. Also läuft es wohl auf eine wie auch immer geartete Teilung hinaus.» Und dann, sensibel: «Ich habe Angst. Ich bin der Meinung, dass Russland nicht zurückgehen kann, das ist absolut unmöglich. Besonders was die Krim angeht. … Ich habe letzte Woche auf einer Konferenz in Wien mehrmals gesagt, ich sehe keine eigenständige Ukraine.» *Keine eigenständige Ukraine.*

Nach Pegida fragt Bystron schließlich auch, Klaus' Meinung war klar: «… meine Interpretation ist, dass das eine spontane Reaktion auf die Irrationalität des Multi-Kulturalismus und der ungebremsten Einwanderung ist. In dieser Hinsicht hat die Pegida-Bewegung einen gesunden Kern.… Die Anti-Pegida dagegen ist organisiert und daher unnatürlich.… Ich habe gestern Abend in Hotel-Fernsehen die Demonstration der Anti- Pegida gesehen.

Ganz ehrlich, vor dieser Bewegung fürchte ich mich mehr als vor Pegida selbst.… Das sind Demonstrationen wie in kommunistischen Zeiten, organisiert von oben, von links, den Grünen, von der Linken, aber auch von der CDU, SPD und den Gewerkschaften.» Die Demokratie-Feinde, das sind die anderen. Und Klaus machte später klar, was seiner Meinung nach das wirkliche «Schlachtfeld» in Europa ist, wenn es um die Auseinandersetzung mit linken Kräften geht: Deutschland.

Wenige Monate später wird Bystron zum Vorsitzenden der AfD in Bayern gewählt. In dieser Zeit gibt er eines von bald sehr vielen Interviews in Tschechien zum Thema Migration, ein Thema, das in dem Jahr die Diskussion bestimmt. Auf der Plattform Parlamentnilisty spricht Bystron pauschal von «total perversen Migranten», die Deutschland eingeladen habe, um sie dann «seinem Nachbarn» aufzuzwingen.[438] Entweder weil er derart Aufsehen erregt oder weil ihm seine Kontakte zu Vaclav Klaus helfen, nur wenige Monate später bekommt Bystron eine völlig andere Bühne geboten: Er wird in den Präsidentenpalast – die Burg – eingeladen. Der Sprecher des Präsidenten, Jiří Ovčáček, hofierte Bystron, rollte ihm wie einem Staatsgast den roten Teppich aus und sprach mit ihm offiziell stellvertretend für den Präsidenten, so dass er, ein Mann ohne Mandat, in der Prager Burg über die deutsche Flüchtlingspolitik herziehen konnte. Der *Donaukurier* nahm damals davon Notiz: «Die Frage, warum Präsident Milos Zeman seinen Sprecher beauftragt hatte, öffentlichkeitswirksam einen bayerischen Landespolitiker zu treffen, der über keinerlei Mandat verfügt, wurde nicht aufgeworfen.»[439] Dabei lag die Antwort auf der Hand: Der Hausherr der Burg, der tschechische Präsident Miloš Zeman, seit 2013 im Amt, teilte zu 100 Prozent die Ansichten des rechtsextremistischen Petr Bystron – und übertraf noch seinen Vorgänger Klaus. Zeman, der zu kommunistischen Zeiten eine Art Bürgerrechtler und später als «links» galt, ließ in Sachen Fremdenfeindlichkeit und Russlandtreue Viktor Orbán, ebenfalls ein Ex-Bürgerrechtler, handzahm aussehen. Herzstück seiner Weltsicht: Der Islam gehört nicht nach Europa. Muslime sind nicht in der Lage, sich zu integrieren.[440] Doch der Präsident zeigte später sogar, dass er bereits voll auf Linie der «Great Replacement Theory» war, so in einer Weihnachtsansprache Ende 2015, kurz vor dem Besuch Bystrons: «Die Muslimbrüder wollen nicht nur die gesamte islamische Welt beherrschen, sondern die ganze Welt. Ich vermute also: Die Flüchtlingsinvasion ist von den Muslimbrüdern organisiert mit der finanziellen Unterstützung aus vielen Ländern.»[441] Zudem war der Präsident zu dem Zeitpunkt ein Putin-Versteher – ganz wie Klaus: der Überfall auf die Krim? Ein Bürgerkrieg. Die Proteste auf dem Maidan in Kiew, der Sturz des pro-russischen Präsidenten? Nicht demokratisch. Kaum ein Staatsmann wurde von der russischen Propaganda häufiger als Zeman zitiert. Über die Putin-kritische Band Pussy Riot sagte er in einem Radio-Interview. «Pussy, wissen Sie, was das heißt? Fotze.» Die Texte von Pussy Riot bestünden ja nur aus «Fotze hier, Fotze da», legte Zeman nach: «Warum sollte er solche Nutten unterstützen?», zitiert ihn die *taz*.[442] Bei einem AfD-Parteitag hatte eine 34-jährige Bundestagsabgeordnete Bystron beschuldigt, dass er zu ihr gesagt habe, Frauen wie sie sollten ‹eigentlich besser an der Stange tanzen›.»[443] Bystron und der tschechische Präsident befanden sich also auch vom Niveau her auf Augenhöhe. Aber der AfD-Politiker hat in Prag noch mehr vor. So traf er sich in Prag mit Pegida-Organisatoren aus Deutschland und Mitgliedern der rechtsradikalen Gruppe «Fortress Europe», die kurz zuvor in Prag gegründet worden war und gegen jede Art von Migration kämpft.[444] Pegida hatte sich schnell radikalisiert und internationalisiert, besonders der Fall Tatjana Festerling zeigte das. Sie war auch mit Bystron in Prag, wo sie als deutsche Sprecherin der Gruppe «Fortress Europe» auftrat. Diese Art Frauen schien Bystron zu schätzen. Festerling hatte den AfD-Landesverband in Hamburg mit gegründet, hatte sich aber zurückgezogen, weil publik wurde, dass sie bei einer Schlägerei zwischen Hooligans und Slawisten 2014 in Köln dabei war und im Vorfeld für den Aufmarsch geworben hatte.[445] Festerling gehörte zu dem Zeitpunkt des Prager Treffens noch zu den Pegida-Organisatoren, obwohl sie im Februar 2016 in der *Daily Mail* gesagt hatte: «If they keep crossing the border and you can't arrest them, shoot them.»[446] Etwas ähnliches hatte die damalige AfD-Chefin Frauke Petry zuvor gesagt, auch in einem Interview:

Mannheimer Morgen: Was passiert, wenn ein Flüchtling über den Zaun klettert?

Petry: Dann muss die Polizei den Flüchtling daran hindern, dass er deutschen Boden betritt.

Mannheimer Morgen: Und wenn er es trotzdem tut?

Petry: Sie wollen mich schon wieder in eine bestimmte Richtung treiben.

Mannheimer Morgen: Noch mal: Wie soll ein Grenzpolizist in diesem Fall reagieren?

Petry: Er muss den illegalen Grenzübertritt verhindern, notfalls auch von der Schusswaffe Gebrauch machen. So steht es im Gesetz.[447]

So steht es pauschal nicht im Gesetz. Nur im absoluten Notfall dürfen Grenzbeamte wie auch Polizisten zur Waffe greifen, ganz sicher nicht auf unbewaffnete Flüchtlinge schießen. In dem folgenden, längst vergessenen Shitstorm, verteidigte Bystron Petry vehement: Dies sei die Darstellung der geltenden Rechtslage und nur als ultima ratio gedacht, behauptete er.[448] Um sich dann mit der anderen Befürworterin vom Schusswaffengebrauch an der Grenze, Festerling, in Prag zu treffen. Sie bekam kurz nach dem Treffen offiziell bei Pegida ein Redeverbot, verkündet von einem holländischen Mitglied – «Ed, der Holländer» – der Bewegung. Der tauchte dann wenig später mit Festerling in Bulgarien an der Grenze zur Türkei auf, wo die beiden in Tarnklamotten patrouillierten und nach eigener Aussage mit einer Bürgerwehr Jagd auf Migranten machten.[449] Auf Videos war zuvor zu erkennen, dass Mitglieder der Miliz bewaffnet waren und Schießübungen veranstalteten. Mitglieder der Miliz hatten zudem Flüchtlinge misshandelt. Die Bürgerwehr hatte in Bulgarien auch dazu aufgerufen, die Welt «aus der Sklaverei durch die zionistische internationale Finanzmafia» zu befreien.[450] Nach ihrer Reise rief Festerling in ihrer Tarnkleidung in Leipzig junge Männer mit «militärischer oder polizeilicher Ausbildung» dazu auf, sich auf den Weg an die Grenze zu machen und sich dem Kampf der «Patrioten» gegen die «Invasoren» anzuschließen. Genau das wollten «die Eliten mit allen Mitteln verhindern .... Gelebte europäische Völkerfreundschaft».[451] Schließlich bot sie ein Training mit Militärveteranen in Bulgarien an. Mit der Dame hatte sich also Bystron in Prag getroffen.

Dem Reporter Petr Jerabek fiel früh auf, dass Bystron vor allem in Tschechien als gefährlicher Extremist auftrat. Er trug schon 2016 ein verblüffendes Dossier zusammen. Bystron hatte sein neues gutes Standing dank des Besuchs der Burg in Tschechien genutzt, um dort regelmäßig Interviews in diversen Medien zu geben, die schriller nicht hätten sein können: Einerseits sei Deutschland dem Untergang geweiht – die Migranten –, andererseits wolle dieses geschwächte Land wieder die Herrschaft in Europa übernehmen, wie damals.[452] Ein Kernelement hielt seine widersprüchlichen Botschaften zusammen: Angst. Angst. Und Angst. So prophezeite er den Tschechen islamistische Anschläge in naher Zukunft, wenn sie tatsächlich in den nächsten Monaten, wie von Angela Merkel erbeten, 2000 Flüchtlinge aufnehmen würden: «An den Händen der Regierung von Premier Bohuslav Sobotka (Sozialdemokraten) werde ‹für immer das Blut der tschechischen Opfer kleben›», fasste damals die Prager Zeitung Bystrons These zusammen. Am Ende nahm Tschechien in dem

Jahr tatsächlich nur 1200 Flüchtlinge auf, Deutschland 722 265.[453] «Tickende Zeitbomben», nannte Bystron die Flüchtlinge pauschal. Außerdem erpresse Berlin Prag, um die Flüchtlinge aufzunehmen, und, so zitierte Petr Jerabek den AfD-Mann, «mische sich ‹völlig unverfroren in innere Angelegenheiten› Tschechiens ein». Bystron warnte die Tschechen, dass die Deutschen einen europäischen Superstaat unter ihrer Führung aufbauten, es gehe um einen «neuen deutschen Imperialismus unter dem Deckmantel des europäischen Gutmenschentums». Hier projizierte jemand öffentlich das russische Vorgehen auf ein europäisches Land – eine Technik – die Projektion der eigenen Abgründe auf den politischen Gegner –, die zur selben Zeit Donald Trump in den USA perfektionierte und bis heute erstaunlich erfolgreich anwendet. Bystron verglich die Situation in seiner Heimat Deutschland in einem Interview mit dem tschechischen Magazin «Reflex» mit den osteuropäischen Staaten 1989: «Die Verhältnisse im öffentlichen Leben in Deutschland erinnern mich an die Situation im Ostblock kurz vor dem Zusammenbruch des Kommunismus.» Der SPD-Politiker Markus Rinderspacher kommentierte schon damals Bystrons Besuche in Tschechien deutlich: «In Deutschland gegen Ausländer zu hetzen und im Ausland gegen Deutschland – das ist schändlich und ruchlos. Der AfD-Chef betreibt als Doppelagent der Fremdenfeindlichkeit auf beiden Seiten der Grenze ein unwürdiges Spiel mit der Angst. Er ist als Hassprediger unterwegs.» *Doppelagent. Hassprediger*. Bystron ließ das damals so stehen. Und verbreitete den Hass gleich auch in Deutschland. In einem offiziellen Video der AfD sagte er Anfang 2017 über die «Identitäre Bewegung» vor der blauen Partei-Wand: «… das ist eine tolle Organisation, das ist eine Vorfeldorganisation von der AfD, und die müssen wir unterstützen.» Auf einer Wahlveranstaltung legte er nach: «Ich begrüße hier ausdrücklich die Jugend, die *Identitäre Jugend*, die noch weiß, was Heimat bedeutet.» Schließlich auf die Frage eines Reporters:

«Na ja, schauen Sie, falls Sie die Reden verfolgt haben, ich habe die Aktionen der Identitären beschrieben. Habe gesagt, die sind doch witzig, die sind intelligent. …Das ist so wie das Greenpeace das früher gemacht hat.»[454] An anderen Stelle: «Ich kann nicht nachvollziehen, warum die so stigmatisiert werden.» Auf der islamfeindlichen Internetplattform PI stellt er kurz darauf seine «Schutzschild-Strategie» vor – die AfD müsse «Schutzschild für die Mutigen sein», womit er die IB meinte.[455] Kurz darauf wurde bekannt, dass der Verfassungsschutz Bayern Bystron beobachtete.[456] Umso wichtiger war für Bystron in Interviews Reporter einzuseifen, die bürgerliche Fassade musste noch bis zur Bundestagswahl im September 2017 aufpoliert werden.

So erschien kurz vor der Wahl in der *Süddeutschen Zeitung* ein Porträt über Bystron, in dem es unter anderem heißt: «Im persönlichen Umgang ist der AfD-Chef locker und freundlich, zeigt Witz und Charme.»[457] Ungeprüft wird Bystron zitiert und ihm geglaubt, dass er wegen Lucke und seinem Anti-Euro-Kurs zur AfD gekommen sei, was angesichts seiner Artikel zuvor unwahrscheinlich ist. In der Homestory hieß es weiter: «Bystrons erklärtes Idealbild für die Gesellschaft? Laissez-Faire, leben und leben lassen. Nicht nur hier, sondern überall.» *Leben und leben lassen.* Der Mann hatte zuvor in Tschechien versucht, die Menschen permanent in Angst zu versetzen, unter anderem gesagt, dass Deutschland eine islamistische Terrorwelle erlebe, und den Anschlag in München 2016 dazugezählt, als ein rechtsradikaler junger Täter neun Menschen erschoss, sieben Muslime, einen Rom und einen Sinto. Der Täter hatte sie zuvor selektiert – er wollte Migranten töten. Offiziell, in Bayern, hatte sich die AfD erleichtert gezeigt, dass es kein islamistischer Anschlag gewesen sei.[458] Von den Widersprüchen findet sich in dem Porträt der *SZ* kein Wort. Der Reporter erwähnte stattdessen eine Anekdote: «Auf den Hinweis, zum Gespräch im Café werde auch ein Fotograf kommen, antwortet er scherzhaft per SMS: ‹Oh schade, dann kann ich nicht in meinem Schlabber-T-Shirt kommen.›» Und seine angeblich unverfängliche Maxime wurde auch ins Blatt gehoben: «Ich habe schon einmal meine Heimat verloren, weil ich in einem System der Unfreiheit leben musste. ...Jetzt weiß ich, dass man die Freiheit nicht geschenkt bekommt.» Über das politische Kerngeschäft wurde auch noch angesprochen: «Bystron streitet Kontakte zu den Rechtsextremen ab. Der wahre Verfassungsschutz sei die AfD.» Alles geklärt also.

Der lockere, freundliche und charmante Mann von der AfD wurde kurz darauf in den Bundestag gewählt. Wie seine einflussreichen Freunde – gleich zwei tschechische Präsidenten – war auch Bystron nach seiner Wahl in den Bundestag weiter voll auf Putin-Linie. Kurz nach der freien demokratischen Wahl in Deutschland, in der auch Rechtsextremisten und Staatsfeinde eine Chance erhalten hatten, ließ sich Putin zum wiederholten Mal mit Brimborium zu Russlands Präsidenten küren – nachdem er eine Wahl gewonnen hatte, die ihren Namen nicht verdiente, was am Folgetag von den Wahlbeobachtern der OSZE kritisiert wurde: «Eine Wahl ohne echten Wettkampf ist keine richtige Wahl.»[459] Bystron sagte dazu im Deutschlandfunk in einem bemerkenswerten Interview: «Sie müssen schauen, wer diese Wahlmanipulationen meldet. Das sind meistens oppositionsnahe Grüppchen. ...Wahlmanipulationen gibt es auch bei den Wahlen in Deutschland. Die sind hier festgestellt worden.» Und: «Aus meiner Sicht war das selbstverständlich eine absolut normale Wahl.»[460] Dann die Frage: «Haben Sie Angst vor Wladimir Putin?» Bystron antwortet: «Vor Wladimir Putin natürlich nicht. Nein! Warum? – ... Wenn Sie sich anschauen, wie das Land nach der Regierungszeit Jelzins am Boden lag, dann muss man ... absolut sachlich anerkennen, dass Putin eine großartige Leistung abgeliefert hat. Und wie wir auch an diesen Wahlen sehen: Die große Mehrheit der Russen steht hinter ihm.» Dann fragt der Moderator nach: «Aber war es nicht Wladimir Putin, der als Erstes den Westen zum Feind erklärt hat, unter anderem mit dem neu angekündigten Wettrüsten, das er vor einigen Wochen angekündigt hat?» Bystron: «Oh! Dann haben wir auch wieder einen großen Dissens. In meinem, in unserem Empfinden ist das so, dass zuerst die NATO sich ausgeweitet hat bis an die Türschwelle von Russland ... Selbstverständlich wird eine Großmacht – und Russland empfindet sich selbst als eine Großmacht, als ein Imperium –, selbstverständlich muss eine Großmacht darauf reagieren. Also ich würde hier an Ihrer Stelle nicht die Ursache und Wirkung vertauschen.» Das alles sagte er vier Jahre vor dem Angriff auf die Ukraine, die Argumente wurden geübt und eingeschliffen.

Bystron trat auf wie ein Sprecher Putins, der Journalisten und Präsidentschaftskandidaten in seinem Land ermorden ließ, abtrünnige Agenten im Ausland vergiftete und der Stellvertreter in Nachbarländer schickte, damit die dann dort mordeten. Wie die russischen Milizen, die das Verkehrsflugzeug MH 17 über der Ukraine abschossen und fast 300 Menschen, darunter viele niederländische Bürger, töteten. Putin baute sich einen Chor von Stimmen auf, der Zweifel an russischer Täterschaft säte, Verwirrung stiftete oder ihm schlicht öffentlich beistand. Dafür bezahlte er eine ganze Reihe europäischer Politiker, indem er ihnen lukrative Jobs in russischen Unternehmen zuschanzte. Oft hatten sie, wie Ex-Bundeskanzler Gerhard Schröder von der SPD, spezifische Aufgaben. Schröder, der direkt nach seiner Abwahl für die Nordstreampipeline von Gazprom und BASF als Lobbyist arbeitete und in seiner Rolle andere Sozialdemokraten, etwa Ex-Ministerpräsidenten in Schweden und Finnland für die Sache einkaufte. Auf den ersten Blick ging es dabei ums Geschäft, Gas, Nordstream 1, Nordstream 2, aber eigentlich drehte sich immer alles um die Ukraine, und Gas war ein politisches Druckmittel, um das Land und seine westlichen Partner unter Druck zu setzen. Seit spätestens 2013 wurde intensiv eine Erzählung aufgebaut, durch große Namen wie Václav Klaus, Ex-Präsident, Schröder und eine Heerschar von kleineren Lichtern, Bystron & Co., in ganz Europa: Die Ukraine ist unberechenbar, unzuverlässig, korrupt, voller notorischer Diebe – und Russland, Russland ist ein stolzes Land, wie Schröder einmal sagte: «Die Europäer wissen, dass es keine wirklich verlässliche Alternative zu Russland als Energiepartner gibt. Aber Europa sollte nicht so tun, als müssten die Russen dafür dankbar sein, dass sie Öl und Gas nach Europa liefern dürfen. Im Gegenteil, die Europäer sollten Rücksicht auf den Stolz des russischen Volkes, die Verletzlichkeit der russischen Seele und die Besonderheiten der Geschichte des Landes nehmen.»[461]

Umso schlimmer, dass Russen in der Ukraine nicht sicher seien, lautete eine weitere Botschaft des Chors, genauso wenig wie die ungarische Volksgruppe im Westen. Wenn dann dort ein Anschlag passiert, etwa ein Molotowcocktail in das Büro eines Kulturzentrums der ungarischen Minderheit in Uschgorod fliegt, Hauptstadt von Transkarpatien, das daraufhin in Feuer aufgeht – wie im Februar 2018 passiert: aus der Sicht Russlands umso besser. Der ungarische Außenminister Péter Szijjártó aus der Regierung Viktor Orbáns kommentierte den Brandanschlag dann auch so: Die Ukraine müsse beweisen, dass sie in der Lage sei, «Extremisten in Schach zu halten», wenn sie engere Beziehungen zur NATO und zur EU anstrebe.[462] Nur, manchmal passieren die Dinge nicht einfach so, also wurde nachgeholfen. Der polnische Nachrichtendienst meldete wenig später die Verhaftung dreier polnischer Neonazis, die hinter dem Angriff stecken würden.[463] Anführer war der Rechtsradikale Mateusz Piskorski. Er kannte seit einem gemeinsamen Besuch auf der Krim einen rechtsextremen Mitarbeiter der AfD im Bundestag. Der Mann war Manuel Ochsenreiter, wie Bystron einst rechter Publizist, Chefredakteur des rechtsextremistischen Magazins *Zuerst!* und selbsternannter Außenpolitikexperte. Ochsenreiter arbeitete dem Bundestagsabgeordneten Markus Frohnmaier zu – einst Bundesvorsitzender

der Jungen Alternative, seit Beginn seiner Karriere, wie Bystron, im Kontakt mit russischen Gegenparts, 2016 besucht auch er die besetzte Krim.[464] Sein Mitarbeiter Ochsenreiter, seit den 1990er in der rechtsextremistischen Szene aktiv, beauftragte, wie die Ermittlungen der polnischen Behörden zeigten, per Internet einen der drei Polen, den Molotowcocktail auf das Zentrum in Uschgorod zu werfen, und übergab ihm in Berlin am Flughafen-Tegel 1000 Euro, insgesamt bekam er 1500 Euro. Bei dem anschließenden Prozess belastete die polnische Crew Ochsenreiter schwer.[465] Schließlich ermittelte ab August 2020 die Bundesanwaltschaft gegen Ochsenreiter wegen mutmaßlicher Terrorfinanzierung. Zu einem Prozess kam es nie: Ochsenreiter starb im August 2021, wenige Monate vor der Invasion. Angeblich an einem Herzinfarkt. Gegen ihn hatte bereits ein Haftbefehl vorgelegen, der nie vollstreckt wurde. Der AfD-Mitarbeiter hatte sich am Ende in Moskau versteckt gehalten.

Wenige Monate nach dem Anschlag in der Ukraine, Ende September 2018, Donald Trump war inzwischen im Amt, wurde Bystron wieder nach Tschechien eingeladen. Diesmal traf er den Präsidenten Miloš Zeman selbst in seiner Sommerresidenz, auf Schloss Lány. Weiterer Besuch hatte sich angemeldet: der sagenumwobene Steve Bannon. Der hatte am Ende den Wahlkampf für Trump als Stratege gewonnen, wurde «Chief Of Staff» des Präsidenten Trump, um jedoch nach einer schnellen Entlassung seiner eigentlichen Bestimmung nachzugehen: weltweit Anti-Demokraten, Rechtspopulisten und Rechtsextremisten zu vernetzen. Das Wahlkampfteam Trumps hatte im Übrigen 140 Mal Kontakte zu verschiedenen russischen Kontaktpersonen und Zwischenträgern.[466]

Über das Treffen zwei Jahre später zwischen dem Präsidenten, Bannon und Bystron ließ der Pressesprecher des Präsidenten, noch immer Jiří Ovčáček, verlauten, dass es in dem Gespräch um die Beziehung des Westens zu Russland und China und um die Zukunft der EU gegangen sei. Heiße Eisen also. Die Schlüsselworte «China» und «Russland» tauchten in einem offiziellen Kommuniqué von Bystron jedoch nicht auf, das er im Übrigen auf der rechtsradikalen US-amerikanischen Plattform *The Gateway Pundit* veröffentlichte.[467] Hier hieß es unverfänglich: «Der ehemalige Chefstratege des Weißen Hauses Stephen Bannon und der Gewinner des Gateway Council Eagle Award Petr Bystron (AfD) trafen sich am Sonntag mit dem tschechischen Präsidenten Miloš Zeman, um über die Zukunft der konservativen Revolution in Europa zu diskutieren.» Konservative Revolution in Europa, so kann man das auch nennen.

Die Plattform *The Gateway Pundit* hatte Bystron eine Woche zuvor nach St. Louis eingeladen, um ihm einen Preis bei einem Kongress rechtsradikaler Verschwörungstheoretiker zu verleihen. Der *Gateway Pundit* hatte sich darauf spezialisiert, Fake News zu verbreiten, und damit wichtigen Treibstoff für die MAGA-Maschine geliefert. Die Plattform streute Gerüchte über Hillary Clintons Gesundheit, über den Hintergrund von Terroranschlägen und entwarf die größte Lüge überhaupt maßgeblichmit: Der Sieg bei der US-Wahl 2020 sei Trump gestohlen worden. Bei dem Treffen in St. Louis – beschrieben von einem Magazin als «Davos für Faschisten» – war auch der Kongress-Abgeordnete Andy Biggs von den Republikanern dabei, der noch immer unter Verdacht steht, vor dem Sturm auf das Capitol am 6. Januar 2021 rechte Unruhestifter nach Washington, D. C. beordert zu haben, sich einer Befragung durch den Kongress allerdings widerrechtlich entzog.[468] Auf der Bühne in einem Flughafenhotel in St. Louis, neben dem Podium zeitweise ein Pappaufsteller von Trump und seiner osteuropäischen Frau, vertrat der polnische Politiker wie andere Teilnehmer die «Great Replacement»-Theorie offensiv – die Migration sei gesteuert, um die europäischen Gesellschaften zu destabilisieren, von George Soros bezahlt. Bystron scherzte bei seinem Auftritt, dass er sich als Abgeordneter eigentlich gewählt ausdrücken müsse, aber: «I'll just say: Let's kick leftist ass»[469] – also: «Ich sage nur: Lasst uns den Linken in den Arsch treten.» Er hatte zuvor erzählt, dass vor dem Eingang eine Antifa-Aktivistin demonstriert habe, ein Vietnam-Veteran habe gefragt: «Stupid, warum bist Du da?» – *Wegen des Nazis aus Deutschland* – Gelächter im Saal: «Wie kommt es, dass ein Flüchtling aus der Tschechoslowakei in einer geheimen Abstimmung zum Führer einer Nazi Party in Deutschland gewählt wurde? Die AfD ist die einzige Partei im Deutschen Bundestag, die keine NSDAP-Mitglieder in ihren Reihen hat. Alle anderen haben also die ehemaligen Nazis in ihrer Rolle. …Wir haben niemanden.» Applaus. «… und sie nennen uns rechtsextrem. Sie nennen uns Nazis … das sind perfekte Fake News.»[470]

Bystron gab in St. Louis einem Journalisten des ausgesprochen *linken* Magazins *The Nation* – das auch historisch gesehen sehr oft sehr eng auf russischer und zuvor sowjetischer Linie argumentierte[471] – ein überraschend ehrliches Interview: «Wir sind eine globale Bewegung. Wir sind eine starke Bewegung», er bezog sich dabei, so der Reporter Brendan O'Connor, auf andere «rechte, konservative, freiheitsliebende Parteien» wie die FPÖ in Österreich und die Lega Nord in Italien. «Wir sind ernsthafte Unterstützer der Trump-Bewegung», sagte ihm Bystron. «Wir sind die Anti-Establishment-Bewegungen. Es geht nicht so sehr um Rechts und Links – wir sind gegen das Establishment.»[472] O'Connor schrieb: «Er gab dann einige Erklärungen dazu, was er mit ‹dem Establishment› meinte: ‹sehr links›, ‹undemokratisch›, ‹die NGOs› und einfach ‹Soros›.» Bystron hatte sich also gerade voll zu der Erzählung einer jüdischen Weltverschwörung bekannt. Und dann bestätigte er erneut Höckes Strategie, Pegida & Co. als Vorfeld der AfD: «Wir haben zwei verschiedene Arten von Opposition: Wir müssen parlamentarisch sein, beides klar und getrennt von der gesamten vorparlamentarischen Opposition halten.» Aber dann räumte Bystron ein, dass sie auf die Frontgruppen angewiesen seien: «Wir brauchen sie. Das sind unsere Leute. Sie geben wichtige Impulse für Gespräche in unserer Gesellschaft, sie demonstrieren auf der Straße, machen Aktionen. Es ist eine Art Zusammenarbeit.»[473] Der Verfassungsschutz hatte wegen solcher Äußerungen Bystron beobachtet, die Beobachtung mit seiner Wahl in den Bundestag Ende 2017 jedoch offiziell wieder eingestellt – Bystron war offensichtlich nicht bekehrt.

Wenige Tage nach seiner Reise in die USA und nach Tschechien war Alltag für Bystron angesagt, eine Rede auf dem Marktplatz in Rosenheim, gut 30 Zuhörer, 150 Gegendemonstranten. Der angeblich charmante Bystron zeigte, was kommen würde, kämen Menschen wie er an die Macht – der verhasste Verfassungsschutz würde zur Gestapo umgemodelt: «Ja, liebe Freunde von der Antifa, wir sind sehr froh, dass ihr heute alle da seid. Denn die Polizei vorn, an der Seite und da oben, die filmen euch. Die haben jedes einzelne Gesicht von euch. Und ich sage, ich sage euch: Das kommt bei uns genauso wie in Österreich. Die FPÖ, unsere Schwesterpartei, die FPÖ, hat mittlerweile – ist sie in der Regierung, und einer der ersten Schritte, die sie gemacht haben, war, dass sie beim österreichischen Verfassungsschutz eine Razzia gemacht haben. Und die nächsten Schritte werden sein, dass sie mit euch, mit solchen Linksextremisten, aufräumen. Und wenn wir an die Macht kommen, dann ist Schluss mit Linksextremismus, das garantiere ich euch.»[474] Der Verfassungsschutz BVT in Wien war zu einer Zeit, als die FPÖ mit ÖVO koaliert hatte, tatsächlich von Polizisten durchsucht worden. Die hatte dort Akten über Rechtsextremisten gesichtet und Daten kopiert, die nichts mit dem eigentlichen Durchsuchungsbeschluss zu tun hatten.[475] Ein Agent des BVT hatte zudem Kontakte zu einem russischen Agenten und verkaufte Informationen, bis heute wird nicht ausgeschlossen, dass die Durchsuchung von der FPÖ angestoßen wurde, die eng mit Moskau kooperierte.[476] Das BVT wurde schließlich wegen diverser Skandale aufgelöst und in eine neue Behörde überführt.[477]

Die AfD des Petr Bystron hat also nichts gegen einen Geheimdienst – solange sie ihn kontrolliert und gegen die politischen Feinde einsetzen kann. In Deutschland wurde das Bundesamt für Verfassungsschutz damals noch von Hans-Georg Maaßen geführt, ein Jurist und ehemaliger Beamter des Innenministeriums, über dessen Schreibtisch vieles ging. Er hatte einst ein Gutachten geschrieben, das rechtfertigte, einen unschuldigen deutschen Staatsbürger aus Guantánamo nicht zurückzuholen und zur Kenntnis genommen, dass die CIA Gefangene folterte. Er hatte seinen Job bekommen, ausgerechnet weil sein Vorgänger über vernichtete Akten gestolpert war, die eventuell die Morde des NSU hätten verhindern können. Das ließ sich nur nicht mehr mit Gewissheit sagen. Im Sommer 2018, als auch Petr Bystrom seine große Aktivität entfaltete, hielten sich hartnäckig Gerüchte, dass Maaßen die Hand über die AfD halte, damit diese nicht vom Verfassungsschutz beobachtet werde. So soll er 2016 bei einem Treffen mit den Präsidenten der Verfassungsschutzämter der Länder abgelehnt haben, die AfD als Prüffall zu beobachten. 2017 trafen sich einige der Länderchefs dann in der Sache ohne ihn und drangen darauf, dass das BfV Material über die AfD sammelt.[478] Parallel war bekannt geworden, dass sich Maaßen diverse Male mit Politikern der AfD getroffen hatte, mit Gauland, Brandner und Petry; die damalige Vorsitzende der Partei hatte er davor gewarnt, dass der saarländische Verband in Zukunft ein Problem mit dem Verfassungschutz bekommen könnte, da er zu extremistisch sei. Petry wickelte den Verband kurze Zeit später ab.[479]

Auch am 11. September 2018 spielte sich dann eine bizarre Szene in Berlin-Charlottenburg ab, bei einem großen Empfang, ausgerichtet unter anderem vom Bundesamt für Verfassungsschutz. Kurz bevor Bystron nach St. Louis flog, um erneut die «Identitäre Bewegung» zu preisen, kurz bevor er den tschechischen Präsidenten und Steve Bannon traf, um über China und Russland zu sprechen, und kurz nachdem er aus Südafrika zurückkam, eine offizielle Bundestagsreise, die noch für Schlagzeilen sorgen sollte[480], da stand also Petr Bystron in der Großen Orangerie des Charlottenburger Schlosses und hörte dem BfV-Präsidenten Maaßen aufmerksam zu. Der hatte offiziell zur der Herbsttagung der deutschen Sicherheitsbehörden eingeladen, gemeinsam mit dem BND- und BKA-Chef. Eingeladen zu dieser sehr eigenen Veranstaltung sind 800 Politiker, Berliner Beamte, Unternehmer und einige Journalisten, denen man das Gefühl geben will, dazuzugehören. Es gibt Häppchen, Sekt und die Polizeiband spielt in dem barocken Gebäude auf, das einst der Überwinterung von Zitruspflanzen diente.[481] Maaßen empfing die Gäste vor der Tür und neben einigen Polizisten zu Pferd, neben ihm die Chefs von Bundespolizei, BKA und BND, bald seine Ex-Kollegen. Ex-Kollegen deshalb, weil Maaßen schon während der Herbsttagung unter enormem Druck stand, dem er wenig später im November nicht mehr standhalten sollte – er wurde in den Ruhestand versetzt. Maaßen hatte es auch darauf angelegt. Nicht nur hatte er in Hintergrundgesprächen in einem sündhaft teuren Berliner Steakhaus, vor der Tür die Bodyguards des BfV, angedeutet, dass die fremdgesteuerte Angela Merkel dem Land schaden würde, er hatte auch behauptet (er tut es im Übrigen immer noch[482]), dass es Hetzjagden auf Ausländer in Chemnitz im Sommer 2018 nicht gegeben habe. Ein Video, das eine solche Jagd zeigte, versuchte er zu diskreditieren. Der *Bild* sagte er: «Nach meiner vorsichtigen Bewertung sprechen gute Gründe dafür, dass es sich um eine gezielte Falschinformation handelt, um möglicherweise die Öffentlichkeit von dem Mord in Chemnitz abzulenken.»[483] Da ist es wieder, das Prinzip der Projektion.

Maaßen musste sich also in der Orangerie erklären. Reporter hörten zu, darunter Ronen Steinke von der *Süddeutschen Zeitung*.[484] Er beschrieb tags darauf, dass Maaßen weiter darauf bestanden habe, dass die «anderen» erstmal beweisen müssten, dass das Video authentisch sei. «Wir gehen jetzt», sagte der BfV-Pressesprecher leise, schreibt Steinke, dann «etwas lauter». Maaßen ging und Petr Bystron blieb. Er hatte die ganze Zeit zugehört. Steinke beschreibt die Szene, die bizarr und vielsagend ist, dass Bystron wie ein Spindoktor «nach dem TV-Duell eines Politikers» für Maaßen in die Bresche gesprungen sei: «Absurd, wie die Medien den armen Maaßen ‹grillen› würden, sagte Bystron, den keiner gefragt hat. Maaßen habe vollkommen Recht. In Chemnitz habe es keine Hetzjagden gegeben. Wenn hier jemand die Fakten verdrehe, dann nicht Maaßen, sondern die Kanzlerin, die voreilig den Chemnitzern unterstellt habe, Ausländer zu jagen. Bystron sagte: Ein Chemnitzer wurde erstochen, von einem Asylbewerber. … ‹Das sind Leute, die in Deutschland nichts verloren haben.› … Bystron lobte Maaßen, das sei ‹einer mit Rückgrat›.»[485] Wusste Maaßen von diesem Einsatz Bystrons? Wer hat Bystron eingeladen? Dazu schweigen die Betroffenen. Maaßen war offensichtlich ein Verfassungsschutzchef nach dem Geschmack der AfD.

Viel ist seit dieser Szene in Berlin passiert. Maaßen musste gehen, hat eine Partei gegründet, die Werte Union, und liebäugelt inzwischen öffentlich mit der «Great Replacement»-Theorie, so in einem Tweet aus dem Mai 2024: «Die #Bundesregierung hat allein innerhalb der letzten drei Jahre rund 2,5 Millionen Ausländer in Deutschland dauerhaft angesiedelt.» Angesiedelt – als sei das alles ein großer Plan.[486]

Sein Nachfolger Haldenwang geht dagegen offensiv gegen die AfD vor, lehnte sich weit aus dem Fenster, als er schon im Sommer 2023 sagte, «nicht allein der Verfassungsschutz ist dafür zuständig, die Umfragewerte der AfD zu senken.»[487]

Man könne aber «die Bevölkerung wachrütteln, Politiker wachrütteln». Im März 2021, noch vor der Bundestagswahl, hatte das BfV die AfD als Verdachtsfall nach dem Bundesverfassungsschutzgesetz eingestuft und durfte mithin die Partei mit nachrichtendienstlichen Mitteln bearbeiten.[488] Auch wegen Politikern wie Bystron. Während er mit seinen Provokationen weiter in die Presse kam – mal legte er sich mit Claudia Roth an[489], mal nannte er Joschka Fischer ein «Arschloch», in Anlehnung an dessen legendären Ausruf im Bundestag – übersah die Öffentlichkeit jedoch den eigentlichen Punkt: Petr Bystron agierte immer ungenierter und hatte überraschend oft Kontakt mit Waffen. Kurz bevor er seine vielen Auslandsreisen im Spätsommer 2018 absolvierte, hatte er bereits einen längeren Trip hinter sich. Er war auf Kosten des Bundestags als Abgeordneter und Außenpolitiker nach Südafrika geflogen, absolvierte dort offizielle Termine unter der Beobachtung der deutschen Botschaft, besuchte dann jedoch privat und ohne Abdeckung – die Kosten übernahm er nachträglich – die rechtsradikale Miliz «Suidlanders». Die sich nach eigenen Aussagen auf einen Rassenkrieg in Südafrika vorbereiten, da ein Genozid an der weißen Bevölkerung bevorstehe.[490] Gemeinsam mit den Rassisten schoss Bystron auf einem Schießstand – das und der Umstand, dass die Flüge nach Südafrika vom Bundestag bezahlt wurden, sorgte für einigen Wirbel – das Schießen, so Bystron, sei nichts Besonderes für ihn, er sei schließlich Jäger.[491] Ob er selber Waffen legal besitzt, wurde damals nicht geklärt. Aber hinter dem Besuch steckt mehr, eine ganzes Konzept. In einem Konferenzraum des Bundestages veranstaltete Bystron wenige Monate später eine Veranstaltung mit Bruce Gilley, einem Politikwissenschaftler aus Oregon, der eine radikale These vorstellen durfte: Es wäre für Afrika besser, wenn der Kontinent wieder kolonialisiert werden dürfte, die deutsche Kolonialzeit werde zudem zu negativ dargestellt.[492] «Die Bilanz des deutschen Kolonialismus. Warum sich die Deutschen nicht für die Kolonialzeit entschuldigen müssen und erst recht nicht dafür bezahlen müssen!», so nannten Bystron und die AfD die Veranstaltung mit Gilley, der dann vorschlug, afrikanischen Politikern klarzumachen, «wir helfen euch, aber nur, wenn ihr uns die Macht über eure Polizei übertragt», und «für jeden Dollar, den ihr ausgeben wollt» müssten die neuen Kolonialherren erst unterschreiben.[493]

Wie über vielen Ideen schwebt die Frage: Wie sollen diese Ideen ohne Gewalt umgesetzt werden? Die Frage stellte sich um so mehr, als Ende 2020 herauskam, dass eine aufwendige Ermittlung der Generalstaatsanwaltschaft München direkt in das Umfeld von Bystron führte. Eine seiner Mitarbeiterinnen in seinem Münchener Wahlkreisbüro, Dagmar S., war eine von 16 Beschuldigten in einem Verfahren wegen Waffenschmuggels. Ihre Facebook-Seite verriet damals, dass sie nicht nur mit Pegida, sondern auch mit der NPD sympathisierte. Die Ermittlungen konnten unter anderem deswegen intensiviert werden, weil im Sommer zuvor Alexander Reichl, zeitweise AfD-Mitglied, früher in der NPD, in Kroatien festgenommen worden war.[494] Dort besorgen sich deutsche Neonazis inzwischen seit dreißig Jahren, nach dem der Bürgerkrieg dort zu Ende gegangen war, zum Teil Sturmgewehre. Reichl wollte, so die Vermutung der Ermittler, mit dem Waffenschmuggel auch Geld für eine AfD-Unterstützungsorganisation namens «Patriotische Alternative» beschaffen, welche er mit einem weiteren Ex-AfDler organisierte und deren Mitglieder sich auch schon 2016 mit Björn Höcke fotografieren ließen.[495] Die Gruppe um Reichl bekam ihre Hände an «Sturmgewehre, Pumpguns, eine Kalaschnikow, zwei Dutzend Pistolen und eine Handgranate.»[496] Mehrere Aspekte waren zudem brisant: Alexander Reichl hatte Kontakte zu der verbotenen neonazistischen Organisation «Wiking-Jugend» und der «Europäischen Aktion», eine besonders aktive rechtsterroristische Gruppe, die weitgehend unter dem Radar operiert und Verbündete in Sicherheitsbehörden hat.[497] Ebenfalls fiel auf, dass der AfD-Bundestagsabgeordnete Hansjörg Müller Kontakt zu Reichl und seinen Deals hatte, wie Bystron von der AfD Bayern und Mitglied des radikalen «Flügels». Mit dieser Gruppe machte also Bystrons Mitarbeiterin in München Geschäfte. Sie vermittelte dem Kopf der

Gruppe Reichl zudem Kontakte zu einem weiteren Waffenhändler, sie lagerte eine Uzi in ihrer Wohnung 2016 zwischen und versteckte ein Jahr später eine illegale Pistole und Munition bei sich zu Hause, was bei Hausdurchsuchungen herauskam – zu einem Zeitpunkt, als die AfD noch kein Extremismusverdachtsfall war. Am Ende wurde sie zu einer Geldstrafe in Höhe von 11700 Euro verurteilt. Und Bystron? Will von all dem nichts gewusst haben. Hilfreich für die AfD war, dass ein Zeuge in Kroatien seine Aussage zurückzog. Er hatte ursprünglich gesagt, dass die Waffen für die AfD bestimmt gewesen seien.

Als die Geschichte im Februar 2021 kleinere Wellen schlug, die aber Bystron kaum erreichten, durfte er gerade seit drei Monaten keine Rede im Bundestag mehr halten – auf Vorschlag seiner eigenen Fraktion, um die Wogen zu glätten.[498] Er hatte im November 2020 eine rechtsradikale Bloggerin, die besessen von der Idee war, dass die Bundesregierung bei der Corona-Abwehr die Bevölkerung unterdrückt, in den Bundestag geschmuggelt – obwohl Bundestagspräsident Wolfgang Schäuble strengere Sicherheitsmaßnahmen angeordnet hatte. Die Bloggerin belästigte und filmte daraufhin im Bundestag an einem Fahrstuhl Bundeswirtschaftsminister Peter Altmaier und bepöbelte ihn: «Sie sind abgehoben. Sie haben überhaupt kein Gewissen.... Das ist ja ein Arschloch. Aufgeblasener, kleiner Wanna-be-König.»[499] Erst wenige Monate zuvor hatten Hunderte von Demonstranten versucht nach einer Kundgebung den Reichstag zu stürmen und waren bis auf den mächtigen Treppenabsatz gekommen, ehe sie von einer Handvoll Polizisten gestoppt wurden. Bystrons Vertrauensbruch erinnert an Birgit Malsack-Winkemann, die Terrorverdächtige. Sie schmuggelte ebenfalls nur wenige Monate später Unbefugte in den Bundestag –, die ja das Parlament für einen späteren gewaltsamen Putsch ausspionieren sollten.

Mehrfach wurde Bystron in der Folge wegen diverser Provokationen die Immunität kurzfristig entzogen, weil man gegen ihn ermittelte.[500] Der Abgeordnete wurde angezeigt, weil er auf einer Corona-Demo den rechten Arm hochgerissen hatte – das Gericht konnte aber keinen Hitlergruß erkennen.[501]

Währenddessen gab er den seriösen Außenpolitiker und wurde als solcher auch immer wieder in den Medien dargestellt. Obwohl er weiter vor allem für Russland agitierte. Er erweiterte allerdings sein Portfolio und warf sich auch für die USA und die Opposition im Iran in die Bresche: «Das (…) ist das Gebot der Stunde: an der Seite der Amerikaner dem iranischen Volk zu helfen.»[502] Sein Hauptansprechpartner blieb jedoch Russland. Er kam sogar mehrfach direkt in Kontakt mit dem russischen Außenminister Sergej Lawrow. So vermittelte Bystron gemeinsam mit Lawrow, als ein rechter Verschwörungstheoretiker und selbsternannter Journalist, Billy Six von der «Jungen Freiheit», in Venezuela verhaftet worden war. Ihm wurde vorgeworfen, «Sicherheitszonen verletzt» und «spioniert» zu haben. Six hatte unter anderem einen Film über den Abschuss der Maschine MH 17 über der Ukraine veröffentlicht: «MH17 – Die Billy Six Story – Oder: Aufdeckung von Propaganda zum Nachteil von Russland».[503] Als ab spätestens Anfang 2021 die Kriegsvorbereitungen Russlands begannen, riesige Truppenverbände – als Übungen getarnt – an der Grenze zur Ukraine zusammengezogen wurden, war auch Bystron im Dauereinsatz. Im März reiste er mit Alice Weidel nach Moskau, um «die Sanktionen gegen Russland «endlich zu beenden.»[504] Man wolle den Gesprächsfaden nicht abreißen lassen und hoffte auf bessere Wirtschaftsbeziehungen. Als ginge es dem Regime in Moskau noch um Sanktionen. Tino Chrupalla war erst im Dezember zuvor nach Moskau gereist und hatte dort die Verfolgung seiner AfD als größte Oppositionspartei in Deutschland vor den russischen Kameras beklagt. Über 100 Reisen von AfD-Politikern nach Russland und in Gebiete, in denen Russland seine Interessen durchsetzen will, notierte damals die «Welt».[505]

Im November 2021 besuchte Bystron mit seinem Kollegen Maximilian Krah schließlich Kiew. Krah schrieb über den Besuch auf Facebook: «Die Ukraine ist ein wunderbares Land, das in die Fänge von Räubern geraten ist. Derzeit ist es [das Land] das größte Hindernis für die Normalisierung der Beziehungen zu Russland. Mit meinen Kollegen Petr Bystron und Uli Singer vom Bundestag bzw. Bayerischen Landtag haben wir uns getroffen: gestern als Wahlbeobachter in Charkow, heute bei einem bedrohten oppositionellen Fernsehsender und schließlich bei einem Solidaritätsbesuch beim berühmtesten Politiker des Landes Gefangener, Oppositionsführer [Viktor] Medwetschuk, der unter Hausarrest steht. Die EU und die USA finanzieren ein repressives, korruptes Regime und seinen Krieg. Es braucht eine neue Ukraine-Politik!»[506] Wenige Wochen später rollten russische Panzer und flogen Raketen auf Kiew. In Europa herrschte wieder Krieg, und Russland hatte ihn umprovoziert angefangen.

Krah und Bystron wurden im Juli 2023 mit den Listenplätzen 1 und 2 für die Europawahl belohnt. Bystrons Freund, der Präsident Miloš Zeman, ist seit 2023 nicht mehr im Amt und behauptet inzwischen, er sei von Wladimir Putin getäuscht worden. Die Luft für Bystron in Tschechien wurde dünner, er selbst geriet schließlich in das Visier eines Geheimdienstes. Und nicht nur Bystron, auch Krah wurde von diversen Nachrichtendiensten beobachtet, weil auch er – wie schon der verstorbene Manuel Ochsenreiter – der rechtsradikalen polnischen Freelancer-Gruppe um Mateusz Piskorski geholfen hatte. So beauftragte Piskorski seinen Landsmann Janusz Niedźwiecki immer wieder, pro-russische Aktionen zu starten. Er wurde etwa als Wahlbeobachter auf der Krim eingesetzt, um dort beim Referendum Demokratie vorzugaukeln. Niedźwiecki wiederum bekam vom Büro des Europa-Abgeordneten Maximilian Krah 2019 einen Ausweis für das Europäische Parlament.[507] Schon zuvor hatte der Pole Zugang zum Parlament, zwischen 2017 und bis 2021 kam er insgesamt 50 Mal in den Komplex in Brüssel hinein.[508]

So also wurde es organisiert: Russische Geldgeber nutzen deutsche und polnische Rechtsradikale, um Brandbomben werfen zu lassen und in das Europäische Parlament hineinzukommen, um dort zu spionieren und Falschinformationen zu verbreiten. Dabei waren sie die kleinsten Lichter in einer komplexen russischen Maschinerie, durch die Geld über diverse Zwischenmänner – oftmals keine Russen – an käufliche Politiker in ganz Europa verteilt wird. Der chinesische Nachrichtendienst macht es ähnlich, schaltet für den Geldfluss ebenfalls Firmen dazwischen.

Möglicherweise auch, um endgültig klarzumachen, um wen es hier geht, sickerten nach der ersten Durchsuchung bei Bystron 2024 schnell immer mehr Informationen durch, die den Eindruck erwecken, dass es erstmals wirklich eng für den umtriebigen Fanboy der «Identitären Bewegung» werden könnte. Videos und Tonbandaufnahmen der Treffen von Bystron in Prag wurden Parlamentariern und Journalisten vorgespielt. Zu erkennen ist, dass Bystron ein kleines Päckchen entgegengenommen hat, ein Geräusch ist auf einem Abhörband zu hören, das sich so anhört, als zähle er Geld, erklären Quellen, die das Band gehört haben. Anhaltspunkte, keine Beweise für irgendwas, allerdings Indizien, die bei Bystron ins Bild passen. Das Geld sei direkt aus Moskau über Polen nach Tschechien gebracht worden.[509]

Bei der ersten Durchsuchung im Bundestagsbüro schien Bystron gewarnt worden zu sein, meldete die *Süddeutsche Zeitung*, die AfD-Fraktion durfte Zeugen stellen und wurde im Vorfeld informiert. Bystron übergab den Ermittlern nur ein uraltes Nokia-Handy. Unterlagen mit Seriennummern mehrerer Goldbarren sowie Kontoauszüge von liechtensteinischen und tschechischen Konten hatte er bei einem Kollegen in einem anderen Bundestags-Büro hinterlegt. Weitere Durchsuchungen folgten, in seiner Wohnung am schönen Berliner Wannsee, bei seiner Frau, die auf Mallorca lebt. Bystron hatte die Kontoeingänge auf einem tschechischen Konto damit erklärt, dass er mehrere Immobilien in

Tschechien habe.[510] Seit über 20 Jahren. Wie groß ist also das Vermögen von Petr Bystron? Und wie hat er es aufgebaut? Mit seinem Abgeordneten-Gehalt? Das wird unter Umständen erst ein Prozess klären.

Trotz der Berichte über den AfD-Mann unter Geldwäscheverdacht bekam die AfD bei den Europawahlen 15,9 Prozent, wurde zweitstärkste Partei und in allen ostdeutschen Bundesländern stärkste Kraft. Die Medien hatten vermeldet, dass Bystron keinen Wahlkampf mehr führen dürfe. Auf Bitte der Partei hat er es dann aber in Nürnberg doch wieder getan.[511] Währenddessen stand Alice Weidel zu ihm und deutete eine Verschwörung der Behörden an: «Bislang wurden für die seit Wochen erhobenen Vorwürfe gegen Herrn Bystron keine Belege vorgelegt. Die AfD-Fraktion hofft daher auf einen raschen Abschluss der Ermittlungen, damit nicht der Verdacht entsteht, dass hier versucht wird, durch Behörden und weisungsgebundene Staatsanwaltschaften den Europawahlkampf zu beeinflussen.»[512]

Der Listenplatz 2 reichte für Bystron locker, um in das Europaparlament gewählt zu werden, wo er erneut Immunität genießt, die erst wieder aufgehoben werden muss, ehe wieder direkt gegen ihn vorgegangen werden kann. In der vorherigen Legislaturperiode hatte es dort Fälle von korrupten Abgeordneten gegeben, von Katar bezahlt.[513] Ob Bystron aus Überzeugung und/oder weil er bezahlt worden ist, handelte, wird weiter ermittelt. Interessant sind seine Äußerungen Anfang 2023 zum Thema China und Taiwan: «Mit dem Taiwan-Besuch besudelt die FDP das große Werk von Walter Scheel»[514], eine Woche verbachte er selbst im Juni 2023 mit Alice Weidel und Ex-Bundeswehrsoldat Peter Felser in China.[515] Weidel hatte sechs Jahre in China gelebt. Ihr Parteifreund Maximilian Krah, Jurist und Nummer 1 auf der Liste der AfD für die Europawahl, hatte in China zeitweise studiert. Er schreibt über China inzwischen Ähnliches wie Bystron – die «Große chinesische Firewall», die Unterdrückung der sozialen

Medien sei eine gute Sache, man brauche eine «große europäische Firewall».[516] Und: «Menschenrechte sind nicht absolut, sondern im Kontext der Gesellschaft zu definieren.»[517] Krah hatte seit 2018 Kontakte zu chinesischen Think Tanks, die dem chinesischen Geheimdienst zugerechnet werden. 2019 stellte er einen chinesischen Staatsbürger in seinem Büro an und brachte ihn auch mit zum EU-Parlament. Der Mann wurde vor der Europawahl verhaftet, sein Büro und das von Krah durchsucht. Er wird verdächtigt, seit 20 Jahren als Agent für den chinesischen Geheimdienst zu arbeiten – angesetzt auf Exil-Chinesen, seit jeher die Hauptaufgabe der chinesischen Dienste, und auf die demokratischen Institutionen in Europa. Zudem bezahlte er Rechnungen über mehr als 50 000 Euro an die ehemalige Kanzlei des Spitzenkandidaten Krah, dem zugutekam, dass das Dickicht der Nachrichtendienste um ihn herum, auch geübte Nachrichtenbeobachter verwirren kann. Er streitet ab, dass er das Geld ohne Gegenleistung und vom chinesischen Staat direkt bekommen hat. Doch die mitgeschnittene Kommunikation seines Mitarbeiters belastet ihn schwer. Krah soll auch Kontakt zu der «Voice Of Europe»-Plattform gehabt haben, über den weißrussischen Politiker Oleg Woloschyn, der lange in der Ukraine aktiv war. Als Krah im Dezember 2023 aus den USA zurück nach Europa fliegen wollte – er hat dort eine Rede von Donald Trump verfolgt, bei der Trump ankündigte, Diktator, sein zu wollen – erst mal nur für einen Tag, wurde Krah vom FBI gestoppt und befragt. Die US-Ermittler hielten ihm – angebliche – Chatnachrichten von Woloschyn an ihn vor: «We settled the issue of our compensation for your technical expenditures. From May on it will be as it used to be before February.»[518] Woloschyn war in der Ukraine in der gleichen Partei wie der Besitzer von «The Voice of Europe» – Wiktor Medwedtschuk.[519] Im Oktober zuvor hatten erste Medien über Krahs chinesische Kontakte berichtet und darüber, dass Petr Bystrons Immunität, mal wieder, aufgehoben worden war. Die Einschläge kamen näher. Dann dauerte es quälende Monate, ehe die Behörden gegen Bystron und Krah vorgingen und bei den AfD-Männern durchsuchten. Im Gefängnis sitzt Mitte 2024 allerdings nur der mutmaßliche Spion aus China. Bystron und Krah sind Mitglieder des Europäischen Parlaments. Sie werden von den demokratischen Werten geschützt, die sie – gegen Geld oder nicht wird sich zeigen – verraten haben, das steht bereits fest. Wie sagte Petr Bystron, der beinharte Antikommunist, der chinesischen staatlichen Pressestelle fünf Jahre nachdem Präsident Xi Jinping seine «Vision einer Zivilisation, die sich durch Vielfalt, Gleichheit und Inklusivität auszeichnet», vor der UNESCO in Paris vorgestellt hatte? «Chinas Friedenspolitik ist ein wichtiger Stabilitätsfaktor in der Welt und ein Hort des Friedens in Asien.»[520]

Viele AfD-Abgeordnete sind niemandem gegenüber loyal, nicht ihrer Partei, nicht gegenüber ihren Wählern, und schon gar nicht gegenüber Deutschland, einem demokratischen Staat, erbaut auf den Ruinen der Nazi-Diktatur und im Geiste eines Satzes, den die AfD jeden Tag verrät: Nie wieder!

1.11 Der Feind im Inneren – Die Richter, Polizisten und Soldaten der AfD

Wie mit der AfD und ihren zahlreichen extremistischen Mitgliedern umgehen? Mit der Beantwortung dieser Frage taten sich nicht nur die demokratischen Parteien im Bundestag, sondern auch viele Medien schwer. Eine klare Haltung erarbeitete sich auch die Justiz lange nicht, die Klärung grundsätzlicher Fragen – wie soll man etwa mit rechtsextremistischen AfD-Beamten umgehen? – zog sich hin. Das lag aber nicht immer an den eingeschalteten Gerichten – um bestimmte Prozesse in Gang zu setzen, braucht es politischen Willen. So muss etwa der Dienstherr oder die Dienstherrin zunächst Ermittlungen gegen Richter auslösen, die extremistisch sein könnten. Ein Problem, mit dem sich der vereinigte deutsche Staat nach dem Zweiten Weltkrieg nur selten auseinandersetzen musste – bis die AfD auf den Plan trat.

Bei den rechtsextremistischen AfD-Richtern Birgit Malsack-Winkemann und Jens Maier war gut zu erkennen, wie deren Vorgesetzte versuchten, das Problem erst einmal auszusitzen. Die Dienstherrin der Richterin Malsack-Winkeman, die Berliner Justizsenatorin Lena Kreck von den Linken, wartete zunächst die Bundestagswahl ab. Als die Abgeordnete Malsack-Winkemann dann Geschichte war und sie wieder in ihrem alten Job als Richterin arbeitete, versuchte die Justizsenatorin, sie endgültig aus dem Dienst zu entfernen. Die Anwälte des Landes Berlin beriefen sich dabei auf den § 31 des Deutschen Richtergesetzes (DRiG) – hätte man auf das Disziplinarrecht gesetzt, wäre es auch um Malsack-Winkemanns zukünftige Bezüge gegangen. Inhaltlich führten die Anwälte unter anderem Malsack-Winkemanns rassistische Reden vor dem Bundestag als Begründung an. Die Richterin selbst nutzte die Zeit bis zur Verhandlung auf ihre ganz eigene Weise und schloss sich nach Überzeugung des BGH im Frühjahr 2022 den Verschwörern der «Patriotischen Union» um Heinrich XIII. Prinz Reuß an. Während das BKA gegen Malsack-Winkemann ermittelte, sie abhörte und observierte, bearbeitete sie als Richterin also Bausachen am Landgericht im Namen des Volkes, während sie parallel den Staat abschaffen wollte – der sie zu diesem Zeitpunkt gerade wieder beschäftigte und bezahlte.

Von den Berliner Wählern war Malsack-Winkemann zwar abgewählt worden, aber deswegen keineswegs in der AfD abgemeldet. Nicht nur war sie weiterhin Beisitzerin im Bundesschiedsgericht.[521] Als ihr Fall im Oktober 2022 vor dem Berliner Dienstgericht verhandelt wurde, unterstützten sie zudem zwei hochrangige AfD-Politiker: Roman Reusch und Stephan Brandner. Beides gelernte Juristen, aber jeweils mit einem konträren Politikansatz. Während sich Reusch gern gemäßigt gibt, zeigt

Brandner oft ungeschützt sein radikales Gesicht. Der stellvertretende Bundesvorsitzende und Bundestagsabgeordnete aus der AfD Thüringen stammt aus Nordrhein-Westfalen und instrumentalisierte selbst einen rechtsterroristischen Anschlag. Nach dem Attentat von Halle 2019, bei dem zwei Menschen erschossen worden waren, hatte Brandner einen Tweet über den «Amokläufer von Halle» geteilt, in dem eine Frage aufgeworfen wurde: «Warum lungern Politiker mit Kerzen in Moscheen und Synagogen rum?» Die Opfer seien doch eine «Deutsche, die gern Volksmusik hörte», und ein «Bio-Deutscher» gewesen.[522] Roman Reusch, der zweite Unterstützer der Richterin, vermeidet dagegen eher plumpe Statements, was jedoch nicht heißt, dass er nicht auch für Schlagzeilen sorgt. Der Mann ist Mitglied des AfD-Bundesvorstands und war wie Malsack-Winkemann ehemaliger Bundestagsabgeordneter, 2021 aber nicht wieder angetreten.[523] Reusch wurde in Berlin als Hardliner bekannt, weil er als Oberstaatsanwalt einfache Antworten auf komplexe Sachverhalte gab. So hatte er häufig darauf hingewiesen, dass über 80 Prozent der jugendlichen Straftäter in Berlin migrantischer Herkunft seien, die er mit längeren und härteren Strafen in den Griff kriegen wollte: «U-Haft ist auch ein Erziehungsmittel.»[524] Die *Bild*-Zeitung titelte dankbar: «Deutschlands mutigster Staatsanwalt».[525] Seine AfD-Mitgliedschaft hatte er allerdings zunächst verheimlicht, so dass er weiter Karriere machen konnte.[526]

Nachdem die anderen Fraktionen ihn im Bundestag zunächst blockiert hatten, war er in das Parlamentarische Kontrollgremium gewählt worden, Reusch kontrollierte also vier Jahre lang unter anderem das Bundesamt für Verfassungsschutz mit und hatte damit Einsicht in die geheimsten Unterlagen der Bundesrepublik. Bei anderen Abgeordneten galt er als freundliche Erscheinung in Sakkos mit mächtigen Schulterpolstern, der sich in den Sitzungen gemäßigt gab. Dann wiederum sah man ihn in der Parlamentarischen Gesellschaft, gleich neben dem Bundestag, vertieft im Gespräch mit dem Rechtsextremisten Andreas Kalbitz. Der war wie Reusch ehemaliger Berufssoldat, beide gehörten dem AfD-Landesverband Brandenburg an, wo Reusch ebenfalls zwei Gesichter zeigte. Er trat 2023 aus dem Landesvorstand in Brandenburg zurück, weil – so hieß es – die besonders umstrittene Kandidatin Anna Leisten nicht aus der Partei ausgeschlossen wurde, obwohl sich der Verfassungsschutz bei der Einstufung der JA als «gesichert extremistisch» auch auf Leisten bezogen hatte.[527] Leisten gehörte zur Führung der JA und hatte sich unter anderem mit dem «White-Power-Gruß» fotografieren lassen – so wie einst der Attentäter von Christchurch.[528] Obwohl Leisten in der AfD weiterhin Karriere machen konnte, blieb Reusch nicht nur in der Partei, sondern er verteidigte sie auch in vorderster Linie.

So ist es Roman Reuschs Hauptaufgabe, das Verbot der Partei und die Beobachtung durch das BfV abzuwenden. Er vertrat die Partei im Frühling 2024 in Münster vor dem Oberverwaltungsgericht, wo die AfD versuchte, die Beobachtung der Partei als rechtsextremistischer Verdachtsfall zu verhindern. In Münster wiederum entschuldigte er die völkischen Ausfälle seiner Parteifreunde und -freundinnen und spielte sie herunter – obwohl er doch eigentlich in Brandenburg vor dieser Rhetorik gewarnt hatte. Manche redeten halt «Blech», ihnen fehlte die Bildung, sie müssten Dampf ablassen, schlimmer als in Bierzelten bei Treffen der Christdemokraten gehe es auch nicht zu, waren seine Argumente vor Gericht.[529] Vulgo: Manche seiner Parteifreunde und –freundinnen seien nun mal zu blöd, zu besoffen oder einfach nicht ernst zu nehmen. Der Verfassungsschutz hielt dagegen. Das Bundesamt hatte in einem weiteren Gutachten Tausende Aussagen von insgesamt 750 überwiegend einflussreichen Parteifunktionären gesammelt, die ein klar menschenverachtendes Bild zeigten – ähnlich wie es bereits das Gutachten aus dem Jahr 2019 getan hatte.[530] Reusch und die Anwälte der AfD überzogen daraufhin das Gericht mit Beweisanträgen, um das Verfahren zu verschleppen, was nur mäßig gelang, rund 500 der Anträge lehnte das Gericht sukzessive ab, um schließlich der Partei ins Stammbuch zu schreiben: «Da verfassungswidrige Parteien häufig aus taktischem Kalkül ihre wahren Absichten verschleiern und sich konspirativ verhalten, müssen die Verfassungsschutzämter in der Lage sein, ihre Informationen ebenfalls unter Geheimhaltung und Tarnung zu gewinnen, um der geheimen Arbeitsweise der Verfassungsgegner auf die Spur zu kommen.»[531] Reusch hatte im Prozess noch geklagt, dass nicht klar sei, wie lang und zu welchem Ziel eine solche Prüfung laufen würde: «Nach außen sieht es doch so aus, als hätte das Gericht uns zu Nazis erklärt.»[532] Als der Schaden für die Partei angerichtet war, kritisierte er das Gericht weiter: «Diese Vorwürfe sind an den Haaren herbeigezogen und nur durchgekommen, weil sich das Gericht einer Beweisaufnahme verweigert hat.»[533] Der Jurist Reusch säte also Zweifel am Vorgehen des Gerichts und somit am Rechtsstaat. Damit lag er voll auf Linie mit vielen Rechtspopulisten – Donald Trump, Viktor Orbán und Konsorten.

Dass Reusch also, der juristische Spiritus Rector der AfD, Malsack-Winkemann vor dem Dienstgericht in Berlin beistand, unterstreicht ihren Stellenwert innerhalb der Partei. Offizieller Anwalt, und auch das war eine interessante Wahl, war Jochen Lober aus Köln, der zwischenzeitlich den verurteilten NSU-Unterstützer Ralf Wohlleben vertreten hatte. Für die AfD ging es um viel, denn mehrere zentrale Fragen stellten sich auch an diesem Tag: Dürfen die Staatsanwälte, Polizisten, Richter, die sich der AfD angeschlossen haben, aus dem Dienst entfernt werden, auch wenn die AfD noch nicht im Gesamten von den Behörden als rechtsextrem kategorisiert wird?

Die Verhandlung lief, das wurde schnell klar, optimal für Malsack-Winkemann und die AfD. Und sie zeigte, wie unterschiedlich verschiedene Gerichte mit der heißen Kartoffel AfD umgehen. Der Vorsitzende Richter des Dienstgerichts, Jens Tegtmeier, verstand die Aufregung des Landes Berlin nicht, er vertrat exakt die Auffassung, dass es gleichsam zwei AfD gibt – einen gemäßigten und einen radikalen Teil, von dem man sich als Parteimitglied ohne Probleme fernhalten könne. Es war genau diese Erzählung, die man in der AfD mit der Gründung des «Flügels» setzen wollte. Richter Tegtmeier sah auch keinen Nachweis, dass seine Kollegin «die Nähe von Parteimitgliedern, die rechtsextremistische Ansichten vertreten,» gesucht habe – ebenso sei eine «Nähe zu verschwörungstheoretischen Kreisen mit rechtsextremem Hintergrund» nicht nachzuweisen.[534] Ihre Reden vor dem Bundestag dürften darüber hinaus nicht in diesem Zusammenhang bewertet werden – etwa jene, in der sie eine Ghettoisierung von erkrankten Flüchtlingen gefordert hatte. Sie unterlägen «eindeutig der Immunität».[535] Ebenso reiche nicht die bloße Mitgliedschaft in der als rechtsextremer Verdachtsfall eingestuften AfD, um abgesetzt zu werden. Sie habe während ihrer Abgeordnetenzeit bei der «politischen Willensbildung mitgewirkt», sagte die Richterin selbst aus: «Davor und danach habe ich absolut wieder Abstand genommen.»[536] Das behauptete sie also vor Gericht, nachdem sie bereits seit Monaten aktiv in einer Terrorgruppe mitgearbeitet haben soll und Komplizen durch die Herzkammer der Demokratie, den Bundestag, geführt hatte. Die *taz* beschrieb später, wie Brandner der Richterin Birgit Malsack-Winkemann in der Pause auf die Schulter klopfte und ihr sagte: «Wacker geschlagen».[537] Das Urteil nach der Pause war keine Überraschung mehr: Die Terrorverdächtige durfte Richterin bleiben, mit Deckung des Dienstgerichts – während gegen sie das BKA ermit telte.

Der Staatsrechtler Andreas Fischer-Lescano aus Kassel schrieb nach dem Urteil: Die Formulierung des Gerichts deute an, «dass die AfD in einen verfassungswidrigen und einen verfassungstreuen Teil getrennt werden könnte. Die Beobachtung der Partei als Ganze durch den Verfassungsschutz folgt aber gerade daraus, dass diese Grenze eben nicht klar zu ziehen ist.» Und er fragte, wie Birgit Malsack-Winkemann es nur geschafft habe, im August 2020 in Berlin zu demonstrieren, ohne mit den anderen Rechtsextremen, Reichsbürgern und Verschwörungsideologen dort Kontakt zu haben.[538] Nur wenige Wochen nachdem das Berliner Dienstgericht die Kollegin gestützt hatte, dürfte auch der verständnisvolle Richter Tegtmeier seinen Fehler eingesehen haben: Malsack-Winkemann wurde verhaftet. Nun reagierte auch das Berliner Richterdienstgericht und enthob Malsack-Winkemann in einem Eilverfahren des Dienstes.[539] Vorläufig – noch stehen der Ex-Richterin Rechtsmittel offen.

Dem grundsätzlichen Problem – wie umgehen mit rechtsextremistischen AfD-Richtern – nahm sich der Bundesgerichtshof Ende 2023 an. Anlass war ausgerechnet eine Klage von Jens Maier – ebenfalls inzwischen aus dem Bundestag abgewählt. Schon 2020 war er, noch als Abgeordneter, vom sächsischen Verfassungsschutz als rechtsextrem eingestuft worden. Aber um den Fall Maier kümmerte sich sein Dienstherr – das Land Sachsen – auch erst, als er nach seiner Abwahl wieder als Richter am Amtsgericht Dippoldiswalde arbeiten wollte, um die letzten Jahre bis zur Rente zu überbrücken. Das Land Sachsen rief das Dienstgericht am Landgericht Leipzig an – mit Erfolg: Maier durfte nicht mehr als Richter arbeiten.[540] Gegen die Entscheidung ist Maier vorgegangen, er verlor jedoch auch vor dem Oberlandesgericht, um schließlich Ende 2023 am Bundesgerichtshof anzukommen, der sich zum ersten Mal seit 1995 mit dem Fall eines Kollegen beschäftigen musste.

Der BGH stellte einige Dinge klar, und das schnell. Man beriet am Morgen und verkündete die Entscheidung am Nachmittag. Der Senat machte en passant deutlich, wie absurd das Berliner Urteil in Sachen Malsack-Winkemann gewesen war. Obwohl Maier und Malsack-Winkemann formal betrachtet gerade nicht

Richter waren, während sie im Bundestag saßen, strahlten ihre Reden im Parlament natürlich auf die Bewertung ihres Wirkens als Richter ab. Im mündlichen Urteil breitete der BGH zudem die Radikalität des nun ehemaligen Richters Jens Maier aus, die sehr früh deutlich geworden war: «Der Antragsgegner sprach bei einer öffentlichen Parteiveranstaltung der AfD am 17. Januar 2017 in Dresden über die Herstellung von Mischvölkern, durch die die nationalen Identitäten ausgelöscht werden sollten, was einfach nicht zu ertragen sei.» Das Gericht spießte auch auf, dass die AfD zwar ein Ausschlussverfahren gegen Maier ankündigte, das jedoch «nicht mehr weiter verfolgt» wurde. Maier mäßigte sich zudem nicht: «Bei einem Wahlkampfauftritt vom 21. August 2017 vor der Dresdener Frauenkirche erklärte der Antragsgegner, er wolle, dass Deutschland wieder aufersteht, zu alter Stärke zurückfindet und nicht gebückt geht. Und er fragte die Zuhörer, wie man denn Politiker nenne, die andere Interessen, aber nicht die Interessen der eigenen Bevölkerung vertreten, woraufhin die Zuhörer von ihm unwidersprochen, wiederholt Volksverräter skandierten.»

Der «Volksverräter»-Chor hatte für Maier jahrelang keine endgültigen Konsequenzen. Bis zu dem Urteil des BGH. Die Versetzung in den Ruhestand von Maier war rechtens, so der Tenor, da es ansonsten zu einer «schweren Beeinträchtigung der Rechtspflege» gekommen wäre. Das Vertrauen der Öffentlichkeit in die Person und die Amtsführung Maiers sei so beschädigt, dass es einen großen Schaden für das Ansehen der Rechtspflege anrichten könnte, wenn er Richter bliebe. Doch der BGH ging noch weiter und auf interne Fragen zur AfD ein. So stellte das Gericht ebenfalls klar, wie groß die Wirkung von rechtsextremen Akteuren wie Maier innerhalb der AfD war, auch nach der formalen Auflösung des «Flügels». Der BGH führte erneut Maiers eigene Worte an: «Naja, als Haltungsgemeinschaft sind wir natürlich da. Wir werden einen Weg finden, wie wir als Haltungsgemeinschaft noch weiterhin aktiv sind.» Außerdem hatte Maier laut BGH selbst festgestellt, «die Grundhaltung des Flügels sei schon vor dessen formaler Auflösung in die Gesamtpartei eingesickert.»[541]

Der BGH hatte damit einen wichtigen Fakt in einem höchstrichterlichen Urteil festgehalten. Aber das Gericht beschäftigte sich auch mit der Frage, was denn so schlimm an rechten Richtern sein könnte, und wieder lieferte Jens Maier das perfekte Zitat selbst. Der BGH: «Als Reaktion auf einen Bericht des Spiegel … wurde vom offiziellen Twitter-Account des Antragsgegners ein Tweet abgesetzt, der wie folgt lautet: Wenn Angeklagte ‹AfD-Richter› fürchten, haben wir alles richtig gemacht. #AfD.»

Damit war der BGH zum Kern des Problems vorgestoßen: Es geht nicht nur um das Ansehen des Gerichts, sondern darum, dass ein rechtsextremistischer AfD-Richter – oder eine AfD-Richterin – ideologisch und staatszersetzend urteilen könnte, eben nicht neutral, so wie es zentral für das Funktionieren des Rechtsstaats ist. Letztlich ging es um die Seele des Rechtsstaats. Nicht zuletzt vor dem Hintergrund deutscher Geschichte und der Erinnerung an deutsche Richter, die im «Dritten Reich» geholfen hatten, den Schein aufrechtzuerhalten, dass man im Deutschen Reich noch in einem Rechtsstaat lebte, während sie gleichzeitig gnadenlos Todesurteile gegen politische Gegner der NSDAP im Namen des Volkes getroffen hatten. Dass Maier ein Überzeugungstäter ist, zeigte er trotz aller Sanktionen, als er auf einem Landesparteitag der AfD in Sachsen das Treuelied der Waffen-SS zitierte: «Wenn alle untreu werden, so bleibe ich doch treu …»[542] Auch deshalb geht das Land gegen Maier weiter vor, um am Ende keinerlei Bezüge an ihn mehr zahlen zu müssen.

Die erste AfD-Bundestagsfraktion war, wie sich gezeigt hat, voll mit Juristen, und zwar solchen, die es mit der Wahrheit nicht genau nahmen. Dazu gehört auch Thomas Seitz, der nach 2017 auch 2021 wieder ins Parlament gewählt wurde. Er behauptete jedoch auf der Webseite des Bundestags, dass er seit 2008 Staatsanwalt in Freiburg sei.[543] Allein – es stimmt nicht. Weil er sich im Wahlkampf 2015 und danach fortgesetzt rassistisch und verfassungsfeindlich geäußert hatte, griff das Land Baden-Württemberg schon 2018 gegen ihn durch – anders als Sachsen und Berlin wartete man also nicht das Ende der Legislaturperiode ab – und setzte per Disziplinarverfahren in allen Instanzen durch, dass Seitz aus dem Beamtenverhältnis entlassen werden musste, obwohl er noch Bundestagsabgeordneter war. Die Entscheidung der letzten Instanz, des Oberlandesgerichts in Stuttgart, war im März 2021 eindeutig: «Der Beklagte hat mit seinem – schuldhaften – Fehlverhalten gleich gegen mehrere beamtenrechtliche Kernpflichten verstoßen, zu deren Einhaltung er aufgrund seiner spezifischen Amtsstellung besonders verpflichtet war … Der Beklagte hat durch sein Verhalten das Vertrauen des Dienstherrn und der Allgemeinheit unwiederbringlich …verloren.»[544] Seitz hatte von 2015 an auf seinem Facebook-Account atemlos gehetzt, gepöbelt, gedroht, Barack Obama einen «Quotenn*» genannt, fantasiert, dass Claudia Roth von «N*» vergewaltigt wird – zeitweise schrieb er also im reinen NPD-Sound, wie das bemerkenswerte Stuttgarter Urteil zeigt. Und er stellte dabei heraus, dass er ein Staatsanwalt war, missbrauchte also seine Rolle als Beamter. Das OLG: «In einem Beitrag vom 07.03.2016 auf der Facebook-Seite zitierte der Beklagte zunächst die Aussage eines Stadtrats, wonach es erschreckend sei, dass für die AfD bei uns ein Staatsanwalt und ein Polizist kandidieren, und brachte dann vor: ‹Warum riskiere ich wohl meine bürgerliche Existenz? Und er sollte froh sein, dass es gerade die Kandidatur von mir …ist, die viele Bürger in diesem Land davon abhält, den Glauben an den Staat und seine Institutionen vollends zu verlieren.›» Das war ein Dauerthema bei Seitz – die AfD als letzte Bastion: «Die AfD steht für diejenigen Bürger, die die Hoffnung auf eine politische Veränderung noch nicht aufgegeben haben. Aktiven Widerstand lehne ich immer noch ab, obwohl es gute Gründe gibt, die Voraussetzungen des Artikel 20 Abs. 4 GG bereits zu bejahen». Noch lehnt er ab. Und an anderer Stelle stellt er klar, was nach der «Invasion» durch die «Migrassoren» kommt, eine Wortschöpfung, die Migranten und Invasoren verschmilzt: «Die Folge wird ein Krieg sein – Krieg zwischen den Migrassoren und ihren alles Deutsche hassenden Helfershelfern auf der einen und allen Bürgern, die sich den Migrassoren und ihren Forderungen und Ansprüchen nicht unterordnen wollen, auf der anderen Seite. Die Wahrscheinlichkeit dafür liegt nach meiner Einschätzung über 100%, offen ist für mich nur, wie lange es noch bis dahin dauern wird – Wochen, Monate oder Jahre.» Die Bundesrepublik ist für den damaligen Staatsanwalt Seitz dabei ein Unrechtsstaat: «Ein Staat, der seine Grenzen nicht schützen kann oder will, hat keine Daseinsberechtigung mehr und ist nur ein Unterdrückungsinstrument (…).» Kollegen aus der Richterschaft warf er vor, «Gesinnungsjustiz» zu betreiben. Das wog besonders schwer, das gehöre «zweifellos» «zu den schlimmsten Vorwürfen …, die man der Justiz machen könne», so die Stuttgarter Richter: «Der Begriff der ‹Gesinnungsjustiz› werde demnach von Extremisten zur Delegitimierung des Staates verwandt, indem das deutsche Rechtssystem offen diskreditiert werden solle. Aus dem Munde eines Staatsanwalts bekomme diese ungeheuerliche These ein völlig neues Gewicht. Der objektive Leser gewinne dadurch zwangsläufig den Eindruck, dass die Insiderkenntnisse des Staatsanwalts seine Einschätzung bedingten. Der nach dem objektiven Empfängerhorizont entstehende Anschein eines illegitimen Unrechtsstaats ohne funktionierendes Rechtssystem sei verheerend und geeignet, das Vertrauen in die Justiz als dritte Gewalt und damit in die freiheitlich-demokratische Grundordnung nachhaltig zu schädigen.»[545] Kurz: Nicht mit uns.

Was von manch einem angeblichen Aussteiger zu halten ist, zeigt eben auch der Fall Seitz. Er verließ Anfang 2024 unter großem Getöse die AfD-Fraktion, allerdings nicht, weil sie ihm zu radikal geworden war, sondern er warf vielmehr Alice Weidel vor, eine verschärfte Günstlingswirtschaft in der Partei zu fördern: «… das vorherrschende Gefühl ist immer noch das des puren Ekels vor meiner eigenen Partei, für die ich seit 10 Jahren den Kopf hinhalte.»[546] Seitz blieb trotzdem Abgeordneter, auf die Bezüge ist er auch angewiesen. Das Stuttgarter Urteil bedeutete nämlich, dass er als Beamter keine Rente mehr bekommen darf. Das Gericht gab ihm mit auf den Weg: «Ihm stehen … mannigfache andere berufliche Wege offen, die es zulassen, eine …ihm sozial und finanziell zumutbare Anstellung bzw. eine freiberufliche Tätigkeit zu finden bzw. auszuüben.»[547] Seine Webpage hat er inzwischen korrigiert, allerdings nachdem die Autoren ihn konfrontiert hatten. Staatsanwalt a. D. steht da nun.

Dass das Problem der ideologischen Verblendung nicht punktuell bei den beiden AfD-Richtern und dem Staatsanwalt aus dem Bundestag auftritt, zeigt der Fall Gera, der Ort also, wo der Neonazi Christian Klar mit Vertretern der AfD durch die Stadt gezogen ist und wo mit Reinhard Etzrodt, Verbündeter von Björn Höcke, erstmals bundesweit ein AfD-Politiker zum Stadtratsvorsitzenden gewählt wurde. Gera funktioniert hier wie eine Art Labor, ein Blick in die Zukunft. Denn eine ganze Stadt ist von der Rechtsprechung eines umstrittenen Gerichts betroffen. Herausgearbeitet hat das unter anderem der ehemalige Panorama-Moderator und Jurist Joachim Wagner. Er schildert den Fall Gera ausführlich in seinem Buch «Rechte Richter und Staatsanwälte».[548] Denn in der Thüringer Stadt treten gleich eine ganze Anzahl problematischer Juristen auf. Zum einen ebenfalls ein Staatsanwalt, der in diverse umstrittene Fälle verwickelt war. Weiter Mitglieder des Verwaltungsgerichts, das immer wieder rechte Aufmärsche in Gera trotz Klagen nicht verbot, und zudem Richter, die für Asylrechtsfälle zuständig sind. Die Fälle machen zudem deutlich, dass auch Juristen für Aufsehen sorgen können, die zwar nicht AfD-Mitglieder sind, aber erkennbar als Sympathisanten agieren. So wie der Staatsanwalt Martin Zschächner. Wie Maier, Malsack-Winkemann und andere ist Zschächner ein West-Import, der im Osten einen Job fand und offenbar meinte, dort ideologische Spielchen spielen zu können. Staatsanwalt Zschächner hatte in Heidelberg studiert, und, so twitterte ein ehemaliger Kommilitone, war dort unangenehm aufgefallen: «Ach Du Sch …. Wir nannten ihn nur den ‹Jura-Nazi›. Wer hat denn den zum Staatsdienst zugelassen. [?] Jemanden, der nur 50% so links ist wie der rechts, würde man nie einstellen. Kleiner Tipp: ‹Kaisertreu› ist nicht GG-treu.»[549] Vorwürfe, die der Staatsanwalt nicht bestreitet, auch wenn er, wie von den Autoren dieses Buches, die Möglichkeit dazu bekommt.[550]

Problematisch war, dass Zschächner auch in diesem Geiste anzuklagen schien. So hatte der junge Staatsanwalt von Gera aus gegen das «Zentrum für politische Schönheit» (ZPS) ein Verfahren wegen der Bildung einer kriminellen Vereinigung eröffnet – ein Straftatbestand, der sehr umfassende Eingriffe in das Leben von Beschuldigten zulässt. Was hat das «Zentrum», ein Künstlerkollektiv aus Berlin, das sich auf Provokationen spezialisiert hatte – oder «künstlerische Interventionen», wie es selbst von sich sagt –, getan? Das «Zentrum» hatte das Berliner Holocaust-Mahnmal im Wohnort des AfD-Politikers Björn Höcke in Bornhagen in Miniatur nachgebaut, 24 Betonstelen auf einer Wiese hinter dem Haus des Politikers. Das ZPS hatte sich in der Nachbarschaft eingemietet, das Projekt dort zehn Monate vorbereitet. Zudem hatte das ZPS die Überwachung Höckes angekündigt, die aber sehr bald als satirische Aktion gekennzeichnet wurde, nicht zuletzt weil die Künstler «Trenchcoats von Penny» und ein «Chewbacca-Kostüm» trugen, samt überdimensionalem Teleobjektiv.[551] Kurz nach der Enthüllung des Denkmals erklärte das Zentrum, dass man sich ausdrücklich auf die Dresdener Rede

2017 bezogen habe, bei der Höcke das Holocaust-Mahnmal in Berlin als «Denkmal der Schande» bezeichnet hatte. Der Gründer des Zentrums, Philipp Ruch, erklärte: «Die Dresdner Rede, die jede ernsthafte Auseinandersetzung mit der Vernichtung von sechs Millionen Menschenleben vermissen lässt, hat uns vielleicht tiefer erschüttert als alles andere.»[552] Und: «Wir sind zwar langsamer als die Medien, aber auch gründlicher.»[553] Das Zentrum wolle eine Debatte anstoßen: «Sind wir eine wehrhafte oder eine wehrlose Demokratie? Welche Mittel wenden wir an gegen ihre Feinde? Wie weit können wir gehen?»[554]

Höcke selbst regte sich über die Aktion – und seine angebliche Überwachung – sehr auf, sagte öffentlich, die «Künstlergruppe» sei keine «Künstlergruppe»: «Sie ist eine kriminelle Vereinigung, ja eine terroristische Vereinigung.»[555] Kurz darauf eröffnete Staatsanwalt Zschächner ebenjenes Verfahren wegen der Gründung einer kriminellen Vereinigung. Es lief bis 2019 weiter, ohne dass allerdings konkret ermittelt wurde und obwohl – und das war der eigentliche Punkt – das Landgericht Köln schon lange entschieden hatte, dass sowohl das Mahnmal als auch die angebliche Überwachung Höckes von der Kunstfreiheit gedeckt seien (Artikel 5 des Grundgesetzes).[556] Doch darüber setzte sich der Staatsanwalt hinweg und ließ die Ermittlungen weiterlaufen. Problematisch war auch, dass Gera gar nicht örtlich zuständig war, das war vielmehr die Staatsanwaltschaft in Mühlhausen, und die hatte ein anderes Verfahren in der Sache bereits eingestellt. Zschächner konnte nur tätig werden, weil er das schwere Geschütz der Bildung einer kriminellen Vereinigung auffuhr, denn Gera war Schwerpunktstaatsanwaltschaft für organisierte Kriminalität. Der Staatsanwalt machte also das passend, was nicht einmal im Ansatz passend war.

Erst als durch eine kleine Anfrage der Linken im Thüringer Landtag der Vorgang publik wurde, stellte die Staatsanwaltschaft das Verfahren ein.[557] Noch problematischer wurde die Arbeit des

Staatsanwalts gesehen, als in der Folge öffentlich deutlich wurde, dass er zweierlei Maß anlegte. Eine Anzeige der evangelischen Jugend gegen die AfD Jena etwa verfolgte Zschächner nicht weiter – obwohl bei einer Demo JA-Mitglieder Slogans wie «Eine U-Bahn bauen wir – bis nach Auschwitz» skandiert hatten. Das Wort «Auschwitz», so die Argumentation des Staatsanwalts, sei inhaltlich im Sinne einer Metapher «nicht wesentlich anders» verwendet als das Wort «Waterloo», behauptete Zschächner in seiner Ablehnung der Anzeige – und setzte damit Auschwitz mit einer militärischen Niederlage gleich, als hätten Juden dem Deutschen Reich den Krieg erklärt. Im Übrigen eine beliebte Behauptung von Holocaust-Leugnern.[558]

Nachdem seine diversen umstrittenen Fälle publik wurden, versetzte man Zschächner innerhalb der Staatsanwaltschaft – er war zuvor lange sogar der Pressesprecher und damit das Gesicht der Behörde. Er blieb aber weiter im Dienst. Daran änderte sich auch nichts, als bekannt wurde, dass er nach der Eröffnung des Verfahrens gegen das ZPS der AfD einen kleinen Betrag spendete – 30 Euro[559] – und nachdem die AfD die Einstellung des Verfahrens propagandistisch ausschlachtete und dem Staatsanwalt zur Seite sprang: «So geht mediale Hetzjagd à la DDR – diesmal auf einen Staatsanwalt, der sich gegen den totalitär linken Zeitgeist stemmt und für das Recht fechtet», twitterte ein AfD-Politiker.[560] Aber im Gegensatz zu Maier und Malsack-Winkemann hatte sich Zschächner noch lange nicht extremistisch verhalten und nichts, was er getan hatte, war illegal. Doch sein Fall zeigte eindrucksvoll, wie empfindlich die Öffentlichkeit – zu Recht – reagiert, wenn der Eindruck entsteht, die Justiz missbrauchte ihre große Macht, noch dazu, um gegen politisch unliebsame Kritiker wie das ZPS vorzugehen.

Ähnlich problematisch ist das Verwaltungsgericht, ebenfalls in Gera. Zwei weitere West-Importe machten dort ebenfalls Schlagzeilen, so der Vizepräsident des Verwaltungsgerichts Gera Bengt

Fuchs, ursprünglich Bankkaufmann bei der Deutschen Bank in Hannover.[561] Fuchs hatte an der AfD-Party am 15. April 2018 in Gera teilgenommen, wo man eigentlich den Sieg bei der Oberbürgermeisterwahl feiern wollte, wozu es allerdings nicht kam – der Kandidat verlor, er hatte in der Stichwahl 31 Prozent der Stimmen errungen. Gefeiert wurde wohl auch deshalb, und Richter Fuchs war dabei. Auf einer anderen Party der AfD war ein Richterkollege von Fuchs mit seiner Familie anwesend, Bernd Amelung, der in Göttingen studiert hatte und nun Pressesprecher des Verwaltungsgerichts Gera war, zudem wurde er von einem weiteren Kollegen begleitet, dem Insolvenzrichter aus Gera, Thomas Drachsler, Mitglied in der AfD und Verbündeter von Björn Höcke, wie Joachim Wagner schreibt.[562] Hier ist also eine auffällige Nähe zwischen der AfD und Richtern aus Gera zu erkennen. Bengt Fuchs ist zudem engagierter Offizier der Bundeswehrreserve, trug offenbar daher auch im Gerichtsgebäude mindestens einmal Tarnuniform und Militärstiefel. Einige der Reservistenverbände waren in Verruf geraten, weil sie an vielen Standorten nicht nur ohne Prüfung Rechtsradikale aufgenommen hatten, sondern von Rechtsradikalen geführt worden waren.[563]

Die Partys, die AfD-Freunde, Uniformtragen – das allein ist rein juristisch unerheblich. Doch wiederum entsteht ein bitterer Beigeschmack – denn in Gera schien Recht nach Gutsherrenart gesprochen zu werden. So war es für das Verwaltungsgericht Gera kein Problem, dass rechte Demonstranten am Gedenktag für die Reichspogromnacht durch Gera marschierten, genauso wenig wie es sich an einer Thügida-Demonstration stieß, die unter dem Slogan «Dem linken Terror keine Stadt mehr» am Geburtstag Adolf Hitlers samt Fackelzug in der Stadt demonstrieren wollte. Für das Gericht war das in Ordnung.[564] Dann wiederum verbot das Verwaltungsgericht dem Altenburger Oberbürgermeister André Neumann, Mitglied in der CDU, vor einem Auftritt von Andreas Kalbitz und Björn Höcke zu warnen. Neumann quittierte das mit dem Satz: «Als Oberbürgermeister darf ich laut Gerichtsbeschluss über Höcke und Kalbitz nichts zu meinem Willkommensempfinden schreiben. Okay! Ich bin froh, in einem Rechtsstaat zu leben, der auch auf alle Rechte aufpasst.»[565] Schließlich berichteten Asylrechts-Anwälte, dass sie nahezu alle Fälle in Gera verlieren würden. Der Standort Gera ist zuständig für nigerianische Asylfälle. Tatsächlich stellten Reporter des MDR fest, dass von 546 Fällen in Gera zwischen 2015 und 2023 nur ein Fall positiv beschieden worden ist. Das sind 0,2 Prozent – im Durchschnitt sind es in Deutschland sechs Prozent, wenn es um Flüchtlinge aus Nigeria geht.[566] Der zuständige Richter: Reserveoffizier Bengt Fuchs, Gast der AfD-Party, Vizepräsident des Verwaltungsgerichts Gera und «Alter Herr» der schlagenden Studentenverbindung Salia Jenensis aus Göttingen.

Hier kommt die Unabhängigkeit der Richter zum Tragen – es ist eben gerade nicht vorgesehen, dass sie ständig überprüft werden. Sie sollen gerade unabhängig sein, ein Grundpfeiler des demokratischen Rechtsstaats. Diese große Freiheit kann aber auch missbraucht werden. Das Verwaltungsgericht Gera ist dabei nicht der einzige Problemfall. Im sächsischen Meißen fällt eine Amtsrichterin als AfD-Unterstützerin auf: Gritt Kutscher.[567] Sie stand seit 2015 unter der Beobachtung von Netzaktivisten, weil sie analog zu Thomas Seitz unter anderem auf ihrem Facebook-Profil fortgesetzt pauschal über den Islam und Flüchtlinge gewettert, zudem für die AfD geworben hatte. In Anlehnung an die Theorie vom großen Bevölkerungsaustausch warf sie der Bundesregierung «offenen Rechtsbruch» vor, da sie «aktiv illegale Einreisen» unterstütze.[568] Die übliche Mär von der gesteuerten Migration also. Origineller war ihre Erklärung, wie bestimmte rassistische Posts zustande gekommen seien – ihr Account sei gehackt, die Posts seien gefälscht und ihr untergeschoben worden. Das zuständige Gericht folgte ihr teilweise. Noch verblüffender – und eventuell von niemandem im sächsischen Justizministerium bemerkt: Sie trat in einer Art rechtspopulistischen Talkshow auf («Klartext!»), dort wiederholte sie nicht nur ihre Verteidigungslinie, dass ihr radikale Ansichten von außen in ihren Facebook-Account gepflanzt worden seien, sie gab zudem seelenruhig die Anwältin des Rechtsextremisten Andreas Kalbitz, der gerade aus seiner Partei geschmissen worden war, oder wie die Richterin dozierte: «Es war kein Parteiausschluss, sondern eine Annullierung der Aufnahmeentscheidung ...»[569] Verblüffend detailliert kannte sie sich im Fall Kalbitz aus und erweckte so den Anschein, den bekannten Rechtsextremisten zu verteidigen. Das alles unter der grellen Überschrift: Seit 2015 dürfe man in diesem Land nicht mehr seine Meinung frei äußern. Die Amtsrichterin passt zudem in das Gesamtbild, da auch sie das Recht in ihre eigenen Hände nahm: In Meißen ist sie unter anderem für das Verkehrsrecht und Bußgelder zuständig. In einem Fall warnte sie öffentlich auf ihrem Facebook-Account vor Blitzern, weil sie den Staat für übergriffig hielt.[570] Ähnlich war es bei dem JVA-Beamten Daniel Zabel, ab Anfang 2020 im sächsischen Landesvorstand der AfD, der nicht nur einen Häftling misshandelte, sondern auch einen Haftbefehl durchstach, das Recht also mehrfach missachtete, am Ende also genau das machte, was viele AfD-Strategen der Bundesregierung vorwerfen: Recht und Gesetz willkürlich auszulegen, es zu missachten, wenn es stört, um am Ende zur Selbstjustiz zu greifen.

Die AfD ist sehr erfolgreich in der Beamtenschaft, bei Mitgliedern der Rechtspflege, aber auch unter Soldaten und Polizisten. Zur AfD-Bundestagsfraktion gehörten von Anfang an hochrangige Polizisten und Ex-Militärs. Zur AfD-Bundestagsfraktion gehörten von Anfang an hochrangige Polizisten und Ex-Militärs. Darunter Richter an Oberlandesgerichten, Direktoren von Amtsgerichten – oder eben hochrangige Offiziere aus der Bundeswehr, auch Generäle. Und auch in diesem Bereich, vor allem innerhalb der Polizei, gibt es Fälle, die ein Schlaglicht darauf werfen, wie problematisch AfD-Politiker im Staatsdienst sein können. Ein Beispiel gibt der AfD-Landtagskandidat Torsten Czuppon ab, Unteroffizier in der NVA, nach der Wende umgeschult und dann über 25 Jahre Polizist, unter anderem bei der Bereitschaftspolizei, zweimal wurde er auch im Ausland eingesetzt.[571] Mit ihm hat Felix Steiner, Mitarbeiter des Vereins MOBIT, persönliche Erfahrungen gemacht. Bei einer Tagung in der Gedenkstätte Buchenwald im November 2017 (Thema: «Wahrheit macht frei» – Geschichtsrevisionismus und Holocaustleugnung) fiel dem Rechtsextremismus-Experten vom Verein MOBIT bei dem anwesenden Polizisten und damaligen Landtagskandidaten Czuppon ein T-Shirt auf, das Steiner der rechten Szene-Marke «Thor Steinar» zurechnete.[572] Steiner informierte den Bildungsleiter der Gedenkstätte Buchenwald. Die Einrichtung sah darin einen Verstoß gegen die Hausordnung und reichte eine Beschwerde gegen den Beamten ein, weil Czuppon an der Tagung als Polizist teilgenommen hatte. Der AfD-Politiker bestritt, ein T-Shirt der einschlägigen Marke getragen zu haben, und zeigte Steiner und dessen Kollegen von der Gedenkstätte wegen Verleumdung und falscher Verdächtigung an. Was dann passierte, haben mittlerweile drei Gerichte aufgearbeitet.[573] So sahen es die Richter am Landgericht Erfurt als erwiesen an, dass der Polizeibeamte von der AfD zwei Unschuldige verfolgt hat, indem er seine eigenen Anzeigen gegen die beiden Männer selbst bearbeitet hatte. In der Berufungsverhandlung bestätigten die Richter das Urteil aus erster Instanz, in der Czuppon zu einer empfindlichen Geldstrafe von 30 000 Euro verurteilt worden war.[574] Das Urteil ist mittlerweile rechtskräftig. Das Oberlandesgericht Jena hat die Revisionen im Juni 2024 verworfen. Sowohl die Staatsanwaltschaft als auch der Angeklagte hatten Revision bzw. Berufung eingelegt. Die Verteidigung plädierte zuvor auf Freispruch, die Ankläger hatten für Czuppon hingegen eine Freiheitsstrafe von einem Jahr und zwei Monaten auf Bewährung gefordert – was automatisch bedeuten würde, dass Czuppons Zeit als Polizist vorbei wäre. Freiheitsstrafen von über einem Jahr bedeuten das Ende einer Beamtenkarriere.[575]

Ob von Polizeibeamten der AfD die Gefahr ausgeht, Politik und Beruf miteinander zu vermischen, steht für Steiner mittlerweile außer Frage. «Aus persönlicher Betroffenheit kann ich sehr deutlich sagen, dass es für politische Gegner sehr große Probleme geben kann, wenn ein AfD-Politiker gleichzeitig als Polizist in den Sicherheitsbehörden aktiv ist», sagt Steiner. «Für mich als unschuldig Verfolgter war das eine ganz einschneidende Erfahrung. Das macht mir große Sorgen.» Der Vorfall beschäftigt ihn nun schon seit mehr als sechs Jahren. Welche dienstrechtlichen Konsequenzen die Thüringer Polizei daraus zieht, wird sich demnächst entscheiden, weil der Fall nun rechtskräftig abgeschlossen ist. Es ist nicht auszuschließen, dass dann ein Innenminister von der AfD die Kontrolle über die Polizei des Landes innehaben wird.

Birgit Kieschnik, die Aktivistin und Kataster-Beamtin aus Bautzen, hat selbst beobachtet, was diese Aussicht für Folgen hat: «Zurzeit sind viele ganz hilflos und wissen jetzt gar nicht mehr, was sie machen sollen.» Ein Polizist, bei dem sie eine Zeugenaussage aufgegeben hat, nachdem sie bedroht worden war, habe ihr fatalistisch gesagt, auf der Polizeischule hätten sie gelernt, die Geschichte verlaufe in Wellenform, und «jetzt sind mal wieder die anderen» – die Rechten – «dran.» Und: «Da kann man nichts machen.» Dass ein Polizist, der wie sie den Amtseid geleistet hat, so etwas sagt, hat Kieschnik schockiert. Bei ihrem Besuch beim Bundespräsidenten erzählte sie von der Begegnung mit dem Polizisten, Frank-Walter Steinmeier erwiderte, er habe von einer solchen Haltung schon öfter gehört.

Tatsächlich ist die Gesamtsituation nicht so aussichtslos, wie sie sich mancherorts darstellt. Der Rechtsstaat hat, mit einiger Verzögerung, in letzter Instanz auf Landes- und Bundesebene bereits viele Urteile gefällt, die einen klaren Rahmen abstecken:

– Der Bundesgerichtshof hat im Fall Jens Maier klargestellt, dass es unmöglich ist, als Richter Recht zu sprechen, wenn man gleichzeitig Mitglied in einer Partei oder Gruppierung ist, die «die Grundlagen des demokratischen Verfassungsstaats ablehnt.»[576] Was für große Teile der AfD gilt.

– Im Fall Seitz hat das Oberlandesgericht in Stuttgart aufgezeigt, dass für Staatsanwälte ein besonderer Maßstab gilt, sie unterliegen einer «verstärkten Neutralitätspflicht» – AfD-Staatsanwälte in Baden-Württemberg müssen sich schon sehr aktiv von ihrer eigenen Partei abgrenzen, um im Amt bleiben zu können.[577]

– Auf Bundesebene hat das Bundesverwaltungsgericht schon 2017 im Fall eines rechtsextremistischen Polizisten, der u.a. rechtsradikale Tätowierungen am Körper trug, klare Leitlinien aufgestellt, die auch und gerade für AfD-Mitglieder gelten. Der Polizist hatte zuvor in allen Instanzen gewonnen und daher seinen Beamtenstatus zunächst nicht verloren – weil er seine Tätowierungen im Dienst durch Kleidung verdeckte –, analog zu AfD-Politikern, die vor allem in nichtöffentlichen Facebook- oder in WhatsApp-Gruppen hetzen. Das Gericht stellte klar: Ein Verstoß gegen die Verfassungstreuepflicht setzt kein öffentlich sichtbares Verhalten des Beamten voraus.[578] Der Beamte verletzt seine Verfassungstreuepflicht nicht erst dann, «wenn der Beamte ein Verhalten zeigt, das auf die wirksame Verbreitung eines verfassungsfeindlichen Standpunktes oder auf die Teilnahme am politischen Meinungskampf gerichtet ist.»[579]

Das Problem bei dem Urteil: Der Gang durch die Instanzen hatte über vier Jahre gedauert – so lange war der rechtsextremistische Polizist zwar beurlaubt, aber wurde die ganze Zeit über weiterbezahlt.[580] Auch deshalb hat die Bundesregierung jüngst das Disziplinarrecht angepasst, das unter anderem den Rechtsweg umdreht: Nun können Beamte per Verfügung ihres Amtes enthoben werden, die dann gegen den Vorgang klagen können. Bislang musste der Staat unter Umständen alle Instanzen abwarten, ehe ein Beamter tatsächlich aus dem Dienst entfernt werden konnte. Außerdem legte das neue Gesetz fest, dass schon die Verurteilung zu einer Freiheitsstrafe von sechs Monaten – etwa wegen Volksverhetzung – ausreicht, um als Beamter entlassen zu werden.[581] Nur: Die Rechtsprechung hatte gezeigt, dass es genau eine solche Straftat eben gar nicht braucht, um seinen Beamtenstatus zu verwirken. Da in vielen Fälle oft abgewartet wird, ob ein Strafverfahren gegen einen rechtsradikalen Beamten Erfolg hat – was einen Verlust des Beamtenstatus zur Folge haben kann –, vermuten Beobachter zu Unrecht, man müsse erst straffällig werden, ehe es für einen Beamten ernst wird. Ein weit verbreitetes Missverständnis, das im Urteil des Bundesverwaltungsgerichts aufgeklärt wird: «Ein Verstoß gegen die Verfassungstreuepflicht setzt … [kein] strafbares Verhalten des Beamten voraus.»[582] Das OLG Stuttgart unterstreicht: «Anknüpfungspunkt für die zu verhängende Disziplinarmaßnahme sind das besondere Gewicht und die Schwere der dienstrechtlichen Verfehlung, nicht evtl. vorangegangene strafrechtliche Bewertungen.»

Mehrere Gerichte haben über Jahrzehnte den Grundsatz zementiert, dass es außerdem nicht reicht, als Beamter passiv zu bleiben. Schon 1975 hat das Bundesverfassungsgericht diese Treuepflicht auf den Punkt gebracht, damals ging es um den Umgang mit Linksextremisten: «Die politische Treuepflicht fordert mehr als nur eine formal korrekte, im Übrigen uninteressierte, kühle, innerlich distanzierte Haltung gegenüber Staat und Verfassung; sie fordert vom Beamten insbesondere, dass er sich eindeutig von Gruppen und Bestrebungen distanziert, die diesen Staat, seine verfassungsmäßigen Organe und die geltende Verfassungsordnung angreifen, bekämpfen und diffamieren.»[583] Das

Bundesverwaltungsgericht griff das Urteil 2017 noch einmal auf – als Beamter hat man nicht nur die Pflicht, die Werte des Grundgesetzes zu vertreten, man muss sie auch aktiv verteidigen: «Der Staat ist darauf angewiesen, dass seine Beamten für ihn einstehen und Partei für ihn ergreifen.»[584] Das genau ist bei fast allen AfD-Beamten nicht der Fall. So stellte das Deutsche Institut für Menschenrechte (DIMR) 2022 fest: «Ein Eintreten für die AfD ist mit der verfassungsrechtlichen Treuepflicht von Beamtinnen und Beamten unvereinbar.»[585]

Doch vor einem generellen Vorgehen gegen AfD-Beamte, noch dazu ohne Einzelfallprüfung, schreckt man auf Bundes- und Landesebene tatsächlich zurück, möglicherweise zu Recht, wie der Radikalenerlass aus den 1970ern gezeigt hatte. Die *Süddeutsche Zeitung* fasste das damalige Vorgehen gegen vermeintlich linksextreme Beamte und solche Kandidaten, die es werden wollten, so zusammen: «… eines der folgenreichsten Desaster in der Geschichte der alten Bundesrepublik.» Das BfV überprüfte dreieinhalb Millionen Bürger, führte 11 000 Berufsverbotsverfahren durch: «Eine ganze junge Generation ging auf Distanz zum Staat, weil ein vergiftetes gesellschaftliches Klima entstanden war.»[586] Aber dennoch hielt das damalige Urteil des Bundesverfassungsgerichts zu dem Extremistenbeschluss eine demokratische Kernerkenntnis dieser Republik fest: «Der Beamte kann nicht zugleich in der organisierten Staatlichkeit wirken und die damit verbundenen persönlichen Sicherungen und Vorteile in Anspruch nehmen und aus dieser Stellung heraus die Grundlage seines Handelns zerstören wollen. Der freiheitliche demokratische Rechtsstaat kann und darf sich nicht in die Hand seiner Zerstörer geben.»[587]

All diese Urteile und Gesetze zeigen auch: Eine eindeutige Praxis, wie man mit Verfassungsfeinden in den eigenen Reihen umgeht, ist aus ihnen noch nicht erwachsen. So mag es sich anfühlen, als befinde sich diese demokratische Republik in einem

Wettlauf mit der AfD und deren Sympathisanten im Staatsapparat. Tatsächlich beobachten auch die Nachrichtendienste mit Sorge, dass Mitglieder und Sympathisanten der AfD mancherorts bereits erfolgreich Posten in den Behörden besetzen und ihre eigenen Netzwerke aufbauen. Das BfV hat es selbst erlebt – so gab es einen Bericht über AfD-Seilschaften auch im Bundesamt[588] – und auch aus diesem Grund eine Arbeitsgruppe gegründet, die AfD-Netzwerke etwa innerhalb der Bundeswehr und bundesdeutschen Behörden aufspürt. Aber tatsächlich ist die Zeit nicht auf der Seite der AfD. Denn gerade die Juristen in der Partei wissen, wie eng es infolge der vielen Urteile gerade für Beamte in sensiblen Bereichen – Justiz, Polizei, Bundeswehr – wird. Im NPD-Verbotsverfahren 2017 hatte das Bundesverfassungsgericht zudem eine neue Kategorie aufgestellt, so der Staatsrechtler Josef Franz Lindner: «Die Mitgliedschaft in einer verfassungsfeindlichen, aber nicht verbotenen Partei – das ist in Deutschland derzeit die NPD – ist mit dem Beamtenstatus nicht vereinbar.»[589] Genau das könnte bald bei der AfD der Fall sein.

Allerdings ist auch klar: Der Bund kann auf der jetzigen gesetzlichen Grundlage nicht veranlassen, dass Beamte der Bundesländer entlassen werden. Was hinsichtlich der Entwicklung in Thüringen von besonderer Bedeutung ist, sollte dort jemals die AfD an oder mit an die Macht kommen. Was die Lösung wäre, um alle losen Enden zusammenzuführen: ein Verbot der Partei – einzelner Landesverbände – nach Artikel 21 Abs. 2 des Grundgesetzes. Dann wäre es – fasst man den Geist der obigen Urteile zusammen – nahezu ausgeschlossen, dass ein Beamter zumindest in rechtlich sensiblen Bereichen als Richter, Polizist oder Staatsanwalt weiter in der AfD bleiben kann – auch auf Landesebene. Dann würde sich vielmehr die Frage stellen, ob eine Einzelfallprüfung noch notwendig wäre und ob sich der Beamtenstatus und die Mitgliedschaft in der AfD nicht ausschließen – oder zumindest doch zu einer Überprüfung aller AfD-Beamten führen muss. Die ultimative rote Linie. Eine Beamtin/ein Beamter müsste sich endgültig entscheiden: Will man der Demokratie dienen und sich von diesem Staat bezahlen lassen – oder ihn in der AfD politisch bekämpfen und andere in diesem Kampf unterstützen. Eine Äußerung des Präsidenten des Bundesverfassungsgerichts, Stephan Harbarth, am 75. Jahrestag des Inkrafttretens des Grundgesetzes am 23. Mai 2024 im ZDF war als Auftrag zu verstehen: «Wir haben in der Weimarer Republik die schlimme Erfahrung gemacht, wie versucht wurde, mit den Instrumenten, die die Verfassungsordnung den Feinden der Verfassung zur Verfügung gestellt hat, die Verfassung zu Grunde zu richten. Und deshalb haben wir in der Bundesrepublik uns ja sehr bewusst entschieden für das Konzept der wehrhaften Demokratie. (…) Wenn versucht wird, von einer Partei die Verfassungsordnung zu beseitigen, dann muss als Ultima Ratio darauf auch mit einem Parteiverbot reagiert werden können. Die Entscheidung des Grundgesetzes halte ich für richtig.»[590]

Die aktuelle juristische Zuspitzung erklärt auch, wie viel für Schlüsselfiguren in der AfD – Roman Reusch und andere aktive oder ehemalige Beamte – auf dem Spiel steht.

2. AfD-Verbot – Warum ein Verfahren notwendig und möglich ist

2.1 Pro und Contra

In seinem Abgeordnetenbüro unweit des Reichstagsgebäudes in Berlin-Mitte bittet Marco Wanderwitz gut gelaunt zum Gespräch. Der sächsische CDU-Bundestagsabgeordnete muss gleich in eine Ausschusssitzung, aber er hat sich eine Stunde Zeit genommen, um zu begründen, was ihn derzeit umtreibt wie kein anderes Thema. Wanderwitz hat sich bundesweit einen Namen gemacht, weil er Demokratieprobleme und Rechtsextremismus im deutschen Osten schonungslos beim Namen nannte. Dafür, dass er das Erbe der DDR als Erklärung heranzog (Zitat: «diktatursozialisiert»), wurde er heftig angefeindet. Seither gilt er den einen als erfreulich unbequeme Stimme aus dem Osten, den anderen als Nestbeschmutzer.

Der ehemalige Ostbeauftragte der Bundesregierung ist zu einem der wichtigsten politischen Akteure im Kampf gegen die AfD geworden. Fraktionsübergreifend versucht Wanderwitz, ein Parteiverbotsverfahren auf den Weg zu bringen. Das allein ist bemerkenswert. Kein Linker, kein Sozialdemokrat und keine Grüne wagen sich so weit vor wie der Christdemokrat. Um einen entsprechenden Antrag in den Bundestag einzubringen, braucht es 37 Stimmen. Diese Stimmen zu organisieren sei nur ein «nice to have», so Wanderwitz. «Entscheidend ist aber, dass der Antrag im Bundestag eine Mehrheit finden muss. De facto heißt das, es braucht in den Ampel-Fraktionen und in meiner Fraktion Mehrheiten dafür. Mein Ziel ist ein gelingendes Verbotsverfahren.»

In seinem Wahlkreis im Erzgebirge hat Wanderwitz hautnah

erlebt, wie die AfD zur völkischen Volkspartei aufgestiegen ist: «Das ist der eigentlich spannende Teil: dass die überhaupt nicht mehr hinterm Berg halten. Die stellen sich auf den Marktplatz und radikalisieren.» Kaum jemand im ländlichen Raum gehe noch dagegen an. Viele scheuten den Konflikt. «Das ist die gefühlte Übernahme des öffentlichen Raums», so Wanderwitz. «Das ist Hegemonie.» Wichtige Teile der Zivilgesellschaft hielten dieses politische Klima nicht mehr aus. Eigentlich wüssten viele: Wir müssen gegenhalten. «Aber wenn ich Gefahr laufe, dass morgen der Fackelzug vor meiner Haustür steht, wenn ich den Mund aufmache, dann ist Schluss.» Er nennt als Beispiel den Bürgermeister von Tröglitz, der aufgab, nachdem die extreme Rechte im Ort gegen ihn mobilisiert hatte. Und die beiden Lehrer aus Burg in Brandenburg, die weggingen, nachdem sie auf rechtsextreme Umtriebe an ihrer Schule aufmerksam gemacht hatten und dafür massiv angefeindet wurden. Im Mai 2024 musste eine Diskussionsrunde mit Wanderwitz im sächsischen Zwönitz wegen Sicherheitsbedenken abgesagt werden, nachdem Rechtsextremisten gegen seinen Auftritt mobilisiert hatten.

«Es gibt Kipppunkte», sagt Wanderwitz. «Wenn die Permafrostböden auftauen, haben wir verloren. Wenn zu viele Punkte in der Gesellschaft kippen auch.» Vor allem in der Kommunalpolitik «schweigen viel zu viele, auch Unternehmer». Da gebe es beispielsweise Autohändler, die sich nicht trauten, sich in einer Region mit 35 Prozent AfD-Stimmen eindeutig gegen den Rechtsruck zu positionieren. Die sagen: «Dann kann ich mein Geschäft zumachen». Wanderwitz benennt darüber hinaus ein «Erstwähler-Problem in Ostdeutschland». Neulich war er in einem Gymnasium, um mit Schülerinnen und Schülern zu sprechen. Die Jungs der Klasse wollten fast alle AfD wählen. Unterdessen drehe sich die Schraube der Radikalisierung in der AfD immer weiter. Sein Hauptargument für ein Verbotsverfahren ist, dass die AfD nach seiner festen Überzeugung eine andere Staatsbürgerschaft anstrebt. Er befürchtet, dass alle, die nicht sofort als Deutsche zu erkennen sind, aussortiert werden sollen. «Das ist ein fundamentaler Widerspruch zu Artikel 1 des Grundgesetzes», sagt Wanderwitz. «Sie meinen es ernst, und sie haben die Kraft, bald in eine Machtstellung hineinzuwachsen.» Um den Staat dann radikal nach ihren Vorstellungen umzubauen.

Die multiplen Krisen von Corona bis zum russischen Angriffskrieg gegen die Ukraine bereiten der AfD den Weg, sagt der CDU-Politiker. Die allermeisten dieser Krisen sind externe Schocks von außen, also unkontrollierbar. Ja, die Ampel-Regierung mache auch handwerkliche Fehler. Aber selbst wenn die Regierung optimal regieren würde – die AfD bliebe stark und eine akute Bedrohung für die Demokratie. Davon ist Wanderwitz überzeugt. Viele Menschen in Ostdeutschland würden «nicht zwischen demokratisch gewählt und einer demokratischen Partei unterscheiden». Das Urteil des Bundesverfassungsgerichts im gescheiterten NPD-Verbotsverfahren habe herausgestellt, dass eine Partei für ein Verbot eine ernsthafte Gefahr darstellen müsse. Diese Wirkmächtigkeit erkennt Wanderwitz bei der AfD: «Jetzt haben wir die Situation, dass sich die Gefahr immer weiter manifestiert.» Für ihn ist klar – das Verbot muss kommen: «Je früher, desto besser.» Um diejenigen AfD-Wähler überhaupt zurückgewinnen zu können, die kein geschlossen rechtsextremes Weltbild haben, müsse man erstmal «das Lagerfeuer der AfD austreten». Denjenigen, die mit Steuergeldern in der analogen und digitalen Welt rund um die Uhr das gesellschaftliche Klima aufheizen, sollen die Finanzmittel genommen werden.

Den politischen Kampf gegen die AfD hält der Christdemokrat für gescheitert. Mit Sorge blickt er auf sein heimisches Bundesland Sachsen und den dortigen CDU-Ministerpräsidenten Michael Kretschmer. Der einstige Weggefährte ist zu seinem Widersacher geworden. Kretschmer hatte Wanderwitz vor einer Weile politisch kaltgestellt, nachdem der immer wieder offen den grassierenden Rechtsextremismus im Land angeprangert hatte. Nun kritisiert Wanderwitz den Versuch Kretschmers, die AfD kleinzukriegen, scharf: «Die Art und Weise, wie er es tut, halte ich dezidiert für falsch.» Er wirft dem Ministerpräsidenten vor, «permanent in deren Spielfeld zu spielen und zu gucken: Kann ich von diesem oder jenem Thema 30, 40 oder 50 Prozent übernehmen und damit Leute von ihnen loseisen?» So offen wie Wanderwitz hat noch keiner in der CDU vor der Diskursverschiebung nach rechts in den eigenen Reihen gewarnt.

Wanderwitz kennt die Einwände gegen ein Verbotsverfahren. Die AfD sei schon zu groß. Außerdem könne man ja nicht den Rechtsextremismus in den Köpfen verbieten. Das alles überzeugt ihn nicht. Auch wenn er sich keine Illusionen über die Wirkung macht. Mit einem Verbot der AfD will er vor allem Zeit für demokratische Reformen gewinnen. Fünf, vielleicht zehn Jahre, um in politische Bildung, die Zivilgesellschaft und möglichst gute Politik zu investieren. Er fürchtet die dauerhafte Entfremdung des AfD-Milieus von der Demokratie mit Opfermythen und giftigen Erzählungen weniger als Tatenlosigkeit. «Nein, eine wehrhafte Demokratie muss nicht hinnehmen, dass man sie von innen kaputt macht», sagt Wanderwitz. Die Botschaft für die AfD-Wählerschaft, nach einem Verbot kein entsprechendes Angebot auf dem Wahlzettel zu finden, sei eine harte Ansage, räumt er ein. In einem demokratisch verfassten Land dürften aber ausschließlich verschiedene Schattierungen von Demokratie zur Abstimmung gestellt werden. «Es gibt dieses Instrument im Grundgesetz aus gutem Grund. Also sollten wir es auch einsetzen», sagt Wanderwitz.

Wird das Verbotsverfahren gegen die AfD kommen?

Die Antwort folgt ohne ein Zögern: «Ja.»

Zu den prominenten Gegnern eines Verbotsverfahrens zählt Albrecht von Lucke, Redakteur des renommierten politischen

Magazins *Blätter für deutsche und internationale Politik* und gefragter politischer Analyst. Und das, obwohl der Jurist und Politikwissenschaftler die Warnungen vor der AfD durchaus teilt. «Die AfD stellt sich als extremistischer dar, als wir das lange geglaubt haben.» Er habe keine Veranlassung, an den Befunden des Verfassungsschutzes etwa in Thüringen oder Sachsen-Anhalt zu zweifeln. «Eine erwiesen rechtsextremistische Partei muss man im Kern als antidemokratisch begreifen», stellt von Lucke fest. Er räumt einem Verbotsverfahren sogar gute Erfolgschancen ein, egal ob es um die Frage der Menschenwürde oder eines Systemsturzes gehe. Von Lucke erkennt in Aussagen von Björn Höcke «ein Projekt der Beseitigung demokratischer Strukturen». Auch die Beweisführung mit dem Quellenmaterial des Verfassungsschutzes hält er nicht für das Hauptproblem. Trotzdem lehnt er ein Verbot aktuell ab. Warum?

«Mein Problem ist, dass ein solches Verbotsverfahren die Legitimität unserer Demokratie zu untergraben droht, weil der Eindruck entsteht, dass Parteien ausgeschlossen werden, wenn sie den Regierenden nicht opportun sind.» Die politische Frage, ob ein solches Verfahren sinnvoll ist, hält er für wichtiger als Fragen, ob das Verfahren juristisch geboten und überhaupt durchführbar ist. Den Schaden, wenn bis zu 35 Prozent der Wählenden in einem Bundesland ihrer Stimme beraubt werden, für größer als den Nutzen. Der Zweifel an der Demokratie würde dadurch zum eigentlichen Problem. «Ein Parteienverbot kann darum nur die Ultima Ratio sein», sagt von Lucke.

Er fordert stattdessen gutes Regierungshandeln und auch ein größeres politisches Engagement in der Bevölkerung: «Unsere Demokratie scheitert nicht wie in Weimar daran, dass es eine Demokratie ohne Demokraten wäre, sondern sie scheitert an der Gleichgültigkeit.» Viele hätten vor allem im Osten bis heute nicht verstanden, dass man die Demokratie verteidigen müsse. Was aber, wenn die Mehrheit einen neuen Faschismus mit einem starken Führer wünscht? Von Lucke erkennt hierzulande zwar einen «dekadenten Demokratieverdruss», vertraut aber darauf, dass eine Mehrheit die parlamentarische Demokratie immer noch als beste Staatsform ansieht: «Ich setze darauf, dass niemand so naiv und geschichtsvergessen sein wird, die AfD an die Macht zu bringen.» Die entscheidende Frage lautet: Und wenn doch?

Der Bundestagsabgeordnete Marco Wanderwitz kann das Argument, man müsse die AfD politisch stellen, nicht mehr hören. Er hält das für realitätsfern. «Wo leben die denn?», fragt Wanderwitz in Richtung seiner Kritiker. Den Leuten «empfehle ich, mal 14 Tage lang eine Landtour durch Ostdeutschland zu machen. Damit sie eine Ahnung davon bekommen, wie ernst die Lage wirklich ist.»

2.2 Richtig und wichtig

Es gibt gute Gründe für und gegen ein Verbotsverfahren. Da stellt sich zuallererst die Frage: Geht das überhaupt juristisch, und wenn ja, wie stehen die Chancen, dass die AfD tatsächlich verboten wird? Grundlage aller Überlegungen ist das NPD-Urteil des Bundesverfassungsgerichts (BVerfG) aus dem Jahr 2017.[1] Darin stellt das oberste Gericht fest, dass die NPD zwar gegen die Menschenwürde verstößt, was mit dem Demokratieprinzip unvereinbar ist. Auch arbeite die NPD planvoll auf ihre Ziele gegen die freiheitlich-demokratische Grundordnung hin. Trotzdem erfolgte kein Verbot der NPD. Die Begründung: Es fehlte der rechtsextremen Partei an realistischen Aussichten auf Erfolg. Im Umkehrschluss bedeutet das: Eine AfD auf dem Sprung an die Macht in Thüringen oder Sachsen erfüllt zumindest das Kriterium der Potenzialität. Sie ist bedeutend genug, um ihre Ziele auch erreichen zu können.

Mit dem NPD-Urteil haben die Verfassungsrichter darüber hinaus präzise Kriterien für ein Parteiverbot festgelegt. «Ihren Ausgangpunkt findet die freiheitliche demokratische Grundordnung (fdGO) in der Würde des Menschen», so das Gericht. Diese Würde umfasst die Wahrung der Individualität, Identität und Integrität sowie elementare Rechtsgleichheit. «Auf rassistische Diskriminierung zielende Konzepte sind damit nicht vereinbar», stellt das Gericht klar und verknüpft den Schutz dieses Verfassungskerns mit dem Demokratie- und Rechtsstaatsprinzip, wonach allen Bürgerinnen und Bürgern gleichberechtigte Teilhabe an der politischen Willensbildung sowie eben fundamentale Rechtsgleichheit zusteht. Wer diesen Kern angreift, muss mit einem Parteiverbot rechnen. In der Bundesrepublik wurden bisher überhaupt erst zwei Parteien vom Verfassungsgericht verboten: die SRP als Nachfolge-Organisation der NSDAP und zuletzt im Jahr 1952 die KPD.

Zu Recht wird immer wieder auf die hohen Hürden für ein Verbot verwiesen. Diese Hürden hat das BVerfG mit dem NPD-Urteil teilweise neu justiert. Demnach müssen die Ziele oder das Verhalten einer Partei und ihrer Anhänger auf eine Beeinträchtigung oder Beseitigung der fdGO gerichtet sein. Das Parteiverbot erfordert ein aktives «Darauf-Ausgehen». Früher hieß das in der Rechtsprechung «aggressiv-kämpferisches Vorgehen». Es gibt also kein Gesinnungsverbot, sondern Voraussetzung für ein Verbot ist «aktives und planvolles Handeln». Das demokratische System muss also aktiv bekämpft werden, und dieser Kampf muss realistische Aussichten auf Erfolg haben.

Das NPD-Urteil werfe «einiges an Ballast ab», sagt Verfassungsrechtler Klaus Gärditz, Professor an der Uni Bonn. «Die Verfassungsrichter haben ein ganz einfaches Modell, das in seiner Schlichtheit überzeugt.» Nämlich die Garantie der Menschenwürde durch Artikel 1 des Grundgesetzes: «Das ist der indisponible Kern.» Damit habe sich die Rechtsprechung von alten

Entscheidungen emanzipiert, erklärt Gärditz. Denn der klassische Putsch mit einer demokratischen Mehrheit wie 1933 in Deutschland sei mittlerweile geradezu «oldfashioned». Die Rechtsprechung orientiert sich daher nunmehr an einem realistischen Szenario wie in Polen oder Ungarn. Also nicht am plötzlichen Umsturz, sondern an der Zerstörung des demokratischen Rechtsstaates von innen nach einem Wahlsieg – wie seinerzeit mit den Angriffen auf die unabhängige Justiz nach der Machteroberung durch die PiS-Partei in Polen. Das ist die juristische Ausgangslage.

Formal stellt sich die Frage, ob sich ein Verbotsverfahren nur gegen einzelne Landesverbände oder gegen die gesamte AfD richten würde. Zwar gebe es prinzipiell die Möglichkeit, dass sich ein Antrag auf den Teil einer Partei beschränke, sagt die Rechtswissenschaftlerin Michaela Hailbronner, Professorin an der Universität Münster. Aber eine Landesregierung könne nur einen Antrag gegen eine Partei stellen, deren Organisation sich auf das Gebiet des Landes beschränkt. «Also kommt nur ein Antrag nach Paragraph 43 Absatz 1 [des Bundesverfassungsgerichtsgesetzes] gegen die Gesamtpartei in Betracht», so Hailbronner. Bei einem solchen Antrag könnten dann wiederum Feststellungen getroffen werden, die sich auf einzelne Teile der Partei beziehen. Daraus folgt: Es ist möglich, dass ein Antrag auf Verbot der gesamten AfD gestellt wird und das Verfassungsgericht am Ende nur einzelne Landesverbände verbieten könnte. «Bei Höcke in Thüringen wird man das Programm problemlos durchziehen können», ist Verfassungsrechtler Gärditz überzeugt. «Da sehe ich überhaupt kein Problem, die materiellen Verbotskriterien zu erfüllen.» In Bezug auf den Thüringer AfD-Landesverband habe er «keinen Zweifel, dass die Beweisführung gelingt». Gärditz plädiert dafür, in einem Verfahren auf besonders radikale Landesverbände abzuzielen.

Weit schwieriger ist die Frage, ob sich die Gesamtpartei den Rechtsextremismus der Landesverbände in Thüringen, Sachsen-Anhalt oder Sachsen sowie von deren Köpfen wie Höcke und Urban zurechnen muss. Professorin Hailbronner verweist auf die strengen Anforderungen an diese Zurechenbarkeit. Dass die Parteispitze um Weidel, Chrupalla und den Ehrenvorsitzenden Gauland zu dem Rechtsextremisten Höcke hält, wird dafür erkennbar nicht reichen. Das Problem mangelnder Zurechenbarkeit erschwert die Beweisführung gegen die Gesamtpartei, auch wenn sich rassistische, geschichtsrevisionistische und demokratiefeindliche Aussagen keineswegs nur in einigen ostdeutschen Landesverbänden finden, sondern bundesweit.

Verfassungsrechtler Gärditz beschreibt den Kern eines möglichen Verfahrens gegen die AfD: «Ein völkischer Volksbegriff, also ein Verständnis von Staatsangehörigkeit, das in eklatantem Widerspruch zu dem egalitären Modell der Menschenwürde steht.» Gärditz betont, dass durchaus demokratische Korrekturen am Staatsbürgerschaftsrecht möglich sind. Selbst ein Abstammungsprinzip sei denkbar, wenn faire Chancen auf Einbürgerung bestünden. Er betont jedoch, dass die moderne Staatsangehörigkeit eindeutig «von irgendwelchen ethnischen Fantasmen und kulturellen Zuschreibungen entkoppelt» sei. Davon wollten sich aber gewichtige Teile der AfD lossagen, so Gärditz. Eine Grenze erkennt der Jurist, wenn auch deutsche Staatsbürger aus dem Land geworfen werden sollen. Stichwort: «Millionenfache Remigration». «An diesem Punkt haben sie in der AfD eine klare Agenda zum Verfassungsbruch, indem sie sich ihr Staatsvolk sozusagen selber basteln, weil ihnen das bestehende Staatsvolk nicht passt. Das ist etwas, das eine klare, planvolle Agenda markiert.»

Als zweites wichtiges Kriterium für ein Verfahren erkennt Gärditz ein «instrumentelles Verhältnis zur Rechtsstaatlichkeit». Zumindest Teile der AfD sähen «die staatlichen Institutionen als potentielle Beute» an. Es bestehe die Gefahr, dass nach der

Machteroberung die Grenzen des Rechts nicht akzeptiert und Institutionen «als Zwangs-Instrument» gegen die Opposition und Minderheiten eingesetzt werden könnten. Kollegin Hailbronner betont, dass es für ein Verbot nicht ausreichen würde, einzelne Grundgesetzartikel ändern oder streichen zu wollen. Vielmehr geht es ihr zufolge um den Schutz der zentralen Werte, die etwa in Artikel 1 die Menschenwürde und in Artikel 20 Rechtsstaatlichkeit und Demokratie garantieren.

Die entscheidende Frage ist, ob die AfD als Ganzes oder in wichtigen Teilen darauf hinarbeitet, ein völkisch-nationalistisches Gesellschaftsmodell, das auf eine Rechtsungleichheit aufgrund von Kultur, Religion oder Abstammung hinausläuft, auch wirklich umzusetzen, wenn sie an der Macht wäre.

Die AfD verweist gebetsmühlenartig auf ihre Parteiprogramme als gültigen Ausdruck ihres Willens und versucht, die ungezählten Belege für Rassismus, Muslimfeindlichkeit, Angriffe auf die Menschenwürde sowie das Ziel einer ethnisch-kulturellen Zwangshomogenisierung Deutschlands auf allen Hierarchieebenen der Partei als irrelevante Privatmeinungen abzutun. So hat die AfD denn auch eine offizielle Erklärung zum Staatsvolk veröffentlicht.[2] Darin beteuert sie, dass Eingebürgerte vor dem Gesetz genauso deutsch seien wie eine seit Jahrhunderten in Deutschland lebende Familie: «Staatsbürger erster und zweiter Klasse gibt es für uns nicht.» Doch solche Schutzbehauptungen würden der AfD vor dem Bundesverfassungsgericht wenig nützen. «Die AfD kann jedenfalls nicht alle problematischen Aussagen allein dadurch entkräften, dass sie eine offizielle Aussage dagegensetzt», erklärt die Rechtswissenschaftlerin Hailbronner. «Das Gericht würde gewichten und prüfen, ob ein Bekenntnis zur Verfassung genuine Überzeugung ist oder nur eine Propagandamaßnahme nach außen darstellt.» Das Verwaltungsgericht Köln habe jedenfalls im Prozess um eine rechtmäßige Beobachtung der Partei entsprechende Erklärungen der AfD zwar zur

Kenntnis genommen, mitunter aber «nicht sehr stark gewichtet». Zu viele gegenteilige Aussagen standen dem entgegen.

Wie groß das Problem für die AfD ist, zeigt das Beispiel von Parteichefin Alice Weidel. Auch sie behauptet nunmehr, dass ohne Zweifel zum deutschen Staatsvolk gehöre, wer deutscher Staatsbürger sei. Doch war es Alice Weidel selbst, die einem prominenten Deutschen mit Einwanderungsgeschichte das Deutschsein abgesprochen hat. So hat der deutsch-türkische *Welt*-Journalist Deniz Yücel, der seinerzeit in türkischer Haft saß, öffentlich gemacht, was Weidel über ihn gepostet hat: «Fakenews: Yücel ist weder Journalist noch Deutscher!»[3] Im Jahr 2019 postete Alice Weidel auf Facebook über drei Tatverdächtige einer Gruppenvergewaltigung auf Mallorca: «Das sind keine Deutschen!» Vielmehr handele es sich bei den mutmaßlichen Tätern nur «um Passdeutsche bzw. Deutsch-Türken». Weidel hat also deutsche Staatsbürger in aktuellen politischen Debatten willkürlich aus einer imaginierten Gemeinschaft vermeintlich echter Deutscher ausgeschlossen.[4] Im Bundestag hetzte sie gegen «Kopftuchmädchen und alimentierte Messermänner und sonstige Taugenichtse». Die Lippenbekenntnisse an anderer Stelle zu geltendem Recht sollen vor allem ablenken und verspotten die verunglimpften Menschen.

Europa-Spitzenkandidat Maximilian Krah schreibt in seinem Buch: «Die heterogene Gesellschaft der Zukunft wird auch die Autochthonen zu Fremden im eigenen Land machen. Zu ihrer Selbsterhaltung muss es die eigene Gemeinschaft geben, in die sie sich einbinden können.»[5] Und weiter: «Deshalb sind Anstand, Ehrlichkeit und Vertrauen nur zu gewinnen, wenn Völker in ihrem ethnischen Substrat Bestand haben, wenn ihre positiven Eigenschaften durch die Homogenität der ebenso Geprägten zum Vorteil aller werden (…).»[6] Ein Musterbeispiel für neurechten Ethnopluralismus, der auf ethnisch-kulturelle Homogenität abzielt, eine fundamentale Unvereinbarkeit unterschiedlicher

Völker und Kulturen behauptet und deren strikte Trennung fordert. Verbreitet in einem Buch, das vom Verlag als Manifest beworben und vom AfD-Ehrenvorsitzenden Gauland geadelt wird, indem er das Vorwort beisteuert. Am Ende läuft es auch bei der AfD-Führung trotz wortreicher Verklausulierung immer wieder auf rassistischen Biologismus, auf Blut und Boden hinaus.

Wird die AfD mit ihrer Radikalität konfrontiert, heißt es: steht ja nicht im Parteiprogramm. Aber für ein Verbotsverfahren ist die öffentliche Agitation ihres Personals gleichwohl entscheidend. «Die Beweisführung für ein Verbotsverfahren würde sich nicht nur auf offizielle Quellen wie Parteiprogramme stützen, sondern könnte alles heranziehen, was vorliegt», betont Jura-Professorin Hailbronner. «Aussagen von Funktionären sind der AfD unmittelbar zuzuordnen.» Je höher die Position innerhalb der Partei, desto schwerer wiegen die Worte und Taten des Personals. Das Bundesverfassungsgericht hat festgestellt, dass für ein aktives und planvolles «Darauf-Ausgehen», die freiheitlich-demokratische Grundordnung beseitigen oder beeinträchtigen zu wollen, kein Nachweis von Straftaten notwendig ist.

Planvoll würde die AfD demnach bereits handeln, wenn sie politisch auf entsprechende Ziele hinarbeitet. Hailbronner: «Also wie man die massenhafte Abschiebung aller möglichen Personen wirklich umsetzen könnte.» Indem etwa entsprechende gesellschaftliche Gruppen definiert werden, die wegsollen. Nach der Correctiv-Recherche erklärte die AfD-Führung, auch jene deutschen Staatsbürger ins Visier nehmen zu wollen, die angeblich «missbräuchlich» die deutsche Staatsbürgerschaft erlangt haben. Ein Einfallstor für Willkür gegen deutsche Staatsbürgerinnen und Staatsbürger, zumal die AfD die deutsche Migrationspolitik seit der sogenannten Flüchtlingskrise als Unrecht anprangert. «Mobilisierung ist natürlich eine pauschale Voraussetzung dafür, solche Vorhaben denn auch wirklich umsetzen zu können», so Hailbronner.

Wie schon bei den Massenvertreibungsplänen gezeigt wurde, gibt es für diese Mobilisierung eine erdrückende Beweislage. «Ein planvolles und aktives Agieren kann vorliegen, wenn öffentliche Agitation sich mit konkreten Plänen zur Umsetzung der entsprechenden Ziele verbindet», sagt die Rechtswissenschaftlerin. Der Thüringer AfD-Chef Höcke hat bekanntlich die konkrete Zahl von 200 000 Abschiebungen pro Jahr genannt. Gleichzeitig sollen die Grenzen geschlossen werden. Die Forderung nach «millionenfacher Remigration» hört man sogar auf einem AfD-Parteitag. AfD-Spitzenfunktionäre propagieren öffentlich: Deutschland soll wieder «deutscher» werden. Die angebliche «Afrikanisierung» und «Islamisierung» der deutschen Gesellschaft sollen durch «De-Islamisierung» rückabgewickelt werden. Das Planmäßige im Handeln, das für ein Parteiverbot zwingend nachgewiesen werden muss, liege dann vor, wenn «es ein ideologisches Modell gibt, zu dessen Umsetzung man mit Machtmitteln bereit wäre», sagt Jura-Professor Gärditz. «Also eine Agitation, gerichtet auf eine Veränderung der Rechts- und Gesellschaftsordnung. Und das ist gegeben, wenn man die Programmatik der AfD ansieht.» Wobei sich die Verfassungsfeindlichkeit eher nicht in den Parteiprogrammen finden lasse.

Das Bundesverfassungsgericht hat, wie beschrieben, die Menschenwürde als zentralen und indisponiblen Kern unserer Verfassung herausgestellt. Die Verfassungsschutzämter haben in den vergangenen Jahren umfangreiche Materialsammlungen über die AfD mit Tausenden Seiten erstellt. Angriffe auf die Menschenwürde und systematische Islamfeindlichkeit, die eine angestrebte Diskriminierung von Muslimen nahelegen, nehmen darin breiten Raum ein. Die Diskussion um ein Verbotsverfahren ist dennoch von großer Vorsicht geprägt. Nicht nur Parteien und Politikerinnen äußern sich überaus zurückhaltend, sondern auch die Zunft der Staatsrechtler.

Verfassungsjurist Christoph Möllers war am zweiten NPD-Verfahren als Vertreter des Bundesrates beteiligt, der den Antrag auf ein Verbot der Partei gestellt hatte. In der Geschichte der Bundesrepublik gab es «noch nie den Fall einer Partei, die so erfolgreich und gleichzeitig möglicherweise verfassungsfeindlich ist», sagt Möllers mit Blick auf die AfD.[7] Das spreche für eine gewisse Hilflosigkeit der Politik. Möllers räumt ein, dass ein juristisches Vorgehen gegen die AfD demokratietheoretisch besonders anfechtbar wäre. Er plädiert jedoch dafür, ein Verbotsverfahren als ernsthafte Option zu behandeln, und warnt davor, dass aus Hilf- andernfalls politische Tatenlosigkeit werden könne. «Es liegen jedenfalls starke Anhaltspunkte für die Verfassungsfeindlichkeit der Partei vor», so Möllers. «Das Grundgesetz sieht für solche Fälle die Möglichkeit eines Parteiverbots vor.» Der Jurist fordert eine breite gesellschaftliche Debatte über die Sinnhaftigkeit. Eine rein juristische Strategie werde nämlich nicht gelingen. Möllers wägt Pro und Contra sorgsam ab. Die politischen Risiken eines Verbotsverfahrens hält er zwar für «sehr groß» und findet es auch nur sinnvoll, wenn die anderen Parteien einen demokratischen Konsens darüber erzielen. Zugleich mahnt er aber: «Man kann nicht einfach eine verfassungsfeindliche Partei zulassen, weil man Angst vor den Folgen eines Verbots hat.» Sonst wird der Rechtsstaat erpressbar.

Zu den namhaften Stimmen, die zumindest die Voraussetzungen für ein Verbotsverfahren eindeutig erfüllt sehen, gehört der Jurist Hendrik Cremer, der für das *Deutsche Institut für Menschenrechte* eine vielbeachtete Analyse zum Thema vorgelegt hat, die bereits im Titel erklärt: «Warum die AfD verboten werden könnte». Der gemeinnützige Verein ist die nationale Menschenrechtsinstitution der Bundesrepublik und wird vom Deutschen Bundestag finanziert. Wie Gärditz kommt auch der Jurist Cremer zu dem Ergebnis, dass der national-völkische Volksbegriff der AfD mit Artikel 1 Absatz 1 des Grundgesetzes, der die Menschenwürde als unantastbar garantiert, unvereinbar ist.[8] Menschen würden nach «rassistischen Kategorien in ihrer Wertigkeit» unterschieden, und die Partei erkenne «nicht alle Deutschen als Deutsche an».[9] Cremer bewertet die AfD als eine durch fortlaufende Radikalisierung mittlerweile rechtsextreme Partei, «die das Ziel verfolgt, die freiheitlich-demokratische Grundordnung zu beseitigen».[10] Auch erfüllt sie ihm zufolge das Tatbestandsmerkmal der Potenzialität, hat also mit ihren Zielen realistische Erfolgschancen. Die Gefahr, die von der AfD für den demokratischen Rechtsstaat ausgeht, erachtet der Autor als erheblich. «Die materiell-rechtlichen Voraussetzungen für ein Verbot der AfD liegen demnach vor», so Cremer.[11]

Im Mai 2024 hat das Oberverwaltungsgericht Münster den Befürwortern eines Verbotsverfahrens eine Steilvorlage geliefert. Das Gericht wies die Klage der AfD gegen die Beobachtung der Gesamtpartei und ihrer Jugendorganisation Junge Alternative als rechtsextremer Verdachtsfall als unbegründet ab.[12] Die Begründung des Gerichts liest sich wie eine Bedienungsanleitung für Bundestag, Bundesregierung oder Bundesrat, endlich einen entsprechenden Antrag auf ein Verbot der Partei zu stellen. «Nach Überzeugung des Senats liegen hinreichende tatsächliche Anhaltspunkte dafür vor, dass die AfD Bestrebungen verfolgt, die gegen die Menschenwürde sowie gegen das Demokratieprinzip gerichtet sind», so das Gericht. Es bestehe der begründete Verdacht, dass es den politischen Zielen eines maßgeblichen Teils der AfD entspricht, deutschen Staatsangehörigen mit einem Migrationshintergrund nur einen rechtlich abgewerteten Status zuzuerkennen. «Dies stellt eine nach dem Grundgesetz unzulässige Diskriminierung aufgrund der Abstammung dar, die mit der Menschenwürdegarantie nicht zu vereinbaren ist», urteilen die Richter, die in der AfD «hinreichende tatsächliche Anhaltspunkte für derartige diskriminierende Zielsetzungen» erkennen. Der Senat stützt sich dabei auf eine große Anzahl von Äußerungen gegen Migranten, denen trotz ihrer deutschen Staatsbürgerschaft «ihre vollwertige Zugehörigkeit zum deutschen Volk in Frage gestellt wird». In geringerer Häufigkeit liegen nach Auffassung des Gerichts «Anhaltspunkte für demokratiefeindliche Bestrebungen» der AfD vor. Nach diesem Urteil sind eindeutig Bundestag und Bundesrat am Zug, endlich zu einer Entscheidung über einen Verbotsantrag zu kommen.

Zumal die AfD in ihrer politischen Praxis weit über demokratiefeindliche Agitation hinausgeht, wie die Recherchen in diesem Buch belegen. Den Kampf auf der Straße führt die Partei Schulter an Schulter mit extremistischen Kräften aus der Neonazi- und Reichsbürger-Szene. Politische Komplizen der AfD verfügen zum Teil über Vorstrafen, verwenden ritualisiert eine NS-Parole, haben öffentlich eine Vernichtungsfantasie geäußert, propagieren die Überwindung des politischen Systems der Bundesrepublik Deutschland und bekunden ihre Solidarität mit den mutmaßlichen Rechtsterroristen um Prinz Reuß, die im Verdacht stehen, einen blutigen Umsturz des politischen Systems mit Liquidierungen staatlicher Repräsentanten geplant zu haben. All das führt seitens der AfD nicht zum Kontaktabbruch. Im Gegenteil: Man teilt sich bei Kundgebungen das Rednerpult und die Straße und bekräftigt diese extremistische Allianz durch Treueschwüre.

In der AfD konnte eine Richterin mit unverhohlener Radikalität Karriere machen und zur mutmaßlichen Rechtsterroristin heranreifen, während sie es bis in den Bundestag schaffte und ins Bundesschiedsgericht der Partei aufstieg. Weder bei Terrorverdacht noch bei Gewaltkriminalität zieht die AfD eine konsequente rote Linie. In der AfD waren oder sind – als Mitglieder oder Mitarbeiter – nicht nur militante Kader tätig, sondern sogar diverse (teils rechtskräftig) verurteilte Gewaltstraftäter. Es bleibt also nicht bei Gewalt- und Ermächtigungsfantasien, sondern AfD-Leute haben zahlreiche Angriffe auf wehrlose Opfer verübt – mit einem Messer, mit Reizgas, mit Fäusten oder im Fahrzeug. An dieser Stelle sei noch einmal beispielhaft an einige Rechercheerkenntnisse erinnert. So an den Fall des Vorsitzenden der AfD-Jugend in NRW, der unter anderem wegen gefährlicher Körperverletzung verurteilt wurde, weil er nach einer Veranstaltung einen Gegendemonstranten mit dem Auto umgefahren hatte. Etliche Kader der AfD verfügen zudem nicht nur über eine entsprechende Vergangenheit, sondern weiterhin über enge Kontakte in die militante rechtsextreme Szene und haben ihrer brandgefährlichen Gesinnung nie abgeschworen. Damit schafft und finanziert die AfD rechtsextremistische Strukturen und bietet zugleich radikalsten Kräften Deckung, eine materielle Absicherung und die Möglichkeit, sich mit Gleichgesinnten zu vernetzen und neue Kräfte für den gemeinsamen Kampf gegen das verhasste System zu rekrutieren.

Aussteiger legen nicht nur den skrupellosen, undemokratischen Umgang mit innerparteilichen Abweichlern in der AfD bloß, sondern packen auch über demokratiefeindliche Ziele, die Nähe zu anderen rechtsextremistischen Organisationen und darüber aus, wie verfassungsfeindlich, menschenverachtend und rassistisch es bisweilen in Chats und Gesprächen zugeht, wenn man sich in der AfD unbeobachtet fühlt. Übereinstimmend wird berichtet, dass die Rechtsextremisten um Höcke die Partei seit langem fest im Griff haben. Freia Lippold-Eggen, Aussteigerin und ehemalige Parteifunktionärin aus Bayern, ist nach ihren Erfahrungen und Einblicken davon überzeugt, dass die AfD die parlamentarische Demokratie in ihrer jetzigen Form abschaffen will. Sie warnt vor der Gewaltbereitschaft in der Partei und fordert nachdrücklich: Die AfD muss verboten werden.

Es ist absolut richtig, dass ein Verbot nur Ultima Ratio sein darf. Denn dieses Mittel ist ein tiefer Eingriff in die demokratische Praxis und beschneidet empfindlich die Wahlfreiheit. Doch der Diskurs kreist fatalerweise einseitig um die Risiken und die AfD-Wählerschaft. Dabei drohen jene Bevölkerungsgruppen vergessen zu werden, denen systematische Diskriminierung und das Ende gesellschaftlicher Teilhabe drohen: Menschen mit einer Migrationsgeschichte, sexuelle und religiöse Minderheiten. «Das Verbotsverfahren ist eben nicht nur ein Instrument, um den demokratischen Prozess davor zu bewahren, gekapert zu werden», erklärt Staatsrechtler Gärditz. «Natürlich geht es auch darum, die Menschenwürde zu schützen. Es geht auch darum, diejenigen zu schützen, die von den entsprechenden Übergriffen betroffen wären.» Der Verfassungsjurist appelliert, Demokratie nicht zu idealisieren, sondern realistisch zu betrachten. Dazu gehört unbedingt auch die notwendige Bereitschaft, sie zu verteidigen, wenn sie angegriffen wird.

Das Instrument des Parteiverbots ist eine direkte Lehre aus dem Nationalsozialismus. Gespeist aus der traumatischen Erfahrung, dass eine demokratische Mehrheit bereit sein kann, Faschisten und Menschenverächtern an die Macht zu verhelfen. Aus welchen Gründen auch immer. Die Bundesrepublik ist bewusst als wehrhafte Demokratie ausgestattet worden, um ein solches Szenario zu verhindern. Gärditz formuliert die historische Lehre aus der Vulnerabilität unserer Institutionen so: «Es gibt eine letzte Reißleine. Wenn sich ein politischer Mehrheitswille abzeichnet, der den Rest der Menschen in ihrer Würde und demokratischen Selbstbestimmung zu beschneiden droht, dann schützen wir diese Menschen.» Der Philosoph Karl Popper hat mit seinem «Toleranz-Paradoxon» auf ein Dilemma aufmerksam gemacht. Uneingeschränkte Toleranz gegenüber der Intoleranz führt demnach unweigerlich zur Abschaffung der Toleranz.[13] Diese Erkenntnis beschreibt sehr gut, warum eine Partei der menschenverachtenden Intoleranz in der wehrhaften Demokratie nicht geduldet werden muss und auch nicht darf.

Es ist eine gefährliche Illusion, allein auf die Stärke demokratischer Institutionen und des Grundgesetzes zu vertrauen. Zu glauben, dass etwa Gerichte und die Polizei stark genug seien, um jeden Angriff auf die Demokratie abzuwehren. Das gilt nämlich nur so lange, bis die Schalthebel dieser Institutionen mit demokratiefeindlichem Personal besetzt sind und staatliche Machtmittel gezielt gegen Minderheiten und für Demokratiefeinde eingesetzt werden. Eine historische Lehre aus dem Nationalsozialismus ist auch, dass etwa Polizeibehörden keine per se demokratischen Akteure sind, sondern im Gegenteil sogar zu Kollaborateuren von Unrechtsregimen werden können, die bei entsprechender Ausrichtung Unterdrückung bis hin zu Staatsterror exekutieren können. Der gebetsmühlenartige Verweis der AfD, «Rechtsstaatspartei» zu sein, sollte niemanden beruhigen. Sogar die Nationalsozialisten haben versucht, ihre antisemitische, antidemokratische und menschenverachtende Politik mit Gesetzen legalistisch zu verbrämen. Man denke nur an die Nürnberger Rassegesetze. Heutzutage wird massiv unterschätzt, dass die Bundesländer in einem föderalen System etwa durch Polizei- und Mediengesetze über einen erheblichen Spielraum verfügen, den Rechtsextremisten zur Zerstörung demokratischer Normen, Strukturen und Prozesse nutzen könnten.

Wenn Kritiker wie Albrecht von Lucke in Bezug auf ein Verbotsverfahren gegen die AfD von einem demokratischen Offenbarungseid sprechen, dann ist das nicht unberechtigt. «Natürlich ist es immer ein Eingeständnis des demokratischen Scheiterns», sagt Gärditz. «Wenn die Demokratie reibungslos funktionieren würde, hätten wir keine Partei, die mit relevanter Stimmenzahl die Verfassung bedrohen würde.» Doch dieses Scheitern müssen sich nicht nur die demokratischen Parteien und gewählten Regierungen vorwerfen lassen, sondern zuallererst jene, die sehenden Auges Rassismus, Antisemitismus, völkischen Nationalismus und NS-Verharmlosung zu wählen bereit sind. Denen es egal ist, dass führende AfD-Köpfe sich in Chemnitz mit der gesamtdeutschen Neonazi-Szene präsentiert haben. Denen der Terrorverdacht gegen eine ehemalige Bundestagsabgeordnete egal ist. Die es in Ordnung finden, dass die AfD auf der Straße Seite an Seite mit radikalsten Systemfeinden marschiert. Die sich nicht daran stören, wenn Höcke eine Nazi-Parole verwendet oder übersehen, dass sich AfD-Bundestagsabgeordnete offen zur NDP bekennen oder einen Bürgerkrieg aufziehen sehen. Jede und jeder, der AfD wählt, ist für die Folgen verantwortlich. Niemand kann nach zehn Jahren permanenter Radikalisierung so tun, als wisse man von nichts. Wer auch nur oberflächlich die Nachrichten verfolgt, kann und muss wissen, wofür Höcke, Weidel, Chrupalla, Gauland, Krah und Co. stehen und was von ihnen zu erwarten ist. «Jetzt geht es darum, das demokratische System, den Rechtsstaat und damit die Menschen, die in diesem System leben, zu verteidigen», sagt Jura-Professor Gärditz.

Es gibt eine Reihe von bedenkenswerten Argumenten gegen ein Verbot. Aber keins davon ist überzeugend. Es heißt bekanntlich oft, die AfD sei bereits «too big to forbid», also zu groß für ein Verbot. Man könne schließlich keine Volkspartei verbieten. Realistischerweise werden die demokratischen Parteien alles daransetzen, die AfD selbst dann von einer Regierungsbeteiligung auszuschließen, wenn diese in einem oder mehreren Bundesländern stärkste Kraft werden sollte. Dann bliebe immerhin eine ganze Legislaturperiode ohne AfD-Regierung für ein Verbotsverfahren. Gärditz räumt ein, dass ein solches Verfahren gleichwohl ein «politischer Drahtseilakt» wäre. Wenn etwa der Wählerschaft in Thüringen gesagt würde: Euer Wähler-Wille ist Makulatur. Politisch ist das ein gravierendes Problem. «Aber juristisch kann ein Verfahren sogar gegen eine Partei laufen, die in der Regierung ist.» Allerdings hält Gärditz es geradezu für «Irrsinn», in der jetzigen Phase weiter abzuwarten, um dann möglicherweise ein Verfahren gegen eine amtierende Regierungspartei einzuleiten. Vieles spricht dafür, den Antrag dann zu stellen, wenn die AfD die materiellen Voraussetzungen dafür erfüllt, was aufgrund der Beweislage längst der Fall ist. Der populäre Einwand, dass der Ausgang eines solchen Verfahrens völlig offen sei, spricht nicht dagegen. Jedes Urteil in einem rechtsstaatlichen Prozess ist ungewiss. Eine Garantie auf Erfolg gibt es bei einer Klage nie. Das liegt in der rechtsstaatlichen Natur der Sache.

Kritiker warnen darüber hinaus vor einer weiteren Radikalisierung der rechtsextremen Szene. Richtig ist, dass der juristische Weg die Verschwörungserzählung von einer angeblichen Scheindemokratie weiter befeuern würde. Nur: Ein beträchtlicher Teil der extremen Rechten glaubt schon jetzt, nicht in einer Demokratie zu leben. Dieses verfestigt verschwörungsideologische Milieu sähe sich durch ein Verfahren zwar bestärkt, was aber qualitativ nichts ändern würde. Ein beträchtlicher Teil derer, die sich von der Demokratie abgewendet haben, ist derzeit für rationale Argumente und Politik nicht erreichbar. Zudem würde der militanten Szene durch ein Verbot der AfD eine zentrale Finanzquelle abhandenkommen.

Richtig ist, dass sich der Rechtsextremismus in den Köpfen nicht verbieten lässt. Das behauptet auch niemand ernsthaft. Daraus folgt aber nicht, dass eine Partei toleriert werden muss, die planvoll auf die Beeinträchtigung oder Beseitigung der pluralistischen, freiheitlichen Demokratie hinwirkt und dafür auf staatliche Finanzmittel zurückgreifen kann. Auch die Warnung vor Militanz und Rechtsterror spricht nicht gegen ein Verbotsverfahren. Im Gegenteil. Es gibt bereits eine lange Spur des Rechtsterrors seit der Gründung der Bundesrepublik. Die Selbstenttarnung des NSU war eine Zäsur, aber keineswegs das Ende. Es folgten die Terroranschläge von Halle und Hanau, der Mord an Walter Lübcke und diverse Terrorgruppen von Gruppe Freital über Revolution Chemnitz bis zu der mutmaßlichen terroristischen Vereinigung um Prinz Reuß. Der Hinweis auf Rechtsterror und Militanz kann nicht begründen, warum ein demokratiefeindlicher parlamentarischer Arm der extremen Rechten toleriert werden sollte.

Staatsrechtler Gärditz erwartet einen positiven Effekt durch ein Verbotsverfahren. Für die meisten Abgeordneten der AfD gehe es auch um «die Fleischtöpfe» durch Abgeordnetendiäten. Darum, die Kredite für das Haus und den Neuwagen abbezahlen zu können. Mandatsträger der AfD haben also finanziell viel zu verlieren. «Deswegen kann man durchaus erwarten, dass das anhängende Verfahren auf das Verhalten der Akteure Auswirkungen hat, und sei es nur taktischer Art.» Demokratie müsse sich gegen einen beliebigen Mehrheitswillen nicht wehrlos machen, so Gärditz. Das Bundesverfassungsgericht habe eindeutig formuliert, dass jeder einzelne Mensch mit seinen Rechten im Mittelpunkt unserer Verfassung steht. Die Unterdrückung von Minderheiten durch rechtsextreme Mehrheiten muss und darf nicht hingenommen werden.

Ein Antrag auf ein Verbot wird absehbar eine Propagandalawine von rechts auslösen. Es ist wahrscheinlich, dass über die Wählerschaft der AfD hinaus das Argument verfangen wird, ein solches Vorgehen gegen eine demokratisch gewählte Partei sei per se undemokratisch. Umso wichtiger, dass ein Antrag, egal ob er von Bundestag oder Bundesrat auf den Weg gebracht wird (die Bundesregierung sollte es aus naheliegenden Gründen nicht tun), fraktionsübergreifend und mit offensivem Selbstbewusstsein gestellt wird. Und dass die Befürwortenden erklären, welche demokratiefeindlichen Ziele die AfD verfolgt, die ein Verbot notwendig machen. Als Opfer stilisiert sich die Partei schon lange. Jetzt müssen Demokratinnen und Demokraten bereit sein, für ihre Überzeugung zu streiten und dabei heftigen Gegenwind auszuhalten.

Der Schaden durch Tatenlosigkeit wäre jedenfalls größer als die Entscheidung für ein rechtsstaatliches Verfahren, das für genau diesen Fall vorgesehen ist. Zu Beginn dieser Recherche waren wir als Autoren ebenfalls eher skeptisch, was ein mögliches Parteiverbot angeht. Vor allem, weil ein Verbot der AfD allein das

Problem des Rechtsextremismus weder kurzfristig noch dauerhaft lösen kann. Doch nach Abschluss unserer Recherchen sind wir davon überzeugt, dass umgehend gehandelt werden muss, um Schaden von diesem Land abzuwenden. Rassismus, Antisemitismus, Antipluralismus, Angriffe auf die Menschenwürde, völkischer Nationalismus und Geschichtsrevisionismus innerhalb der AfD sind seit langem bekannt, bestens dokumentiert und müssen endlich als gesichert anerkannt werden. Weithin unbekannt ist, wie systematisch und skrupellos die AfD ihre Ziele verfolgt und mit welchen Demokratiefeinden sie dabei gemeinsame Sache macht. Das darf sich der demokratische Rechtsstaat weder gefallen lassen, noch darf er die Kooperation über die Parteienfinanzierung weiter fördern.

Die AfD greift unsere demokratische Gesellschaftsordnung an und stellt eine akute Gefahr für unsere Demokratie und ein gleichberechtigtes, respektvolles Zusammenleben dar. Viele Menschen in diesem Land werden durch die AfD in ihrer Würde bedroht und laufen Gefahr, ihre gleichberechtigte demokratische Teilhabe zu verlieren. Die Beweislage ist erdrückend. Ein Antrag auf ein Verbot der AfD ist kein Allheilmittel, aber er ist folgerichtig, notwendig und längst überfällig. Je eher das Bundesverfassungsgericht die Verfassungsfeindlichkeit der Partei überprüft und zu einem rechtsstaatlichen Urteil kommt, desto besser. Die wehrhafte Demokratie erweist sich nicht in Sonntagsreden an Gedenktagen, sondern in einer politischen Praxis, die mutig gelebt wird.

3. Demokratische Lösungen – Es zählt jeder Tag!

Ein Verbotsverfahren gegen die AfD ist notwendig, wie wir gezeigt haben, aber es ist kein Allheilmittel. Die Feiern zum 75-jährigen Geburtstag des Grundgesetzes mit berechtigten Lobeshymnen auf unsere Verfassung sollten niemanden in trügerischer Sicherheit wiegen. Demokratie ist kein Naturzustand. Wie ernst die Bedrohung ist, spiegelt sich nicht nur im Aufstieg der AfD. Vom Angriff auf das US-Kapitol, angestachelt vom damaligen US-Präsidenten Donald Trump, bis zum Demokratieabbau in Polen und Ungarn zeigt sich weltweit, wie fragil scheinbar stabile Demokratien sind. Rechtsstaatlichkeit, Pluralismus und fairer Wettbewerb können binnen kürzester Zeit von innen zerstört werden. Europaweit ist die radikale bis extreme Rechte auf dem Vormarsch – in Frankreich, Österreich, den Niederlanden, Portugal, Italien, wie die Ergebnisse der Europawahl erneut gezeigt haben. In Italien hat Georgia Meloni – in ihrer Jugend Mitglied in einer neofaschistischen Organisation –, eine Verfassungsreform auf den Weg gebracht, die das Parlament fundamental schwächen würde – zugunsten einer Ministerpräsidentin, die künftig direkt gewählt werden soll.[1] Das ist der klassische Fahrplan der neuen Rechten: Parteien und parlamentarische Legislative verzwergen – und durch autoritäre Führung überlagern, die vorgibt, den direkten Volkswillen zu verkörpern.

Ja, Deutschland scheint von solchen Szenarien noch weit entfernt, aber eine wie auch immer geartete Machtbeteiligung der AfD auf Länderebene kann neben gefährlicher Normalisierung auch destabilisierende Domino-Effekte auslösen. Schon mit einem Drittel der Stimmen verfügte die AfD auf Länderebene mitunter über Sperrminoritäten, etwa bei der Besetzung von Richterposten oder für Verfassungsänderungen. Die AfD muss also gar nicht selbst regieren, um die demokratischen Prozesse empfindlich zu stören. Währenddessen geraten Minderheiten hierzulande zunehmend unter Druck. Im Jahr 2023 registrierte das Bundeskriminalamt mit über 60 000 Fällen einen neuen Höchststand bei politischen Straftaten. Die meisten Taten waren mit 28 945 Delikten rechts motiviert, was einer Zunahme von 23 Prozent entspricht.[2] Täglich werden laut offizieller Statistik zwei Menschen durch rechte Gewalt verletzt. Die Opferzahlen der Beratungsstellen liegen weit höher. Hinzu kommen Tausende Opfer digitaler Hasskampagnen. In diesem Buch haben wir gezeigt, wie die AfD im Verbund mit rechtsextremistischen Gruppen auf Straßen, in digitalen Räumen und Parlamenten systematisch ein Klima erzeugt, das jederzeit Gewalt gegen Minderheiten und Repräsentanten des demokratischen Systems zur Folge haben kann, während die Partei gleichzeitig nach der parlamentarischen Macht greift. Das Bundesamt für Verfassungsschutz (BfV) arbeitet an einem neuen Gutachten, das prüft, ob der rechtsextreme Verdachtsfall AfD zur erwiesen extremistischen Bestrebung hochgestuft wird.[3] Anstatt blauäugig darauf zu vertrauen, dass die Institutionen stark genug sein werden, den Angriff auf unser demokratisches System abzuwehren, ist es dringend geboten, unsere pluralistische Gesellschaft zu verteidigen, indem wir sie resilienter und wehrhafter machen, bevor es zu spät ist. Was bedeutet, bevor die AfD so stark ist, dass sie den wirksamen Schutz der Institutionen und Abläufe verhindern kann. Wenn es der AfD gelingt, an die Macht oder in einer Vorstufe an noch mehr Einfluss auf eine komplizierte Regierungsbildung zu kommen, wird sie diese für genau jene demokratiefeindlichen und menschenverachtenden Ziele einsetzen, die sie propagiert. Daran besteht kein Zweifel. Um das zu verhindern, braucht es ein demokratisches Rettungspaket.

3.1 Der AfD keine Macht, nirgends!

Ein historischer Blick zurück: Schon einmal, nämlich vor 100 Jahren, im Jahr 1924, geriet die deutsche Demokratie in Thüringen ins Wanken. Bei der sogenannten Schicksalswahl im Jahr 1924 verfehlte der Thüringer Ordnungsbund, ein überwiegend bürgerlich-konservatives Bündnis, knapp die absolute Mehrheit. Erstmals in der Weimarer Republik wurde daraufhin in Thüringen eine Minderheitenregierung gebildet, die von der völkischen Fraktion abhängig war, zu der auch drei NSDAP-Mitglieder gehörten. In der Folge wurde in Thüringen das Verbot der NSDAP aufgehoben. 1930 betrieb Wilhelm Frick dann als erster NS-Minister in einer Koalition die Nazifizierung von Schulen und Kultur.[4] Als Innenminister platzierte er NS-Leute auf hohen Posten in Polizei und Verwaltung. Zwei Jahre später war die NSDAP in Thüringen am Ziel und stellte im August 1932 mit Fritz Sauckel ihren ersten Ministerpräsidenten.[5] Thüringen wurde zum Experimentierfeld und «Mustergau» der Nationalsozialisten.[6]

Die historische Lehre lautet: Völkische Nationalisten gilt es konsequent von jeder Machtbeteiligung auszuschließen. Mehr noch: Demokratische Parteien dürfen mit der AfD weder koalieren, noch dürfen sie sich von einer rechtsextremen Partei etwa in Sachsen oder Thüringen dulden lassen. Auch gemeinsame Abstimmungen, die nur mit AfD-Stimmen zu gewinnen sind, müssen Tabu sein. Der erste Sündenfall war am 5. Februar 2020 die Wahl des FDP-Politikers Thomas Kemmerich zum Ministerpräsidenten in Thüringen – mit den Stimmen von FDP, CDU und AfD. Damals ließen sich FDP und CDU von Höcke vorführen. In der CDU gilt bis heute ein Beschluss, der eine Zusammenarbeit mit der AfD ausschließt. Gleichzeitig wurden jedoch auch Bündnisse mit der Linken kategorisch abgelehnt, nur um jüngst auf Landesebene eine Kooperation mit dem Bündnis Sarah Wagenknecht plötzlich nicht mehr auszuschließen. Durch die Gleichbehandlung der Linken, die unter Ministerpräsident Bodo Ramelow in Thüringen längst Regierungsfähigkeit bewiesen haben, mit der AfD legt sich die CDU im Osten selbst lahm. Zumal das unberechenbar populistische Bündnis Sahra Wagenknecht (BSW) stabile Mehrheiten unmöglich machen dürfte oder der AfD sogar zu einer Mehrheit verhelfen könnte. Es braucht dringend einen Konsens unter den demokratischen Parteien von Linke bis CDU, dass notfalls auch dann Mehrheiten gegen die AfD organisiert werden müssen, wenn dafür schwierige Kompromisse über Lagergrenzen nötig sind. Genau das wird häufig als undemokratisch diskreditiert, ist aber verantwortliche Politik, wenn ein Lager eben nicht die klare Mehrheit hält, was längst in Deutschland an der Tagesordnung ist. Ja, die CDU muss zur Not lieber mit den ungeliebten Linken stimmen als mit der rechtsextremen AfD. Tut sie das nicht, führt sie sich selbst in Versuchung.

Die vielbeschworene Brandmauer – in Städten und Kreisen ist sie längst gefallen. Auf kommunaler Ebene sind Dutzende Beispiele einer Zusammenarbeit mit der AfD dokumentiert.[7] Die meisten Fälle betreffen die CDU, aber auch FDP, Freie Wähler, SPD, Grüne und die Linke haben schon mit der AfD gestimmt. Mal geht es um die Besetzung von Ausschüssen, mal um den Neubau eines Jugendzentrums. Doch das Argument, wonach neue Kitas oder Straßen weder rechts noch links seien, trägt nicht. Auch in den Kommunen spielt Ideologie eine Rolle. In Bautzen stimmte die Mehrzahl der CDU-Ratsmitglieder im Kreistag einem Antrag der AfD zu, wonach abgelehnte Asylsuchende keine Sprachkurse oder Integrationsleistungen erhalten sollten. Wer eine Zusammenarbeit mit der AfD nicht kategorisch ausschließt, sondern sie situativ von Sachfragen abhängig macht, öffnet dem Rechtsextremismus die Tür zur Macht – zumal, wie gezeigt, die AfD Rechtsextremisten, Neonazis und Ex-NPDler in diese Ämter hieft. Ja, im Stadtrat oder Kreistag müssen die besten Lösungen für Kinder, Familien und alte Menschen gesucht werden. Aber nein, das ist keine Blankovollmacht, um Anträgen einer rechtsextremen Partei zuzustimmen. Demokratinnen und Demokraten stehen in der Pflicht, untereinander einen Konsens zu suchen und zu finden. Und offensiv zu begründen, warum die AfD außen vor bleiben muss. Man wählt mit Rechtsextremisten keinen Ministerpräsidenten, und man baut mit ihnen keine Straßen, weil der demokratische Staat eben nicht akzeptieren muss, wie vom Bundesverfassungsgericht festgestellt, dass er von innen abgeschafft wird.

In der Verantwortung stehen aber nicht nur die Parteien, sondern auch alle, die AfD wählen. Immer wieder heißt es, nicht alle AfD-Wähler seien Nazis. Doch laut Bertelsmann-Stiftung ist die AfD die «erste mehrheitlich rechtsextrem eingestellte Wählerpartei im Bundestag».[8] Abgesehen davon, dass die AfD-Wählerschaft deutlich rechtsextremer und antisemitischer ist als die anderer Parteien und die AfD nicht trotz, sondern gerade auch wegen ihrer rassistischen Ausländer-raus-Politik wählt, spielt das am Ende keine Rolle. Auch die NSDAP wurde nicht ausschließlich von glühenden Nationalsozialisten gewählt, sondern mehrheitlich von Kleinbürgern aus der unteren Mittelschicht, die Angst vor dem sozialen Abstieg hatten. Rechtsextremisten wie Björn Höcke ist es egal, aus welchen Gründen man ihn wählt. Er wird seine Politik skrupellos in die Tat umsetzen, wenn ihn eine geschichtsvergessene Mehrheit dazu in die Lage versetzen sollte. Bürgerliche Stimmen für die AfD bewirken nicht, Höcke und Co. zu zivilisieren, sondern im Gegenteil die weitere Radikalisierung der gesellschaftlichen Mitte.

Im Diskurs wird gern so getan, als könnten AfD-Wähler gar nicht anders. Auch werden sie fälschlicherweise immer noch als Protestwähler verharmlost. Damit muss Schluss sein. Nach der Europawahl im Juni 2024, bei der die AfD in Ostdeutschland mit Abstand stärkste Kraft wurde, gaben laut Infratest dimap 82 Prozent ihrer Wähler an, es sei ihnen egal, dass die Partei als in Teilen rechtsextrem gilt. Zahlen aus dem Jahr 2023 untermauern das. 56 Prozent der befragten AfD-Wähler bejahten die These: «Wenn Arbeitsplätze knapp werden, sollte man die Ausländer wieder in ihre Heimat zurückschicken.'», 44 Prozent: «Andere Völker mögen Wichtiges vollbracht haben, an deutsche Leistungen reicht das aber nicht heran.» und 39 Prozent «Wir sollten einen Führer haben, der Deutschland zum Wohle aller mit starker Hand regiert.»[9]

AfD-Wähler ernst zu nehmen bedeutet, sie mit den Folgen ihrer Wahl, für die sie die Verantwortung tragen, zu konfrontieren. Und aufzuzeigen, dass sie sogar gegen ihre eigenen Interessen stimmen. Das Deutsche Institut für Wirtschaftsforschung (DIW) hat in einer Analyse gezeigt, dass die Hauptleidtragenden der AfD-Politik ihre eigenen Wählerinnen und Wähler wären – und zwar bezogen auf fast alle wichtigen Politikfelder wie Steuern, Wirtschaft, Klima und soziale Absicherung.[10] Wer AfD wählt, schadet also nicht nur Minderheiten, sondern auch sich selbst. Mit diesem «AfD-Paradox», wie DIW-Chef Marcel Fratzscher es nennt, gilt es die Sympathisanten zu konfrontieren. Die AfD ist nicht die Partei der vermeintlich «kleinen Leute» – die von der AfD angestrebte Beschneidung der Sozialsysteme würde vor allem Geringverdienende und Bürgergeld-Empfängerinnen treffen, «die unter der AfD-Wählerschaft überproportional vertreten sind»; und, wie das DIW schreibt, steht die AfD «für eine extrem neoliberale Wirtschafts- und Finanzpolitik. Sie setzt sich in fast allen Bereichen für Steuersenkungen, wie neuerdings bei der Erbschaftsteuer, und gegen Steuererhöhungen ein, wie gegen die Besteuerung großer Vermögen.» Das Gleiche gelte für die Wirtschaftspolitik, bei der die AfD «die Rolle des Staates beschneiden und die Macht des Marktes vergrößern will» – die Partei ist also nicht der gütige «Vater Staat», der alles regelt, den sich viele Wähler vor allem in Ost-Deutschland offenbar wünschen.[11] Durch ihre Politik wird es allen schlechter gehen – sogar denen, die darauf hoffen, von rassistischer Ausgrenzung zu profitieren. Niemand würde in einem Land voller Hass besser leben.

3.2 Die Versuchung der Konservativen – Standhaft bleiben!

Richtig ist, dass Konservative und Christdemokraten in CDU und CSU nicht allein dafür verantwortlich sind, dass die Brandmauer gegen die AfD steht. Richtig ist aber auch, dass sie in besonderer Weise in Versuchung geführt werden, auch von sich selbst. Nicht nur aus machttaktischem Kalkül, sondern aufgrund eigener Feindbilder und Schnittmengen mit der radikalen Rechten. Da ist ein Nationalstolz mit fließenden Übergängen zwischen Patriotismus und Chauvinismus. Hinzu kommt eine ausgeprägte Neigung, Migration vor allem als Bedrohung zu betrachten – obwohl Deutschland seit dem Zweiten Weltkrieg ein Einwanderungsland ist, als Millionen Kriegsflüchtlinge eine Heimat suchten, die ihr Deutschland dank des von der NSDAP angezettelten Krieges verloren hatten. Nicht zuletzt teilt hierzulande ein konservatives Milieu mit Teilen der radikalen Rechten ähnliche Lebenswelten, in denen das demonstrative Bekenntnis zum Fleischessen und zu normativer Heterosexualität ebenso zur Identität gehört, wie der Hass auf Klimaschützer und Gendersprache.

Es ist kein Zufall, dass der Kulturkampf gegen «Gender-Wahn» und «Gender-Gaga», gegen grüne «Verbotspolitik» und «Multikulti» nicht nur von der extremen Rechten rund um die AfD geführt wird, sondern auch von Friedrich Merz oder Markus Söder. Merz hat von «Sozialtourismus» gesprochen und ukrainische Geflüchtete an den Pranger gestellt, die angeblich zwischen der Ukraine und Deutschland hin und her pendeln. Ein Vorwurf, der auf Fake News pro-russischer Kanäle beruhte.[12] Er knüpfte damit, jeden Lerneffekt vermeidend, an CSU-Chef Söder an, der die lebensgefährliche Flucht von Menschen als «Asyltourismus» bezeichnet hatte, obwohl auch ihm bekannt ist, dass hunderte Flüchtlinge im Mittelmeer ertrinken. Der sächsische Ministerpräsident und CDU-Vize Michael Kretschmer feuerte unablässig gegen die Grünen, mit denen er selbst koalierte. Zudem streute er russlandfreundliche Narrative unter das Wahlvolk, um bei AfD-Sympathisanten zu punkten. Nicht immer ist klar, ob der konservative Kulturkampf gegen Linksgrün und alles, was woke ist, von Merz, Söder und Kretschmer wirklich ideologisch oder strategisch motiviert ist. In jedem Fall ähneln sich die Ressentiments aus den Reihen der Union bisweilen frappierend mit denen der radikalen Rechten. Der Diskurs wird dadurch immer weiter nach rechts verschoben. Von solchen Diskursverschiebungen profitiert am Ende aber nicht ein radikalisierter Konservatismus, sondern immer das extreme Original, wie man in Italien oder Frankreich sehen kann, wo Meloni und Le Pen groß wurden und traditionelle christdemokratische und konservative Parteien erodiert sind. In Österreich hat die konservative ÖVP die rechtsradikale FPÖ salon- und regierungsfähig gemacht.

Dass sich vor allem im deutschen Osten viele in der Union habituell und inhaltlich der AfD näher fühlen als veganen, linksgrünen, gendersensiblen Weltverbesserern, ist kein Geheimnis. Ein CDU-Lokalpolitiker aus dem sächsischen Krauschwitz ließ sich sogar von AfD-Chef Tino Chrupalla als Mitglied einer Reisegruppe in den Fraktionssitzungssaal der AfD nach Berlin einladen. Auf eine Reporter-Frage nach einer Brandmauer zur AfD antwortete Mario Mackowiak aus der CDU-Fraktion in Krauschwitz: «Wir haben null Brandmauer.»[13] In Krauschwitz trinken CDU-Leute nach der Sitzung des Gemeinderats gern mal ein Bier mit den AfD-Politikern, wie das ZDF berichtet. Das Problem fehlender Abgrenzung betrifft längst nicht nur Provinz-Politiker. Das hat auch damit zu tun, wie der Unvereinbarkeitsbeschluss von 2018 formuliert ist: «Die CDU Deutschlands lehnt Koalitionen und ähnliche Formen der Zusammenarbeit sowohl mit der Linkspartei als auch mit der Alternative für Deutschland ab.» Auch wenn das CDU-Präsidium zwei Jahre später präzisierte: «Es gibt keine Zusammenarbeit mit der AfD – weder in direkter, noch in indirekter Form.» Für Daniel Günther, CDU-Ministerpräsident von Schleswig-Holstein, heißt das: Keine Abstimmung, wenn man nur mit AfD-Stimmen eine Mehrheit kriegen kann. Doch ausgerechnet in Thüringen, wo Höcke nach der Macht strebt, sieht die CDU das offenbar anders und brachte im November 2022 einen Antrag gegen die Verwendung von Gendersprache in der öffentlichen Kommunikation von Parlament und Landesregierung durch – ausgerechnet mit Stimmen der Höcke-AfD. Der Rechtsextremist kostete den Dammbruch postwendend bei einer Demo vor seinen Anhängern aus.

Noch erscheint eine weitergehende Annäherung der CDU an die AfD kaum denkbar. In Sachsen hat Ministerpräsident Kretschmer glaubwürdig klargemacht, dass mit ihm kein Deal mit der AfD zu machen ist. Kretschmer selbst wurde bei einem Auftritt in Dresden als «Volksverräter» beschimpft. Das hat ihn nachhaltig geprägt. Seitdem grenzt er sich zumindest formal scharf von der AfD ab. Doch was, wenn es in Thüringen, Brandenburg oder Sachsen nicht für eine Koalition unter CDU-Führung ohne BSW oder AfD reichen sollte? Was, wenn die AfD mit Wagenknechts Populisten Formen der Duldung aushandelt? Oder die Linken in die Position gebracht werden, eine Regierung aus CDU, SPD und BSW dulden zu müssen, weil sonst die AfD mitentscheidet? Was, wenn SPD, Linke oder Grüne hier oder da alle den Einzug in ein Länderparlament verpassen – was in Sachsen nicht ausgeschlossen ist? Sollte die AfD stärkste Kraft werden und sollten unklare Machtverhältnisse drohen, wird der Druck auf die CDU im Osten enorm steigen. Dann werden intern und medial jene Stimmen lauter werden, die argumentieren: Man dürfe doch über ein Drittel nicht ausschließen. Die CDU wird dann vor einer heftigen Zerreißprobe stehen. In einer solchen Krisensituation müssen alle demokratischen Parteien viel aushalten. Für die Beteiligten in Thüringen war die Minderheitsregierung der letzten Jahre anstrengend, weil sich die Regierung je nach Sachfrage stets neue Mehrheiten suchen musste, egal wo und von wem. Dass unter diesen Bedingungen das Bundesland eben nicht im Chaos versunken ist, wurde allerdings den Koalitionären – SPD, Linke, Grüne – nicht angerechnet. Die Frage ist, ob sich die CDU so in Verantwortung nehmen lassen würde.

Auch deswegen wird es standhafte Christdemokratinnen und Demokraten mit einem intakten politischen Kompass brauchen – wie Daniel Günther, Armin Laschet, Marco Wanderwitz. Eine Öffnung zur Linken, die in der CDU ungeliebt sein mag, aber Teil des demokratischen Spektrums ist, wäre unvermeidlich. Ob es so kommt, ist völlig offen. Bernhard Vogel hat Thüringen für die CDU lange als Ministerpräsident regiert. Seine Worte dürfen als christdemokratische DNA gelten. Bei der Vorstellung seiner Autobiographie sagte Vogel: «Natürlich ist Ramelow gefährlicher als die AfD, weil Ramelow Ministerpräsident ist.»[14] Ramelow gefährlicher als Höcke? Ein Teil der CDU hat den Ernst der Lage offenkundig nicht ansatzweise verstanden. Denn die Frage stellt sich mit Blick auf die Ergebnisse der Europawahl auch, was für die CDU mit ihren 30 Prozent gewonnen ist, wenn die einzig denkbaren Koalitionspartner zerrieben und in die Enge getrieben werden. Auch kann die CDU den Kampf gegen die AfD nicht weiter den anderen Parteien und vor allem der restlichen Zivilgesellschaft überlassen. Themen der AfD zu übernehmen hilft nicht. Das gilt auch für die SPD. Alle demokratischen Parteien im Bundestag müssen ihre Abwehr der AfD koordinieren, sich an gemeinsame Linien halten – diesen Kampf eben nicht anderen Parteien und Abgeordneten überlassen. Denn weder ist es links gegen die AfD anzukämpfen, noch muss man links sein, um den Ernst der Lage zu erkennen und endlich zu handeln.

3.3 Ruhe bewahren und Nerven behalten!

Ein Sturm zieht auf und er ist kaum mehr abzuwenden. Die Ergebnisse bei den Landtagswahlen 2024 in Sachsen, Brandenburg und Thüringen werden aller Wahrscheinlichkeit nach das Land erschüttern. Regierungsbildungen ohne die AfD werden dort schwer bis unmöglich. Da heißt es: Nerven behalten. Trust the process. Und: Einordnen, was passiert. Im Gegensatz zur Klimakrise, Russlands Angriffskrieg, Trumps prä-faschischtischer Politik und chinesischer Großmachtspiele, ist ein politisches Patt in einigen ostdeutschen Bundesländer keine existenzielle Krise. Es müssen nicht sofort Lösungen her – Kompromisse finden! Keine Duldung einer AfD-Regierung! Wer Angst zeigt, macht sich erpressbar. Die AfD mag in Sachsen und Thüringen über 30 Prozent bekommen – das sind bei der zu erwartenden Wahlbeteiligung gut 300 000 Stimmen in Thüringen, 700 000 in Sachsen – und knapp 300 000 in Brandenburg.[15] So könnte die AfD zwar über eine Million Stimmen einsammeln – so bitter die sind, sie stehen Millionen gegenüber, die auf die Straße gegangen sind, die andere Parteien wählen und klargemacht haben, dass sie nicht zu Hass stehen. Und die Gruppe der Nichtwähler allein in Sachsen und Thüringen dürfte locker wieder an diese Zahl heranreichen (2019: 1,1 Millionen Wahlberechtigte haben in Sachsen nicht gewählt) – daraus lässt sich ein Auftrag ablesen. Die Nichtwähler müssen vor allem gewonnen werden, nicht allein Wähler einer rechtsextremistischen Partei.

Aber: Nach der Wahl müssen Probleme grundsätzlich angegangen werden, die Zeit verrinnt unaufhörlich. Zudem sollte man nicht darauf hoffen, dass die Lage einfach still und leise vor sich hin eskaliert. So oder so – bei Erfolg oder Misserfolg – werden Rechtsextremisten ihren Blutzoll fordern. Weil sie sich im Machtrausch befinden oder wieder von einer Partei enttäuscht wurden und, wie etwa der NSU, zu Gewalt greifen, als aus der politischen Teilhabe der Rechtsextremisten in den 1990er Jahren nichts wurde. Die Situation wird sich so oder so in Richtung Bundestagswahl, sollte sie wie geplant 2025 stattfinden, zuspitzen. Die gute Nachricht: Die AfD zeigt fortgesetzt, dass die Partei zerstritten, unprofessionell und nicht organisiert genug ist, ihre Pläne umzusetzen. Damit muss man die Akteure immer wieder konfrontieren – die Partei wird gehackt, unterwandert, ausgenutzt, verlassen von Spitzenpersonal, viele Mitglieder verurteilt wegen diverser Delikte. Diese AfD ist vieles, nur keine Übermacht. Ihre größte Schwäche: Die meisten ihrer führenden Mitglieder müssen sich unter großem Kraftaufwand verstellen, weil sie nicht sagen können, was sie wirklich wollen und planen. So bleiben nur die Täuschung und die Lüge – das also, was die AfD den anderen Parteien vorwirft. Diesen Widerspruch gilt es weiter herauszuarbeiten. Don't move on until a question is answered.

3.4 Polizei, Justiz und Verfassungsgericht schützen!

In Polen hat seinerzeit die rechtspopulistische PiS-Regierung die unabhängige Justiz angegriffen und gefährlich deformiert. Der Landesrichterrat wurde so umgebaut, dass nunmehr Politiker darüber entschieden, wer als Richterin oder Richter ernannt wurde. Ab 2015 hat die PiS-Regierung mit mehreren Gesetzen den Verfassungsgerichtshof in ihrem Sinne neu ausgerichtet und mit Gefolgsleuten besetzt. So wurde eine Disziplinarkammer installiert, die Richter und Staatsanwälte entlassen konnte. Der von der PiS dominierte oberste Verfassungsgerichtshof hat dann im Oktober 2021 festgestellt, dass polnisches Recht über EU-Recht stehe. Das EU-Parlament hat das als «Angriff auf die Werte- und Rechtsgemeinschaft» der Europäischen Union, aber auch auf die Menschen in Polen angeprangert.[16] Die neue Regierung muss nun diese Eingriffe mühsam zurückdrehen. Die Besetzung des Supreme Courts in den USA durch teils radikale und im Falle von Clarence Thomas gar korrupte Richter belegt ebenfalls, wie schnell ein scheinbar stabiles rechtsstaatliches System politisiert und dadurch delegitimiert werden kann. Das ultimative Ziel aller Rechtsextremisten – und Rechtspopulisten.

Die Lehre daraus muss lauten: Auch das deutsche Bundesverfassungsgericht muss gegen Angriffe und Instrumentalisierungsversuche geschützt werden. Derzeit werden die Struktur und Praxis dieses zentralen Verfassungsorgans durch das Bundesverfassungsschutzgesetz (BVerfGG) geregelt, das aber mit einfacher Mehrheit im Bundestag verändert und damit auch politisch instrumentalisiert werden kann. Sinnvoll und dringend geboten ist es daher, die Organisation und Struktur des obersten Gerichts im Grundgesetz festzuschreiben.[17] Dann könnten Änderungen wie die Anzahl von Richtern, Senaten sowie die Amtszeit von Richterinnen und Richtern nur mit einer Zweidrittelmehrheit des Bundestages geändert werden. Das Bundesverfassungsgericht ist ein zentraler Pfeiler für die Stabilität der deutschen Demokratie und potenzielles Primärziel für einen institutionellen Angriff von rechts. Diese gravierende Sicherheitslücke muss so schnell wie möglich geschlossen werden. Dafür müssen die demokratischen Parteien eine Zweidrittelmehrheit organisieren, um das Grundgesetz entsprechend zu verändern – bevor die AfD das mit einer Sperrminorität von einem Drittel verhindern kann.

Die zweite große Sicherheitslücke ist der mangelhafte Schutz vor verfassungsfeindlichen Polizisten, Richtern und Soldaten in den Sicherheitsorganen des Landes. Die Fälle des Richters Jens Maier, des Staatsanwaltes Thomas Seitz und der terrorverdächtigen Richterin Birgit Malsack-Winkemann zeigen, wie groß die Gefahr ist, die von AfD-Staatsdienern ausgeht – aber der Rechtsstaat hat sich in diesen Fällen wehrhaft gezeigt, klare Leitlinien aufgestellt, wenn auch mit Verzögerung. Immer wieder wird nach Skandalen, wenn etwa Chatgruppen mit rechtsextremen Polizeibeamten auffliegen, so getan, als sei der Staat hilflos und müsse seine Feinde im Innern nicht nur tolerieren, sondern auch alimentieren. Wir haben in diesem Buch gezeigt, dass die oberste Rechtsprechung vom Bundesgerichtshof bis zum Bundesverwaltungsgericht eindeutige Urteile gesprochen hat, die ein hartes Durchgreifen ermöglichen. Dafür braucht es weder vorangegangene Straftaten noch permanente öffentliche Agitation. Vielmehr müssen etwa Polizeibeamte rund um die Uhr für die freiheitlich-demokratische Grundordnung eintreten. Staatsbeamte haben eine besondere Treuepflicht gegenüber diesem Land, das sie beschäftigt und absichert. Diese strikten Vorgaben verbieten es Polizeibeamtinnen und Richtern, in und außerhalb des Dienstes andere Menschen rassistisch oder antisemitisch in ihrer Würde zu verletzen oder auf einen Tag X des Systemsturzes hinzuarbeiten.

Oberste Gerichte dieses Landes haben festgestellt, dass man auch dann als Staatsdiener in Uniform oder Robe untragbar ist, wenn man seine neonazistische Gesinnung als heimliche Tätowierung trägt oder nur in den eigenen vier Wänden auslebt. Strafrechtlich macht das durchaus einen Unterschied, aber nicht für die Frage, ob jemand weiter im Namen des Gesetzes agieren darf. Morgens Anklage im Namen des Volkes zu erheben oder Recht zu sprechen und abends gegen Muslime, People of Color oder Migranten zu hetzen – das verstößt eindeutig gegen das Mäßigungsgebot und die Pflicht zur Verfassungstreue. Da hilft auch kein Beamtenrecht mehr. Es ist überfällig, dass der Staat diese juristischen Handlungsspielräume viel konsequenter und selbstbewusster als bisher nutzt und sich von denjenigen trennt, die Menschenwürde und individuelle Freiheitsrechte von Minderheiten ablehnen und für den Untergang dieses Staates eintreten, damit auch dem Geist der vielen zentralen hier aufgeführten letztinstanzlichen Urteilen folgt. Darauf haben die Menschen, von deren Steuergeld Polizisten, Richter und Soldaten leben und die auf ihren Schutz angewiesen sind, ein Anrecht.

3.5 Demokratie langfristig fördern!

Am 16. März 2023 hat der Bundestag in erster Lesung einen Gesetzentwurf zur «Stärkung von Maßnahmen zur Demokratieförderung» beraten.[18] Zwei Jahre zuvor war CSU-Innenminister Horst Seehofer mit einem Demokratiefördergesetz gescheitert – am Widerstand aus den eigenen Reihen. Nach den rechtsterroristischen Anschlägen von Halle und Hanau sowie dem Mord am Kasseler Regierungspräsidenten Walter Lübcke wurde immer wieder der Ruf nach einem Langzeitprogramm laut, das demokratische Strukturen stärken und menschenverachtende Ideologien bekämpfen sollte. Doch trotz vieler Anläufe und Hilferufe aus der Zivilgesellschaft war das Gesetz bis Mitte des Jahres 2024 noch immer nicht in Kraft. Diesmal stellte sich die FDP in der Ampel-Koalition quer. Ein oft übersehener, aber permanenter Skandal.

Im Kern geht es darum, für Vereine und Initiativen, die Podien, Workshops, Fortbildungen und Projekttage in Schulen und Behörden organisieren, eine langfristige Finanzierung und damit eine größere Planbarkeit zu schaffen. Wie notwendig das ist, zeigte sich im November 2023, als Hunderte Vereine durch eine Haushaltssperre des Bundes vor dem Aus standen. Sozialarbeitende hätten ebenso gekündigt werden müssen wie Mietverträge. Im letzten Moment konnte der zivilgesellschaftliche Kahlschlag abgewendet werden. In den vergangenen Jahren ist im Bereich der Demokratieförderung ein Netz erfahrener Akteure gewachsen: von HateAid, die Beratungen gegen digitale Hasskampagnen und Aufklärung anbieten, über die Bildungsstätte Anne Frank, die über Antisemitismus aufklärt und Fachtagungen veranstaltet, bis zur gemeinnützigen Amadeu Antonio Stiftung. Es sind die Mitarbeitenden dieser rund 1000 lokalen Projekte, die an der vordersten Front und manches Mal auf fast verlorenem Posten gegen die Radikalisierung ganzer Landstriche kämpfen. Oft unterfinanziert, angefeindet und ausgegrenzt. Gleichzeitig, weil das AfD-Verbot aussteht, werden mit Millionen von Steuergeldern deutsche Rechtsextremisten und ihre Struktur, wie gezeigt, durch die Partei in den Parlamenten unterstützt und bezahlt.

Zivilgesellschaftliche Organisationen sind für ihre wichtige Arbeit auf Fördermittel angewiesen. Die in diesem Buch vorgestellten Vereine MOBIT in Erfurt und Kulturbüro Sachsen mit ihren mobilen Beratungsteams gegen Rechtsextremismus müssen derzeit jährlich Anträge auf Fördermittel von Land und Bund einreichen. Im Dezember beginne man, einen umfangreichen Sachbericht über die geleistete Arbeit zu schreiben, sagt Michael Nattke, Geschäftsführer des Kulturbüros Sachsen. Der werde dann im Februar abgegeben. «Im Juni fangen wir dann wieder an, umfangreiche Anträge zu schreiben. Das ist ein riesiger Verwaltungsaufwand.» Man wolle durchaus transparent arbeiten und Rechenschaft über die verwendeten Gelder ablegen, so Nattke. Aber die Energie, die notwendig ist, um sich von Jahr zu Jahr zu hangeln, würde er lieber in inhaltliche Arbeit stecken. Beispielsweise in die Schriften-Reihe «Sachsen rechts unten», in der die Szene-Beobachter über besorgniserregende Entwicklungen aufklären. So hat das Kulturbüro darüber berichtet, dass in Sachsen immer mehr Immobilien in kleinen Orten angekauft werden, die dann als rechte Treffpunkte oder für Rechtsrockkonzerte genutzt werden. Nattke wünscht sich eine Absicherung seines Teams über Legislaturperioden hinaus. Denn wenn die AfD die Mehrheit hätte, würde sie die gewachsene Struktur von Opferberatungen und mobilen Beratungen gegen Rechtsextremismus sofort zerstören.

Bei dem politischen Streit um das Demokratiefördergesetz geht es nur vordergründig um technische Details wie: Soll es eine Extremismus-Klausel geben? Dann müssten alle, die Fördergelder beantragen, versichern, auf dem Boden des Grundgesetzes zu stehen. CDU und FDP sind dafür. SPD und Grüne wollen erfahrene Akteure nicht unter Generalverdacht stellen. In Wahrheit lehnt vor allem die FDP das ganze Konzept gesellschaftlicher Demokratieförderung ab. FDP-Politikerin Linda Teuteberg nannte es einen Widerspruch in sich, «sich als Zivilgesellschaft zu bezeichnen und dann den Anspruch zu erheben, vom Staat finanziert zu werden».[19] Sie nannte das Gesetz die falsche Antwort. Immer schwingt die Unterstellung mit, bei dem geplanten Demokratiefördergesetz handele es sich in Wahrheit um ein Programm für linke Projekte.

Die Blockadehaltung zeugt von Unwissenheit und Ignoranz. Niemand käme auf die Idee, Wirtschaftsförderung in Frage zu stellen, aber staatliches Geld, um die Demokratie zu stärken, soll anrüchig sein? Wenn Opferberatungsstellen wie die Vereine ezra in Thüringen oder Opferhilfe in Brandenburg nicht länger die Betroffenen von rassistischer und antisemitischer Gewalt beraten können, wird es gar keiner tun. Auch ist es beileibe kein linkes Projekt, sondern es sollte demokratischer Konsens sein, dass es notwendig ist, Rassismus, Antisemitismus und Rechtsextremismus langfristig durch Prävention und Aufklärung zu bekämpfen. Überall im Land gibt es dafür erfahrene und professionelle Fachkräfte in Vereinen und Initiativen. Um deren Arbeit langfristig abzusichern, braucht es ein bundesweites Demokratiefördergesetz als gesetzliche Grundlage. Wer denjenigen, die täglich vor Ort die Werte und Normen unserer Demokratie verteidigen, die Legitimität abspricht und politische Bildung auf die Schule begrenzen will, wie es aus den Reihen von Union und FDP zu hören ist, macht damit, ob gewollt oder nicht, den Weg frei für rechte Demokratiefeinde – und hat sich offensichtlich länger nicht mehr vor Ort, vor allem in den ostdeutschen Brennpunkten, informiert. Gefährliche Kipppunkte sind dort längst erreicht. Rechtsextremismus gilt vielen schon als normal. Weitere Domino-Effekte müssen daher vehement und aktiv bekämpft werden.

3.6 Demokratie muss immer wieder neu gelernt werden!

Hakenkreuze auf Tischen und an Wänden. Die Floskel «Du Jude» ist an vielen Schulen ein populäres Schimpfwort. Im April 2024 schlugen die Schülerräte der sechs ostdeutschen Bundesländer Alarm und warnten vor der Zunahme von Rechtsextremismus an Schulen. «Völkische Narrative, antisemitische Verschwörungstheorien und extremistisches Gedankengut treten auch im Raum Schule immer häufiger zutage und treffen dabei auf eine Schulgemeinschaft, die personell, materiell und vom Wissen her schlecht vorbereitet ist», heißt es in einer gemeinsamen Erklärung der ostdeutschen Landesschulräte.[20] Im Schulumfeld sinken demnach die Hemmschwellen, und zugleich wachse die Bereitschaft, verfassungsfeindliche Aussagen als legitime Meinungsäußerung anzuerkennen. Und das trotz regelmäßiger Kursfahrten in Konzentrationslager im Fach Geschichte und obwohl zahlreiche Bildungseinrichtungen sich offiziell «Schule ohne Rassismus» nennen. In simulierten Schülerwahlen landet die AfD etwa in Sachsen ganz vorn. In den Schulen spiegelt sich der gesellschaftliche Rechtsruck. Die Antwort darauf muss lauten: Mehr politische Bildung!

Richtig ist, dass es schon jetzt herausragende politische Bildung an deutschen Schulen gibt. Wenn etwa einzelne Klassen des Gymnasiums im sächsischen Frankenberg in die nahe gelegene alte Spinnerei nach Sachsenburg fahren. In Sachsenburg gab es nach 1933 eines der frühen Konzentrationslager, wo die Nationalsozialisten sofort begannen, politische Gegner, Homosexuelle, unliebsame Geistliche und Juden einzupferchen, zu versklaven und zu foltern. Auf einem Rundgang mit einer engagierten Lehrerin aus der Region lernen die Schülerinnen und Schüler, dass der NS-Terror nicht irgendwo im fernen Auschwitz begann, sondern in ihrer Nachbarschaft, aus der seinerzeit Opfer wie Täter stammten. So kann Schule auch sein.

Oftmals ist es dem Engagement einzelner Lehrkräfte und einzelnen Projekten vorbehalten, wenn im Schulalltag politische Bildung über eine Grundversorgung hinaus erfolgt. Entscheidend ist, dass diese endlich eine höhere Priorität erhalten muss. Noch immer wird vielerorts der Bildungsauftrag auf einen Kern aus Deutsch, Mathe, Naturwissenschaften und Sprachen verengt. Demokratieerziehung hat ein ähnliches Gewicht wie Sport, Religion oder Kunst. Und ist zudem mit dem historischen Makel behaftet, bloß nicht in den Verdacht geraten zu dürfen, die Schülerschaft in ähnlicher Weise zu indoktrinieren wie das Fach Staatsbürgerkunde in der DDR. Darum wird gerade im deutschen Osten darauf geachtet, Politikunterricht weitgehend auf die formalen Abläufe und Institutionen des demokratischen Systems zu fokussieren, wie das in Sachsen im Fach Gemeinschaftskunde, Rechtserziehung und Wirtschaft (GRW) erfolgt.

Dabei wäre es angesichts einer zunehmenden Distanz bestimmter Eltern-Schichten zur parlamentarischen Demokratie umso wichtiger, in den Schulen zu vermitteln, wie das praktisch geht – Demokratie. Die Forschung weiß, dass der Schlüssel dafür eigene Erfahrungen demokratischer Teilhabe und Wirksamkeit sind. Daraus folgt, dass Schülermitbestimmung nicht länger als Alibi mit einer Vertretung in einem Gremium gehandhabt werden darf. Vielmehr können Schülerinnen und Schüler nur dann lernen, dass Demokratie wirkt, wenn sie über Abläufe, Inhalte und die Ausgestaltung ihrer Lernorte und Arbeitstage – in einem sinnvollen Maß – mitbestimmen dürfen. Alle konkreten Reformen können nur greifen, wenn kollektive Ohnmachtserfahrungen im strengen Hierarchien-Regime Schule reduziert werden und Schulen größere Teilhabe fest in ihrer Praxis verankern. Nicht zuletzt berichten auch Ausbilder bei Polizei und Bundeswehr, dass manche Kandidaten kaum etwas über die NS-Diktatur wissen. Was sich dann wiederum in der Anzahl rechtsradikaler Vorfälle in diesen Institutionen widerspiegelt.

Inhaltlich muss politische Bildung dringend aktualisiert und ausgebaut werden. Immer muss klar sein: Warum lernt man was? Auch mit der Geschichte beschäftigt man sich nicht zum Selbstzweck. Es braucht größere Medienkompetenz, um Desinformation aufspüren und richtige Quellen in den digitalen Fluten grassierender Fake News erkennen zu können. Faktenbasierte Informationen sind die Grundlage aller demokratischen Entscheidungen. Sich diese auch in hochkomplexen Themen wie der Klimakrise erarbeiten zu können, muss zum Standard-Knowhow in Schulen werden. Angesichts einer sich weiter polarisierenden Gesellschaft neigen etliche Schulen und Bildungspolitiker dazu, die politische Aktualität aus Klassenzimmern heraushalten zu wollen. Doch ganz im Gegenteil müssen in Schulen die Grundlagen dafür erarbeitet werden, wie man auch bei Reizthemen wie Klimawandel und Migration auf der Grundlage von Faktenwissen einen harten, aber fairen Diskurs führt und lernt, andere Meinungen auszuhalten. Dazu braucht es den großen Wurf auf der Ebene der Kultusministerkonferenz. Politische Bildung und Demokratieerziehung müssen stärker in den Lehrplänen verankert werden. Sonst bleibt es bei Projektwochen und frustriertem Einzelkämpfertum.

Die AfD hat mit digitalen Denunziationsportalen, wo kritische Lehrkräfte angeschwärzt werden sollten, versucht, auch Schulen auf Neutralität zu verpflichten. Doch schulische Neutralität bedeutet eben nicht, neutral gegenüber der Demokratie und deren Feinden zu sein, sondern auch in der Ausbildung junger Menschen die Werte des Grundgesetzes selbstbewusst und offensiv zu vertreten und zu lehren. Auch hier ist die Rechtsprechung eindeutig. Ja, Schulen müssen sogar ein Korrektiv sein, wenn in Elternhäusern zunehmend Verschwörungserzählungen und Demokratieverachtung gelernt werden. Dann braucht es nicht weniger politische Bildung in Politik, Geschichte, Medienkunde und Sozialwissenschaften, sondern bessere und davon mehr.

3.7 Zusammenhalten! Die gesamte Zivilgesellschaft ist gefragt!

Es war ein beeindruckendes Machtwort – ausgerechnet von der katholischen Kirche. Einstimmig hat die Deutsche Bischofskonferenz im Februar 2024 den Entschluss gefasst, dass sich Christsein und AfD ausschließen. «Wir halten für Christinnen und Christen diese Partei und alle rechtsextremen und rechtspopulistischen Parteien für nicht wählbar», erklärte deren Vorsitzender, Georg Bätzing aus Limburg.[21] Die deutschen Bischöfe stellten kategorisch fest: «Völkischer Nationalismus ist mit dem christlichen Gottes- und Menschenbild unvereinbar.» Wer Parteien wie die AfD wähle, stelle sich gegen die Grundwerte des Zusammenlebens und der Demokratie in unserem Land.

So eindeutig wie die katholischen Bischöfe haben sich die meisten Wirtschafts- und Sportverbände, Vereine, der Kulturbereich und Unternehmen bis heute nicht positioniert, auch die evangelische Kirche nicht. Lange sahen die Multiplikatoren dieses Landes sprach- und tatenlos zu, wie Gauland, Weidel und Co. das politische Klima aufheizten und die gesellschaftliche Spaltung vorantrieben. Erst langsam melden sich einflussreiche Industrielle zu Wort, wie jüngst die Vorstände von Deutscher Bank, Deutscher Bahn und Siemens.[22] Auch im deutschen Osten beziehen immer mehr Unternehmer Stellung, weil sie dringend auf ausländische Fachkräfte angewiesen sind. Dieser Chor muss noch lauter werden.

Jahrelang konnte man in Hintergrundgesprächen in Kirchengemeinden, aber auch mit den CEOs innovativer Unternehmen in Sachsen hören, dass man den Aufstieg der AfD zwar durchaus mit Sorge verfolge, es aber nicht für nötig halte, selbst die Stimme zu erheben. In den Kirchengemeinden wollte man niemanden ausgrenzen. Bei jungen Start-ups in Dresden und Leipzig betonte man, dass man zwar auf Fachkräfte aus aller Welt angewiesen sei. Politisch wolle man sich aber lieber raushalten. So bleibt es bis heute allzu oft den angefeindeten Minderheiten überlassen, immer und immer wieder klarzumachen, dass auch sie zu Deutschland gehören, während die weiße Mehrheit schweigt.

Vereine, Unternehmen, Kirchen, Verbände und Persönlichkeiten müssen endlich alle auf Dauer laut werden und das Leitbild eines modernen und diversen Deutschland zu ihrem eigenen Anliegen machen: es offensiv feiern, sich nicht dafür entschuldigen. Tausende Sportvereine und Mannschaften könnten ohne Spielerinnen und Spieler mit einer Migrationsgeschichte dichtmachen. Raushalten geht nicht mehr. Es reicht auch nicht, Transparente mit «Rassismus, nein danke!» durch Stadien zu tragen. Wie ernst wir es damit meinen, dass wir alle unabhängig von Hautfarbe und Herkunft das «Wir» in diesem Land sind, erweist sich dann, wenn Musliminnen, People of Color und Juden als nicht zugehörig stigmatisiert, diskriminiert oder gar angegriffen werden. Wenn zwischen «Biodeutschen» und «Passdeutschen» unterschieden wird. Wenn Deutschtürken signalisiert wird, sie gehörten eigentlich in die Türkei, wie es in der AfD zum guten Ton gehört. Die gelebte Praxis in Büros, Krankenhäusern, Klassenzimmern und auf Baustellen, wo es egal ist, wer wo geboren wurde und welche Kinderlieder gesungen wurden, muss verteidigt werden. Gegen die Reinigungsfantasien der AfD und gegen jeden dummen und rassistischen Spruch. Und das nicht wie üblich mit dem Hinweis auf den wirtschaftlichen Nutzen von Menschen, sondern kategorisch, wie es vor Jahren unter dem Slogan «Unteilbar» auf die Straße getragen wurde. Ob es die AfD will oder nicht – in Deutschland, seit Jahrzehnten ein Einwanderungsland, leben 25 Millionen Menschen – 30 Prozent der Gesamtbevölkerung – mit einen sogenannten migrantischen Hintergrund. Die Entwicklung ist unumkehrbar – und das ist gut so.[23] Zumal in einem überalterten Land, das mit fast 48 Jahren kurz hinter Japan und Monaco das älteste Durchschnittsalter auf der Welt hat.

Für Deutschland spielen längst Nationalspieler Fußball, die Toni, Jamal oder İlkay heißen und aussehen wie Florian Wirtz oder wie Antonio Rüdiger. Das ist nicht nur gut, sondern vor allem normal, nicht nur beim Fußball, sondern auch in der Schule, auf Arbeit und in der Nachbarschaft. Diese deutsche Normalität ist nicht verhandelbar und muss das gemeinsame Leitbild und die große demokratische Erzählung sein.

3.8 Die Rolle der Medien – Schluss mit Appeasement! Wissen vernetzen!

Journalistinnen und Journalisten haben herausragende Aufklärung über die AfD geleistet. Sie haben radikale Netzwerke aufgedeckt und über die engen Kontakte des AfD-Personals nach Russland und China berichtet. Auch wird nicht mehr jedes rassistische AfD-Zitat zur Schlagzeile aufgeblasen wie in der Frühphase der Partei. Trotz beeindruckender investigativer Leistungen herrscht im medialen Umgang mit der AfD über zehn Jahre nach deren Gründung im Tagesgeschäft aber in der Breite immer noch eine Mischung aus Naivität und Unsicherheit. Immer wieder wird berichtet, als beginne die Erkenntnisgewinnung bei Null. AfD-Promis wie Alice Weidel und Tino Chrupalla wird in Interviews die Deutungshoheit über den Rechtsextremismus der

AfD überlassen. Je größer die AfD wird, desto häufiger bitten die Redaktionen zum Interview und laden in öffentlich-rechtliche Talkshows ein, als gäbe es keine anderen journalistischen Formate. Warum auch immer. Wissen der eigenen und anderer Redaktionen wird nicht genutzt und vernetzt, der Twitter- und TikTok-Logik folgend, wird endlos weitergescrollt, Schlagzeile um Schlagzeile produziert, Erkenntnisse verschwinden sofort wieder, werden vergessen. Die vielen Enthüllungen, Insider-Berichte und kohärenten Informationen über die AfD seit dem ersten Tag verschmelzen nicht zu einer schlüssigen Analyse, so dass das eigene Verhalten nicht überdacht wird und ohne dass Konsequenzen im Umgang mit der AfD gezogen werden.

Was medial schiefläuft, anhand von drei Beispielen: In einem Sommerinterview hat der MDR-Moderator ausgerechnet den Rechtsextremisten Björn Höcke gefragt, ob die AfD denn nun eine «Brandmauer» gegen rechts errichten werde. Markus Lanz wiederum wollte von dem AfD-Chef Tino Chrupalla wissen, ob er Björn Höcke für rechtsextrem halte, ganz so, als sei das eine Frage des Bauchgefühls. Als der verneinte, fand Lanz das «interessant». AfD-Chefin Alice Weidel durfte im *stern*-Interview die Ahnungslose geben. Der *stern* druckte ihre Selbstverharmlosung gar als ganzseitige Titel-Zeile: «Rechtsextreme? Habe ich bei uns noch nicht entdeckt.»[24] Anstatt dem AfD-Personal zuzuhören, wenn sie ihrem Anhang auf Marktplätzen mit Tatworten einheizen, überlässt man ihnen allzu oft im Interview das letzte Wort. Rechtsextremismus innerhalb der AfD ist zigfach belegt und bestens dokumentiert. Es ist überflüssig, ihn immer wieder mit AfD-Leuten aushandeln zu wollen. Viel wichtiger ist es, die AfD zu fragen: Wie gehen Sie damit um? Was sind wirklich Ihre Ziele? Wie wollen Sie diese Ziele wirklich umsetzen? Wie konkret? Die ständig gleiche Analyse – zu viele Migranten kommen. Nur: Wie will die AfD das ganz konkret ändern? Wie geht das ohne Gewalt?

Die AfD nutzt die Unsicherheit der Medien aus. Mit dem strategischen Ruf nach Neutralität und Fairness ist es gelungen, bei Redaktionen eine Art vorauseilenden Gehorsam zu erzeugen. Warum muss Caren Miosga mit AfD-Chef Tino Chrupalla ein menschelndes Interview in ihrer ARD-Talkshow führen, in dem sich beide über frauenfeindliche Äußerungen des Parteikollegen Maximilian Krah amüsieren? Niemand fordert, die AfD totzuschweigen, wie oft unterstellt wird. Das wäre ebenso falsch wie unprofessionell. Das Bundesverfassungsgericht hat dem öffentlich-rechtlichen Rundfunk zwar zur Pflicht gemacht, in der Berichterstattung Vielfalt abzubilden. Rechtsextremisten und Demokratiefeinde können daraus aber gerade keinen Anspruch auf Sendezeit und Präsenz ableiten. Ohnehin gilt die redaktionelle Unabhängigkeit. Mit Ausnahme der Wahlberichterstattung entscheiden Redaktionen selbständig, wen sie einladen und über wen sie wie berichten. Bis heute ist Alexander Gauland ein Dauergast in TV-Talks und darf dort mit dem Gestus eines Elder Statesman Selbstverharmlosung betreiben. Dass der AfD-Ehrenvorsitzende vor Jahren die damalige Ausländerbeauftragte der Bundesregierung, Aydan Özoğuz, in Anatolien «entsorgen» wollte[25] und den Nationalsozialismus als «Vogelschiss»[26] relativierte, konnte seinen Status als Talkshow-Dauergast nicht erschüttern. Die Regel muss lauten: Bis wesentliche Fragen beantwortet sind, nicht zur Tagesordnung übergehen, nicht das Thema wechseln. Eine Frage ist dann beantwortet, wenn sie beantwortet ist und nicht wenn Alice Weidel genervt Ausflüchte sucht und pauschal die Medien beleidigt, die sie noch immer vor allem im Fernsehen hofieren, als wäre nichts gewesen.

Medien tragen aber nicht nur zur Normalisierung der AfD bei, sondern befördern selbst Verharmlosung. Populär ist das Argument, nicht alle AfD-Wähler seien rechtsextrem, als wären dadurch Ideologie, Personal und Ziele der Partei weniger radikal und gefährlich. Die *ZEIT* begleitete den Aufstieg der AfD mit Schlagzeilen wie «Hurra, wir sind politisiert!» und verklärte AfD-

Wählerstimmen in dem Bemühen, die ostdeutsche AfD-Wählerschaft zu schonen, in dem gleichnamigen Essay vor Jahren gar als «eine Art Emanzipation».[27] Der Autor des Essays, Martin Machowecz, ist mit seinen steilen Thesen zum stellvertretenden Chefredakteur der *ZEIT* aufgestiegen. In politischen Talkshows gibt er seither den Beschwichtiger. Sein Tenor: Die sächsischen beziehungsweise ostdeutschen AfD-Wähler können ja wohl nicht alle Nazis sein. Als würde das die Wahl von Rechtsextremisten besser machen. Wer die eindeutige Studienlage zu rechtsextremen Einstellungen von AfD-Wählern vehement in Abrede stellt, verleugnet journalistisch die Wirklichkeit.

Mehr noch, die Radikalisierung im Osten wird medial immer wieder zur «Avantgarde» verklärt. Die ostdeutsche Seele zu streicheln ist in TV-Talks und Essays oft wichtiger als ein schonungsloser Blick auf die AfD und ihre Wahlhelfer – und deren Opfer, wie die eigene Moderatoren-Kollegin Steph Karl, die so krass von einem AfD-Politiker angegangen worden ist. Der Filter einer dünnhäutigen Ostidentität verstellt allzu oft den Blick auf die bittere Realität, dass im Osten rund ein Drittel der Wählerschaft bereit ist, der AfD an die Macht zu verhelfen. Aufgabe des Journalismus ist es nicht, Verständnis für Wähler zu haben, die sich für autoritäre, völkisch-nationalistische Scheinlösungen entscheiden, sondern nüchtern Ursachenforschung zu betreiben und die brutalen Folgen aufzuzeigen. Je extremer die AfD auftritt, desto notwendiger ist mehr kritische und vernetzte Berichterstattung, die auf Gelerntem aufbaut und nicht, und sei der Scoop vermeintlich noch so groß, so berichtet, als wäre jede neue Information eine neue Erkenntnis. Das 100. Beispiel für Rechtsextremisten in der AfD ist eben das 100. – erschreckende – Beispiel, der Befund war schon beim 99. Fall klar. Dafür braucht es keinen AfD-Journalismus, nur Professionalität und die Konzentration auf das Wesentliche.

Journalistinnen und Journalisten dürfen nie vergessen, mit

wem sie es zu tun haben. Nachdem Björn Höcke ein kritisches Interview abgebrochen hatte, drohte er dem ZDF-Reporter unverhohlen. Vielleicht werde er ja mal eine interessante «politische Person in diesem Land», so Höcke. Schon damals, im Jahr 2019, urteilte Frank Überall, Vorsitzender des Deutschen Journalisten-Verbandes: «Herr Höcke hat die Schwelle von der Demokratie zu faschistischen Fantasien überschritten.»[28]

3.9 Solidarität mit den Betroffenen!

Nach einem Totschlag, für den später ein Syrer verurteilt wurde, hatten Hooligans und Neonazis im Jahr 2018 bundesweit nach Chemnitz mobilisiert, wo, wie schon beschrieben, die AfD-Spitzenpolitiker Björn Höcke, Jörg Urban und Andreas Kalbitz am 1. September eine große rechtsextreme Demonstration anführten. Auch an diesem Tag gab es wieder Ausschreitungen mit gezielten Angriffen durch rechte Gewalttäter. Politische Gegner, Migranten und Journalisten wurden gejagt und brutal attackiert. Seinerzeit versprach Ministerpräsident Kretschmer (CDU), der Rechtsstaat werde die Straftäter schnell und hart aburteilen. Fast fünf Jahre lang sah sich das Landgericht Chemnitz danach nicht in der Lage, zwei Prozesse gegen eine Vielzahl von Angeklagten zu führen. Im Januar 2024 wurde schließlich das Strafverfahren gegen drei von ursprünglich neun Neonazis und Hooligans, die wegen gefährlicher Körperverletzung und Landfriedensbruchs angeklagt waren, gegen die Zahlung einer Geldbuße von 1000 Euro eingestellt.[29] Die Männer hatten zugegeben, Teil eines gewalttätigen rassistischen Mobs gewesen zu sein. Vor Gericht hatten die angegriffenen Frauen und Männer, die an jenem Septembertag bei der Gegendemo «Herz statt Hetze» waren, beschrieben, wie sie plötzlich und ohne Vorwarnung von einer Gruppe, die mit Knüppeln bewaffnet war, überfallen und verletzt worden waren. Zwei angeklagte Neonazis waren vor Prozessbeginn untergetaucht. Dass es trotz der drei Geständnisse nur eine Geldbuße und keine Verurteilung gab, nannte Opferberaterin Anna Schramm vom Verein RAA Sachsen einen «Schlag ins Gesicht der Betroffenen». Nebenklagevertreter Onur Özata bezeichnete es als fatales Signal, «dass die Vollstrecker rassistischer Reinheitsfantasien völlig straffrei ausgehen». Einer der Angegriffenen, der als Nebenkläger auftrat, stellte resigniert fest: «Ich habe durch die verschleppte Strafverfolgung (...) unfreiwillig lernen müssen, dass Neonazis von der Justiz in Sachsen nichts zu befürchten haben, wenn sie in einem Mob auf politische Gegner*innen losgehen.»

Gesellschaftliche Solidarität mit den Betroffenen rechter Gewalt beginnt mit konsequenter Arbeit von Polizei und Justiz – also mit dem klaren Signal der Zuständigen. Immer wieder erleben die Betroffenen jedoch eine Täter-Opfer-Umkehr. Rassistische oder antisemitische Tatmotive werden seitens der Strafverfolger nicht geglaubt oder verstanden. Oder die Opfer werden gar verdächtigt, den Übergriff selbst provoziert zu haben – der NSU-Komplex hat das besonders bitter gezeigt. Nicht selten vergehen viele Jahre bis zum Prozess, was automatisch milde Urteile nach sich zieht, wie auch im Fall der Dresdener Hooligan-Bande «Faust des Ostens», die systematisch Gegner und Andersdenkende angegriffen hatte. Acht Jahre (!) vergingen seit der Anklageerhebung, bis das Landgericht Dresden den Fall schließlich doch noch verhandelte und die erwartet milden Urteile sprach. Kein Zeuge hat nach acht Jahren noch verlässliche Erinnerungen an Tatabläufe.

In den vergangenen Jahren gab es neue Höchststände bei rassistischen und antisemitischen Gewalttaten sowie bei ideologisch motivierten Angriffen auf Kinder und Jugendliche. Jüdinnen und Juden haben schon vor dem Terror-Angriff der Hamas auf Israel am 7. Oktober 2023 berichtet, wie sie sich im deutschen Alltag permanent zwischen Sichtbarkeit und Sicherheit entscheiden müssen. Viele jüdische Männer trauen sich nicht, die Kippa offen auf der Straße zu tragen, sondern bedecken sie, um nicht Opfer eines Angriffs zu werden. Nach dem 7. Oktober haben sich viele jüdische Menschen in Deutschland aus dem öffentlichen Leben zurückgezogen – Anfeindungen erleben sie von allen Seiten: von Islamisten und propalästinensischen Aktivisten, von links und rechts. Parallel zu einem enthemmten Judenhass breitet sich antimuslimischer Rassismus weiter aus. Was Betroffene marginalisierter Gruppen massiv in ihrem Alltag einschränkt, lässt die Mehrheitsgesellschaft allzu oft kalt, wenn sie es denn überhaupt bemerkt. Dieses Wahrnehmungsproblem gilt es durch Aus- und Fortbildung zu korrigieren: in Schulen, Vereinen, Behörden und in der Wirtschaft.

Einer Studie zufolge zieht sich mehr als die Hälfte der User aus den digitalen Diskursräumen zurück – von X, Facebook, Instagram oder Youtube.[30] Hasskampagnen kommen dort mehrheitlich von rechts. Besonders betroffen davon sind Frauen, die nicht selten mit Penisbildern oder Vergewaltigungsfantasien sexualisiert attackiert werden, sowie migrantische Menschen. «Am besten organisiert und professionalisiert sind Akteur*innen aus dem rechtsextremen Spektrum», erklärt Anna-Lena von Hodenberg von der Organisation HateAid über die Täter. In der rechten Szene kursieren demnach Handbücher, die Tipps geben, wie man andere am besten terrorisiert. Die Digital-Expertin warnt: «Es droht ein Internet der Wenigen, in dem Rechtsextreme den Ton angeben.» Der Staat müsse die Plattformen deutlich stärker regulieren.

In den erhitzten digitalen Debatten drohen ausgerechnet die besonnenen und vielfältigen Stimmen zu verstummen. Strafverfolgung ist angesichts der Flut von *Hatespeech* eher die Ausnahme. Die gesellschaftliche Radikalisierung, die von der AfD massiv forciert wird, schlägt längst in Gewalt um. Aufgabe der Medien ist es, diese unerträglichen Zustände weiter zu skandalisieren und nicht als neue Normalität zu akzeptieren. Die Politik muss konsequente Strafverfolgung garantieren – und darüber hinaus zivilgesellschaftliche Beratungsstellen unterstützen, die psychologische und juristische Hilfe für die Betroffenen organisieren und das ganze Ausmaß des Problems überhaupt erst sichtbar machen. Aber auch jeder Lehrer und jede Trainerin muss sich solidarisch zeigen und Alltagsrassismus in Schulklassen und Sportvereinen konsequent ächten. Andernfalls drohen Rassismus und Antisemitismus zu einem prägenden kulturellen Code zu werden. Wie real diese Gefahr ist, zeigt sich, wenn deutschlandweit Party-Gäste wie auf Sylt zur Melodie eines Disco-Hits mitsingen: «Deutschland den Deutschen, Ausländer raus.»

3.10 Mehr Mut wagen! Mehr Selbstbewusstsein zeigen! Mehr Ehrlichkeit in der Politik!

Wir sind permanent im Krisen-Modus. Auf die Finanzkrise folgte die sogenannte Flüchtlingskrise – danach Corona, Krieg, Preisschock, Dürren und Flutkatastrophen. Nun droht eine ernsthafte Demokratie-Krise. Der Aufstieg der AfD macht vielen zurecht Angst, aber Angst lähmt und führt zu nichts. Der Kampf um unsere Demokratie muss endlich entschlossen geführt werden. Wer den Angriff auf Deutschland von innen heute aussitzen will, wird morgen in einem autoritären Staat böse erwachen. Aber so unvermeidbar es ist, zu schützen und zu verteidigen – das reicht nicht aus.

Es ist die AfD, die permanent Angst hat – vor den Fremden, der Veränderung, der Kritik, einer Welt, die sich gerade, wieder einmal, radikal ändert. Die AfD glaubt nicht, dass die Deutschen flexibel, durchsetzungs- und lernfähig sind. Die AfD lebt in einer Welt, die es nicht gibt und nie gab, sie verzerrt, übertreibt, verallgemeinert ohne Unterlass, sie sieht nur das Böse – außer bei sich selbst – und will das Gute nicht wahrhaben. Sie traut diesem

Land und der Mehrheit der Deutschen nicht. Sie projiziert ihr eigenes Misstrauen auf alle anderen Menschen.

Wir aber müssen uns wieder trauen, ein besseres, menschlicheres und moderneres Land auf den Weg zu bringen – mit politischen Träumen, Visionen, innovativen Projekten und guten Ideen. Denn die Herausforderungen sind riesig, es müssen viele Probleme angegangen werden.

In diesem Land braucht es viel mehr bezahlbare Wohnungen, bessere Arbeitsbedingungen für Pflegekräfte, moderne Schulen, Verkehrs- und Infrastrukturlösungen für die Landbevölkerung, neue Arbeitsmodelle und bessere Bezahlung anstelle eines Niedriglohns, von dem keiner leben kann. Wer um seine Existenz fürchten muss, ist anfälliger für Heilsversprechen. Für alte und kranke Menschen braucht es eine Rente, die nicht arm macht und Krankenhäuser in einem guten Zustand. Es braucht psychologische Hilfsangebote für junge Menschen, die mit Ängsten und Depressionen aus der Pandemie gekommen sind. Allen voran braucht es eine Politik, die den menschengemachten Klimawandel wirklich ernst nimmt, auch wenn die AfD die eindeutigen Befunde der Wissenschaft leugnet. Die grüne Transformation der Wirtschaft muss forciert werden – Klimaschutz überall zum Motor werden. Momentan scheitert die Politik an einfachsten, aber effektiven Maßnahmen, wie einem Tempolimit auf deutschen Autobahnen. Das muss sich ändern. Wir müssen uns wieder trauen, eigene demokratische Prioritäten zu setzen.

Demokratinnen und Demokraten dürfen nicht in die Falle tappen, aus Angst und vorauseilendem Gehorsam eine Art AfD-Politik light machen zu wollen. Und sie dürfen nie ihre Werte verraten. Wer im Mittelmeer ertrinkt, muss gerettet werden. Wer es als Asylbewerber nach Deutschland schafft, muss menschlich und rechtsstaatlich behandelt werden. Dieses Land ist in den kommenden Jahrzehnten auf Millionen Menschen angewiesen, die zu uns kommen, um sich hier eine neue Existenz aufzubauen und in Unternehmen, Pflegeheimen, in der Forschung oder in Gastronomie und Hotelgewerbe dafür zu sorgen, dass es läuft. Nichts spricht dagegen, einen Teil dieser dringend benötigten Arbeits- und Fachkräfte auch unter jenen zu suchen, die aus Not zu uns kommen.

Es muss ein Geben und Nehmen sein. Wer kommt, muss sich wie alle anderen an Recht und Gesetz halten. Im Gegenzug stehen den Neuen Teilhabe und Gleichberechtigung zu. Unbestreitbare Probleme bei der Integration dürfen nicht unter den Teppich gekehrt werden. Migration braucht Regeln, Organisation und eine funktionierende Praxis. Die Kommunen benötigen finanzielle Hilfen für Asylbewerber. Bei Gewaltstraftaten muss der Rechtsstaat schnell und je nach Schwere der Tat auch hart und kompromisslos Grenzen setzen. In aller Regel vor deutschen Gerichten. Das reflexhafte Geschrei nach Abschiebung bei Delikten von migrantischen Tätern ist gefährlicher Populismus – und völlig unverständlich, steht eine Abschiebung eines Mordverdächtigen gerade nicht für den Rechtsstaat. Der Täter würde ja für seine Tat gleichsam belohnt werden, weil er möglicherweise einer langjährigen Gefängnisstrafe entgeht. Polizei und Justiz müssen konsequent gegen gewaltbereite Islamisten und kriminelle Banden vorgehen, was denn sonst. Vergewaltigung ist ein schreckliches Verbrechen, das hart bestraft gehört, ob der Täter nun Ausländer oder Deutscher ist. Der Rechtsstaat muss jederzeit liefern.

Gleichzeitig müssen der Staat und seine Vertreter, in erster Linie die Bundesregierung, ehrlich genug sein zuzugeben, wie viel sie nicht beeinflussen können. Der Staat kann nicht alles. Er kann nicht jedes Verbrechen, egal von wem, verhindern. Er kann Megatrends wie die globale Migration nicht per Order umdrehen. Das kleine Deutschland kann nicht allein den Krieg in der Ukraine beenden, die Klimakrise und die Probleme Europas lösen. Aber der deutsche Staat könnte bei sich anfangen – es gäbe genug zu tun. Und die Politiker täten gut daran klarzustellen, wenn sie, wie im Falle der Gaslieferungen aus Russland oder der großen Finanzkrise, Industrieinteressen auf den Leim gegangen sind. Gleichzeitig müssen die Bürger auch vermehrt lernen, sich mit den Realitäten auseinanderzusetzen. Sie erwarten, wie ein Kommunalpolitiker feststellte, enorm viel vom Staat, der das nicht immer leisten kann.

Der permanente Krisen-Modus, in dem wir uns befinden, wird von einer apokalyptischen Untergangserzählung der AfD begleitet, die behauptet, dass in diesem Land überhaupt nichts funktioniere und alles vor die Hunde gehe. Höcke hat Deutschland ja ein «Irrenhaus» genannt. Abgesehen von der beschämenden Wortwahl: Was für eine Verächtlichkeit gegenüber den Menschen in diesem Land. Mit dem Leben von Millionen Menschen, die in Kitas, Schulen, Universitäten und Forschungseinrichtungen lernen und forschen, hat das nichts zu tun. Auch nicht mit dem Leben all derer, die täglich ihre Arbeit machen und sich um ihre Familien kümmern. Fast 30 Millionen Menschen engagieren sich hierzulande ehrenamtlich für andere – versorgen alte und kranke Menschen oder trainieren den sportlichen Nachwuchs in Hallen und auf Plätzen. Überall in diesem Land, auch in der ostdeutschen Provinz, sorgen engagierte Menschen in Kulturvereinen, Jugendtreffs, Kirchen, Parteien und Theaterbühnen für eine vielfältige politische Kultur und ermöglichen wichtige Begegnungen von ganz unterschiedlichen Menschen. Dieses Land ist ganz sicher nicht perfekt. Es muss und kann besser regiert werden, als es die Großen Koalitionen und die Ampelregierung oft getan haben – aber es ist das beste Deutschland, das es je gab. Dieses Deutschland will die AfD abschaffen und es durch einen Albtraum ersetzen, den wir schon einmal erlebt haben. Das dürfen wir nicht zulassen.

Zum Dank und zur Entstehung dieses Buches

Dieses Buch ist das Ergebnis unserer langjährigen Recherchen und Arbeit. Und es ist das Ergebnis einer tiefen Sorge. Wir haben uns vor über zwölf Monaten entschieden, unsere Beobachtungen zusammenzutragen, da die AfD damals wieder einmal sträflich unterschätzt wurde, obwohl sie dieses Land und alles angreift, was sich Deutschland nach der Terror-Herrschaft der Nationalsozialisten aufgebaut hat. Und weil wir nicht bereit sind, ein freies, vielfältiges und respektvolles Leben gegen einen völkisch-nationalistischen Albtraum einzutauschen. Diese Haltung teilen wir mit vielen Millionen Menschen in diesem Land, aber eine große Anzahl von Bürgern und Bürgerinnen macht sich immer noch ein unvollständiges und geschöntes Bild von der sogenannten «Alternative für Deutschland». Wir möchten mit diesem Buch Ihnen, allen Bürgerinnen und Bürgern, aber auch den Demokratinnen und Demokraten in den Parlamenten, gebündelte Fakten und das notwendige Hintergrundwissen bereitstellen, damit Sie alle sich selbst ein Bild darüber machen können, wer die AfD ist, welche katastrophalen Folgen ihre Politik für uns alle und für dieses Land haben würde.

Dieses Buch fängt nicht bei Null an, sondern es fußt im Gegenteil ausdrücklich auf der kontinuierlichen und unschätzbar wertvollen Arbeit ganz vieler fester und freier Kolleginnen und Kollegen sowie der weithin unterschätzten Aufklärungsarbeit zivilgesellschaftlicher und antifaschistischer Recherche-Gruppen. Ihnen allen gilt unser Respekt und aufrichtiger Dank. Ebenfalls danken möchten wir den vielen Gesprächspartnerinnen und Gesprächspartnern, die im Bundestag, in Vereinen, Initiativen, Redaktionen und Universitäten arbeiten und bereit waren, uns ihre Expertise, Erfahrungen und Einschätzungen zur Verfügung zu stellen. Wir danken ganz besonders jenen, die uns anvertraut haben, wie Rassismus, Anfeindungen und Drohungen ihr Leben in rechten Hochburgen verändert hat. All denen, die unter schwierigsten Bedingungen in Orten wie Bautzen oder Freiberg jeden Tag für die Demokratie und gegen Rechtsextremismus einstehen, möchten wir unseren Respekt und unsere Solidarität ausdrücken. Auch den wenigen Aussteigern, die bereit waren, mit uns zu reden, sprechen wir unseren Dank für die seltenen Innenansichten aus, die deutlich machen, wie verfassungsfeindlich es in der AfD zugeht.

Seit Jahren verfolgen wir publizistisch die Entwicklung der AfD und haben deren Personal auf der Straße, im Parlament, auf Podien und auf Facebook, X und Co. in ihrer Radikalität erlebt. Für dieses Buch sind wir zu Demonstrationen gefahren, haben interne AfD-Dokumente, Bücher, Verfassungsschutzberichte und Ermittlungsakten ausgewertet, zahlreiche Interviews geführt, digitale Medien, Chats und Plattformen durchsucht sowie umfangreiches Videomaterial gesichtet.

Die Ergebnisse sind eindeutig und haben bei uns als Autoren ein Umdenken bewirkt. Rassismus, Antisemitismus, völkischer Nationalismus und Geschichtsrevisionismus in der AfD waren uns seit langem bekannt. Aber die Art und Weise, wie und mit wem die Partei skrupellos ihre demokratiefeindlichen Ziele verfolgt, lassen nur einen Schluss zu: Die wehrhafte Demokratie muss das Verbotsverfahren auf den Weg bringen, bevor die AfD der Demokratie irreparablen Schaden zufügt. Wie auch immer das Urteil des Bundesverfassungsgerichts dann ausfallen mag. Mehr Beweise braucht es nicht mehr.

Hamburg und Leipzig im Juni 2024,
Michael Kraske und Dirk Laabs

Anmerkungen

1. Akute Gefahr für Deutschland – Warum die AfD gestoppt werden muss

1 Vgl. zur Rede von Lutz Bachmann bei Pegida am 7. Oktober 2019: Michael Kraske, Tatworte – Denn AfD und Co. meinen, was sie sagen, Berlin 2021, S. 107 f.

2 Vgl. Die Rede von Björn Höcke am 17.02.2020 bei Pegida in Dresden: www.youtube.com/watch?v=Qm-83CdMkrs

3 Pierre Krebs, Mut zur Identität, Alternativen zum Prinzip der Gleichheit, Struckum 1988, S. 7

4 Vgl. die Rede von Björn Höcke bei der Jungen Alternative im Brauhaus Watzke in Dresden am 17. Januar 2017: www.youtube.com/watch?v=WWwy4cYRFls

5 Vgl. die Rede von Björn Höcke beim Institut für Staatspolitik (IfS) in Schnellroda im November 2015: www.youtube.com/watch?v=ezTw3ORSqlQ

6 Vgl. Höcke darf in der AfD bleiben in taz.de vom 09.05.2018: https://taz.de/Parteiausschluss-gescheitert/!5504681/

7 Vgl. Björn Höcke, Nie zweimal in denselben Fluss – Björn Höcke im Gespräch mit Sebastian Hennig, Manuscriptum 2018, S. 254

8 Ebd. S. 257 f.

9 Vgl. Götz Aly, «Die AfD, Björn Höcke und die Gewalt» in berliner-zeitung.de vom 15.01.2019: www.berliner-zeitung.de/mensch-metropole/goetz-aly-kolumne-die-afd-bjoern-hoecke-und-die-gewalt-li.7984

10 Vgl. Artikel Gauland sieht Höcke «in der Mitte der AfD» in wz.de vom 28.10.2019: www.wz.de/politik/inland/thueringen-gauland-sieht-hoecke-in-der-mitte-der-afd_aid-46805377

11 Vgl. Markus Lanz vom 06.02.2024: www.youtube.com/watch?v=6OzRI9oZUWY

12 Vgl. Neue Rechte – Geheimplan gegen Deutschland auf coorectiv.org vom 10. Januar 2024: correctiv.org/aktuelles/neue-rechte/2024/01/10/geheimplan-remigration-vertreibung-afd-rechtsextreme-november-treffen/

13 Ebd.

14 Vgl. Die Rede von Irmhild Boßdorf bei der Europawahlversammlung der AfD in Magdeburg 2023: www.youtube.com/watch?v=IoNuce6q6dE

15 Vgl. Bayern Verfassungsschutz nimmt jetzt auch AfD-Abgeordnete ins Visier in augsburger-allgemeine.de vom 21.02.2024: www.augsburger-allgemeine.de/bayern/alternative-fuer-deutschland-bayerns-verfassungsschutz-nimmt-jetzt-auch-afd-abgeordnete-ins-visier-id69534406.html

16 Vgl. AfD bestätigt Teilnahme von zwei Landtagsabgeordneten an Rechtsextremen-Treffen in Dasing in deutschlandfunk.de vom 01.02.2024

17 Vgl. AfD trennt sich von Weidels Referent in tagesschau.de vom 15.01.2024: www.tagesschau.de/inland/afd-hartwig-100.html
18 Vgl. Martin Sellner, Wiedervorlage: Remigration ist keine Erfindung unserer Zeit in sezession.de vom 11.01.2024: https://sezession.de/68602/remigration-ist-keine-erfindung-unserer-zeit
19 Vgl. Stellungnahme der Fraktionsvorsitzenden Ost zur Remigration in afd-thl.de vom 15.01.2024: https://afd-thl.de/2024/01/15/stellungnahme-der-fraktionsvorsitzenden-ost-zur-remigration/
20 Ebd.
21 Vgl. Rechtsextreme stören Demokratie-Demos in Grimma, Aue-Bad-Schlema und Dippoldiswalde in mdr.de vom 05.02.2024: www.mdr.de/nachrichten/sachsen/leipzig/grimma-oschatz-wurzen/demonstration-gegen-rechts-freie-sachsen-106.html
22 Vgl. Thüringen-Rebellen wollen Höcke aus der AfD werfen in bild.de am 17.05.2024: www.bild.de/politik/inland/was-der-macht-ist-krank-thueringen-rebellen-wollen-hoecke-aus-afd-werfen-66460ce2f021d11b26c23d8c
23 Vgl. Rede von Björn Höcke in Eisleben im Januar 2018: www.youtube.com/watch?v=SjqdFggKRjw
24 Vgl. Götz Kubitschek, Selbstverharmlosung in sezession.de am 20.09.2019: https://sezession.de/59584/selbstverharmlosung
25 Vgl. Höcke in Eisleben, ebd.
26 Vgl. Rassistisch motivierte Gewalt gegen Kinder nimmt zu in tagesschau.de vom 09.05.2023: www.tagesschau.de/inland/rassistische-gewalt-kinder-100.html
27 Beschluss des 3. Strafsenats vom 11.7.2023 – AK 46/23 – http://juris.bundesgerichtshof.de/cgi-bin/rechtsprechung/document.py?Gericht=bgh&Art=en&nr=134166&pos=0&anz=1
28 ebd.
29 ebd.
30 https://www.tagesschau.de/inland/reaktionen-auf-reichsbuerger-razzien-103.html
31 Abrufbar unter: https://www.youtube.com/watch?v=sg9lq1byySM
32 Die Kopie des Videos vom Alice Weidels Besuch bei MdB Malsack-Winkemann liegt den Autoren vor.
33 Vorlage muss noch erfolgen!
34 Vorlage muss noch erfolgen!
35 https://www.bundestag.de/dokumente/textarchiv/2022/kw50-de-aktuelle-stunde-reichsbuerger-926426
36 https://www.bundestag.de/dokumente/textarchiv/2022/kw50-de-aktuelle-stunde-reichsbuerger-926426
37 Der Spiegel vom 9.12.2022: «Die Putschfantasien der ‹Reichsbürger›-Truppe»
38 Kontext-Wochenzeitung vom 9.5.2018: «‹Sieg Heil› mit Smiley»
39 Correctiv vom 5.2.2020: «Die meisten dieser Zitate stammen von AfD-Politikern – einige sind aber unbelegt»

40 Kontext-Wochenzeitung vom 9.5.2018: «‹Sieg Heil› mit Smiley»
41 Nordkurier vom 26. Mai 2020: «Tonaufnahme von Enrico Komning (AfD) löst hitzige Debatte aus»
42 taz vom 31. August 2017: «Protokolle eines AfD-Politikers»
43 https://www.tagesspiegel.de/politik/wer-sind-die-berliner-afd-abgeordneten-5504131.html
44 https://taz.de/AfD-im-Bundestag/!5453699/
45 https://www.bundestag.de/webarchiv/abgeordnete/biografien19/M/521834-521834
46 Deutsches Ärzteblatt am 23. Mai 2018: «Metaanalyse: Jeder vierte Migrant hat antibiotikaresistente Bakterien»
47 Auszüge aus Hitlers Ansprache vor dem «Ersten Großdeutschen Reichstag» (30. Januar 1939), anrufbar unter: https://ghdi.ghi-dc.org/pdf/deu/German35.pdf
48 Schon in «Mein Kampf» hatte Hitler geschrieben: «[Der Jude] ist und bleibt der ewige Parasit, ein Schmarotzer, der wie ein schädlicher Bazillus sich immer mehr ausbreitet, sowie nur ein günstiger Nährboden dazu einlädt. Die Wirkung seines Daseins aber gleicht ebenfalls der von Schmarotzern: wo er auftritt, stirbt das Wirtsvolk nach kürzerer oder längerer Zeit ab.»
49 https://de.openparliament.tv/media/DE-0190044099?personID=Q40572710&page=1
50 Deutsches Ärzteblatt am 23. Mai 2018: «Metaanalyse: Jeder vierte Migrant hat antibiotikaresistente Bakterien»
51 ebd.
52 vgl. Thomas Werther, Philipps-Universität Marburg, 2004: «Fleckfieberforschung im Deutschen Reich 1914–1945»
53 https://www.mdr.de/geschichte/ns-zeit/holocaust/fleckfieber-seuche-juden-warschau-ghetto-100~amp.html
54 ebd.
55 https://www.deutsche-apotheker-zeitung.de/news/artikel/2018/05/22/wie-die-afd-den-namen-der-bundesapothekerkammer-missbraucht. Der Facebook-Post findet sich hier: https://www.t-online.de/nachrichten/panorama/id_88549148/afd-politikerin-malsack-winkemann-instrumentalisiert-totes-kind-fuer-kampf-gegen-masken.html
56 https://www.deutschlandfunk.de/npd-gegen-politikwissenschaftler-richter-hebt-eigene-100.html
57 ebd.
58 BVerfG, Urteil des Zweiten Senats vom 17. Januar 2017–2 BvB 1/13 –, Rn. 1–1010: «Kein Verbot der NPD wegen fehlender Anhaltspunkte für eine erfolgreiche Durchsetzung ihrer verfassungsfeindlichen Ziele»
59 Das Video der Rede von Jens Maier liegt den Autoren vor. Abrufbar unter: https://www.youtube.com/watch?v=HnDXa8vIeXA
60 https://www.zeit.de/politik/deutschland/2017-09/afd-frauke-petry-bjoern-hoecke-jens-maier-sachsen

61 Das 13. Opfer starben einige Jahre nach dem Anschlag an der Folge des Anschlags.
62 The Guardian vom 7. September 2011: «Anders Breivik's spider web of hate»
63 https://vorwaerts.de/bnr/jens-maier-zu-morden-von-anders-breivik-kein-video-nirgends
64 Donald Trump u. a. am 2. März 2024 in North Carolina. Zitiert in:
65 Bundesamt für Verfassungsschutz: «Gutachten zu tatsächlichen Anhaltspunkten für Bestrebungen gegen die freiheitliche demokratische Grundordnung in der ‹Alternative für Deutschland› (AfD) und ihren Teilorganisationen». Stand 15. Januar 2019
66 ebd.
67 BfV-Gutachten, Seite 229.
68 Screenshot vom Tweet liegt den Autoren vor.
69 Amadeu Antonio Stiftung: «Antisemitismus und die AfD»
70 Beschluss des Bundesgerichtshofs vom 29.8.2020, Seite 13, Randnummer 23.
71 https://www.nsu-watch.info/2021/08/der-prozess-gegen-franco-albrecht-die-verhandlungstage-6-bis-11/
72 Beleg liegt den Autoren vor.
73 Das Interview mit Jan Nolte wurde für die ZDF-Dokumentation «Staatsfeinde in Uniform» im Mai 2019 geführt.
74 vgl. https://afd-lsa.de/partei/kreisverbaende/ und: https://www.volksstimme.de/wahl/kommunalwahl-jerichower-land/205-kandidaten-wollen-in-den-kreistag-in-burg-bei-magdeburg-3828412
75 vgl. Dirk Laabs, Berlin, 2022: «Staatsfeinde in Uniform».
76 vgl. ZDF-Doku «Staatsfeinde in Uniform», 2019.
77 ebd.
78 Interview mit Martina Renner für das ZDF im Mai 2019.
79 Süddeutsche Zeitung vom 14. April 2023: «Maschinenpistole bei ehemaliger AfD-Mitarbeiterin»
80 https://www.zeit.de/politik/deutschland/2024-02/berlin-wahlwiederholung-afd-birgit-malsack-winkemann-u-haft
81 https://www.rnd.de/politik/reichsbuerger-szene-afd-besucht-terrorverdaechtige-malsack-winkemann-im-gefaengnis-KMEETHIWWNK3NI55GDFPAZHRJQ.html
82 Vgl. AfD-Politiker Halemba wird per Haftbefehl gesucht in stern.de vom 28.10.2023: www.stern.de/politik/deutschland/bayern--afd-politiker-halemba-wird-per-haftbefehl-gesucht-33952236.html
83 Vgl. Haft oder Sitzung? AfD kämpft für Halemba in zdf.de vom 29.10.2023: www.zdf.de/nachrichten/politik/deutschland/bayern-landtag-konstituierende-sitzung-halemba-100.html
84 Vgl. Haftbefehl gegen AfD-Mann – Kommt es zum Showdown im Landtag? in merkur.de vom 31.10.2023: www.merkur.de/politik/showdown-haftbefehl-daniel-halemba-afd-landtag-bayern-92643849.html
85 Vgl. Gesuchter AfD-Politiker Halemba im Raum Stuttgart verhaftet – Haftbe-

fehl außer Vollzug gesetzt in swr.de vom 31.10.2023: www.swr.de/swraktuell/baden-wuerttemberg/stuttgart/afd-politiker-halemba-festgenommen-100.html

86 Vgl. Ein Auftakt, der Schlimmes erahnen lässt in sueddeutsche.de vom 30.10.2023: www.sueddeutsche.de/bayern/landtag-aigner-afd-demokratie-1.6296167

87 Vgl. Landtag hebt Immunität des AfD-Abgeordneten Halemba auf in suedeutsche.de vom 30.10.2023: www.sueddeutsche.de/bayern/landtag-muenchen-landtag-hebt-immunitaet-des-afd-abgeordneten-halemba-auf-dpa.urn-newsml-dpa-com-20090101-231030-99-762348

88 Vgl. Rede von Jörg Meuthen beim Kyffhäuser-Treffen des Flügels 2017: https://www.youtube.com/watch?v=nRIzgdZceNk

89 Vgl. Rede von Jörg Meuthen auf dem AfD-Bundesparteitag am 08.05.2016 in Stuttgart: https://www.youtube.com/watch?v=WcU2eLwVNsc

90 Vgl. Rede von Jörg Meuthen beim Kyffhäuser-Treffen des Flügels 2017: https://www.youtube.com/watch?v=nRIzgdZceNk

91 Vgl. Interview mit Jörg Meuthen in der MDR-Doku «Wir waren in der AfD – Aussteiger berichten»: Vgl. Rede von Jörg Meuthen beim Kyffhäuser-Treffen des Flügels 2017: https://www.youtube.com/watch?v=nRIzgdZceNk

92 Vgl. dazu saechsische.de vom 21.02.2018, «Ein Richter verlässt die AfD»: www.saechsische.de/ein-richter-verlaesst-die-afd-3883524.html

93 https://www.bayerische-staatszeitung.de/staatszeitung/politik/detailansicht-politik/artikel/afd-aussteiger-beklagt-unertraeglichen-judenhass.html#topPosition

94 https://www.faz.net/aktuell/politik/inland/abgeordnete-verlaesst-afd-krasser-als-die-npd-14578190.html

95 https://taz.de/Ehemaliger-AfD-Politiker-Oskar-Helmerich/!5292710/

96 Vgl. dazu zeit.de vom 15.07.2022, Landtagsabgeordneter Emden verlässt die AfD: www.zeit.de/news/2022-07/15/landtagsabgeordneter-emden-verlaesst-die-afd

97 https://www.zdf.de/nachrichten-sendungen/video/afd-niedersachsen-ermittlungen-102.html

98 Vgl. dazu spiegel.de vom 18.12.2019, «AfD-Bundestagsabgeordneter verlässt Partei und Fraktion»: https://www.spiegel.de/politik/deutschland/afd-und-bundestag-polizist-lars-herrmann-tritt-aus-partei-und-fraktion-aus-a-1301991.html

99 Vgl. dazu rnd.de vom 28.01.2020, AfD-Aussteigerin Hartmann: «Intrigen und Diffamierungen»: www.rnd.de/politik/afd-aussteigerin-hartmann-intrigen-und-diffamierungen-MNC4YCQGHBBW5KMGEC4SZWKQ3A.html

100 Vgl. dazu wdr.de vom 08.09.2023, «Ex-Landespolitiker der AfD wirft hin: Inkompetent, radikal, charakterlich zweifelhaft»

101 Vgl. Vortrag von Björn Höcke am Institut für Staatspolitik im November 2015: www.youtube.com/watch?v=ezTw3ORSqlQ

102 Vgl. Rede von Björn Höcke im Brauhaus Watzke in Dresden am 17. Januar 2017

103 Vgl. tagesspiegel.de vom 06.05.2023, «Wir stehen hinter euch!» Höcke sichert der «Jungen Alternative» Unterstützung zu: www.tagesspiegel.de/politik/wir-

stehen-hinter-euch-hocke-sichert-der-jungen-alternative-unterstutzung-zu-9776006.html

104 Vgl. br.de vom 16.08.2023 Von «Rechtsextremen gekapert» – AfD-Funktionärin verlässt Partei: https://www.br.de/nachrichten/bayern/von-rechtsextremen-gekapert-afd-funktionaerin-verlaesst-partei,Tn5lude

105 Vgl. t-online.de vom 20.11.2023, «Halemba und der Putsch der Burschen», ebd.

106 Vgl. br.de vom 13.01.2024, AfD-Mitglieder stemmen sich gegen Halemba: www.br.de/nachrichten/bayern/afd-mitglieder-stemmen-sich-gegen-halemba,U1Av WpA

107 Vgl. etwa Pressemitteilung 47 der Justiz Bayern vom 31.10.2023, Ermittlungsverfahren gegen 22-jährigen Landtagsabgeordneten: Ermittlungsrichter setzt Untersuchungshaftbefehl gegen Auflagen außer Vollzug: www.justiz.bayern.de/gerichte-und-behoerden/staatsanwaltschaft/wuerzburg/presse/2023/47.php

108 Vgl. Daniel Halemba im Wortlaut bei br.de vom 31.10.2023, «Haftbefehl gegen Halemba außer Vollzug gesetzt»: www.ardmediathek.de/video/frankenschau-aktuell/haftbefehl-gegen-halemba-ausser-vollzug-gesetzt/br-fernsehen/Y3JpZ DovL2JyLmRlL3ZpZGVvL2JhNWE5YzJjLTZhNjktNGZjYi04YmYzLTdkZTA4 MzM4NDg1YQ

109 Vgl. br.de vom 13.01.2024, AfD-Mitglieder stemmen sich gegen Halemba, www.br.de/nachrichten/bayern/afd-mitglieder-stemmen-sich-gegen-halemba, U1AvWpA

110 Vgl. br.de vom 14.12.2023, Causa Halemba. Die schwere Entscheidung des Landesvorstands: www.br.de/nachrichten/bayern/causa-halemba-die-schwere-entscheidung-des-landesvorstands,TyNvPHt

111 Vgl. br.de vom 14.12.2023, AfD-Abgeordneter Halemba tritt von allen Parteiämtern zurück: www.br.de/nachrichten/bayern/halemba-will-von-allen-parteiaemtern-zuruecktreten,TyRP2D1

112 Vgl. br.de vom 18.01.2024, AfD-Klausur: Fraktionschefin erklärt Fall Halemba für «erledigt»: www.br.de/nachrichten/bayern/afd-klausur-fraktionschefin-katrin-ebner-steiner-erklaert-fall-halemba-fuer-erledigt,U1iYoDt

113 Vgl. Daniel Halemba gibt Fraktionsämter ab in zeit.de am 24.04.2024: www.zeit.de/politik/deutschland/2024-04/daniel-halemba-verzicht-fraktionsaemter-afd-bayern

114 Vgl. br.de vom 07.12.2023, Verfassungsschutz beobachtet Burschenschaft «Teutonia Prag»: www.br.de/nachrichten/bayern/verfassungsschutz-beobachtet-bur schenschaft-teutonia-prag,Txlruet

115 Vgl. br.de vom 13.01.2024, AfD-Mitglieder stemmen sich gegen Halemba: ebd.

116 Vgl. Verfahren jetzt offiziell beantragt: AfD-Bundesvorstand will Halemba aus der Partei werfen in mainpost.de am 06.05.2024: www.mainpost.de/regional/hassberge/verfahren-jetzt-offiziell-beantragt-afd-bundesvorstand-will-halem ba-aus-der-partei-werfen-art-11483466

117 Vgl. Pressemitteilung der Staatsanwaltschaft Würzburg vom 31.05.2024: www.justiz.bayern.de/gerichte-und-behoerden/staatsanwaltschaft/wuerzburg/presse/2024/16.php

118 Vgl. Nicolai Boudaghi und Alexander Leschik, Im Bann der AfD – Chats, Worte, Taten; Zwei Kronzeugen berichten, München 2021

119 Ebd. S. 9

120 Vgl. MDR-Doku «Wir waren in der AfD – Aussteiger berichten»: www.ardmediathek.de/video/dokumentation-und-reportage/wir-waren-in-der-afd-aussteiger-berichten/das-erste/Y3JpZDovL21kci5kZS9zZW5kdW5nLzI4MTA2MC8yMDIoMDExODIyNTAvcmVwb3JoYWdlLWRva3UtaWotZXJzdGVuLTM1Ng

121 Vgl. WDR Aktuelle Stunde, AfD-Aussteiger: Zwei Ex-Funktionäre packen aus: www.youtube.com/watch?v=pcb76xsmt2I

122 Ebd.

123 Boudaghi und Leschik, ebd., S. 219

124 Boudaghi und Leschik, ebd., S. 204

125 Vgl. tagesschau.de vom 06.02.2024, JA darf als extremistisch eingestuft werden: www.tagesschau.de/inland/innenpolitik/junge-alternative-verfassungsschutz-102.html#:~:text=Die%20Jugendorganisation%20der%20AfD%20ist,Bestrebung%22%20eingestuft%20und%20behandelt%20werden.

126 Vgl.wdr.de vom 25.07.2023, «Die rechtsextremen Kontakte des Dortmunder Bundestagsabgeordneten Matthias Helferich»: www1.wdr.de/nachrichten/ruhr gebiet/dortmund-rechtsextreme-kontakte-des-bundestagsabgeordneten-matthias-helferich-100.html

127 Vgl. ARD-Magazin Monitor vom 25.01.2024: www.ardmediathek.de/video/monitor/monitor-vom-25-01-2024/das-erste/Y3JpZDovL3dkci5kZS9CZWlocm FnLXNvcGhvcmEtZmZhY2YzNGItZGFiNCooN2QzLWI1NzYtZWMoNWU-wOTQ3YTVk

128 Vgl. trtdeutsch.com vom 03.09.2021, AfD-Aussteiger Leschik: «Momentan kommen regelmäßig Morddrohungen»: www.trtdeutsch.com/exklusiv/afd-aussteiger-leschik-momentan-kommen-regelmassig-morddrohungen-6502689

129 Vgl. Pressemitteilung des LfV Sachsen vom 08.12.2023, Sächsischer AfD-Landesverband als gesichert rechtsextremistische Bestrebung eingestuft: www.medienservice.sachsen.de/medien/news/1071656

130 Ebd.

131 Ebd.

132 Vgl. migazin.de vom 11.08.2023, Lübcke-Prozess: Angeklagter bezeichnet AfD-Demo 2018 als Auslöser: www.migazin.de/2020/08/11/luebcke-prozess-angeklagter-afd-demo2018/

133 Vgl. Dresdner Erklärung vom April 2020: www.dresdner-erklaerung.de/

134 Vgl. Einschätzung der Freien Sachsen durch das LfV Sachsen: www.verfassungsschutz.sachsen.de/pro-chemnitz-5067.html

135 Haldenwang sagte am 12.03.2020. «Es ist bezeichnend, dass Björn Höcke nicht nur Beziehungen zum extremistischen Vordenker der «Neuen Rechten» sondern auch zum Rechtsextremen Lutz Bachmann unterhält.» Vgl. https://www.verfassungsschutz.de/SharedDocs/statements/DE/2020/statement-haldenwang-presekonferenz-stand-der-bekaempfung-des-rechtsextremismus.html

136 Vgl. Die Rede von Jörg Urban bei Pegida in Dresden am 18. Dezember 2023: www.bitchute.com/video/N7omwoeSuAAO/

137 Vgl. Wir und die anderen in: National Geographic Deutschland Plus 2018, S. 8

138 Vgl. Pressemitteilung des Landesamtes für Verfassungsschutz Sachsen (LfV) vom 08.12.2023: www.medienservice.sachsen.de/medien/news/1071656

139 Vgl. zur Lage der Demokratie unter Orban die Analyse der Bundeszentrale für politische Bildung: www.bpb.de/kurz-knapp/hintergrund-aktuell/308619/10-jahre-fidesz-regierung-lage-der-demokratie-in-ungarn/

140 Vgl. Kolumne von Jörg Urban «Europa muss unser Vorbild sein!» vom 06.05.2023: https://afd-fraktion-sachsen.de/ungarn-muss-unser-vorbild-sein/

141 Vgl. Steven Levitsky und Daniel Ziblatt, Wie Demokratien sterben – Und was wir dagegen tun können, Sonderausgabe BpB 2018

142 Vgl. Lars Hünich revidiert bei AfD-Bürgerdialog Aussage über Abschaffung des Parteienstaats in maz-online.de vom 03.02.2024: www.maz-online.de/lokales/potsdam-mittelmark/brueck/lars-huenich-afd-parteienstaat-abschaffen-war-nicht-so-gemeint-oder-buergerdialog-in-freienthal-HTPFZWDMHRCCREQUIZ2XJL5BRA.html?utm_term=Autofeed&utm_medium=Social&utm_source=Twitter#Echobox=1706867963

143 Vgl. Höckes 5-Punkte-Plan für den Fall, dass die AfD in Thüringen regiert: www.mdr.de/nachrichten/thueringen/hoecke-fuenf-punkte-plan-afd-102.html

144 Vgl. Diktatur hinterließ schreckliche Spuren in dlf.de am 18.04.2019: www.deutschlandfunkkultur.de/45-jahre-nelkenrevolution-in-portugal-diktatur-hinterliess-100.html

145 Vgl. Jens-Christian Wagner auf der Plattform X am 11.03.2024: https://twitter.com/JensChristianW1/status/1767271378930057472

146 Vgl. Pressemitteilung der Bundesanwaltschaft vom 23.04.2024: www.generalbundesanwalt.de/SharedDocs/Pressemitteilungen/DE/2024/Pressemitteilung-vom-23-04-2024.html?nn=478184

147 Vgl. «Das China-Gate des AfD-Spitzenkandidaten» in t-online.de am 01.10.2023: www.t-online.de/nachrichten/deutschland/innenpolitik/id_100247784/afd-maximilian-krah-das-geld-aus-china-und-die-geheimdienste.html

148 Vgl. Nach Bruch mit Frankreichs Rechten und SS-Äußerungen: Krah verlässt AfD-Vorstand, Partei verhängt Auftrittsverbot in tagesspiegel.de am 22.05.2024: www.tagesspiegel.de/politik/nach-bruch-mit-frankreichs-rechten-und-ss-ausserung-afd-verhangt-auftrittsverbot-fur-europa-spitzenkandidat-krah-11694851.html

149 Vgl. Sachsen-AfD demonstriert bei Parteitag Geschlossenheit in lvz.de am 25.5.2024: www.lvz.de/mitteldeutschland/fall-krah-afd-sachsen-demonstriert-bei-parteitag-geschlossenheit-MQYNSMFJOJBF5HHMWKY7CUOZVU.html

150 Zitiert nach «Nur die AfD gratuliert Putin» in taz.de vom 18.03.2024: https://taz.de/Reaktionen-auf-Wahl-in-Russland/!5998733/

151 Vgl. Bundestagsrede von Alice Weidel am 31.01.2024: www.ardmediathek.de/video/phoenix-parlament/rede-alice-weidel-afd-in-der-generaldebatte/phoenix/Y3JpZDovL3Bob2VuaXguZGUvNDMyMjcoNw

152 Vgl. Positionspapier «Wie die AfD den Begriff «Remigration» definiert vom 29.01.2024: www.afd.de/remigration/

153 Vgl. Statement von Alice Weidel am 16.01.2024: https://www.youtube.com/watch?v=M1zj4xV_A9E

154 Vgl. AfD will mit nationalistischer und sozialer Politik punkten in spiegel.de am 09.03.2017: www.spiegel.de/politik/deutschland/wahlprogramm-afd-will-kriminellen-migranten-staatsbuergerschaft-entziehen-a-1138035.html

155 Vgl. Rede von Björn Höcke am 6. November 2023 bei Pegida in Dresden: https://www.youtube.com/watch?v=ixP-6BdomHc

156 Vgl. 1,5 Millionen Zuwanderer im Jahr erforderlich in tagesschau.de am 03.07.2023: https://www.tagesschau.de/wirtschaft/wirtschaftsweise-schnitzer-zuwanderung-fachkraefte-100.html

157 Vgl. Videomitschnitt auf der Plattform X: https://twitter.com/AnsarBerlinIRL

158 Vgl. Pressemitteilung des Statistischen Bundesamtes vom 20.04.2023: www.destatis.de/DE/Presse/Pressemitteilungen/2023/04/PD23_158_125.html

159 Vgl. Maximilian Krah, Politik von Rechts, Schnellroda 2023

160 Ebd., S. 60

161 Ebd., S. 61

162 Ebd., S. 60

163 Vgl. Björn Höcke, ebd., S. 254

164 Zitiert nach Michael Kraske, Tatworte – Denn AfD & Co. meinen, was sie sagen, Berlin 2021, S. 34

165 Vgl. Auszug aus der Bundestagsrede von Alice Weidel am 16.05.2018: www.youtube.com/watch?v=ZEGj1TopnRo

166 Vgl. Rede von Björn Höcke in Eisleben am 20.01.2018, ebd.

167 Vgl. Die AfD will Deutschland einzäunen in faz.de am 01.05.2016: www.faz.net/aktuell/politik/inland/afd-beschliesst-anti-islam-kurs-mit-grosser-mehrheit-14209697.html

168 Vgl. Wir setzen auf das Grundgesetz in taz.de am 18.10.2017: https://taz.de/Aiman-Mazyek-ueber-AfD-und-Muslimhass/!5453103/

169 Zitiert nach Michael Kraske, Tatworte, ebd., S. 61

170 Zitiert nach ebd., S. 58

171 Vgl. Thomas Grumke, Globalisierte Anti-Globalisten in bpb.de am 21.04.2017: www.bpb.de/themen/rechtsextremismus/dossier-rechtsextremismus/246894/globalisierte-anti-globalisten-was-rechtsextremisten-ueberall-auf-der-welt-gemeinsam-haben/

172 Vgl. Michel Friedman warnt vor AfD: Der Hass ist hungrig in rnd.de, 21.03.2024

173 Vgl. Gemeinsame Erklärung gegen die AfD: www.zentralratderjuden.de/fileadmin/user_upload/pdfs/Gemeinsame_Erklaerung_gegen_die_AfD_.pdf

174 Zitiert nach Kraske, ebd., S. 56

175 Zitiert nach: Nationalflagge vor Sachsens Schulen? AfD holt sich im Landtag klare Abfuhr in tag24 am 09.11.2023: www.tag24.de/nachrichten/regionales/sachsen/nationalflagge-vor-sachsens-schulen-afd-holt-sich-im-landtag-klare-abfuhr-3006834

176 Vgl. Anzeige der Sozialverbände in der Welt am Sonntag am 27.08.2023: www.sovd.de/fileadmin/bundesverband/pdf/attachments/anzeige_wams-afd2308.pdf

177 Zitiert nach: AfD beklagt Homo-Propaganda in queer.de am 20.07.2021: www.queer.de/detail.php?article_id=39494

178 Zitiert nach: AfD-Politikerin fordert CSD-Verbot in queer.de am 22.06.2021: www.queer.de/detail.php?article_id=39207

179 Vgl. Staatsschutz ermittelt nach Angriffen auf Christopher Street Day in Weißenfels in mdr.de am 15.08.2023: www.queer.de/detail.php?article_id=39207

180 Vgl. https://www.adl.org/resources/report/right-wing-extremist-terrorism-united-states

181 Vgl. Rede von Maximilian Krah am 5. Oktober 2023 in Zirndorf in deutschlandkurier.de: https://deutschlandkurier.de/2023/10/maximilian-krah-afd-unsere-gegner-sind-keine-genies-unser-gegner-ist-ricarda-lang/

182 Zitiert nach: Höckes 5-Punkte-Plan für den Fall, dass die AfD Thüringen regiert in: mdr.de am 01.03.2024: www.mdr.de/nachrichten/thueringen/hoecke-fuenf-punkte-plan-afd-102.html

183 Vgl. Kulturkampf von Rechts in kulturrat.de am 27.08.2017: www.kulturrat.de/themen/wahlen-2017/kulturkampf-von-rechts/

184 Zitiert nach ebd.

185 Zitiert nach ebd.

186 Zitiert nach Kraske, Tatworte, ebd., S. 29

187 Vgl. Auszug aus der Rede von Maximilian Krah in der heute-Show des ZDF am 15.03.2024: www.zdf.de/comedy/heute-show/heute-show-vom-15-maerz-2024-100.html

188 Vgl. Maximilian Krah auf der Plattform X am 15.11.2023

189 Vgl. Interview von Sophia Maier mit Maximilian Krah in Dresden: https://twitter.com/_sophiamaier/status/1728109014695985260

190 Vgl. Interview mit Nicole Höchst in zdf.de am 26.11.2019: www.zdf.de/nachrichten/heute-sendungen/videos/afd-interview-teil-2-100.html

191 Vgl. Stephan Brandner auf der Plattform X am 09.12.2023: twitter.com/StBrandner/status/1733495625453371666

192 Vgl. Ganz normale Morddrohungen und Vergewaltigungsfantasien in journalist.de am 03.05.2023: www.journalist.de/startseite/detail/article/ganz-normale-morddrohungen-und-vergewaltigungsfantasien

193 Vgl. Auszug aus der Bundestagsrede von Nicole Höchst in der heute-show des ZDF am 15.03.2024, ebd.

194 Vgl. Nie wieder: Für Frauen ist die AfD nicht wählbar in frauenrat.de am 17.03.2024: www.frauenrat.de/nie-wieder-fuer-frauen-ist-die-afd-nicht-waehlbar/

195 https://verband-brg.de/analyse-zunehmende-gewaltbereitschaft-bei-funktionaerinnen-der-afd/

196 https://www.mz.de/lokal/merseburg/afd-politiker-sven-ebert-landgericht-halle-bestaetigt-strafe-nach-angriff-auf-frauen-sachsen-anhalt-video-3773099

197 https://www.mobile-opferberatung.de/nach-rechtem-pfefferspray-angriff-afd-politiker-wegen-gefaehrlicher-koerperverletzung-zu-bewaehrungsstrafe-verurteilt/
198 https://www.swr.de/swraktuell/baden-wuerttemberg/suedbaden/freiburger-anwalt-mandic-rechtkraeftig-verurteilt-100.html
199 https://www.fr.de/politik/fluegel-treffen-afd-mandic-loeschen-sofort-bild-1225 3268.html und: https://www.donaukurier.de/archiv/ich-hatte-sogar-schwindel anfaelle-2423763
200 https://ga.de/bonn/stadt-bonn/bonner-afd-politiker-felix-cassel-nach-auto-attacke-verurteilt_aid-109556127
201 https://www.soester-anzeiger.de/lokales/soest/urteil-afd-demo-bjoern-hoecke-geldstrafe-soester-ex-afd-politiker-mirko-fischer-ratsherr-kreistag-linke-91946 629.html
202 https://www.ksta.de/koeln/koeln-afd-politiker-wilhelm-geraedts-zu-geld-strafe-verurteilt-273306
203 https://www.belltower.news/nach-afd-demo-charlottesville-in-koeln-kalk-84031/
204 https://x.com/AfaNord/status/1761131896057000355
205 https://www.ndr.de/nachrichten/schleswig-holstein/Fahrt-in-Menschenmen ge-Verteidiger-streitet-politischen-Hintergrund-ab,prozess8292.html
206 https://www.ndr.de/nachrichten/schleswig-holstein/Zwischenfall-in-Henstedt-Ulzburg-Staatsschutz-ermittelt,demo3164.html
207 https://www.ndr.de/nachrichten/schleswig-holstein/Drei-Jahre-Haft-nach-Fahrt-in-Menschenmenge-in-Henstedt-Ulzburg,autoattacke112.html
208 https://taz.de/Nach-rassistischer-Attacke-auf-Frauen/!5915364/
209 https://www.zeit.de/kultur/2023-02/kai-borrmann-afd-geldstrafe-rassistischer-angriff
210 https://www.youtube.com/watch?v=SaW8YHVpEVM
211 https://taz.de/Nach-rassistischer-Attacke-auf-Frauen/!5915364/
212 https://www.sueddeutsche.de/leben/kai-borrmann-steph-karl-afd-amtsgericht-tiergarten-rassismus-1.5752087
213 https://www.16bars.de/newsartikel/295281/urteilsverkuendung-gegen-afd-politiker-freibrief-an-nazis/
214 https://www.fr.de/politik/afd-kai-borrmann-berlin-mitte-rechtsextremismus-rechtsterrorismus-anders-breivik-92465539.html
215 https://www.t-online.de/region/berlin/id_100225408/afd-politiker-kai-borrmann-empoert-mit-aussage-zu-terrorist-anders-breivik.html
216 https://www.braunschweiger-zeitung.de/salzgitter/article237852013/Der-Ficker-Strafe-fuer-Lokalpolitiker-wegen-Erpressung-erhoeht.html
217 Ebd.
218 https://www.moz.de/lokales/bernau/eklat-am-amtsgericht-bernau-nach-entfuehrung-in-den-wald-_-frueherer-afd-politiker-marcel-donsch-rastet-nach-urteil-aus-68288947.html
219 https://www.moz.de/lokales/bernau/prozess-am-amtsgericht-bernau-fruehe-

rer-afd-politiker-marcel-donsch-akzeptiert-urteil-nicht-_-haette-strafe-politische-folgen_-68436711.html
220 https://www.mdr.de/nachrichten/sachsen/dresden/dresden-radebeul/urteil-gewalt-jva-waerter-gefangene-afd-100.html
221 https://taz.de/Verurteilter-AfD-Abgeordneter/!5453969/
222 https://rsw.beck.de/aktuell/daily/meldung/detail/ovg-magdeburg-allein-wegen-afd-mitgliedschaft-kein-entzug-des-waffenscheins
223 https://www1.wdr.de/nachrichten/landespolitik/afd-politiker-waffen-landtag-100.html
224 https://www.lto.de/recht/nachrichten/n/vg-duesseldorf-22k708720-waffenrecht-afd-landtagsabgeordneter-waffen-verbot/
225 https://correctiv.org/aktuelles/neue-rechte/2024/04/05/gewalt-als-alternative-14-verurteilte-afd-mandatstraeger-im-amt/
226 https://taz.de/AfD-Mitarbeiter-Mario-Mueller/!5983336/
227 https://www.fr.de/politik/viertel-npd-funktionaere-vorbestraft-11385622.html
228 https://www.spiegel.de/politik/deutschland/alternative-fuer-deutschland-verfassungsschutz-besorgt-ueber-immer-mehr-rechtsextremisten-a-67896124-0446-4b7e-bdff-e7844d0abe93
229 https://www.faz.net/aktuell/politik/inland/afd-beschaeftigt-im-bundestag-27-rechtsradikale-mitarbeiter-15505144.html
230 https://www.zeit.de/politik/deutschland/2018-03/afd-bundestag-mitarbeiter-rechtsextreme-identitaere-bewegung
231 https://www.der-rechte-rand.de/archive/4059/geld-einfluss-moeglichkeiten/
232 https://www.bpb.de/themen/rechtsextremismus/dossier-rechtsextremismus/500783/heimattreue-deutsche-jugend-hdj/
233 https://www.zeit.de/politik/deutschland/2018-03/afd-bundestag-mitarbeiter-rechtsextreme-identitaere-bewegung/seite-2
234 https://blogs.taz.de/hausblog/urteil-des-oberlandesgerichts/
235 https://blogs.taz.de/hausblog/urteil-des-oberlandesgerichts/
236 https://blogs.taz.de/hausblog/wachhund-der-oeffentlichkeit/
237 https://www.sueddeutsche.de/bayern/afd-npd-aktivist-1.4396269
238 https://afdbundestag.de/wortlaut-der-umstrittenen-passage-der-rede-von-alexander-gauland/
239 BfV-Gutachten
240 https://www.sueddeutsche.de/politik/verfassungsschutz-afd-kalbitz-hdj-mitgliederliste-1.5011722
241 BfV-Gutachten
242 https://www.facebook.com/photo.php?fbid=702522155255792&id=100064940400407&set=a.649237690584239&locale=de_DE + https://www.vice.com/de/article/d387ea/abrechnung-mit-bjorn-hocke-eine-afd-politikerin-zerfetzt-ihre-eigene-partei
243 https://www.rbb-online.de/kontraste/archiv/kontraste-vom-01-02-2024.html
244 https://rsw.beck.de/aktuell/daily/meldung/detail/verfassungsschutz--afd-sachsen-anhalt-gesichert-rechtsextremistisch

245 https://idas.noblogs.org/?p=2470
246 vgl. die Schilderung in Staatsfeinde in Uniform, S. 228 ff.
247 vgl. Staatsfeinde in Uniform
248 «Sachsen-Anhalt Rechtsaußen» am 7. Juni 2020 veröffentlicht: «Sieg Heil, Herr Hauptmann» – Rechte Pepper in der Bundeswehr», Link: https://lsa-rechtsaussen.net/sieg-heil-herr-hauptmann-rechte-prepper-in-der-bundeswehr/
249 Staatsfeinde in Uniform
250 Das Originalprotokoll findet sich hier: https://lsa-rechtsaussen.net/wp-content/uploads/2020/06/mehliss_kai.txt
251 https://www.belltower.news/burschenschafter-in-der-bundeswehrreserve-ns-bezuege-und-buergerkriegsvorbereitungen-100275/
252 https://idas.noblogs.org/?p=2470
253 https://idas.noblogs.org/?p=2470
254 https://www.der-rechte-rand.de/archive/2335/drr_167-afd-baden-wuerttemberg/
255 https://www.kontextwochenzeitung.de/politik/371/sieg-heil-mit-smiley-5077.html
256 https://www.deutschlandfunk.de/prozess-um-rassistische-chats-ein-sieg-fuer-die-100.html
257 Gespräch der Autoren mit einem ehemaligen NPD-Mitglied.
258 https://lsa-rechtsaussen.net/rechte-reservisten-sorgen-fuer-aufruhr/
259 https://www.tagesschau.de/inland/innenpolitik/afd-verbotsdebatte-100.html
260 https://matthiashelferich.de/aktuelles/unvereinbarkeitsliste-was-ist-das-eigentlich/
261 https://www.welt.de/politik/deutschland/article251766790/Matthias-Helferich-Migranten-als-Viecher-beschimpft-NRW-AfD-will-Abgeordneten-rauswerfen.html
262 https://www.faz.net/aktuell/politik/inland/afd-will-freundliches-gesicht-des-ns-matthias-helferich-loswerden-19766309.html
263 https://www.maz-online.de/brandenburg/rechtes-netzwerk-in-der-brandenburger-afd-UY74ODRMEXYKI7OKTYW4I5TQZI.html
264 https://rechtsaussen.berlin/2016/08/der-unscheinbare-anti-antifa-aktivist/
265 https://allgaeu-rechtsaussen.de/2018/05/18/afd-peter-felser-im-lebensbund/ + https://blog.zeit.de/stoerungsmelder/2018/05/18/die-rechten-seilschaften-des-afd-vizes_26394
266 https://blog.zeit.de/stoerungsmelder/2018/05/18/die-rechten-seilschaften-des-afd-vizes_26394
267 https://www.maz-online.de/brandenburg/rechtes-netzwerk-in-der-brandenburger-afd-UY74ODRMEXYKI7OKTYW4I5TQZI.html
268 https://netzpolitik.org/2019/wir-veroeffentlichen-das-verfassungsschutz-gutachten-zur-afd/
269 https://www.bazonline.ch/eric-weber-wegen-wahlfaelschung-verurteilt-329341511390
270 https://www.spiegel.de/politik/deutschland/afd-wahlparty-schweizer-rechts

extremist-eric-weber-feiert-mit-a-1082207.html + https://www.srf.ch/news/basel-baselland-rechtsextremer-eric-weber-durfte-als-nazi-bezeichnet-werden + https://www.bzbasel.ch/basel/basel-stadt/jetzt-ist-es-amtlich-eric-weber-ist-ein-nazi-ld.1591779

271 https://www.endstation-rechts.de/news/umtriebiger-rechtsextremist-im-kantonsparlament

272 https://www.spiegel.de/politik/deutschland/afd-verdacht-auf-russische-geldzahlungen-videoaufnahmen-sollen-petr-bystron-belasten-a-9722ca66-9ddd-4027-8ea5-b115ac57c9d4

273 https://aktionsbuendnis-brandenburg.de/falk-janke-einmal-durch-die-rechte-parteienlandschaft/

274 https://www.diss-duisburg.de/2024/01/von-umvolkung-zu-remigration/

275 https://www.der-rechte-rand.de/archive/3810/magazin-zuerst-afd/

276 https://www.tagesschau.de/investigativ/ochsenreiter-afd-russland-101.html

277 https://www.facebook.com/linkelisteffm/posts/wir-haben-vor-kurzem-erfahren-dass-erik-ahrens-ehemaliges-mitglied-der-linken-li/4112877282135466/?_rdr

278 https://www.spiegel.de/kultur/afd-tiktoker-erik-ahrens-sie-sitzen-hier-mit-jemandem-auf-der-ebene-von-steve-bannon-a-3f810fd5-2f65-492c-bcfb-e6bda3 f6dc78

279 https://www.rnd.de/politik/afd-alice-weidel-und-das-potsdamer-treffen-wie-eng-sind-ihre-verbindungen-zum-rechtsextremen-clan-PMWRNYYCJFHB HKM22HEIFGRZ3I.html

280 https://correctiv.org/aktuelles/neue-rechte/2024/01/10/geheimplan-remigration-vertreibung-afd-rechtsextreme-november-treffen/

281 https://www.mz.de/mitteldeutschland/sachsen-anhalt/podiumsdiskussion-der-afd-im-landtag-sachsen-anhalts-es-hagelt-absagen-fur-kubitschek-1263696

282 Konfrontation mit Götz K. bereits für Staatsfeinde erfolgt

283 Die Story im Ersten: Am rechten Rand, (2018).

284 https://www.bundestag.de/abgeordnete/mdb_diaeten/1334d-260806

285 https://www.tagesschau.de/investigativ/br-recherche/afd-bundestag-rechts extreme-mitarbeiter-100.html

286 https://www.br.de/fernsehen/das-erste/sendungen/report-muenchen/afd-rechtsextremismus-bundestag100.html

287 https://antifainfoblatt.de/aib135/neonazi-kampfsport-berlin

288 https://lsa-rechtsaussen.net/sieg-heil-herr-hauptmann-rechte-prepper-in-der-bundeswehr/

289 https://www.verfassungsschutz.de/SharedDocs/kurzmeldungen/DE/2023/2023-04-26-ifs-ein-prozent.html

290 https://www.verfassungsschutz.de/SharedDocs/kurzmeldungen/DE/2023/2023-04-26-ifs-ein-prozent.html

291 https://www.marietheresekaiser.de/%C3%BCber-mich

292 https://www.facebook.com/DrRolfWeigand/videos/kaiser-weigand-die-cdu-treiben/925323838502802/

293 https://taz.de/Landgericht-verurteilt-AfD-Politikerin/!6006153/
294 https://www.kreiszeitung.de/lokales/rotenburg/rotenburg-ort120515/volksverhetzung-schuldig-rotenburger-afd-kreistagsmitglied-der-92316379.html
295 https://www.kreiszeitung.de/lokales/rotenburg/landgericht-bestaetigt-urteil-volksverhetzung-gegen-rotenburger-afd-chefin-kaiser-93055139.html
296 https://x.com/IbDoku/status/1574345573846552576?lang=de
297 https://x.com/i/flow/login?redirect_after_login=%2Fhashtag%2FThread%3Fsrc%3Dhashtag_click
298 https://www.deutschlandfunk.de/rechtes-hausprojekt-in-halle-afd-und-identitaere-unter-100.html + https://www.stura.uni-halle.de/blog/enthuellungen-von-correctiv/
299 https://www.fr.de/rhein-main/hauskauf-identitaeren-11023967.html + https://www.spiegel.de/politik/deutschland/identitaere-bewegung-will-in-halle-zentrum-aufbauen-anwohner-wehren-sich-a-1182062.html
300 https://taz.de/Kater-nach-der-Party-mit-Mario-Mueller/!5576574/
301 https://www.berliner-zeitung.de/politik-gesellschaft/neonazis-aus-deutschland-reisen-nach-griechenland-li.78064
302 https://taz.de/Kater-nach-der-Party-mit-Mario-Mueller/!5576574/
303 https://www.br.de/fernsehen/das-erste/sendungen/report-muenchen/afd-rechtsextremismus-bundestag100.html
304 https://correctiv.org/aktuelles/neue-rechte/2024/01/17/geheimtreffen-in-potsdam-afd-mitarbeiter-bruestet-sich-mit-gewalt/
305 https://www.mdr.de/nachrichten/thueringen/nord-thueringen/kyffhaeuser/neonazi-bundestag-kaiser-pohl-sondershausen-100.html
306 https://x.com/naziwatchemnitz/status/1019854177994985478
307 https://taz.de/Militante-Strukturen/!5543345/
308 https://www.amazon.de/stores/author/B08GMY7VQ1/about
309 https://afdwatchbremen.com/andreas-iloff-afd-diepholz/
310 https://www.zeit.de/politik/deutschland/2020-11/frank-pasemann-parteiausschluss-bundestagsabgeordneter-rechtsextrem-magdeburg-fluegel-bundesschiedsgericht
311 https://www.welt.de/politik/deutschland/article179168910/NSU-Urteil-AfD-Abgeordneter-nennt-Verfahren-Schauprozess.html
312 https://www.sueddeutsche.de/politik/afd-junge-alternative-neumann-ruecktritt-1.5282934
313 https://www.br.de/fernsehen/das-erste/sendungen/report-muenchen/afd-rechtsextremismus-bundestag100.html
314 https://www.rbb24.de/politik/beitrag/2021/07/brandenburg-afd-hannes-gnauck-mad-bundeswehr-geheimdienst-extremismus-uckermark-barnim.html
315 https://www.tagesspiegel.de/politik/hintergrunde-nicht-bekannt-bundestag-hebt-immunitat-des-afd-abgeordneten-gnauck-auf-11675540.html
316 https://taz.de/Rechercheprojekt-Netzwerk-AfD/!5498386/
317 https://www.zeit.de/politik/deutschland/2018-03/afd-bundestag-mitarbeiter-rechtsextreme-identitaere-bewegung/seite-2

318 https://www.ardmediathek.de/video/mdr-sachsen-anhalt-heute/moeser-und-der-abwesende-afd-kandidat/mdr-sachsen-anhalt/Y3JpZDovL21kci5kZS9iZWlocmFnL2Ntcy9iMzk4YzcxZS03NzEwLTRmNzQtYmIxNS1mNGU1ZGMyY-TAwZjA

319 https://www.volksstimme.de/wahl/kommunalwahl-jerichower-land/gemeinderat-das-sind-die-grossen-verlierer-in-moser-3860931

320 https://www.mz.de/wahl/kommunalwahl-dessau-rosslau/projekt-gegen-rechts-nennt-afd-wahlergebnis-in-dessau-katastrophe-3861979

321 https://www.afd-cottbus.de/meldungen/pressemitteilungen/pm-hohm-schieske-als-afd-landtagskandidaten-fuer-cottbus-gewaehlt/

322 https://www.rbb24.de/politik/beitrag/2024/02/brandenburg-afd-bundestags-abgeordneter-kotre-marsch-neonazis.html

323 https://afdfraktionchemnitz.de/16-2/

324 https://arthuroesterle.de/

325 https://www.sueddeutsche.de/projekte/artikel/politik/afd-rechtsextremismus-kommunalwahlen-identitaere-bewegung-e399845/

326 https://x.com/MatthiasMeisner/status/1800866164714992048

327 https://www.sueddeutsche.de/projekte/artikel/politik/afd-rechtsextremismus-kommunalwahlen-identitaere-bewegung-e399845/

328 vgl. Aust/ Laabs «Heimatschutz»

329 Die Polizei-Akten von Christian Klar konnten die Autoren komplett einsehen.

330 https://www.der-rechte-rand.de/archive/9479/bewaehrtes-vorgehen/

331 https://www.mdr.de/nachrichten/thueringen/ost-thueringen/gera/demo-fluechtlinge-christian-klar-rechtsextrem-krankenhaus-108.html

332 Die Aufzeichnung der Veranstaltung liegt den Autoren vor. // SD025_GROssDEMO_41_a

333 https://www.tiktok.com/@team.schreiber/video/7311736723808079137 // (3.25)

334 https://rechercheostthueringen.noblogs.org/post/2022/10/24/verrat-volksverhetzung-gewalt-christian-klar-und-die-dunklen-flecken/

335 Video liegt den Autoren vor

336 Vgl. Rede von Björn Höcke in Erfurt am 12. November 2022: www.youtube.com/watch?v=jGyXTdPQnHA

337 Vgl. Video-Mitschnitt der Rede von Björn Höcke, der auf X auf den 26. August 2023 datiert wird. Als Ort wird Heiligenstadt genannt: https://twitter.com/ostdivan/status/1696488958862262376

338 Vgl. Helmut Kellershohn, Die Partei und ihr Vorfeld. Das Konzept der Mosaik-Rechten am 22.11.2022 in diss-duisburg.de: www.diss-duisburg.de/2022/11/die-partei-und-ihr-vorfeld-das-konzept-der-mosaik-rechten/

339 Vgl. Die Reichsbürger-Szene in Thüringen – Ein Überblick am 11.09.2023 in mobit.org: https://mobit.org/reichsburger-in-thuringen/

340 Vgl. Zahlen und Fakten in verfassungsschutz.de: www.verfassungsschutz.de/DE/themen/reichsbuerger-und-selbstverwalter/zahlen-und-fakten/zahlen-und-fakten_node.html

341 Vgl. Reichsbürger und Selbstverwalter in verfassungsschutz.de: https://www.

verfassungsschutz.de/DE/themen/reichsbuerger-und-selbstverwalter/reichsbuerger-und-selbstverwalter_node.html

342 Vgl. z. B. dpa-Foto von einer Kundgebung der AfD in Weimar in zeit.de am 08.05.2023: www.zeit.de/news/2023-05/08/weimar-setzt-zeichen-gegen-rechts-1000-menschen-bei-demos

343 Vgl. Pressemitteilung des Generalbundesanwalts vom 07.12.2022: www.generalbundesanwalt.de/SharedDocs/Pressemitteilungen/DE/2022/Pressemitteilung-vom-07-12-2022.html

344 Vgl. Pressemitteilung der Staatsanwaltschaft Halle vom 05.06.2023: https://sta-hal.sachsen-anhalt.de/fileadmin/tsa_rssinclude/staatsanwaltschaft-halle_05_06_2023_pressemitteilung_staatsanwaltschaft-halle-erhebt-anklage-gegen-bjoern-hoecke-wegen-verwendens-von-kennzeichen-verfassungswidriger-organisationen.pdf

345 Vgl. «Höcke lässt Publikum Nazi-Parole rufen» mit Videomitschnitt in t-online.de am 14.12.2023: www.t-online.de/nachrichten/panorama/id_100301394/bjoern-hoecke-afd-laesst-publikum-sa-parole-bruellen-polizei-nimmt-fall-auf.html

346 Vgl. Höcke wegen NS-Parole zu Geldstrafe verurteilt in tagesschau.de am 14.05.2024: www.tagesschau.de/inland/innenpolitik/hoecke-verurteilt-100.html

347 Vgl. NS-Parole: Polizei ermittelt in Gera gegen Demo-Anmelder in mdr.de am 04.10.2023: www.mdr.de/nachrichten/thueringen/ost-thueringen/gera/demo-tag-einheit-christian-klar-rechtsextremist-ermittlungen-polizei-100.html

348 Ebd.

349 Vgl. Stephan Brandner, «Autokorso gegen die Einrichtung einer Erstaufnahmeeinrichtung in Gera»: www.youtube.com/watch?v=Y7Wm1hucRAM

350 Vgl. Maximilian Krah, «Junge Männer brauchen Ideale» in tiktok.com: www.tiktok.com/@maximilian_krah/video/7246324156394933530?lang=de-DE

351 Vgl. Maximilian Krah, «Unsere Vorfahren waren keine Verbrecher» in tiktok.com: www.tiktok.com/@maximilian_krah/video/7275621174724332832?lang=de-DE

352 Vgl. Erik Ahrens, «TikTok von rechts», Vortrag bei der Sommerakademie des Instituts für Staatspolitik (IfS) am 25. September 2023: www.youtube.com/watch?v=kDv5ZL_nptQ

353 Vernon Silver in Bloomberg: «The German Far Right Finds Friends Through Facebook» am 29. September 2017: https://www.bloomberg.com/news/articles/2017-09-29/the-german-far-right-finds-friends-through-facebook

354 VfL die ZDF-Dokumentation: «Schattenwelten – Teil 2», von Dirk Laabs, 2019.

355 https://www.isdglobal.org/isd-publications/the-german-far-right-online-a-longitudinal-study/

356 ebd., Seite 55

357 Interview mit Da Empoli für die ZDFInfo-Dokumentation «Schattenwelten». Da Empoli hat u. a. das Buch «Ingenieure des Chaos' – Wie smarte Social-Media-Experten den Rechtspopulisten helfen und unsere Demokratie manipulieren», München, 2023, geschrieben.

358 Vgl. Interview mit Hannes Loth, «Meine Wahl wird nicht rückgängig gemacht» in jungefreiheit.de am 02.07.2023: https://jungefreiheit.de/politik/deutschland/2023/loth-afd-interview/

359 Vgl. Compact TV – Interview von Jürgen Elsässer mit Björn Höcke, «Nach Wahlsieg: Das ist Höckes Sofortprogramm»: www.youtube.com/watch?v=PfE9Kp6teiQ

360 Vgl. «Gesichert extremistisch» in tagesschau.de am 10.12.2021: www.tagesschau.de/inland/innenpolitik/compact-magazin-101.html

361 Vgl. Jürgen Elsässer, «Die blaue Welle rollt: mit Sesselmann», Höcke, Sellner in compact-online.de am 28.02.2024: www.compact-online.de/blaue-welle-rollt-mit-sesselmann-hoecke-sellner/

362 Vgl. «Hunderte gegen Compact in Velten in nd-aktuell.de am 01.04.2024: www.nd-aktuell.de/artikel/1181133.antifaschismus-hunderte-gegen-compact-in-velten.html

363 Vgl. AfD prüft juristische Schritte gegen «Compact» in tagesschau.de am 14.03.2023: www.tagesschau.de/investigativ/kontraste/afd-compact-100.html

364 https://www.bild.de/regional/dresden/dresden-aktuell/bautzen-neonazis-attackieren-kultur-festival-62050428.bild.html

365 https://www.zeit.de/gesellschaft/zeitgeschehen/2016-11/bautzen-eskalation-neonazis-jagd-fluechtlinge

366 https://www.bild.de/news/inland/news-inland/unterkunft-fuer-asylbewerber-und-fluechtlinge-abgebrannt-44642504.bild.html

367 Denkste_kompakt_1_2017_web_ES

368 https://www.nbcnews.com/news/world/guess-who-came-dinner-flynn-putin-n742696

369 https://blog.zeit.de/stoerungsmelder/2012/11/23/weltpremiere-oder-weltverschworung-die-compact-konferenz-in-berlin_10627

370 Das Transkript von Wimmers Besuch in Bautzen liegt den Autoren vor.

371 https://rp-online.de/nrw/staedte/juechen/bautzner-verein-bedenkt-willy-wimmer-aus-juechen-mit-friedenspreis_aid-36311083

372 https://www.saechsische.de/ich-bin-kein-nationalist-3771338.html

373 https://www.bundeswahlleiterin.de/bundestagswahlen/2017/ergebnisse/bund-99/land-14/wahlkreis-156.html

374 Das Transkript der Diskussion «Zurück zur Sachlichkeit» liegt den Autoren vor.

375 Das Originalzitat Daniel Cohn-Bendit wurde erstmals 1991 in der ZEIT veröffentlicht: https://www.zeit.de/1991/48/wenn-der-westen-unwiderstehlich-wird/seite-2

376 https://www.dnn.de/lokales/dresden/dresden-freie-sachsen-bedraengen-ex-gruenen-stadtraetin-sorge-um-demokratie-HZNVNVTCNZABNHPIPJNRJTKV64.html

377 Vgl. Halsbrücke wehrt sich gegen Grundstücksverkauf an Reichsbürger in mdr.de am 06.07.2023: www.mdr.de/nachrichten/sachsen/chemnitz/freiberg/halsbruecke-reichsbuerger-grundstueck-verkauf-fitzek-koenigreich-100.html#:~:

text=Die%20Gemeinde%20Halsbr%C3%BCcke%20will%20den,die%20Gemeinde%20ihr%20Vorkaufsrecht%20aus%C3%BCben.

378 Vgl. Sektenexperte über «Königreich Deutschland»: «Ich halte Peter Fitzek für einen geschickten Lügner» in freiepresse.de am 21.09.2023: www.freiepresse.de/nachrichten/sachsen/sektenexperte-ueber-koenigreich-deutschland-ich-halte-peter-fitzek-fuer-einen-geschickten-luegner-artikel13057834#google_vignette

379 Vgl. Mit Phallus-Teddy gegen Trans-Aufklärung – So radikal tickt der neue AfD-Bürgermeister in Großschirma in fr.de vom 04.03.2024: www.fr.de/politik/sachsen-radikal-afd-buergermeister-grossschirma-rolf-weigand-rechtsextremismus-junge-alternative-wahlen-zr-92869492.html

380 Vgl. die Darstellung der Entwicklung in Großschirma «Ein Leben für Großschirma: Die Geschichte hinter dem Tod des Bürgermeisters Volkmar Schreiter» erschienen in: Freie Presse vom 07.02.2024

381 Bürgermeister von 40 000-Einwohner-Stadt behauptet – Bei uns gibt es nur 30 Wohnungen für Geflüchtete in bild.de am 13.08.2023: www.bild.de/regional/dresden/dresden-aktuell/migration-freitals-buergermeister-bei-uns-ist-kein-platz-mehr-fuer-fluechtlinge-85018710.bild.html

382 Vgl. Angriff auf SPD-Politiker Ecke: Polizei geht von rechtsextremem Motiv aus in mdr.de am 06.05.2024: https://www.mdr.de/nachrichten/sachsen/dresden/dresden-radebeul/ecke-angriff-spd-tatverdaechtige-lka-ermittlungen-102.html

383 Vgl. Video zeigt Angriff auf Politikerin in Dresden-Gorbitz – «der große Hass auf uns Grüne schockiert mich» in saechsische.de am 08.05.2024: www.saechsische.de/polizei/gruenen-politikerin-in-dresden-angegriffen-tatverdaechtige-gestellt-5997940.html

384 Vgl. Die giftige Saat ist aufgegangen in wolff-christian.de am 06.05.2024: https://wolff-christian.de/die-giftige-saat-ist-aufgegangen/

385 Vgl. Else-Frenkel-Brunswik-Institut der Universität Leipzig, Autoritäre Dynamiken und die Unzufriedenheit mit der Demokratie in efbi.de vom 28.06.2023: https://efbi.de/details/efbi-policy-paper-2023-2-autoritaere-dynamiken-und-die-unzufriedenheit-mit-der-demokratie-2.html

386 Ebd.

387 Vgl. Bericht des Beirats zum Sachsen-Monitor 2023: www.staatsregierung.sachsen.de/download/staatsregierung/Bericht-Beirat-Sachsen-Monitor-2023.pdf

388 Vgl. Sonneberg – Wer ist der erste AfD-Landrat in: deutschlandfunk.de vom 27.06.2023, www.deutschlandfunk.de/robert-sesselmann-afd-landrat-sonnebe rg-100.html

389 Vgl. Erster AfD-Bürgermeister: Hannes Loth in Raguhn-Jeßnitz vereidigt in mdr.de vom 24.08.2023: www.mdr.de/nachrichten/sachsen-anhalt/dessau/bitterfeld/afd-loth-raguhn-jessnitz-buergermeister-vereidigung-102.html#:~:text=Mit%20Hannes%20Loth%20ist%20am,wurde%20er%20zum%20B%C3%BCrgermeister%20ernannt.

390 https://www.tagesspiegel.de/politik/austausch-mit-russischem-geheimdienst-mitarbeiter-von-afd-abgeordnetem-soll-kontakt-zum-fsb-haben-11147896.html

391 https://www.zdf.de/nachrichten/politik/deutschland/maximilian-krah-spion-ausweis-eu-parlament-afd-100.html

392 https://www.pnp.de/nachrichten/politik/bueroraeume-von-afd-politiker-krah-im-europaparlament-durchsucht-16002840

393 https://taz.de/AfD-Mitarbeiter-wegen-Spionage-verhaftet/!6003400/

394 https://www.deutschlandfunk.de/richtungsstreit-risse-und-grabenkaempfe-in-der-afd-100.html

395 https://www.zeit.de/politik/deutschland/2024-03/ovg-muenster-verfassungsschutz-v-leute-afd

396 Sagenumwoben auch eine Dokumentation im ZDF, die genau diesen angeblichen Kampf der «Gemäßigten» gegen den Flügel als heldenhaft darstellte, ein Film, der intern beim ZDF scharf kritisiert wurde.

397 https://www.deutschlandfunk.de/parteien-wie-sich-die-afd-intern-zerfleischt-100.html

398 https://www.welt.de/debatte/kommentare/article156284337/Die-neue-Rechtspartei-im-Zerfleischmodus.html

399 https://www.cicero.de/innenpolitik/afd-die-selbstzerstoerungspartei

400 https://www.welt.de/regionales/hamburg/article182877664/Parteitag-So-zerfleischt-sich-Niedersachsens-AfD-weiter-selbst.html

401 https://www.n-tv.de/politik/Bayern-AfD-zerfleischt-sich-selbst-article21158613.html

402 https://www.faz.net/aktuell/politik/inland/afd-corona-und-der-fluegel-die-zerreissprobe-16687226.html

403 https://www.fernsehserien.de/zdfzoom/folgen/384-inside-afd-eine-partei-in-der-zerreissprobe-1481683#google_vignette

404 https://www.welt.de/politik/deutschland/plus237842135/AfD-Vorwurf-der-Parteischaedigung-tiefe-Risse-und-ein-Revolte-Plan.html

405 https://www.tagesschau.de/investigativ/afd-chats-leak-101.html

406 https://www.morgenpost.de/politik/article242536792/AfD-Ein-Super-Ergebnis-trotz-Skandalen-ohne-Ende.html

407 https://www.tagesschau.de/investigativ/ndr-wdr/afd-bundestagsfraktion-chats-101.html

408 https://www.stern.de/politik/deutschland/afd--so-kriminell-sind-die-abgeordneten-der-rechtspopulisten-7973706.html

409 https://www.sueddeutsche.de/politik/hack-bundestag-angriff-russland-1.4891668

410 https://www.zdf.de/nachrichten/politik/deutschland/hubert-seipel-journalist-russland-geld-cyprus-confidential-100.html

411 https://www.tagesschau.de/inland/gesellschaft/seipel-russland-putin-102.html

412 https://www.faz.net/aktuell/politik/nach-annexion-der-krim-afd-sprecher-gauland-aeussert-verstaendnis-fuer-russland-12859603.html

413 https://www.spiegel.de/politik/deutschland/afd-sucht-rat-aus-russland-strategiesitzung-in-der-botschaft-a-1006983.html

414 https://www.spiegel.de/politik/deutschland/afd-jugend-und-putin-jugend-verbuenden-sich-a-1088721.html
415 https://www.focus.de/politik/deutschland/umstrittener-werbenutzen-afd-politiker-reisen-regelmaessig-auf-die-krim-auch-die-partei-sieht-das-kritisch_id_9403684.html
416 https://www.rnd.de/politik/afd-vorsitzender-chrupalla-lobt-schroders-verbindung-zu-putin-und-russland-ce1cfaf1-4a3e-4742-9fde-35f420850250.html
417 https://www.deutschlandfunk.de/roderich-kiesewetter-cdu-putin-bedroht-den-zusammenhalt-100.html
418 https://www.stern.de/politik/deutschland/afd--russen-zahlten-pretzell-und-petry-flug-im-privatjet-7992352.html
419 https://www.sueddeutsche.de/politik/russland-rechtsextremismus-unterstuetzung-1.5592490
420 https://orf.at/stories/3353953/
421 Das genaue Datum ist unklar. Mutmaßlich im Spätsommer 2023.
422 https://www.focus.de/politik/deutschland/peter-bystron-bayerischer-landesvorsitzende-der-afd-ist-anerkannter-asylbewerber_id_5304536.html
423 https://www.new-business.de/_rubric/detail.php?rubric=KOMMUNIKATION&nr=26824&PHPSESSID=u7ghr1otofcqn9jjq4njp7fou6
424 https://praxistipps.focus.de/petr-bystron-ehefrau-afd-gehalt-skandal_179192
425 https://www.bundestag.de/abgeordnete/biografien/B/bystron_petr-857176
426 https://ef-magazin.de/2009/12/09/1728-ein-gespenst-geht-um-in-europa-das-gespenst-der-direkten-demokratie
427 https://www.wiwo.de/politik/deutschland/wahl-der-bundeskanzlerin-afd-abgeordneter-petr-bystron-twittert-wahlzettel-und-erntet-1000-euro-bussgeld/21071148.html
428 https://www.spiegel.de/politik/deutschland/petr-bystron-kein-strafbefehl-gegen-afd-politiker-wegen-angeblichen-hitlergrusses-a-fd332b45-aa97-418d-837f-f97ba9cf4ab3
429 https://www.zeit.de/news/2023-07/29/bystron-auf-platz-zwei-der-afd-liste-fuer-die-europawahl
430 https://www.manuscriptum.de/make-europe-great-again.html
431 https://www.washingtonpost.com/world/national-security/a-russian-bank-gave-marine-le-pens-party-a-loan-then-weird-things-began-happening/2018/12/27/960c7906-d320-11e8-a275-81c671a50422_story.html
432 https://www.tagesspiegel.de/politik/ampel-und-union-attackieren-afd-die-afd-wehrt-sich-nicht-gegen-den-vorwurf-der-putinnahe-11502797.html
433 Vorlage ausstehend.
434 https://www.linkedin.com/in/stepanka-bystron-82964269/?originalSubdomain=de
435 https://www.klaus.cz/clanky/3715
436 https://deutsch.radio.cz/ohne-amt-kein-hochverrat-verfassungsgericht-weist-klage-gegen-klaus-ab-8546564
437 https://www.deutschlandfunk.de/klaus-und-das-klima-100.html

438 https://www.parlamentnilisty.cz/arena/rozhovory/Merkelova-skodi-a-musi-jit-Lide-vidi-ze-mame-pravdu-Nas-krajan-Petr-Bystron-novy-lidr-odporu-proti-EU-v-Nemecku-otevrene-o-sve-zemi-402187
439 https://www.donaukurier.de/archiv/doppelagent-der-fremdenfeindlichkeit-3658069
440 https://www.deutschlandfunkkultur.de/spalten-statt-versoehnen-praesident-zeman-schuert-angst-vor-100.html
441 https://www.deutschlandfunkkultur.de/spalten-statt-versoehnen-praesident-zeman-schuert-angst-vor-100.html
442 https://taz.de/Praesidentschaft-in-Tschechien/!5029456/
443 https://www.welt.de/politik/deutschland/article171209885/Sexismusvorwuerfe-auf-offener-Buehne-beim-AfD-Parteitag.html
444 https://x.com/streetcoverage/status/731467721892896768/photo/1
445 https://www.hbgr.org/ueber-uns/pressemitteilungen?view=article&id=5724:pm-hamburg-weiterer-afd-kandidat-nahm-an-hooligan-aufmarsch-teil&catid=11
446 https://www.tagesspiegel.de/politik/pegida-billigt-schusswaffeneinsatz-gegen-fluchtlinge-5208505.html
447 http://blogs.deutschlandfunk.de/berlinbruessel/2016/01/30/schusswaffengebrauch-an-der-grenze/
448 https://www.sueddeutsche.de/muenchen/muenchner-bundestagskandidaten-phantom-und-provokateur-1.3667956
449 https://www.telegraph.co.uk/news/2016/07/04/pegida-pair-hunt-migrants-with-vigilantes-on-bulgaria-border/
450 https://www.tagesspiegel.de/politik/ex-pegida-frontfrau-will-im-kampf-gegen-fluchtlinge-notfalls-ihr-leben-geben-5221933.html
451 https://www.tagesspiegel.de/politik/ex-pegida-frontfrau-will-im-kampf-gegen-fluchtlinge-notfalls-ihr-leben-geben-5221933.html
452 https://www.pragerzeitung.cz/unwuerdiges-spiel-mit-der-angst/
453 https://ec.europa.eu/eurostat/documents/2995521/7921609/3-16032017-BP-EN.pdf/e5fa98bb-5d9d-4297-9168-d07c67d1c9e1
454 https://www1.wdr.de/daserste/monitor/sendungen/afd-192.html
455 https://www.sueddeutsche.de/bayern/rechtsextremismus-verfassungsschutz-beobachtet-afd-landesvorsitzenden-petr-bystron-1.3468995 und: https://www.youtube.com/watch?v=N7wQgB2VOns
456 https://www.br.de/nachricht/bayern-verfassungsschutz-bystron-100.html
457 https://www.sueddeutsche.de/muenchen/muenchner-bundestagskandidaten-phantom-und-provokateur-1.3667956
458 https://www.donaukurier.de/archiv/doppelagent-der-fremdenfeindlichkeit-3658069
459 https://www.spiegel.de/politik/ausland/russland-osze-bemaengelt-alternativlosigkeit-bei-wahl-a-1198812.html
460 https://www.deutschlandfunk.de/bystron-afd-zu-russland-eine-absolut-normale-wahl-100.html

461 vgl. «Gazprom – Die Perfekte Waffe», Arte-Dokumentation 2023.
462 https://www.rferl.org/a/ukraine-hungary-protests-cultural-center-arson-attack/29066037.html
463 https://www.rferl.org/a/ukraine-hungary-protests-cultural-center-arson-attack/29066037.html
464 https://www.sueddeutsche.de/politik/russland-verbindungen-der-afd-achse-der-vaterlaender-1.3083455
465 https://www.tagesschau.de/inland/afd-ochsenreiter-anschlag-101.html
466 https://www.nytimes.com/interactive/2019/01/26/us/politics/trump-contacts-russians-wikileaks.html
467 https://www.thegatewaypundit.com/2018/09/steve-bannon-and-german-mp-petr-bystron-meet-with-czech-president-milos-zeman/
468 https://eu.azcentral.com/story/news/politics/arizona/2022/12/19/rep-andy-biggs-referred-to-house-ethics-committee-over-subpoena/69741383007/
469 https://www.thenation.com/article/archive/davos-for-fascists/
470 Das Transkript liegt den Autoren vor.
471 https://bylinetimes.com/2023/02/07/who-watches-the-watchdog-the-cjrs-russia-problem/
472 https://www.thenation.com/article/archive/how-conspiracy-theories-unite-the-international-far-right/
473 https://www.thenation.com/article/archive/how-conspiracy-theories-unite-the-international-far-right/
474 https://kurier.at/politik/ausland/afd-politiker-petr-bystron-droht-kritikern-mit-aufraeumen-wie-die-fpoe/400135292 – sowie: https://x.com/LarsWienand/status/1047549727078842368
475 https://newsv2.orf.at/stories/2429474/
476 https://www.falter.at/zeitung/20240312/wladimir-putins-willige-helfer-in-oesterreich
477 https://www.diepresse.com/18340028/russische-spur-bei-bvt-razzia-wird-untersucht
478 https://www.spiegel.de/politik/deutschland/hans-georg-maassen-und-der-verfassungsschutz-die-altlasten-des-dr-maassen-a-8a998d11-43f2-4d86-b39b-2dbd12365e9d
479 https://www.sueddeutsche.de/politik/maassen-petry-afd-1.4076324
480 https://www.presseportal.de/pm/75892/4147118
481 https://www.bka.de/DE/AktuelleInformationen/Veranstaltungen/HerbstempfangSicherheitsbehoerden/Herbstempfang2018/Herbstempfang2018_node.html
482 Quelle
483 https://www.bild.de/bild-plus/politik/inland/politik-inland/verfassungsschutz-chef-maassen-keine-information-ueber-hetzjagden-57111216.bild.html
484 https://www.sueddeutsche.de/politik/hans-georg-maassen-verfassungsschutz-1.4126906
485 ebd.
486 https://x.com/HGMaassen/status/1787210794268045818

487 https://www.sueddeutsche.de/politik/verfassungsschutz-haldenwang-afd-1.6115541
488 https://www.bundestag.de/presse/hib/kurzmeldungen-991850
489 https://www.n-tv.de/mediathek/videos/politik/Roth-sorgt-mit-Lacher-fuer-Eklat-im-Bundestag-article20871815.html
490 https://www.presseportal.de/pm/75892/4147118
491 https://www.spiegel.de/politik/deutschland/petr-bystron-die-merkwuerdige-reise-des-afd-politikers-nach-suedafrika-a-1244828.html
492 https://www.vice.com/de/article/akwwj5/so-plant-die-afd-neue-kolonien-in-afrika
493 ebd.
494 https://antifainfoblatt.de/aib131/rechter-waffenhandel-die-bayerisch-kroatische-connection
495 https://taz.de/Waffenhandelsring-in-Bayern/!5749931/
496 https://antifainfoblatt.de/aib131/rechter-waffenhandel-die-bayerisch-kroatische-connection
497 vgl. die Schilderung in «Staatsfeinde in Uniform», Laabs.
498 https://www.sueddeutsche.de/politik/afd-bundestag-stoerer-bystron-hemmelgarn-1.5126844
499 https://www.tagesspiegel.de/politik/das-sind-die-storer-die-altmaier-beschimpften-und-buros-sturmten-6850948.html
500 https://dserver.bundestag.de/btd/20/082/2008228.pdf
501 https://www.rnd.de/politik/hitlergruss-ermittlungen-bundestag-hebt-immunitaet-von-afd-abgeordneten-auf-HJDNS2WXQBCJ3BB3M5DI2S7ECM.html
502 https://www.der-rechte-rand.de/archive/6486/afd-streit-streit-atlantiker/
503 https://www.berlinertageszeitung.de/Videos/576-mh17-die-billy-six-story-oder-aufdeckung-von-propaganda-zum-nachteil-von-russland.html
504 https://www.spiegel.de/ausland/alice-weidel-reist-nach-moskau-a-30617e2a-2fcb-4070-833a-1fab07d4c3b7
505 https://www.welt.de/politik/deutschland/plus218492862/Russland-Krim-Kaukasus-Mehr-als-100-AfD-Reisen.html
506 https://www.facebook.com/maximilian.krah/posts/pfbid02LMxtXFSuCwgsxmSyqkdFbEhvGF6F6QR9xujsZhf6gBJNgqNF94kXrHXhnRiEW5ivl
507 https://www.zdf.de/nachrichten/politik/deutschland/maximilian-krah-spion-ausweis-eu-parlament-afd-100.html
508 https://www.nytimes.com/2024/03/29/world/europe/czech-republic-sanctions-russian-influence-europe.html
509 https://www.spiegel.de/politik/deutschland/voice-of-europe-das-fragwuerdige-netzwerk-von-afd-politiker-petr-bystron-a-0f39de08-f60b-4a18-bcc2-e7796c6a6f7d
510 https://www.welt.de/politik/deutschland/article251607024/Petr-Bystron-Ermittler-finden-Unterlagen-zu-Goldbarren-in-seinem-Wohnhaus.html
511 https://www.zeit.de/politik/deutschland/2024-06/afd-bystron-europawahl-auftritt-trotz-aufforderung-verzicht

512 https://afdbundestag.de/alice-weidel-tino-chrupalla-ermittlungen-gegen-petr-bystron-muessen-rasch-abgeschlossen-werden/
513 https://www.tagesschau.de/ausland/europa/europaparlament-ein-jahr-katargate-100.html
514 https://afdbundestag.de/petr-bystron-mit-dem-taiwan-besuch-besudelt-die-fdp-das-grosse-werk-von-walter-scheel/
515 https://www.dw.com/en/china-courts-germanys-far-right-populist-afd/a-66504263
516 https://www.spiegel.de/netzwelt/netzpolitik/maximilian-krah-und-sein-verdaechtiger-mitarbeiter-verkauft-die-afd-unser-land-kolumne-a-03df390a-8f59-47df-a88b-c3d939938335
517 https://www.spiegel.de/netzwelt/netzpolitik/maximilian-krah-und-sein-verdaechtiger-mitarbeiter-verkauft-die-afd-unser-land-kolumne-a-03df390a-8f59-47df-a88b-c3d939938335
518 https://www.zdf.de/nachrichten/politik/deutschland/maximilian-krah-afd-russland-woloschyn-fbi-eu-wahlkampf-100.html
519 https://www.zdf.de/nachrichten/politik/deutschland/maximilian-krah-afd-russland-woloschyn-fbi-eu-wahlkampf-100.html
520 http://english.scio.gov.cn/in-depth/2019-03/27/content_74616449.htm
521 https://x.com/SchmidtLev/status/1600482369177255938
522 https://www.welt.de/politik/deutschland/article201774896/Attentat-in-Halle-AfD-Politiker-Brandner-loest-mit-Tweets-Empoerung-aus.html
523 https://www.sueddeutsche.de/projekte/artikel/politik/abschied-vom-bundestag-e839209/
524 https://www.tagesspiegel.de/berlin/journalist-und-oberstaatsanwalt-werden-afd-direktkandidaten-6117211.html
525 https://www.bild.de/news/vermischtes/auslaender-kriminalitaet-3510836.bild.html
526 https://www.blaetter.de/ausgabe/2021/maerz/lauter-verheerende-einzelfaelle
527 https://www.rbb24.de/politik/beitrag/2023/08/roman-reusch-afd-landesvorstand-brandenburg-ruecktritt.html
528 https://www.dw.com/de/afd-parteijugend-die-jungen-feinde-der-demokratie/a-68309953
529 https://www.nd-aktuell.de/artikel/1180700.ovg-muenster-afd-spielt-auf-zeit.html
530 https://www.zeit.de/politik/deutschland/2024-05/afd-verfassungsschutz-muenster-13-mai
531 https://www.ovg.nrw.de/behoerde/presse/pressemitteilungen/33_240702/5-A-1218_22-_AfD_.pdf
532 https://www.zeit.de/politik/deutschland/2024-05/afd-verfassungsschutz-muenster-13-mai
533 https://taz.de/Urteil-des-OVG-Muenster/!6007495/
534 Verfassungsblog vom 22. November 2022: «Kein Ruhestand für AfD-Richterin»
535 https://taz.de/Entscheidung-des-Dienstgerichts-Berlin/!5884146/

536 ebd.

537 taz vom 13. Oktober 2022: «AfD-Richterin darf weiter urteilen»

538 Verfassungsblog vom 22. November 2022: «Kein Ruhestand für AfD-Richterin»

539 https://www.lto.de/recht/nachrichten/n/vg-berlin-dg1-23-malsack-winkemann-vorlaeufig-des-dienstes-enthoben-50-prozent-bezuege-gekuerzt/

540 https://www.lto.de/recht/justiz/j/lg-leipzig-66dg222-jens-maier-versetzung-in-vorzeitigen-ruhestand-prozess-urteil/

541 BGH: «Bundesgerichtshof – Dienstgericht des Bundes – bestätigt die Zulässigkeit der Versetzung eines Richters in den Ruhestand», Urteil vom 5. Oktober 2023 – RiZ(R) 1/23.

542 https://www.bild.de/regional/sachsen/afd-skandal-ex-richter-zitiert-ss-lied-auf-parteitag-in-sachsen-665f06565cfff230440f8ce7

543 https://www.bundestag.de/abgeordnete/biografien/S/seitz_thomas-858072

544 https://www.landesrecht-bw.de/bsbw/document/NJRE001473123

545 ebd.

546 https://thomas-seitz.net/austritt-aus-der-afd/

547 https://www.landesrecht-bw.de/bsbw/document/NJRE001473123

548 Joachim Wagner, Bonn, 2022: «Rechte Richter und Staatsanwälte – Eine Gefahr für den Rechtsstaat?» (Sonderausgabe)

549 https://www.lto.de/recht/justiz/j/ermittlungen-zentrum-politische-schoenheit-justiz-richter-staatsanwaelte-verfassungstreue-regelanfrage-disziplinarverfahren/

550 Vorlage

551 https://parldok.thueringer-landtag.de/ParlDok/dokument/70809/ermittlungen_gegen_das_zentrum_fuer_politische_schoenheit_wegen_bildung_einer_kriminellen_vereinigung_nach_129_stgb_teil_ii_austausch_mit_anderen_stel.pdf

552 https://www.spiegel.de/kultur/gesellschaft/zentrum-fuer-politische-schoenheit-bjoern-hoecke-und-das-denkmal-der-schande-a-1179515.html

553 https://www.spiegel.de/kultur/gesellschaft/zentrum-fuer-politische-schoenheit-bjoern-hoecke-und-das-denkmal-der-schande-a-1179515.html

554 ebd.

555 https://www.zeit.de/politik/2019-04/zentrum-fuer-politische-schoenheit-kuenstlerkollektiv-bjoern-hoecke-afd

556 https://parldok.thueringer-landtag.de/ParlDok/dokument/70809/ermittlungen_gegen_das_zentrum_fuer_politische_schoenheit_wegen_bildung_einer_kriminellen_vereinigung_nach_129_stgb_teil_ii_austausch_mit_anderen_stel.pdf

557 https://parldok.thueringer-landtag.de/ParlDok/dokument/70809/ermittlungen_gegen_das_zentrum_fuer_politische_schoenheit_wegen_bildung_einer_kriminellen_vereinigung_nach_129_stgb_teil_ii_austausch_mit_anderen_stel.pdf

558 https://antifainfoblatt.de/aib123/der-fall-martin-zschaechner-thueringen

559 https://www.zeit.de/politik/2019-04/zentrum-politische-schoenheit-ermittlungen-kriminelle-vereinigung-eingestellt
560 https://www.lto.de/recht/nachrichten/n/ermittlungen-eingestellt-zentrum-politische-schoenheit-staatsanwalt-gera-strafanzeige/
561 https://de.linkedin.com/in/dr-bengt-christian-fuchs-a32aa21ba
562 Rechter Richter …, Seite 62 f.
563 vgl.Dirk Laabs, Berlin 2022: «Staatsfeinde in Uniform».
564 https://www.fr.de/politik/fackelmarsch-hitlers-geburtstag-11132131.html
565 https://www.sueddeutsche.de/politik/altenburg-altenburg-auftritt-von-hoecke-und-kalbitz-stoesst-auf-protest-dpa.urn-newsml-dpa-com-20090101-200715-99-804832
566 https://www.mdr.de/nachrichten/thueringen/ost-thueringen/gera/verwaltungsgericht-asylverfahren-afd-richter-100.html
567 https://www.welt.de/debatte/kommentare/article220085232/Die-Richterin-die-AfD-und-die-Frage-nach-dem-Prueffall.html
568 https://www.welt.de/debatte/kommentare/article220085232/Die-Richterin-die-AfD-und-die-Frage-nach-dem-Prueffall.html
569 Die Kopie der Sendung liegt den Autoren vor. – Abgerufen via https://www.facebook.com/PostvonGehrke/videos/kalbitz-die-richterin/604198253628406/
570 https://www.welt.de/debatte/kommentare/article220085232/Die-Richterin-die-AfD-und-die-Frage-nach-dem-Prueffall.html
571 Selbstauskunft: https://www.afd-thueringen.de/person/torsten-silvio-czuppon/
572 https://mobit.org/presseerklaerung/fachtagung-wahrheit-macht-frei/
573 Vgl. AfD-Politiker soll Anzeige gegen ihn selbst bearbeitet haben – Gericht bestätigt Geldstrafe in: mdr.de vom 21.03.2023
574 Vgl. AfD-Abgeordneter zu Geldstrafe verurteilt – Als Polizist belastende Zeugen verfolgt in stuttgarter-zeitung.de vom 15.07.2022: www.stuttgarter-zeitung.de/inhalt.afd-abgeordneter-zu-geldstrafe-verurteilt-als-polizist-belastende-zeugen-verfolgt.741866of-93be-4ba6-9258-32e92a55f4d7.html
575 In Ausnahmefällen, etwa bei Spionage für auswärtige Mächte, reichen auch sechs Monate Freiheitsstrafe.
576 https://openjur.de/u/2477528.html
577 https://www.landesrecht-bw.de/bsbw/document/NJRE001473123
578 https://www.bverwg.de/171117U2C25.17.0
579 https://www.bverwg.de/171117U2C25.17.0
580 Ein ausführliche Schilderung bei Dirk Laabs: «xxx»… folgt
581 https://www.bmi.bund.de/SharedDocs/pressemitteilungen/DE/2024/03/inkrafttreten-disziplinarrecht.html
582 https://www.bverwg.de/171117U2C25.17.0
583 BVerfGE 39, 334/Ls. 2
584 https://www.bverwg.de/171117U2C25.17.0, RN 16
585 https://www.lto.de/recht/hintergruende/h/muessen-afd-beamte-richter-aus-dem-dienst-entlassen-werden-dimr-studie-verfassungsrecht-disziplinarverfahren/

586 https://www.sueddeutsche.de/meinung/kolumne-prantl-radikalenerlass-berufsverbote-1.5182658
587 BVerfG Beschl. v. 22.05.1975, 2 BvL 13/73) zitiert bei: https://www.lto.de/recht/hintergruende/h/muessen-afd-beamte-richter-aus-dem-dienst-entlassen-werden-dimr-studie-verfassungsrecht-disziplinarverfahren/
588 https://www.focus.de/panorama/welt/focus-online-recherche-afd-zelle-unterwandert-den-verfassungsschutz_id_186948566.html
589 https://verfassungsblog.de/zur-parteimitgliedschaft-von-beamten/
590 Heute Journal, ZDF, 23. Mai 2024: https://www.youtube.com/watch?v=NsNn9f3cvoo

2. AfD-Verbot – Warum ein Verfahren notwendig und möglich ist

1 Vgl. Pressemitteilung des Bundesverfassungsgerichts zum NPD-Urteil vom 17.01.2017: www.bundesverfassungsgericht.de/SharedDocs/Pressemitteilungen/DE/2017/bvg17-004.html
2 Vgl. Erklärung zum deutschen Staatsvolk und zur deutschen Identität in afd.de: www.afd.de/staatsvolk/
3 Vgl. dazu Deniz Yücel via X: https://x.com/Besser_Deniz/status/1748331129461981642?lang=de
4 Vgl. Alice Weidel auf facebook am 07.07.2019: www.facebook.com/aliceweidel/photos/auf-mallorca-kam-es-zu-einer-brutalen-gruppenvergewaltigung-ein-18-j%C3%A4hriges-m%C3%A4dc/2611746712169881/
5 Maximilian Krah, Politik von rechts, Schnellroda 2023, S. 53
6 Ebd., S. 54
7 Vgl. Debatte über ein AfD-Verbot – «Es genügt nicht, einfach einen Verbotsantrag zu stellen» in sz.de am 08.12.2023: www.sueddeutsche.de/kultur/afd-verbotsverfahren-verfassungsjurist-christoph-moellers-1.6315929?reduced=true
8 Vgl. Hendrik Cremer, Deutsches Institut für Menschenrechte, Warum die AfD verboten werden könnte – Empfehlungen an Staat und Politik: www.institut-fuer-dmenschenrechte.de/fileadmin/Redaktion/Publikationen/Analyse_Studie/Analyse_Warum_die_AfD_verboten_werden_koennte.pdf
9 Ebd., S. 9
10 Ebd.
11 Ebd., S. 60
12 Vgl. Bundesamt für Verfassungsschutz darf AfD und JA als Verdachtsfall beobachten: www.ovg.nrw.de/behoerde/presse/pressemitteilungen/23_240513/index.php
13 Vgl. Karl Popper und die AfD in philomag.de in philomag.de am 31.01.2024: www.philomag.de/artikel/karl-popper-und-die-afd

3. Demokratische Lösungen – Es zählt jeder Tag!

1 Vgl. Mehr Macht für Ministerpräsidentin Meloni in tagesschau.de am 15.04.2024: www.tagesschau.de/ausland/europa/italien-meloni-verfassungsaende-rung-100.html

2 Vgl. Höchstwert bei politisch motivierten Straftaten in tagesschau.de am 21.05.2024: www.tagesschau.de/inland/straftaten-hoechststand-100.html

3 Vgl. Verfassungsschutz besorgt über immer mehr Rechtsextremisten in spiegel.de am 12.06.2024: www.spiegel.de/politik/deutschland/alternative-fuer-deutschland-verfassungsschutz-besorgt-ueber-immer-mehr-rechtsextremisten-a-67896124-0446-4b7e-bdff-e7844d0abe93

4 Vgl. Vor 100 Jahren: Die Schicksalswahl in Thüringen 1924 in mdr.de am 10.02.2024: www.mdr.de/nachrichten/thueringen/schicksalswahl-nsdap-hitler-weimarer-republik-demokratie-100.html

5 Vgl. Der Mustergau Thüringen im Nationalsozialismus in mdr.de am 17.01.2022: www.mdr.de/geschichte/ns-zeit/politik-gesellschaft/mustergau-thueringen-gleichschaltung-100.html

6 Vgl. Der Mustergau Thüringen im Nationalsozialismus in mdr.de am 17.01.2022: www.mdr.de/geschichte/ns-zeit/politik-gesellschaft/mustergau-thueringen-gleichschaltung-100.html

7 Vgl. Beispiele kommunaler Zusammenarbeit zwischen CDU und AfD in kommunalwiki.boell.de: https://kommunalwiki.boell.de/index.php/Beispiele_kommunaler_Zusammenarbeit_zwischen_CDU_und_AfD

8 Vgl. Rechtsextreme Einstellungen der Wähler:innen vor der Bundestagswahl 2021: www.bertelsmann-stiftung.de/de/unsere-projekte/monitoring-der-demokratie/projektnachrichten/rechtsextreme-einstellungen-der-waehlerinnen-vor-der-bundestagswahl-2021

9 https://de.statista.com/infografik/31574/anteil-der-befragten-die-diesen-rechtsextremen-positionen-zustimmen/

10 Vgl. Das AfD-Paradox: Die Hauptleidtragenden der AfD-Politik wären ihre eigenen Wählerinnen in diw.de am 21.08.2023: www.diw.de/de/diw_01.c.879742.de/publikationen/diw_aktuell/2023_0088/das_afd-paradox__die_hauptleidtragenden_der_afd-politik_waeren_ihre_eigenen_waehler_innen.html

11 ebd.

12 Vgl. Wie Merz Kreml-Propaganda verbreitete in tagesschau.de am 06.10.2022: www.tagesschau.de/faktenfinder/merz-sozialtourismus-101.html

13 Vgl. Warum die CDU-Brandmauer zur AfD so bröckelt in zdf.de am 20.09.2023: www.zdf.de/nachrichten/politik/deutschland/afd-cdu-zusammenarbeit-brandmauer-100.html

14 Vgl. Bernhard Vogel fordert: AfD-Wähler zurückgewinnen in evangelische-zeitung.de am 28.05.2024: www.evangelische-zeitung.de/bernhard-vogel-fordert-afd-waehler-zurueckgewinnen

15 https://wahlen.sachsen.de/landtagswahl-2019-wahlergebnisse.php

16 Vgl. Europäisches Parlament: Polnischer Verfassungsgerichtshof ist illegitim:

www.europarl.europa.eu/news/de/press-room/20211015IPR15016/europaisches-parlament-polnischer-verfassungsgerichtshof-ist-illegitim

17 Vgl. Schützt das Bundesverfassungsgericht in verfassungsblog.de am 07.02.24: https://verfassungsblog.de/schutzt-das-bundesverfassungsgericht/

18 Vgl. Gesetz zur Demokratieförderung in erster Lesung: www.bundestag.de/dokumente/textarchiv/2023/kw11-de-demokratiefoerdergesetz-936484

19 Vgl. Demokratiefördergesetz: Wo sich die Ampelparteien uneinig sind in zdf.de am 08.02.2024: www.zdf.de/nachrichten/politik/deutschland/demokratiefoerderung-gesetz-streit-ampel-regierung-100.html

20 Vgl. Rechtsextremismus an Schulen – Statement der Ostländer: https://lsr-sachsen.de/2024/04/rechtsextremismus-an-schulen/

21 Vgl. Katholische Bischöfe positionieren sich gegen dien AfD in zeit.de am 23.02.2024: www.zeit.de/gesellschaft/zeitgeschehen/2024-02/deutsche-bischofskonferenz-gegen-afd-rechtsextremismus

22 https://www.tagesschau.de/wirtschaft/konjunktur/konzernchefs-gegen-populismus-100.html

23 https://www.bpb.de/kurz-knapp/zahlen-und-fakten/soziale-situation-in-deutschland/61646/bevoelkerung-mit-migrationshintergrund/

24 Vgl. Was können Sie eigentlich außer Hass, frau Weidel in stern am 26.06.2023

25 Vgl. Kraske, Tatworte ebd. S. 26

26 Vgl. Kraske, Tatworte ebd. S. 61

27 Vgl. Hurra, wir sind politisiert in: Die ZEIT am 29.08.2019

28 Vgl. DJV protestiert gegen Höckes Drohungen gegen Journalisten in djv-bawue.de am 16.09.2024: www.djv-bawue.de/2019/09/16/djv-protestiert-gegen-h%C3%B6ckes-drohungen-gegen-journalisten/

29 Vgl. Pressemitteilung zum Prozess der Ausschreitungen 2018 in Chemnitz vom 02.02.2024: www.tolerantes-sachsen.de/pressemitteilung-zum-prozess-der-aus schreitungen-2018-in-chemnitz/

30 Vgl. die repräsentative Studie «Lauter Hass – leiser Rückzug»: https://kompetenznetzwerk-hass-im-netz.de/lauter-hass-leiser-rueckzug/